U0478935

新阅读译丛·赫希核心知识系列

主编：朱永新

我们需要怎样的学校？

［美］艾瑞克·唐纳德·赫希
（E. D. Hirsch, Jr.） 著

张荣伟 译

The Schools We Need
and Why We Don't Have Them

海峡出版发行集团 | 福建教育出版社

图书在版编目（CIP）数据

我们需要怎样的学校？/（美）艾瑞克·唐纳德·赫希著；张荣伟译.—福州：福建教育出版社，2019.8
（新阅读译丛.赫希核心知识系列）
ISBN 978-7-5334-8419-4

Ⅰ.①我… Ⅱ.①艾… ②张… Ⅲ.①学校教育—研究—美国 Ⅳ.①G571.2

中国版本图书馆 CIP 数据核字（2019）第 053897 号

Work：THE SCHOOLS WE NEED AND WHY WE DON'T HAVE THEM
Author：E. D. HIRSCH, JR.
Copyright：©1996 by E. D. Hirsch, Jr.
This edition arranged with THE MARSH AGENCY LTD
through BIG APPLE AGENCY, INC., LABUAN, MALAYSIA.
Simplified Chinese edition copyright：2019 FUJIAN EDUCATION PRESS
All rights reserved.

新阅读译丛·赫希核心知识系列
朱永新　主编
Women Xuyao Zenyang de Xuexiao?

我们需要怎样的学校？
[美]艾瑞克·唐纳德·赫希（E. D. Hirsch, Jr.）著　张荣伟　译

出版发行	福建教育出版社
	（福州市梦山路 27 号　邮编：350025　网址：www.fep.com.cn）
	编辑部电话：0591—83779615　83726908
	发行部电话：0591—83721876　87115073　010—62027445）
出 版 人	江金辉
责任编辑	周　敏
特约编辑	谭　敏
装帧设计	季凯闻
印　　刷	福州万达印刷有限公司
	（福州市仓山区橘园洲工业园仓山园 19 号楼　邮编：350002）
开　　本	710 毫米×1000 毫米　1/16
印　　张	22.25
字　　数	327 千字
插　　页	2
版　　次	2019 年 8 月第 1 版　2019 年 8 月第 1 次印刷
书　　号	ISBN 978-7-5334-8419-4
定　　价	55.00 元

如发现本书印装质量问题，请向本社出版科（电话：0591—83726019）调换。

序

营造书香校园,是新教育实验十大行动之首。阅读,也是新教育实验学校最美丽的风景。

为此,在规划"新教育文库"出版工程时,我们就围绕阅读设计了三个重要的系列。一是"领读者系列",主要发表在阅读方面有造诣有成就的专家的相关研究成果;二是"阅读课系列",主要发表一线教师、父母和阅读推广人在实践方面探索的成果;三是"新阅读译丛",主要引进国外的重要阅读理论著作和优秀通俗读物。

"新阅读译丛"首先推出的就是美国阅读名家赫希的著作。

翻译赫希的系列作品,一直是我的心愿。

从上个世纪90年代初开始,我就发愿要为中国的孩子们和老师们精心选择一些最适合他们的图书,为中国人的心灵成长提供最好的精神食粮。因为作为教育学者,我深知阅读的意义,深知"读什么,就会成为什么""阅读的高度决定精神的高度"这样的教育常识。

所以,在世纪之交的时候,我们推出了"新世纪教育文库",为中国的大中小学生和教师各推荐了100种优秀图书。

2000年,我发起了一个民间的教育改革——新教育实验。在这个以营造书香校园等行动为主要项目的实验过程中,我们更加深刻地意识到,阅读对于师生成长与学校发展的意义,也发现了原有书目的不足,于是正式成立了新阅读研究所,把书目研制作为最主要的工作。

也就是在这个过程中,我们遇见了赫希。

记得当时还在美国宾州大学任教的严文蕃教授,知道我们在研制书目时,为我们推荐了赫希的核心知识理论和他的一系列著作。他认为，其实，我们做的工作与赫希有很大的相似性，或许可以参考借鉴。

赫希原本是一名大学的英文教授，在研究学生的英文阅读能力时，他发现在阅读的流畅性与理解能力方面，社区学院的学生与弗吉尼亚州立大学的学生差别不大，但在阅读材料涉及历史背景等方面的知识时，却表现出非常大的差异。由此，他意识到文化素养不是一种抽象的能力，也由此开始了他的"核心知识"体系架构和推进教育公平的行动。他也由此从英语教授成为一名杰出的教育理论家、教育改革家，对美国基础教育改革政策与举措产生了重大的影响。他的一系列著作如《文化素养：每个美国人需要知道的知识》（1987）、《文化素养词典》（1988）、《我们需要怎样的学校?》（1996）、《知识匮乏：缩小美国儿童令人震惊的教育差距》（2006）以及新近的《造就美国人：民主与我们的学校》，都在美国产生了广泛的影响，而他主持的《美国中小学生全科核心知识系列读本》（*The Core Knowledge Series*，全15册）更是成为许多学校的教材和美国家庭的必备书。

赫希的主要理论贡献，是提出了核心知识与文化素养的内在联系。在他看来，核心知识具有共享性（shared）、稳固性（solid）、序列性（sequenced）和具体性（specific），是人们在交流、阅读时所需要的历史、宗教、风俗、文学、艺术、地理、科学等领域的事实和人文背景知识。一个人只有具备了这些基本知识背景，才能具有所谓的文化素养，才能有效地与他人进行交流讨论，理解各种新观点、新事件、新现象，才能从容地应对各种挑战，合理地行使自己的政治、经济等各项权利。所以，他主张学校教育需要核心知识的教学，把各学科的核心知识具体化，明确列出学生在每个学期末应掌握哪些知识和技能的具体要点。据此，赫希在美国发起了一场以"核心知识"主题的教育改革运动，唤起了美国民众对于学生基本技能尤其是读写能力的重视，以及对美国学校内存在的教育不公平现象的关注。

从教育历史来看，赫希的核心知识理论与永恒主义和要素主义比较相近，所以在多元化的美国社会，他的理论也得到不同的评价，甚至遭到许多质疑与抨击，但是，从越来越多的学校加入到核心知识运动中的情况看，赫希的核心知识运动是有自己的追求的，也是符合教育的规律的。

五年前,我们就开始策划引进赫希的系列著作。在2013年的新教育国际论坛上,我们还专门邀请赫希先生介绍他的核心知识理论。尽管由于特殊原因未能成行,但是他派出了核心知识基金会的负责人参加会议,并且与我们新阅读研究所建立了联系。

　　经过几年的努力,赫希的这套著作就要出版了,作为"新教育文库"中"新阅读译丛"的首批译著,有着特别的意义。我们希望能够源源不断地把国外优秀的阅读研究理论著作和阅读实践操作读物介绍给国内的同仁,让我们在学习中借鉴,成长,发展。

朱永新

2016年7月1日晨,写于北京滴石斋

艾瑞克·唐纳德·赫希专著列表

Wordsworth and Schelling (1960)

Innocence and Experience: An Introduction to Blake (1964)

Validity in Interpretation (1967)

The Aims of Interpretation (1976)

The Philosophy of Composition (1977)

Cultural Literacy: What Every American Needs to Know (1987)

The Dictionary of Cultural Literacy, with Joseph Kett and James Trefil (1988)

A First Dictionary of Cultural Literacy, with William Rowland and Michael Stanford (1989)

The Schools We Need And Why We Don't Have Them (1996)

The New Dictionary of Cultural Literacy: What Every American Needs to Know, with Joseph Kett and James Trefil (2002)

The Knowledge Deficit: Closing the Shocking Education Gap for American Children (2006)

The Making of Americans: Democracy and Our Schools (2009)

Why Knowledge Matters: Rescuing Our Children from Failed Educational Theories (2016)

艾瑞克·唐纳德·赫希主编核心知识丛书（1991—1996）

What Your Kindergartner Needs to Know (1996)

What Your First Grader Needs to Know (1991)

What Your Second Grader Needs to Know (1991)

What Your Third Grader Needs to Know (1992)

What Your Fourth Grader Needs to Know (1992)

What Your Fifth Grader Needs to Know (1993)

What Your Sixth Grader Needs to Know (1993)

此书献给核心知识实验校的老师们、校长们，并谨以此书向威廉·C.巴格莱和安东尼奥·葛兰西表示深切怀念，两位先贤早在20世纪30年代就已预言，所谓的新教育思想必将导致更为严重的社会不公。

致　谢

我在撰写此书的过程中，得到了许多朋友和教育工作者的支持和鼓励，感谢各位给了我写作的动力。

书稿付梓之前，我曾不揣冒昧，邀请我心目中最好的学者和科学家批评指正，本未敢奢望大家能够抽出时间来做这种劳心烦神的事情，没想到每个人都迅速对书稿进行了十分细致的批阅。

感谢切斯特·芬恩（Chester E. Finn, Jr.）、**丹妮·里威奇**（Diane Ravitch）**和罗伯特·西格勒**（Robert Siegler）三位学者，他们不吝赐教，审读了整个书稿。切斯特不但聪明敏锐，在政策领域的知识无与伦比，而且编辑水平大名鼎鼎；丹妮思维锐利，在当代美国教育史方面的知识无人企及，是当今杰出的教育史学家；罗伯特是一位我从未见过的与众不同的认知心理学家，他出于改善少儿教育的神圣职责，决意对书稿的科学水准进行审查，因而提供了一份详细而且非常有用的评论。

对书稿发表灼见的专家还有卡尔·波里特（Carl Bereiter）、大卫·布莱尼曼（David Breneman）、大卫·基利（David Geary）、约翰·霍尔德伦（John Holdren）、迈克尔·马歇尔（Michael Marshall）、艾伯特·夏克尔（Albert Shanker）、赫伯特·伯格（Herbert Walberg）、克林特·威尔金森（Clint Wilkinson）、丹·威灵汉姆（Dan Willingham）。对特殊查询给予慷慨答复的有玛丽莲·亚当斯（Marilyn J. Adams）、约翰·彼索普（John Bishop）、罗纳德·弗格森（Ronald Ferguson）、康妮·尤尔（Connie Juel）、约翰·凯利（John Kellehe）、丹尼尔·科雷茨（Daniel Koretz）、约翰·劳埃

德（John Lloyd）、阿奇·拉普安特（Archie LaPointe），布伦达·劳埃德（Brenda Loyd）、吉恩·奥斯本（Jean Osborn）、桑德拉斯卡尔（Sandra Scarr）、哈罗德·史蒂文森（Harold Stevenson）和萨拉·塔沃（Sara Tarver）。

迈克尔·安吉尔（Michael Angell）是我的研究助理，他乐观豁达、见多识广，工作勤勤恳恳。他带来了许多复印材料和书籍，使我免于文献检索之累，从而有充裕的时间来完成阅读方面的任务。

在本书成稿的整个过程中，我的妻子波莉·赫希（Polly Hirsch）字斟句酌，见解深刻。当我遇到困惑时，她总是能够循循善诱、条分缕析，使我逐步摆脱成见而看清问题的本质，并对那些可能非常失败的教育实践背后的良苦用心怀有理解和同情。

我对所有的帮助感激不尽，而且深知这些帮助出于一种共识，那就是大家都意识到了本书试图要做的事情是多么紧迫。我对这些杰出的学者、教育家、科学家们心怀感激。他们中的任何人都无需对书中的任何问题负责，一切缺点错误，都由我个人承担。

或迟或早，或善或恶，最危险的东西并非既得利益，而是思想观念。

——约翰·梅纳德·凯恩斯，《就业、利息和货币通论》（1936）

在新教育观念处在浪漫期的时候，"自然教学法"大张旗鼓、肆无忌惮地代替了"机械教学法"……以前，学生至少还能获得一定的具体事实方面的东西，但现在连那样的一套东西都没有了……最吊诡的是，这类新式学校却因为所谓的民主特征而得到了拥戴，而实际上，它注定不仅会加剧和延续社会不公，而且会使这种不公牢不可破而又错综复杂。

——安东尼奥·葛兰西，《狱中札记》（1932）

简直瞎说！他们不知道如何
举起一支羊钩，或者至少习得
最基本的牧羊人的技艺！
这与他们何所关？何所需？竟要加速？
而当他们呈现枯燥浮华的颂歌时
发出的却是刺耳的拙劣之声
饥饿的羊群翘首以盼，却无人喂养。

——约翰·弥尔顿，《利西达斯》

监管者受谁监管，谁将改革改革者？

——尤维纳利斯，《讽刺》

目 录

平装版序言 \ 1

一、导论：理论落败，思想贫瘠 \ 1
    1. 连续性的教育失败 \ 1
    2. 日益严重的社会不公 \ 4
    3. 不成熟的极端化 \ 6
    4. 从文化素养到核心知识 \ 14
    5. 敌人的本质：是思想，而非人 \ 18

二、智力资本：一项公民权利 \ 20
    1. 民主国家的公共知识 \ 20
    2. 学习对于公共知识的依赖性 \ 27
    3. 现行课程的神话 \ 31
    4. 美国流动家庭的子女 \ 39
    5. 关于公共知识的国际研究 \ 45
    6. 新的民权前沿 \ 51

三、一座坚不可摧的堡垒 \ 58
    1. 乔装改革的正统观念 \ 58
    2. 无处不在的反知识观 \ 65

 3. 为什么美国大学比中小学好 \ 69

 4. 特许与选择：是的，但选择什么 \ 72

 5. 一种知识的垄断 \ 75

 6. 需要：来自内部和外部的有力挑战 \ 78

四、一个思想领域的批判 \ 82

 1. 引言 \ 82

 2. 浪漫主义 \ 85

 3. 浪漫的发展观与其他自然主义谬论 \ 93

 4. 美国例外主义与地方主义 \ 110

 5. 个人主义 \ 119

 6. 反智主义 \ 127

 7. 专业分离主义 \ 138

 8. 总结 \ 150

五、现实的报复：教育与主流研究 \ 152

 1. 主流研究的优点 \ 152

 2. 研究的选择性利用Ⅰ：建构主义 \ 154

 3. 研究的选择性利用Ⅱ："思维技能" \ 161

 4. 现实能力的结构 \ 171

 5. 什么是高阶思维 \ 181

 6. 教学研究的共识 \ 189

六、规避测试 \ 209

 1. 射杀信使 \ 209

 2. 真实性与公平性 \ 218

 3. 克服滥用考试 \ 228

 4. 对于各种指责的回应 \ 233

 5. 公平问题 \ 244

七、概括与总结 \ 255

 1. 重在实践效果，而非意识形态 \ 255

2. 两个历史性错误：形式主义和自然主义 \ 259
3. 重要的研究发现 \ 263
4. 政策方面的启示 \ 268
5. 公立学校与公共利益 \ 273

附录　教育术语批评指南 \ 282

1. 引言 \ 282
2. 术语表 \ 284

参考文献 \ 317

译者后记 \ 334

平装版序言

1996年,《我们需要怎样的学校?》(*The Schools We Need And Why We Don't Have Them*)一书出版时,得到的是敬意和赞美,而非歧视和诟病。在我看来,这与1987年《文化素养》(*Cultural Literacy*)出版时遭受教育界的强烈敌意不同,我们国家的教育思想现已发生了很大变化。这意味着,《文化素养》一书的观点,那时还不宜公开发表。那么,一种观点在什么情况下才会拥有听众呢?套用马修·阿诺德(Matthew Arnold)的话来解释,那就是"观点有力而且恰逢其时,二者缺一不可;仅有思想但时机未到,便无人倾听"。十年形成的差别真大啊!就《我们需要怎样的学校?》而言,除了一些令人兴奋的书评可圈可点外,我还因此收到了许多家长、市民和教育学教授们的信件。这种广泛性的通讯交往,让我相继结识了很多朋友,我也因此而走进了一个教育积极分子们的互联网世界。他们决心联合起来,以帮助我们的公立学校实现民主教育的远大目标。

尤其令人高兴的是,我还走进了一个被称为"数正"(Mathematically Correct)的网络世界,结识了一群身份多种多样的人,他们的背景让你简直不可想象。其中有聪明卓越的加利福尼亚科学家,有特别关心对孩子进行数学教育的家长。我这本书中的很多观点,他们当时都已经思考过了。他们把我统整出来的资料当作支撑自己观点的学术依据,用以说明他们对美国进步主义教育思想的论定。在1998年,他们反对"专家"的努力取得了胜利,而且说服了加州教育委员会,开始在较低年级推行严格的数学标准。他们的胜利属于加利福尼亚儿童,也属于整个加利福尼亚州。

有一些读者曾经认为,这本书所捍卫的是"传统"教育而反对的是"进步"教育。那是一个过于简单化的看法。当进步主义的教学方法得以合理、适度、灵活地运用,并且足以适用所有的学生时,我对此并无异议。我不同意的是那种否定操作技能需要反复训练的错误观点,比如那些解码字母书写或掌握数学运算法则所需的训练——被贬低为"训练即死练"的操练,都是必不可少的。最为重要的是,我不同意对所谓的"单纯的信息"的贬低,这种浪漫的进步主义传统,具有明显的反智性特征。

在本书出版发行以来的三年中,其中的好几项具体建议都取得了很大进展——尤其是提出在低年段按年级设定课程内容标准这个提案。体现这个提案的一项非常特别的改革运动——核心知识运动,已经取得了长足的进步;相比较来看,这本书第一次出版时大约有 250 所学校,现在已经扩展到了 900 来所学校。原版的《我们需要怎样的学校?》一书,是敬献给当时的那些核心知识学校的教师和校长们的。今天,我要在这里重申感谢和敬意,并向后来的数千位从事核心知识教学的老师们表示感谢,他们在教授给小学低年级学生具体可靠的教学内容方面不辞辛苦。他们的辛勤工作和专业上的合作已经取得了成果,这算是一种回报。越来越多的研究表明,丰富多彩的核心课程对学生成绩具有强烈的影响。这使核心知识实验被一个基于精心研究的《教育改革者指南》(An Educator's Guide to School Reform)列入"大有希望"的几个计划项目之一。该研究活动不久前由美国教师联盟(the American Federation of Teachers)、国家教育协会(the National Education Association)以及其他专业组织机构共同发起。[①] 根据这个指南,那些结果导致学生成绩明显提高的项目方案,就是主流研究所预测的应该带来学生成绩

[①] 参见 Herman,R. 等,《教育改革者指南》(An Educator's Guide to School Reform)。哥伦比亚华盛顿特区美国研究协会 1999 年发布的这个指南,当时可以在网站(www. aasa. org)上检索到。一项教育改革要想达到该指南所设定的最高标准,必须至少在受到严格控制的四个方面具有显著成果。就在该指南发行几周之后,核心知识实验取得了排名第四的神奇效果,而且毫无疑问会在预期的课程中首屈一指,同时与直接教学(Direct Instruction)、全体成功(Success for All)等实验相比,在实践密集的操作技能方面也不逊色。约翰·霍普金斯研究团队以及其他研究人员最近对核心知识实验进行评估的主要结果,可以到网站(www. Coreknowledge. org)上查找。

进步的各种项目方案。相比之下，一些资金充足的一直遵照着进步主义原则的改革项目，却只收获到很差或是微不足道的效果。如果这种独立研究的趋势持续下去的话，我们最后将会见证超越意识形态而不受利益左右的科研的胜利——本书第五部分所极力主张的目标，被称为"现实的报复"。

感谢出版社决定将这本学术著作以普及性的平装本发行。但愿它能够在更大范围内影响到父母这个群体，并能够像精装本一样，引起那些关心公共事务的优秀公民的注意。

——1999年写于弗吉尼亚夏洛茨维尔

一、导论：理论落败，思想贫瘠

1. 连续性的教育失败

我们可以想象，从一个典型的美国家庭中选取一个就读于典型的美国学校的男孩或女孩，然后让其在法国或德国长大，或者在日本或中国台湾长大，会是什么结果。很少有人会选择做这种实验。我和大多数美国人一样，都相信美国是世界上最伟大的国家，拥有政治自由的传统和积极的乐观主义精神。但有充分证据表明，同样年龄的孩子，在其他国家长大，会比在美国更有竞争力——因为他们在学校低年级的时候，就已经学习了非常非常多的知识。尽管我们的政治传统，乃至我们的大学，可能是举世无双的，但我们中小学（K-12）教育的成效，在发达国家世界排名中，却是最低的。[①] 美国主流的教育理论、课程的非连贯性，被我称之为"自然主义谬误"（naturalistic fallcies）的东西，是阻碍良好教育形成的实在因素。令研究美国学校的国外

[①] 最近的三项权威研究成果是：国际教育成就评价协会（International Association for the Evaluation of Educational Achievement）的《十七国科学成就》（*Science Achievement in Seventeen Countries*），拉珀因蒂（Lapointe）、米德（Mead）和阿斯库（Askew）三人的《数学学习》（*Learning Mathematics*）和《学习科学》（*Learning Science*）。

学者惊讶的是，这些在国际对比中得分非常低的孩子，实际上却拥有相当的竞争潜力。① 考虑到他们所特有的美国活力和独立开放的头脑，再想想这些孩子在良好的富有挑战性的教育体制下可能获得的发展，实在令人感伤！

关于理论在人类活动中的重要性问题，约翰·梅纳德·凯恩斯（John Maynard Keynes）曾经发表过影响极其深远的观点："那些自认为绝不受任何学术思想影响的实际工作者，却通常是一些老朽经济学家的附庸……或善或恶，最危险的东西并不是既得利益，而是思想观念。"②

自有历史记录以来，在学校教育的价值取向方面，教育理论界一直在两个相反但同样重要的观点之间摇摆：严谨性与灵活性。尽管最近有要求学校改善的公众压力，但美国教育理论界并没有转向严谨性一面。虽然我们是一个多元化国家，但我们乐观的教育思想及其口号，从一所教育学院到另一所教育学院，从一场教育改革到另一场教育改革，基本上是统一不变的。由于社会性和历史性原因（后面章节中有概括），老一套的思想乔装打扮，依然占据主导地位。其中所谓的"思想批判论"（Critique of a Thoughtworld）主宰着美国思想领域，毁灭了教育界的独立见解。

促使我写这本书的主要原因是，我们国家迟迟难以摆脱这些错误理论的束缚——尽管我们有求真务实的名声。当下大多数的"改革"都不过是重复或重释那些长期导致失败的浪漫的、反知识的主张。这些主张来自于20世纪10—30年代哥伦比亚大学的教师教育学院。当下许多所谓"打破模式"（break-the-mold）的教育改革，其基本假设没有任何新意。本书试图探讨的是，为什么基于同一套思想体系的口号会成为阻碍学校改革的实质力量，甚至那些在激进改革名义之下的教育思想也不能被欣然接受。

---

① "在课堂教学的过程中，美国学生真正投入学习的时间是最少的……正因为如此，我们日本同事中才会有人赞扬美国儿童的学业成就。他指出，当考虑到他们真正用于学习的时间如此之少，从老师那里得到的教导如此有限，而课外练习的机会又如此稀缺时，你难道不承认美国学生做得很棒吗？"——引自史蒂文森（Stevenson）和史迪格勒（Stigler）的《学习落差》（*The Learning Gap*）第147—48页。

② 参见凯恩斯（Keynes）的《就业、利息和货币通论》（*The General Theory of Employment, Interest, and Money*）一书结语（final words of the book）。

当商业人士、慈善家、父母向专家们寻求指导时，所听到的一直是那些言之凿凿的抗拒知识的建议——正是这些 60 年前就有的老掉牙的说辞（现在有了"技术"的支撑）导致了教育体系的失败。这些不断变化的论调，尽管导致了连贯性知识课程的严重缺乏，却借助最新研究而成了新式理论，被视为解决自身问题的灵丹妙药。这种理论导致教育失败却被冠以成功之名，印证了格雷欣思想定律中坏想法驱逐好想法这一条。这种思想停滞现象，除了消耗巨资和能量外，在很大程度上说明，直到目前教育改革的诸多努力都是失败的。

这种失败很容易记录下来。尽管有很多做法，在《国家处在危险之中——教育改革势在必行》（1983）出版之后的十多年里，美国学校改革并没有改善基础教育（K-12）状况。在发达国家之中，我们的公立学校仍然排名靠后；更确切地说，美国孩子的学术能力并没有明显提升。这种持续性停滞的一个理由是：将改革推行到具有 15000 个独立学区的庞大系统中去是艰难的。但令人怀疑的是，那些按照他们自己规划的模式进行的改革就真的取得了成功。

特别典型的是布鲁纳基金会最近发布的一份报告。该报告说，一个被称为纽约州立社区学校计划的强校提升项目显示"没有证据表明纽约社区学校孩子们的学业成绩提高了"。在所有的改革之中，开端计划（Head Start）的研究最为全面，但有关长期学业效益的研究结果却非常令人失望。尽管来自其他国家的证据已有力说明，早期干预计划（与开端计划不同，使用的是知识型课程）能够促成永久性的学业进步，但相比来看，虽然开端计划确实能降低随后的辍学率和特殊班级规模，但对四年级以后的教育成效却没有什么影响。① 这种改革形势之下的希望之光在于，开始着手制定针对不同学科的国

---

① 参见 Bruner Foundation, *Evaluation of the New York State Education Department's Community Schools Program*. Lazar and Darlington, *Lasting Effects of Early Education*. U. S. Department of Health and Human Services, *The Impact of Head Start on Children, Families and Communities*. Boulot and Boyzon-Fradet, *Les Immigres et l'ecole*, 54—58. Centre for Educational Research and Innovation, *Immigrants' Children at School*, 178—259. 一项对好几千学生进行纵向研究的成果简介，参见 Jarousee, Mingat, and Richard, *La Scolarisation maternelle a deux ans*, 3—9, 55.

家课程标准。可直到目前，仍然一片混乱，以至于人们不得不抱着一种观望的态度。

值得注意的是，到目前为止，教育专家们并没有因为改革的种种失望而去反思自己的提案所依赖的那些不切实际的原则，相反，却去抨击经由标准化测试而得知的令人不快的消息。不管这些测试本身有什么缺点，没有人会真正否认它们与真实学业水平之间的真实相关性。例如，一个人的阅读能力越高，在标准化阅读测试中的得分就会越高，没有人能合情合理地对此进行否认（不合情理的否认当然有）。如果过去十年的积极改革真的大幅提高了孩子们的学业水平的话，不管标准化的测试多么不完善，总会留下一些相关的迹象。

美国的教育专业知识不是真正的教育专业知识。欧洲和亚洲的教育体制更为成功，但它们的主导思想却是多种多样的。但凡实际有效的思想、路径，不管它们出自哪里，我们只要能找到，就应该接纳。大规模教育本身的复杂性与教育研究的矛盾性和不确定性，需要培育开放性和实用性，而不是依赖于陈词滥调。我的一段铭文——"谁将改革改革者？"——选自激愤的罗马讽刺作家尤维纳利斯（Juvenal），但我不打算沉湎于尤维纳利斯式的讽刺。我的目的是有建设性的。这本书中的建议源于主流研究以及我对主流教育理论所造成的社会不公的苦恼。一旦有可能，这些理论需要用更好的理论来取代。

2. 日益严重的社会不公

一个莫大的讽刺是，美国一向宣扬平等的教育信条，却促成了现实的不平等。最近，美国所有的社会观察家都谴责日益扩大的贫富收入差距问题，并指出了收入差距与教育差距之间的相关性。在 1942—1966 年间——也就是在 20 世纪 20 年代和 30 年代兴起的反学科理论尚未扩散到所有学校的那个时期——公共教育已开始缩小种族以及社会阶层之间的收入差距。① 但后来，在 20 世纪 60 年代中期毕业的高中生中——也就是在反学科理论背景下接受了整整 12 年学校教育的学生中——SAT 语言部分的成绩开始急剧下降。另外，在 1942－1966 年间黑人与白人的薪资差距本来已开始不断缩小，这时却停止不动了。人们首次发现了这个关涉薪资平等的问题，即在 SAT 考试成绩下滑的同时，本来不断缩小的薪资差距急速固定了下来。②

尽管在雇佣合格黑人员工和其他少数民族成员方面出台了新法规，而且公众的态度也发生了积极变化，但社会科学家们一直对近来黑人与白人薪资差距持续存在、没有缩小而感到困惑不解。直到最近，在探讨黑人与白人薪资平等问题时才开始考虑受教育状况，将最终的学历层次作为参照依据。直到 20 世纪 60 年代末，学历层次一直被作为衡量一个人受教育水平的比较可靠的标准，因为那时学校总体办学水平尚可，文凭是有实际意义的。当时，像目前这样的社会促进工作尚未普遍推开。但从 20 世纪 60 年代后期教育急剧滑坡、社会促进工作广泛开展开始，一个人形式上拥有的最高学历，已不能说明达到了相应的受教育水平。这和詹姆斯·科尔曼与他的同事们在 1966 年教育机会平等研究中的发现一样。在新的教育背景下，尽管黑人、白人在一些测试中的得分最近略微有了一点接近，但弱势儿童，包括比例超乎寻常的很多黑人孩子，实际受教育水平与那些条件更好的同龄孩子相比，落后的距离开始越来越大。③

---

① 相关内容主要参见 Ravitch, *The Troubled Crusade*, 52－55. 本书描述了 20 世纪 20 年代中期至 30 年代后期公立学校中广泛开展的"课改运动"。当时课程知识的削减极其惊人，也正是这种反智主义思想将美国学校推向了今天这样的道路。至于说，等到课改极其拥护者将美国的公立教育体系摧毁，还需要 30 年，是基于这样的事实：等到那些坚持"传统"教育模式与目标的教师和教育管理者退休，需要 30 年时间。

② J. P. Smith and Welch, *Black Economic Progress after Myrdal*, 519－64.

③ Williams, *Black Economic Progress*, 531－33. Card and Krueger, *School Quality and Black-White Relative Earnings*, 151－200. Bound and Freeman, *What Went 1 wrong?* 201－32. 詹姆斯·科尔曼与他的同事们在 1966 年指出，那些落后的学校对弱势儿童的影响，比对优势儿童的影响更大。参见 Coleman, *Equality of Educational Opportunity*. 其中有关同一班级里的孩子为什么学习成绩不一样的讨论，在该书第二章的第 23－26 页。

只是在最近几年，社会学家们才开始进一步探讨黑人与白人的薪资平等问题，解释为何薪资差距在之前的 30 年里呈缩小态势而后来却停滞不前了。原来，这个差距（达到同样教育层次的黑人工资至少低 16％）是由于黑人在学校的受教育状况一直普遍较差造成的。现实薪资差距中的大部分，即 16％ 中约有 12％，可以解释为因实际受教育状况而引起的差距。当根据实际受教育状况而不是形式上的学历层次对黑人和白人的收入进行比较时发现，教育水平匹配的黑人和白人的薪资差距降到了 5％ 以下，而且这个小差距中还有一些是其他因素造成的，与直接的种族歧视无关。① 这个结果令人鼓舞，同时也令人沮丧。它表明，目前经济基础比种族差异更能决定一个人在美国的教育状况和经济收入——一个充满希望的标志。然而，在这个国家，由于缺乏真正的教育和经济流动性，又会让那些相信机会均等和美国梦的人们大失所望。

3. 不成熟的极端化

通过教育推动社会走向更加公正的第一步，就是要避免由于教育政策被政治观念误导而出现不成熟的极端化现象。在今天的美国，自由派和保守派之间充满敌意的政治分歧，在很大程度上感染了关于教育的公共辩论——以至于人们很难冷静而有条理地思考。公众对各种教育提案的种种反应，总是会与自由派和保守派的政治分歧联系在一起。报纸对这些提案的各种态度，总是取决于编辑部的基本政治取向。

这里有一个例子。美国的政治自由主义者倡导，州内不同学区在每个学生身上的教育投入应该更加平等。许多保守派人士则反对将资金从一个学区

---

① Ferguson, *Shifting Challenges*, 37—76. 这里的其他因素是指 AFQT 难以测试的口头交际能力。AFQT 是弗格森（Ferguson）用以测试工资和实际受教育状况之间关系的一种工具。很多学校都非常不愿意再教标准交际法和标准语音，错误地假定标准演讲只是"白人"的演讲，而不是简易标准的规范演讲。至于别的经济能力方面的缺陷——如同雇主们设想的那样——可以算作导致其余 5％ 差距的主要原因。在本书第二章，我会解释为什么劣质学校会扩大不同群体背景儿童的学业成绩。

转移到另一个学区。乔纳森·科佐尔（Jonathan Kozol）在《野蛮的不平等》（*Savage Inequalities*，1991）一书中，将穷孩子们由于公共资源的不公平分配所遭受的不公正进行了大肆宣扬。最近，德克萨斯州、肯塔基州和许多其他州的法院已经裁定，更加平等的资金拨付应该由法律来保障。可悲的是，其中的一些规定，由于保守派的抵制而被回避了——由此可见，美国富人和穷人之间的共同体意识再度滑坡，以至于考虑儿童发展的时候，也会流露出一种"我们－他们"相对立的心态。

但是，一些坚持平等拨款这一政治立场的人，往往不是基于逻辑和实践的考量，往往不考虑学校得到平等资助之后应该做些什么之类的事情。我的政治立场和科佐尔等人一样，倡导更加平等的教育资助。但科佐尔，可能由于受到在教育学院研习的影响，表达了许多"进步主义"的教育思想，这是我所反对的。我更愿意将自己归为政治上的自由主义者和教育上的保守主义者，或者更准确地说，我是一个教育上的实用主义者。政治自由主义者确实应该反对进步主义教育思想，因为那些思想已导致实践中的失败和社会的更加不平等。自由主义者要实现更加公正的社会目标，唯一可行的方法是追求保守的教育政策。

这并不是一个新想法。早在1932年，在监狱中写作的共产主义知识分子安东尼奥·葛兰西（Gramsci，曾被墨索里尼囚禁），是首次发现新"民主"教育的矛盾性后果的人之一。新"民主"教育强调"生活关联性"以及积极努力和知识传授过程中的自然主义方法。作为墨索里尼（Il Duce）的教育部长，乔凡尼·詹蒂莱（Giovanni Gentile）与葛兰西的观点相反，是美国哥伦比亚大学教育学院所传播的新观念的狂热支持者。[1] 葛兰西的观察如此具有先见之明，我选用了其中的一个段落作为本书的开篇题记：

---

[1] 对于詹蒂莱观点的评论以及对葛兰西教育思想的基本看法，我要感谢 Entwistle, *Antonio Gramsci*. 其他的一些评论，参见 Broccoli, *Antonio Gramsci e l'educazione come egemonia*；Scuderi, *Antonio Gramsci e il problema pedagogico*；and De Robbio, *Antonio Gramsci e la pedagogia dell'impegno*. 当代数据表明，葛兰西关于传统教育方法大幅提升后进生学业能力的观点是正确的，具体内容参见 K. R. Johnson, and Layng, *Breaking the Structuralist Barrier*, 1475—90.

新的学校教育观处于空想阶段，期间"机械性"被"自然性"所取代，一反常态、极度夸张……以前的学生至少还可以学到一套基于具体事实的特定内容，现在任何可连贯的内容都没有了……最为荒谬的是，这种新型学校是被作为民主教育而被提倡的，而事实上，它不但注定会延续社会差异，而且会将这些差异搞得愈加扑朔迷离、牢不可破。①

葛兰西注意到，将自然拼读、乘法表记忆之类的教学法认定为"保守"，同时又把它们与政治权利关联起来，实际上是一个非常严重的知性错误。那就是两个最著名的政治左派教育理论家葛兰西和保罗·弗莱雷（Freire）之间对峙的问题症结。弗莱雷像葛兰西一样，也是人道主义的英雄。他投身于面向被压迫者的教育事业，特别是在他的家乡巴西，而他的作品在美国也很有影响力。和其他进步主义教育者一样，弗莱雷拒绝传统的教学方法和学科内容，反对"教育存储论"，反对教师给孩子提供一大堆"死记硬背"的信息。按照弗莱雷的观点，保守教学方法的后果是麻木学生的判断力和维持等级压迫。他呼吁对教学方法和教学内容这两者进行更新——倡导那些鼓励独立思考与抗争意识的新方法和赞美被压迫者文化的新内容。简而言之，弗莱雷和那些20世纪20年代以来的教育理论家们一样，将政治进步主义和教育进步主义联系了起来。

葛兰西持有相反的观点。他认为，政治进步主义需要教育保守主义，应该教导被压迫阶级去掌握富有权力和权威的工具——阅读、写作和沟通的能力——还要获得足够的传统知识以便理解自然世界和他们的周边文化。不应该鼓励孩子尤其是穷人的孩子"自然地"任性发展，这样将使他们愚昧无知，成为个人情绪的奴隶。他们应该懂得努力工作的价值，应该获得通向理解的知识，应该掌握传统文化以便驾驭其话语体系，就像葛兰西本人已经学会了的那样。历史已经证明，在这场争论中葛兰西是一个比弗莱雷更棒的理论家和预言家。相继采用了葛兰西原则的现代国家已经改善了条件并提高了被压

---

① Gramsci, *Education*.

迫阶级的政治、社会和经济实力。相比之下，坚持弗莱雷原则的国家（包括我们自己）却没能改变社会和经济现状。尽管巴西领导人邀请弗莱雷担任圣保罗的教育部长，但他的那一套对巴西被压迫阶级的帮助究竟达到了何种重要的程度，却没有相关记录。

关于"自然主义"（naturalistic）、"项目导向"（project-oriented）、"亲自动手"（hands-on）、"批判性思维"（critical-thinking）以及所谓的"民主"教育会造成不平等结果这个问题，葛兰西并非唯一的观察者和预言家。我之所以关注葛兰西这样一位令人尊敬的左派理论家，是为了确立一个策略性的论点。针对教育问题的两极分化思想，倾向于肤浅和不成熟。教育保守主义和政治保守主义之间不仅有实际性分离，在有些方面还存在着更为强烈的对立。在教育进步主义和社会进步主义之间存在着一种反比对立关系。教育进步主义是维持社会现状的可靠手段，而教育保守主义则是确保弱势家庭孩子获得知识和技能的唯一手段，如果得以很好落实的话，就能够帮助他们改善自身处境。

就本书写作的教育立场而言，或许可以准确地描述为既不是"传统的"也不是"进步的"。本书的教育立场是实用的。教育传统主义者和教育进步主义者双方都显得太固执、好争论，纠缠于理论，因而难以成为指导公共政策的可靠依据。实用主义者尽量避免各种简单化和肤浅的反对。这本书将证明，要想对大规模的教育进行最好的指导，就要对大规模教育实践的有效运行进行观察，同时还应该尽可能准确地理解这些实践在许多不同背景下取得成功的原因。

由于"保守"和"进步"一直是旧教育思想维持自身存在的两个最有效的思想标签，教育界显得更加倾向于术语对立（terminological polarization）和思想讽刺（intellectual caricature）。简单地将思想观点对立起来，是教育界维持思想现状的主要手段。"现代"的、人道的"改革"与"传统"的、邪恶的帝国相斗。下面是几组典型的对立存在的概念：

- 传统的与现代的相对（traditional vs. Modern）
- 讲授的与实践的相对（merely verbal vs. hands-On）

- 超前的与自然的相对（premature vs. developmentally appropriate）
- 零散的与整体的相对（fragmented vs. integrated）
- 无趣的与有趣的相对（boring vs. interesting）
- 同步的与个别的相对（lockstep vs. individualized）

面对两种相对不同的教育，父母们不大可能为孩子选择传统的、讲授的、超前的、零散的、无趣的和同步的教学，而会更愿意选择现代的、实践的、自然的、整体的、有趣的和个别化的教学。既然这种过于简单的对比方法如此有效，同时又如此地具有误导性，那么在前言中先看一眼这些对立之中潜在的复杂问题，简要说明本书将要考察的主题内容，可能很有意义。

传统教学与现代教学（Traditional vs. Modern Instruction）下面是典型的进步主义对传统知识型教育（knowledge-based education）的讽刺：

> 传统学校所强调的是背诵、记忆、复述、测试、分数、晋升，除了弥漫着这些东西之外，还有的那就是失败。为了适应这种教育，孩子们必须以听为主，必须安静且专注地坐在座位上，努力把老师所讲的内容复制到头脑里，确保记住老师布置的功课，然后有点像鱼鹰一样，随时准备把吞下的东西再吐出来……这种固定的、封闭的、专制的教育制度，与静态的宗教、静态的教派、静态的等级制度和经济体制完全符合。[①]

但是，"传统的"这个词语还含有用生动的、高超的方法应对所教学科内容的意思。在最先进的一些国家，"传统的"最近才成为有关知识讲授法（knowledge-based approach）的一个古怪的词语，而在我们美国学校，半个多世纪之前就开始回避了。但是，如果父母们被告知，在我们的学校中占优势的所谓"非传统"的或"现代"的教育模式，恰好与我们的学生的学业能力下降是关联一致的话，他们对待以"现代"为特征的失败的教学方法，或许就不会那么热情满怀了吧。当看到"改革"之后的失败现象时，教育者们

---

① Tennenbaum, *William Heard Kilpatrick*, 110—12.

通常回应说，改革从未能够"恰当"试行。但是，这种断言是绝对不符合历史事实的。那些现代方法确实已经被恰当地试行了。归根结底，"从未—恰当—试行"的说辞，不过是所有不成功理论自我辩护的遮羞布而已。

讲授教学与实践教学（Merely Verbal vs. Hands-On Instruction）如果学生能够看见、感受和接触到他们正在学习的内容的话，学习效果就会更好。如果传统教育没有利用多感官教学方法的话，这种观点就会显得非常神奇、特别有价值。而事实上，如果你考察一下历史上的教育方法的话，就会发现每个现代国家、每位传统理论家都倡导实践性教学，都认为这种教学法会带来好成绩。① 在这点上出现简单的对立性观点，其困境在于它贬低了语言在学校教育过程中的基础性甚至主导性的核心地位。在人类中，学习理解之后的基本表现形式就是能够将所经历过的东西说出来或写出来。不管有没有利用实践性教学，贬低学习语言的重要性，甚至贬低学习事物规则与思想规则的重要性，均显示出根源于浪漫主义时代的一种反语言偏见。事实证明，这对于那些词汇有限的儿童特别有害。

超前教学与自然教学（Premature vs. Developmentally Appropriate Instruction）先假设一下，如果告诉父母们，超前教学与自然教学所争议的这些东西已经成为幼儿、弱势儿童获取知识的障碍，而这些知识，许多条件优越的孩子可以在家里获得。再假设一下，如果父母们知道，其他国家年龄相仿的孩子学习了那些所谓"超前"的大有裨益的知识后并没有不良影响。还可以假设，如果父母们清楚，科研界使用的"自然发展"这个标签只是一种出于直觉感受的武断，而不是基于经验的事实确认。很难相信，父母们在得知这些复杂情况后，不去质疑那种为他们孩子"自然发展"的教育的实际意义。

---

① 没有人会说玛利娅·蒙台梭利反对实践式教学，但在教育学界，她却被视为"传统主义者"而遭到反对。按照特丽萨和弗兰克·开普兰的说法，蒙台梭利的工作"已经被美国教育者们回避了……（他们）抱怨说蒙台梭利的教学内容设计过于学术化，班级环境布置过于周到而没有弹性，教育方法与现实世界死死地捆绑在一起，供儿童的自发行为、任意想象和游戏活动留下的空间微乎其微。参见 T. Caplan and F. Caplan, *The Early Childhood Years*, 142.

零散教学与整体教学（Fragmented vs. Integrated Instruction）应该说，"传统主义者"和"现代主义者"都更认同整体教学，而不是分散教学，也不存在任何一方声称维护分散教学而反对整体教学的证据。真正整体教学的优势是，它能够显示事物是怎么组合在一起的，同时有助于保证所学内容能够在各种情境中得以强化。那是理论的说法，而且当它被有效地付诸实践时，传统主义者和现代主义者双方都会认同。然而，自20世纪10年代开始，伪极端化一直被用来贬低直接的学科教学，像数学、拼读以及生物等课堂教学。所有旧式的学科内容都被替换为"专题"或"项目导向"教学。其结果是学生不但没能习得整体知识，也没能掌握不同学科最基本的内容。这是一种丧失了知识连贯性的结果。

无趣教学和有趣教学（Boring vs. Interesting Instruction）根据教育应从儿童的兴趣出发而不应从外部强加这种说法，像古代历史和科学这样的学术性的学科知识，就不会让低年级的孩子学习了。当新知识建立在他们已经知道的东西之上，儿童的学习效果最好（确实如此）。进一步说，儿童对一门学科的兴趣与其直接经验和家庭环境有渊源。因此，早期教育应该教与儿童生活有直接关系的学科，如"我的邻居"之类的"相关"话题。然而，每个受过一定学校教育而能够阅读以上这些文字的人都知道，学科内容本身并不抑制或引发兴趣，而且，一个有效的教师可以让几乎任何学科兴味盎然，一个无效的教师则可以让几乎任何学科沉闷无聊。认为一个人身边的事情比那些遥远时空背景下的事情更有趣，这种假设与一间间教室里学习恐龙和童话故事的事实构成了矛盾——也就是说，这在我们国家所有的早期课堂里都存在。"无趣"与"有趣"或"相关"与"无关"之间的虚假对立，确实隐藏着反智、反学术的偏见。

同步教学的和个别教学（Lockstep vs. Individualized Instruction）传统教学被说成是不考虑每个孩子的个人优势、劣势和兴趣，对所有学生实施相同的教学内容，而现代教学被说成是针对每个孩子的个性特征进行量身定做。毫无疑问，学生的个性与能力差异，使个体化的一对一辅导这种最有效的教学模式出了名。一方面，所有同年级的儿童需要在算术、阅读和写作等方面达到一些基本相同的目标，另一方面，引导他们达到这些目标的最好方法因人而异。这似乎就要反对教师的全班互动教学而赞许个性化辅导。然而，在更重视全班互动教学而不是个性化辅导的同步教育体制中，每个同学不但学得更多，而且学得更好。我们该如何解释这个悖论呢?① 同样是在这种同步教育体制中，每个同学不但得到了更多的个性化辅导，而且似乎取得了更大的进步。又该如何解释这个事实呢？答案就在一个简单的算术题中。想同时给25个学生提供有效的一对一个别辅导，这是不可能的。当对1个学生进行单独辅导的时候，就只能让另外的24人各行其是，而他们通常是安静地做课堂作业。从另一方面来讲，当教师面向全体学生开展教学，让他们明白整个班级活动，他们便能参与其中，在这个时间里学到更多内容。他们偶尔得到的个别辅导也会格外有效。相比较来看，在关注个体这面旗帜指引下的课堂教学，往往导致了疏忽个体的结果。② 如果向父母们解释这个悖论的话，他们还会轻易选择"个别化"教学吗？

这些例子阐明了目前极端化教育言辞的一些典型特征。这类言辞对于或好或坏所进行的简单化、非此即彼的对比，夸张到了滑稽可笑的程度。尽管每句精言妙语都含有一些真理的成分，但这些真理成分是以极其简单的自以为是的形式表达出来的，使其倡导者绕开了潜在的各种复杂问题。这些导致简单化的东西已演变为半真半假的理论体系，其危害性不亚于那些绝对错误的东西，而且一旦满怀信心地在实践中遵照执行，必然导致失败。

---

① 参见 International Association for the Evaluation of Educational Achievement, *Science Achievement in Seventeen Countries*. 在存在个体差异的情况下，如何开展全班整体教学以及为每个孩子提供知识课程方面的做法，参见 The Centre for Educational Research and Innovation, *Immigrants' Children at School*. 其中有来自比利时、法国、德国、卢森堡、荷兰、瑞典、瑞士等国家的相关信息。

② 参见 Stevenson and Stigler, *The Learning Gap*. 其中有观察美国课堂得到的数据：严重影响教学的主要因素是美国教师用于个别指导和小组教学上的时间过多。美国儿童花费自己10%的时间进行小组学习，花费自己47%的时间进行独立学习。美国教师在教学工作中，要将87%的时间用在学生的个别指导和小组学习上，而不是用在整班教学上。当教师为个别学生提供指导的时候，便没有办法照顾班级里的其他同学，这样的话，针对其余同学的教学时间就减少了。

4. 从文化素养到核心知识

在这个引言中，我应该对这本书与我早前那本《文化素养》（*Cultural Literacy*，1987）之间的联系作一些评论。不管怎样，一些读者或许都能推断出某种联系。1987 年的那本书曾经成为激烈辩论的话题。如果我只是简单地忽略那段历史，人们或许会认为我的沉默含有多么神秘的意义。所以，我将用三言两语回溯一下从《文化素养》到《我们需要怎样的学校?》的发展过程。

关于《文化素养》一书的是是非非，有好几十篇书评和大量文章。尽管我或许可以对这些思想观点发表一番议论，但这样做会大大分散写作的主要目的。同时，这样做也可能是不合时宜的，因为大部分评论发表在一个意识形态斗争似乎非常激烈的时候，而如今人们已不再撰写或相信那类言论了。仅举一个例子，《文化素养》一书，几乎总是与艾伦·布鲁姆（Allan Bloom）的畅销书《封闭的美国精神》（*The Closing of the American Mind*）一同被关注。他的那本书恰好比我的书提前一个月出版。由于这种时间顺序的接近，这两本书被作为一种总体文化现象的征兆而紧密地联系在一起。但发展到今天，这样的联系已经非常罕见。大多数作者提到布鲁姆的书或我的书的时候，都默认一些早期评论者的看法，认为两本书不仅不同，而且根本上是对立的。在这类问题上，根据个人的情况进行判定是不允许的；我更为适当的任务是，描述一下从上本书到这本书的思想链条。

这本书将之前那本书作为自身基础。当年，《文化素养》一书的实践依据是那些被广泛接受了的心理学研究成果。近年来，已有更多的经验证据来支撑本书观点的可靠性，而且好几个研究者已发表调查结果，说明一个人总体的学术水平和经济收入与《文化素养》认定和选编的知识之间存在着可预设的高度相关性。没有人会宣称拥有主流文化知识是学术能力发展和经济收入提高的充分条件，但经常会成为必要条件。基思·斯坦诺维奇（Keith Stanovich）和他的同事们已经说明，在智商确定后，那些在文化素养测试中得分较高的人的认知能力发展,比控制组的人更加全面。基本相似,约瑟夫·潘特尼(Joseph Pentony)等也已说明,一个人的文化素养与学业成绩是高度相关的。托马斯·史迪奇(Thomas Sticht)和他的助手们也已说明,文化素养与年收入之间存在高度相关性。这些研究成果已经使一些研究人员认定,依照目前数据,《文化素养》的总体观点是可靠的。① 但除了这些调查结果所提供的可靠证据外,目前《我们需要怎样的学校?》这本书,以更广泛的第一手知识为基础,相关思想与实践就在美国学校里。

没有什么东西可以替代这些直接经验,我也因有机会获得这些经验而心怀感激。我深谢那些很有独立思想的校长和教师,特别感谢康斯坦斯·琼斯(Constance Jones)博士。她是一所大型混合公立小学的校长。这所学校在佛罗里达州的迈尔斯堡(Fort Myers),名字叫三橡树学校(Three Oaks School)。该校在1990年成为全国第一个按照《文化素养》中的原理办学的学校。三橡树学校取得了巨大成功,受此影响,另一位校长杰弗里·利特(Jeffrey Litt)先生,把《文化素养》中的思想引介到了他的学校,即67莫希根学校(Mohegan School),该校坐落在南布朗克斯区(South Bronx)。迈尔斯堡的学校获得了广泛关注,特别是在《生活》上刊登的那篇文章中。在那之后,主要是南布朗克斯区取得了显著成绩,进而引起《读者文摘》网络新

---

① 参见 Kosmoski, Gay, and Vockell, *Cultural Literacy and Academic Achievement*, 265—72; Pentony, *Cultural Literacy: A Concurrent Validation*, 967—72; and Pentony, *Cultural Literacy: An Empirical Investigation*. Willinsky, *The Vocabulary of Cultural Literacy in a Newspaper of Substance*: "随机抽取了424个术语(占词语总表的9%),与每个术语或短语相对应,都有一个数字,代表在101个月期间它在《时代》中出现的频率……结果发现在任何一天出版的《时代》中,词语总表中的术语都出现了大约2700次……结果表明,赫希已经确定了一个日常出版业中不可缺失的文化术语库。"与认知能力相关的内容,参见 Stanovich, West, and Harrison, "Knowledge Growth and Maintenance Across the Life Span", 811—26. 托马斯·史迪奇和他的助手们在1995年的专论中细致说明了文化素养和收入之间的关系。参见 Sticht, C. H. Hofstetter, and C. R. Hofstetter, *Knowledge, Literacy, and Life in San Diego*. 其关联性相当惊人。那些在文化素养测试中获得高、中、低评价结果的人,家庭收入分别为65000美元、39000美元、26000美元。这些数据来自538个随机抽查的对象,相对于全部美国人口普查数据,最后该调查样本在种族和其他方面都高度相似。

闻节目和其他杂志报纸的关注。由于这两所学校的社会影响，其他一些小学也开始努力转向比较扎实的基于知识的课程。

《文化素养》引发了诸多争议，考虑到这一氛围，这项草根运动不得已将工作重心放在了思想上，而不是金钱上。其中，最关键的是我从1986年开始募资成立基金，一开始的时候叫"文化素养基金"（Cultural Literacy Foundation）。但老师们指出，"文化的"（cultural）这个术语产生了许多无关问题，而"核心知识"（core knowledge）更好地描述了改革的主要目的，即一以贯之地将扎实牢靠的知识引介到基础课程中去。在他们的建议下，我把名称改为核心知识基金。现在，教育媒体将我们这些学校的改革运动称为核心知识运动。这项运动现已传播到37个州的200多所公立学校，而且还有一些没有计算在内的学校，也成功地使用了核心知识基金的原理和材料。

该基金的相关活动促成我与全国数百名校长、教师以及成千上万求知若渴的年轻人直接接触。与这些学校持续不断地联系，使我对这本书中所说的"思想界（thoughtworld）"——主导美国基础教育的思想体系，有了更多的亲身感受。那么多精神饱满的校长和教师一直期望甚至非常急切地想打破这套思想体系，这给了我写这本书的勇气和信心。我更广泛地阅读了美国教育史以及教育社会学，以便能够更稳妥地把握这套思想体系是如何以及为什么能够主导美国教育界的思想的。历史能够揭示思想运动的非连贯性、动机游离性、结论草率性和实践脆弱性，历史研究能够给那些欲挑战现状的人带来勇气，也有助于让那些被权威压服之前一度活跃且富有实效的变革思想再现生机。

相比于《文化素养》，也许现在这本书最重要的理论进步，并不在于对先前观点的完善，而是对原书的进一步扩展。当然，我深信确实对原书观点进行了完善。为什么经济效益和社会公正需要所有公民共享由学校提供的一整套文化基础知识，为什么说这套广泛的文化基础知识是所有公民参与社会活动的必要条件，这是之前那本书所要解释的问题。我当时集中讨论的是成年人全面参与社会活动的知识需求问题，所以关注的是学生到高中毕业时应该拥有的公共知识的广度和使用范围问题，因为高中毕业之后，许多人都要参与到国家的经济生活和政治生活中去。但是，以上这些问题的论证逻辑需要更为细致的说明，当时我完全未能认识到这一点。

　　这一点很简单。如果共享性的背景知识对于全面参与更广泛的国家层面的社会生活是必要的，那么遵循同样的逻辑，全面参与一个较小的社会组织生活，尤其像班级这样的组织生活，共享知识也就必不可少。如果广大民众阅读报纸和相互理解需要享有公共知识，那么按照相同逻辑，班级同学要想理解老师和相互理解，公共知识也就不可或缺。每个班级自身就是一个小社会，而且它的有效性和公平性取决于全体成员的全面参与度，正如在更大的社会机构里一样。如果全体同学不能享有相关的核心背景知识，这种普遍性的参与是不可能发生的。这在任何班级组织中都可以得到证明。以至于有些同学由于缺乏相关知识，在理解当天功课时受到了阻碍，结果第二天理解功课时更加困难，落后更远。每个有经验的老师都心知肚明这个事实——一旦说破便显而易见。本书第一章将对这种不证自明但被忽视的学校教育与社会意涵进行讨论。

　　在强调共享知识的时候，《文化素养》一书抨击了当前控制美国教育思想的形式主义（formalism）。教育形式主义建立在一个广泛传播的教育信条上——强化形式技能比传递知识重要得多。下面就是该教条的典型言论，它们出自最近一期教育杂志上的一篇文章：

　　　　随着知识每五年就翻倍一次——到2020年时每73天翻倍一次——我们可能无法再试图预测未来的知识需求。

　　　　以离散式学科为基础的课程，在一个主要以男性和西方为中心的思维方式中出现了。

　　　　我们必须停止围绕正确答案转，必须要学会当遭遇矛盾和模棱两可的情况时如何表现自己。要做到这些，需要从重视知识获得转向重视知识生产。

　　　　过程实际上是内容的最高形式。[1]

---

[1] Costa and Liebmann, *Process is as Important as Content*, 23—24.

到目前为止，这些形式主义的言论主要通过不断的重复，达到了事实上不容置疑的地位。它们像教育界许多无事实根据的信条一样，在严密细致的审查之下衰微了。本书将更加深入地探讨这些言论的谬误之处，以及它们的历史和思想根源。但本书将在第 4 章和第 5 章中详细讨论的核心主题——教育自然主义的灾难性后果，在《文化素养》中只是勾勒出了一个轮廓。如果形式主义是前一本书的重要主题，自然主义就是这一本书所对应的焦点。很难说这两个思想错误中的哪一个对美国教育造成了更多的危害，但可以肯定，任何一者都值得写上一本书。

5. 敌人的本质：是思想，而非人

这本书——不可避免地——会在某种程度上引发争论。美国学校需要转型，而要完成这一转型，许多思想（甚至包括"激进转型"这一伪思想）需要被否决。但是，否决思想并不是要否决作为人的思想者，即哈里特·泰森·伯恩斯坦（Harrier Tyson Bernstein）所说的"善意的同谋"（a conspiracy of good intentions）。没有任何力量能够将教育学院的终身教授们开除，或者将我们公立学校的两百五十万教师全部替换。这些多种多样的人并不是敌人。而且不管怎样，美国教育中的这些作为人的参与者是我们依然需要的。事实上，他们是我们社会中的一些最有奉献精神和最富同情心的成员。不，敌人是思想控制体系，这个体系目前阻碍了对必要性变革的沉思与理解。真正要被打败的是这些内在的敌人。

因此，这是一本主要关于思想问题的书。它的核心章节既属于教育学，也属于思想史。我之所以会提到一些人物，是因为他们与被讨论的思想碰巧紧密联系而难以剥离。从我所说的内容可以明显看出，这本书的重点并不是要去指责教师。他们和我们的学生一样饱受误导，他们所接受的思想本身欠妥，他们所接受的教学内容本身贫困乏力，而他们为了得到专业认证又不得不去消化吸收。正是教师，他们迎难而上提高了我们的一些学生的个人能力。我将此书献给这些教师，而且特别献给那些身在核心知识学校中的开拓者们。

我所说的一些东西，那些久被冷落的先驱们——不仅有我敬仰的威廉·C.巴格莱（William C. Bagley）和安东尼奥·葛兰西，还有阿瑟·贝斯特（Arthur Bestor）、丹妮·里威奇（Diane Ravitch）以及其他人，都曾经说过。这本书归于他们的传统。我增添了一些思想和建议，它们来自于我在一些学校的工作、最近的科学研究以及浪漫主义思想史。我殷切希望，对以往思想进行如此扩充之后，能够帮助那些早期作者获得重新发声的机会。毕竟，教育自然主义在最近几十年愈加悲催，以几近彻底失败的形式，持续不断地证明自身实践的不可行性。不仅如此，主流认知科学已经发现其浪漫主义前提的种种虚幻，并已开始发起挑战。

最终，美国学校改革要想取得成功，将依赖于慈善界、新闻界、社会公众，而最重要的是教育界，能够形成一种敢于怀疑、博识通达的认知态度，与庞大的铁板一样的"思想界"抗衡。以往，威廉·巴格莱在《教育与新人》（*Education and Emergent Man*，1934）中，阿瑟·贝斯特在《教育荒地》（*Educational Wastelands*，1953）中，对那个世界进行了批评。这些批评带来了不多但非常强烈的指责，也对相关思想的发起者进行了迎头一击。但我已年近七十，像个老兵开始力不从心。我不在意会招致不可避免的指责，而更关心批评作证的责任——哪怕有一丝机会这么做，也有助于提高美国学校的质量和公平。

二、智力资本：一项公民权利

1. 民主国家的公共知识

在一个民主的国家中，应该教给孩子们一个公共的知识体系。对此，很久以前托马斯·杰弗逊（Thomas Jefferson）描述其法案时的解释是："通过人民大众来更普遍地传播知识。"普通基础教育不仅要培养具有读写能力和有主见的公民，而且要为未来领导者的成长奠定扎实的基础。一个民主的国家，应该为每一个有才华的人提供平等的出人头地的机会，这里"将根除古往今来贵族政治的枝枝叶叶，不留任何残余；将为一个政府的真正的共和政体奠定基础"。[1] 尽管杰弗逊不信任中央权威，但依然鼓励公共课程的设计，以便"人民大众"不仅能获得阅读、写作和算术等方面的基本能力，而且"可以在他们的头脑中存储有关希腊、罗马、欧洲和美国历史的最有用的事实性知识"，以及那些"道德的基本要素"。

在该（教育）法的诸多条款中，没有比保障人民安全更重要、更合法的了，因为它们是人民大众自身自由的根本条件。为了达到这个目的，（学校教育）第一阶段的阅读最好以历史为主，因他们（许多人）在此阶段将接受整体的教育。鉴以往可以知未来，这将有助于他们利用不同时

---

[1] Jefferson, *The Life and Selected Writings of Thomas Jefferson*, 51.

代和不同国家的经验；这将有助于他们对人类的规划与行为做出恰当的判断；这将有助于他们认识每一个面具伪装之下的野心；认识它并打败其主张。任何政府都带有人性弱点的踪迹，都带有腐败和堕落的胚芽，都会暴露其狡诈的一面，其邪恶都会不知不觉地公开化，不断滋生和加剧。一旦完全信任那些统治者，每一个政府都会堕落退化。因此，人民自己才是唯一可靠的保障，而且为了切实保证安全，他们的思想必须提升到一定的高度。①

杰弗逊的思想后来得到霍瑞斯·曼（Horace Mann）的支持。他坚决主张民主国家需要拥有"公立学校"，以便平等地向所有孩子提供知识和技能，这样才能够保证他们在经济上的独立和自由。其他早期民主教育的先驱们，比如路易斯－米歇尔·L.P.（Louis-Michel Le Peletier）、弗朗西斯·G.（Francois Guizot）以及法国的朱尔斯·F.（Jules Ferry）等，也提出了同样鼓舞人心的在早期教育中实施平民教育的原则。在20世纪早期，约翰·杜威（关于教育他说了很多有时不大一致的东西）在《民主与教育》中重申了这种公共教育与社会民主目标之间的联系：

> 人类不仅天生不知道社群目标和习惯，而且对其漠不关心，也正因为如此，才必须要让他们去认识这些东西并对其产生兴趣。正是教育或者说唯独教育，可以填补这个缺口……人类凭借共同拥有的东西而生活在社群之中；相互交流是他们能够拥有公共事业的基本方式。他们必须共有的东西是目标、信念、抱负、知识——共识（common understanding）。

杜威在哥伦比亚大学的同事威廉·C.巴格莱，是一个知识渊博的教育学者，也是本书致敬的人物之一。在他看来，"正规教育最重要的一个功能，尤

---

① Jefferson, *The Life and Selected Writings of Thomas Jefferson*, 265.

其是在一个民主国家中,就是确保拥有一个最高层次的共同文化。"①

更近的时间是在 1994 年,民主愿景对于一般公共知识的这种依赖性,被提到了议事日程上来,并得到了挪威议会的一致认可:

> 大众启蒙的核心原则是,公共的行为参照框架必须成为所有人的共同财产——实际上必须成为普通教育不可分割的一部分——可以避免的能力方面的差异一定要避免,以防导致社会不平等或被非民主力量所滥用。公共话语系统中的背景知识是毋庸置疑的,而那些没拥有这些背景知识的人,经常会忽视这些知识,或者不得要领。那些刚到一个国家而没有融入到该国行为参照框架中去的人,通常依然是局外人,因为别人不可能想当然地认定外来者所知道的和所能做的东西;需要不断地对他们进行再解释。因此,在一个国家的整个通讯系统中,社会民主成员之间进行交流时,共同的背景知识居于核心地位。正是这些背景知识,使他们对复杂信息的理解以及对新思想、新形势和新挑战的认识成为可能。教育在传递这些共同的背景知识的过程中起着主导作用。一个社会要想保持民主和公民主权的话,就必须传递这些共同的背景知识——每个人都必须熟悉的文化,而教育在其中起着主导作用。②

在工业时代后期,对于普通教育的需求愈加紧迫,占据了比政治更为重要的地位。纯粹出于经济方面的原因,工人们需要拥有更多的公共知识,结果以前非民主政体中的民主政治原则得到了出奇的强化。当苏联解体的时候,非常老练的苏联问题专家乔治·凯南(George Kennan)在一次电视采访中被问道,苏联的这场新革命最终会不会像 1917 年的那场革命那样持久。凯南毫不犹豫地预言,新民主革命必将比其前一次革命更具有持久性:因为迫于经济方面的强烈需求,苏联已被迫让人民接受了教育,而 1917 年的那场革命却

---

① Bagley, *Education and Emergent Man*, 139.
② *Hernes, Core Curriculum for Primary, Secondary, and Adult Education in Norway*, 26.

是农民发动的，他们未受过教育，因而更易听任摆布。

因为经济责任现已和政治责任联系在了一起，所以为所有人提供有效教育变得比以往任何时代都更加紧迫。从政治上说，为了防患于统治者，人民大众本就必须接受教育，而且正如杰弗逊所指出的那样，也是为了防患于他们自身。从经济上来说，人民大众现在需要特别有效的学校教育才能维持他们的职场需要。为了阐释教育在现代世界中的社会经济意义，社会学家们提出了"智力资本"（intellectual capital）这么一个有益的概念。

"智力资本"已经被劳工部长罗伯特·瑞克描述为美国竞争力与繁荣昌盛的关键。在大众媒体中，这个词语已被用来指代那些致使一个国家或公司的工人们比另一个国家或公司的工人们效率更高的特有知识。但是，这个词语的意义已经超越了纯粹的经济后果问题，而且贫富之间日益扩大的差距，已不仅仅在因知识资本分配不均所造成的这些不公方面。社会学家们已指出，智力资本（即知识）在现代社会的几乎每一个领域都发挥着作用，它们决定着社会等级、学业成败，甚至身心健康。法国学者皮埃尔·布尔迪厄（Pierre Bourdieu）已经指出，那些拥有较大份额"文化资本"的人，会比那些起初极少拥有这些宝贵资源的人获得更多的财富和地位，并获得更多的个人能力。[1]

正如有钱才能赚钱一样，有知识才能创造知识。基于货币资本和智力资本这两者类比所蕴含的意义，体现了一个古老的圣经悖论（Matthew 13:12）："凡有的，还要加给他，叫他有余；凡没有的，连他所有的也要夺去。"这个悖论在智力资本面前，比在货币资本面前更加真实无情。那些受过良好教育的人，没有财产继承，但是可以赚钱，而那些缺乏智力资本的人，真的只能陷于贫穷了。在美国教育体制中，马太效应非常显著。[2] 那些拥有智力资本的孩子，在入学之前已具备智力"脚手架"（scaffolding）和智识"粘连扣"

---

[1] Bourdieu, *Le Capital Social: Notes Provisoires*, 2—3. 亦参见 Coleman, *Parental Involvement in Education*.

[2] Walberg and Tsai, *Matthew Effects in Education*, 359—73.

(Velcro)，可以很容易地捕捉身边发生的事情，接纳新知并强化智识"粘连扣"。① 但那些之前缺乏相关经验和词汇的孩子，入学后，看不懂，也弄不清身边发生的事情。他们越来越落后。他们所体验到的无情的羞辱，会进一步消耗个人的学习精力和学习动机。缺乏激励的后果是，他们的智商进一步陷落。② 在早年时期出现这种日益增长的智力资本方面的差异，导致的后果是，这些儿童在认知能力，尤其是在基于言语和写作的沟通能力、学习新事物以及适应新挑战的能力方面，形成一个永久性的差距。简言之，在一个自由社会中，早期智力资本分配方面的不均，可能是导致社会不公的最为重要的源头。

尽管有些说法与此相反，但我们还是看到，儿童最初的知识匮乏可以在幼儿园和小学的初期阶段得以补救，使得他们的后续学习能够正常进行，足以保证社会的文明进步和相对公正。在现代世界中，有些国家已经证实，这种教育成就是有可能取得的，甚至在美国这样的多元化社会也不成问题。③ 因此，智力资本理论所蕴含的一个很实用的价值是，能够给教育理论和教育政策指明方向。以货币资本为隐喻，说明了一个常理：儿童不断积累广泛的基础知识，是自身获得教育成功的关键。

货币隐喻还说明了一个更深刻的道理：并非任何知识都起作用——只有那些构成社会通用知识体系的知识才可能起作用。选择性是至关重要的。要想对孩子有益，他们的智力资本应该能够广泛地与他人分享，应该有助于他们开展交流和有效学习。被独占或被垄断的金钱是不会流通的。从杰弗逊到

---

① 所谓"脚手架"（scaffolding）和"粘连扣"（Velcro），两者均为隐喻，分别指代"支持系统"和"吸纳系统"。其中，英文 Velcro，本来是一种尼龙搭扣，分公母两面，一面是细小柔软的纤维，另一面较硬的像小毛刷的东西。有人将其音译为"维可牢"，但意义不够明确、直观，而译为"粘连扣"，则可以更生动形象地说明知识基础（已知）在学习新知识过程中的重要作用。——译者注

② Thompson, *The Brain*, 299—333. 亦参见 Husen, *Talent, Equality, and Meritocracy*.

③ 有关比利时、法国、德国、卢森堡、荷兰、瑞典、瑞士等国的统计数据，可参见：Centre for Educational Research and Innovation, *Immigrants' Children at School*, 178—259. 法国方面的研究最为全面，他们已经证明，当其他所有因素考虑在内的时候，来自第三世界的移民学生和法国学生的差别"虽然没有完全消失，但大都发生了显著的变化。"更详细的内容，请参见：Boulot and Boyzon-Fradet, *Les Immigres et l'ecole*, 54—58.

古德曼·赫内斯（Gudmund Hernes）（《挪威教育法案》的作者），这些民主理论家都主张，智力资本一定要有广泛的使用价值和广阔的流通领域。①

不幸的是，美国教育界几十年来一直被另一种隐喻所操控，整个教育在一种与"智力资本"截然不同的思想指导下运行。美国教育理论一直认为，儿童应该获得一种通用工具，以便满足后续学习和适应新环境的需要。开发这种通用工具所需要的特殊内容，不必加以限定。这种通用智力技能的形成需要具体内容，但不受具体内容的限制。如果这种说法符合现实的话，真是一种令人心动的教育理念。那样的话，为了方便起见，一个孩子学习什么具体内容就不是什么太重要的事情了。教育的主要目的将简化为确保儿童养成"爱学习"的习惯和获得"批判性思维"之类的技能，以便为他们以后探求和使用各种新东西时提供服务——当拥有这些相当于钳子、扳手之类的工具后，即使在荒岛之上，他们也照样能够开店。但对这种工具隐喻进行解构并对其文字内容进行检查时，会发现它所吹嘘的东西与研究结果大相径庭，而且经过 60 年之后，已被证明是无效的。②

这种工具隐喻论，对具体知识漠不关心，在其怂恿之下，产生了极其悲惨的社会后果。可以毫不夸张地说，由于该错误理论的广泛影响，致使学校一体化和公民权利运动的光明前景几乎成为泡影。在布朗决议之后，教育在更为恰当的理论指导下，本应该发挥其巩固社会正义的重要作用。③ 有两项研

---

① Hernes, *Core Curriculum for Primary, Secondary, and Adult Education in Norway*, 26.

② 目前关于能力研究的基本状况，在原著（英文版）第五章第 143—158 页进行了讨论。——译者注

③ 这里所谓的布朗决议，涉及"1954 年布朗起诉托皮卡教育委员会"一案。当时，美国黑人学生琳达·布朗（Lynda Brown）家附近就有一所学校，但是那所学校只招收白人学生。针对种族教育隔离现象，琳达的父亲向法院起诉了当地的教育委员会。对此，美国最高法院的决议认为，应该平等地对待白人和黑人，应该允许黑人儿童和白人儿童同校学习。之后，美国政府出台了一系列有补偿教育政策性质的措施。补偿教育的原因在于，教育不平等并不是当代文明带来的一个普遍而又不可避免的结果，而是一种人为选择，是人们对"谁应该接受教育""怎样接受教育""以什么代价接受教育"进行选择的结果。——译者注

究可以说明教育的这种作用——一项从 1925 年开始,在过程取向开始占据学校主导地位之前;另一项从 1966 年开始,在工具理论处于优势地位之后。

1966 年,《科尔曼报告》发现:在当时的美国教育体制下,特好的或极坏的学校除外,学生的家庭状况决定着个人的学业成绩;我们的学校在改善弱势儿童的经济机会方面一般是做不了什么事情的。[1] 既然默认在当前过程理论主导之下,是家庭而不是学校为儿童提供了继续学习所需要的大部分智力资本,那么,科尔曼的发现就与认为智力资本很重要的观点高度一致。在教育过程中,如果家庭成为影响个人发展的主导因素,那些在经济上和教育上处于劣势的贫困阶层,就不可能通过教育来获得很大进步。科尔曼 1966 年发现的这种社会决定论模式,在上世纪 90 年代的学校中仍然存在。[2]

其实,历史上已有一些很有说服力的研究结果,它们可以从反面对科尔曼及其同事的研究结果进行补充和说明。哥伦比亚大学师范学院威廉·C. 巴格莱教授 1925 年发表的研究结果非常有力地说明,对学校教育的社会产出进行研究和对相应的家庭影响因素进行研究,在很大程度上依赖于对相关教育背景所进行的研究。在第一次世界大战期间,美国曾对大约 1,700,000 名士兵进行过陆军甲种测试(Army Alpha Test)。巴格莱在《教育决定论》(*Determinism in Education*)中对这些测试结果进行了分析。[3] 巴格利特别感兴趣的是,将各个大组士兵的智商(IQ)得分与他们所来自的州联系起来进行对比。有些州,比如俄勒冈州和马萨诸塞州,基础教育制度很好;而另一些州,比如密西西比州,教育制度则很糟。在此之前,基于各种各样的客观标准,艾尔斯(L. P. Ayres)已根据各州学校制度水准对各州进行了一个排名。[4] 巴格莱想确认,这种大规模的智商和能力测试结果(已基本上排除了先天差异)与艾尔斯独立排列的各州教育总体质量之间是否存在着一定关联。

巴格莱发现,这些士兵的平均智商与当年他们就读小学所在州的教育总

---

[1] Coleman, *Equality of Educational Opportunity*.

[2] 参见 Chall, *Families and Literacy*; *and especially*, Chall, Jacobs, and Baldwin, *The Reading Crisis*.

[3] Bagley, *Determinism in Education*.

[4] Ayres. *An Index Number for State School Systems*.

体质量高度相关，系数达到了 0.72。有趣的是，来自州教育排名高的非裔美国士兵比来自州教育排名低的白人士兵智商高。因此，在美国按照传统主义原则而非进步主义原则办学的年代，那些卓越学校对于学生的平均智商和基本素养具有决定性的影响，比家庭或家庭收入（1900 年，非裔美国人的家庭收入并不高）的影响力大得多。这一惊人发现恰好与 1966 年的调查结果相反，有力地支持了智力资本论，说明智力素养的基础是智力资本，而不是抽象的智力工具。事实上，正如我将在第五章重点展开的那样，智力资本本身就是当今世界了不起的通用工具。

2. 学习对于公共知识的依赖性

为什么学生所拥有的公共知识会成为有效课堂教学必不可少的重要因素？每个教过书的人都知道，当你向全班解释一个新主题时，有些学生可能会露出会心的微笑，有些学生则可能是一脸的困惑。每个教师在阅卷时都可能说过或想过："哎，怎么有些学生就是掌握不了呢，我确实教过他们了啊。"为什么有些学生心领神会、一点即通而有些学生却不行呢？

心理学研究已表明，学习新知的能力依赖于已知对新知的适应（同化和顺应）能力。当汽车刚问世的时候，人们称它为"无马马车"（horseless carriage）。而这就是已知对新知的一种适应。当老师对着一个班级的同学说，电子绕着原子核运转就像行星绕着太阳运转一样，这样的类比可能有利于那些已经了解太阳系的学生，而对那些不懂太阳系的学生则没有作用。可以将相关背景知识设想为库存的各种潜在的类比，它们有助于对新观点的消化和吸收。任何领域的专家学习新东西的速度都比新手快，因为他们拥有丰富的、快捷的背景知识，这为他们获取新知提供了更为多样的途径。在学习的每一个阶段，利用原有相关知识的促进功能，都是极其重要的。

当一个学生"理解"了课堂上正在传授的内容的时候，就像一个人听懂了一个笑话。一点即通，豁然开朗。具有必要背景知识的人能够听得懂这个笑话，而那些缺乏相关背景知识的人却摸不着头脑，除非有人说明开这个玩笑时所预设的背景知识。一个有 25 至 30 个学生的班级，不可能保持齐头并进。只有当所有学生都获得了"理解"下一步教学内容所必需的前提性知识时，才有可能那样。如果课堂教学必须三番五次暂停下来去给那些后进生补习他们本该在低年级就掌握的背景知识的话，这么慢的进度对于基础较好的同学而言，必然是难以忍受的。相反，如果不为后进生放慢教学进度，教师硬着头皮往后赶的话，那些基础较差的同学必然会越来越落后。就当前的美国而言，这个常见的问题并没有通过对学生进行能力分组而得到适当的解决，因为基础性的结构问题与能力并没有多少关系。即使那些很聪明的人，也有听不懂笑话的时候。

所有一年级学生在入学之时都应该"做好学习准备"，这条第一原则由布什总统和 49 位州长在 1989 年教育峰会上明确提出，并于 1993 年经国会批准通过。这条做好学习准备原则所隐含的一个（真实）假设是，如果儿童入学之时尚不具备那些有助于课堂参与的知识和词汇的话，他们就跟不上一年级的课程。他们必须能够跟老师和其他同学说话，反过来，他们还必须能够明白老师和其他同学们所说的话。简言之，所谓"做好学习准备"，意指最起码能在关键技能、知识要素和词汇方面与一年级的其他同学相分享。

如果认同儿童最初准备将为之后各年级顺利学习提供必要动力的话，那么对一年级学生的这种特别关注就可以理解了。否则，特别重视一年级学生这一点，就很难得到客观公正的评价。既然那种认为我们当前教育体系中为所有儿童提供了持续动力的看法明显是错误的，那么从逻辑上来讲，对于二年级学生、三年级学生，以此类推到各年级学生，我们都应该贯彻"做好学习准备"这一原则。因为民主教育的一个基本要求就是，每个学生在每学年开始进入一个班级时，都应在学业准备方面得到保障，以便学会那一年要教的知识和技能。做好学习准备这一原则的基本诉求是：在一个民主国家，所有学生都应该在升级时做好学习准备。毋庸置疑，由于孩子们的家庭环境不同，这种学习准备所必需的技能、背景知识以及词汇等，分配结果极不均衡。而恰恰因为这一点，学校的责任就是要为每个儿童提供进一步学习所必不可少的知识和技能——不考虑家庭背景。

为了课堂有效学习的实现，班级成员需要享有足够的共同参照点，以便所有学生都能够稳定地学习，尽管学习的进度以及相应的学习方法各有不同。哈罗德·史蒂文森（Harold Stevenson）和詹姆斯·施蒂格勒（James Stigler）在《学习差距》(*The Learning Gap*)这本很重要的书中指出，当这种必要的共同点准备不足时，就像美国今天的大多数课堂一样，与那些在课堂中达到了共同学业准备的教育制度相比，学习进度显得愈加缓慢。颇有争议的是，美国课堂与那些体系更为有效的课堂之间的这种结构性差异，是美国学生在国际比较中表现糟糕的一个重要原因。在这方面，当与其他"同质"国家中的孩子相比时，就会将我们课堂教学的松散性归因于反复讨论过的美国学生的"多样性"，对于这个"错误"，史蒂文森和施蒂格勒已经敏锐地发现：

> 错误……就是认为，学生社会和文化背景的多样性构成了教学的最大问题。实际上，一个更为严重的问题是学生教育背景的多样性，并由此造成了他们在专业课程学习准备水平上的多样性。①

史蒂文森和施蒂格勒所描述的学习差距是指美国和亚洲学生在学业成绩上的差距。由史蒂文森和他的同事进行的后续研究已证明，这种差距随着时间而变得更大，使美国学生更加落后于他们的亚洲同龄人，在十一年级时的差距远远大于他们在六年级时的差距。② 这种不同国别学生之间存在的漏斗状的扩大性差距，和美国学校内部存在的另一种漏斗状的差距极其相似，那就是，在优势学生和弱势学生之间，随着他们年级的不断升高，差距会不断扩大。③ 对这两种扩大性差距的合理性解释是，美国课堂中学生公共基础知识的缺乏，不仅减缓了整个班级进度，使我们落后于其他国家，而且造成了不同家庭背景学生之间差距的不断扩大。那些有幸在家获得所需背景知识的学生，会比那些仅能靠学校而获得一些零星知识的同学领先。对于那些比较幸运的

---

① Stevenson and Stigler, *The Learning Gap*, 196.

② Stevenson, Chuansheng, and Shin-Ying, *Mathematics Achievement of Chinese, Japanese, and American Children*, 51—58.

③ The work of Loban and Chall is discussed in Chapter 2, pages 44—46.

学生而言，最初的优势会像滚雪球一样变大，而那些不幸只能依赖于不连贯的学校教育获得一些知识的学生，几乎从未获得进一步学习的动力。在美国学生中，公共基础知识的缺乏不仅阻碍了他们的总体进步，造成了在卓越性方面的国际性差距，而且更严重的是抑制了弱势学生的进一步发展，进而导致了美国国家层面上的公平性差距。

在卓越性和公平性方面的这些差距，可以解释为什么学业成绩最好和学业成绩最差的两类学生会反反复复出现行为不良问题。其中一组学生是由于厌倦而产生了敌对心理，另一组学生则是由于厌倦和屈辱——由于课堂公共知识匮乏而诱发和加剧的不良情绪。康斯坦斯·琼斯（Constance Jones）已经发现，当美国小学生在学校教育中得到必要的背景知识后，旷课缺席和纪律问题会急剧下降。[1] 在英国，丹尼斯·奥基夫（Dennis O'Keeffe）的研究也同样得出结论，如果给同学们"配备必要的智力工具，旷课率就会降低"。他总结说，"问题的症结在于知识传授不到位，而不在于学生本身。"[2]

旷课和不良行为的减少，这只是帮助所有学生做好学习准备后所获得的益处之一。更值得肯定的是，为少年儿童提供基础知识，这本身就具有激励作用；这样做，他们天生的求知欲便获得了解放。史迪芬·平克（Steven Pinker）已经证明，儿童天生具有"语言本能"。[3] 语言本能属于更为普遍的学习本能的一部分，它会促进儿童为了成为成人社会之一员而学习。对此，一直有争论，而且事实上自亚里士多德开始就在争论了。作为人的儿童，从生物学上来说，幼年时期是非常无能和脆弱的，必须依靠相当广泛的社会帮助才能生存，所以在人类进化的过程中，缺乏学习本能的孩子不可能生存下来。[4] 他们天然的好奇心和求知欲是与生俱来的本能，要是想让孩子们心生厌倦或漠不关心的话，必须对其进行系统性的伤害，否则是不可能发生的。

因此，为儿童提供基础知识（enabling knowledge）的积极作用，不仅仅

---

[1] Jones, *Quality and Equity of Education Outcomes*.
[2] O'Keeffe, *Truancy in English Secondary Schools*.
[3] Pinker, *The Language Instinct*.
[4] Geary, *Reflections of Evolution and Culture in Children's Cognition*, 24—36.

是让他们表现更好。他们表现更好，主要是因为他们被学习所吸引，心思用在了学习上。在美国小学的第一年里，由于导入了连贯的以内容为导向的课程，图书馆的使用率明显上升，高达70%。由此看来，将基础知识想象为"粘连扣"尚不足以描述这种现象。这种比喻可以解释基础知识本身的附着唤醒功能，但不能表达活跃的好奇心对于儿童的激励作用。以"粘连钩"来比喻基础知识，学习似乎是一种被动的事情，就像在等着钓鱼。但儿童的智力垂钓是相当积极的，就像图书馆使用率的上升所显示的那样。为儿童提供基础知识后，给予他们的不只是被动的钩子，还有活跃的触须。这种想象应归功于著名的儿童心理学家桑德拉·斯卡尔（Sandra Scarr），她提供了下面这个例子。一个孩子走进学校图书馆，看到了一本名为《尼罗河探秘》(*Exploring the Nile*) 的书。这孩子会对自己说，"我已经知道了尼罗河的一些事情，来看看这本书说了什么吧。"相比之下，一个不知道尼罗河任何事情，甚至连尼罗河的名字都不知道的孩子，往往没有反应就从书旁边走过去了。对于那些处于优势的儿童而言，因为受到广博的知识滋养，形成了积极的好奇心，能学到越来越多的东西，那些处于活跃状态的触须，也会生发增多。至于美国学校为什么不能让所有儿童在这方面获得更多的优势，目前尚无不可辩驳的理由（insuperable reason）。

3. 现行课程的神话

小学课程混乱是我们美国公共教育的一个特征，但是，几乎没有人能够意识到这一点。尽管我们知道小学阶段没有国家课程，但往往理所当然地认为，对于每个年级应该教儿童什么内容这个问题，各地都已达成了共识——即使整个地区内没有共识，每一所学校内部肯定也是清楚的。毕竟，坚持地方控制教育这一原则的公开理由是，应该由地方来确定我们的孩子要学习什么。尽管这条原则具有民主的功效，但认为各地区甚至各个学校具有连贯一致性的课程内容的说法，确是一种极具误导性的神话。

这种神话之说，并不是藏于黑暗中的秘密。但是，那种认为各学校有辖区课程的观点，却被院校体制内的专家们视为真理而广泛接受。最近，一个地区的学监告诉我，他没想到自己二十年来犯了一个错误，认为辖区内的每所学校都能确认应该给每个年级的学生教授什么内容，但令他震惊的是，事实并非如此；他发现，在其辖区内，没有校长能够告诉他，同一年级每个孩子预期学习内容的底线是什么。我告诉他，一位抓狂的双胞胎妈妈在给我的一封信中抱怨，她的这两个孩子被安排在同一所学校同一年级的两个不同班级里上课，但学习的内容却完全不同。他听说这些后，并不惊讶。所谓各地学校有地方课程的神话，任何人都可以做个实验证实一下，非常容易。只要问一下离你最近的一所小学的校长，请他说说同一年级所有孩子应该学习的具体内容的底线是什么即可。那些尝试过这个实验的人，最后都是空手而归。

或许，"空手而归"这种说法并不正确。校长可能会递给你一大摞文件。事实上，许多州和地区都印发了厚厚的文件，美其名曰"课程指南"，但这些沉甸甸的材料并没有回答"同一年级的所有孩子应该学习的具体内容是什么"这个简单的问题。有时候，除了这些指南外，有的校长可能会递给你一张教同一年级的每个老师应该使用的教科书清单。但这个教科书清单和一摞厚厚的辖区课程指南差不多，同样说不清教学内容的底线是什么。关于美国学校的教科书使用问题，不妨看看下面的这些研究：

> 被那么多的教科书弄得晕头转向，而且想到这些孩子将来的任课教师可能会重讲这些内容，美国教师经常会省略掉一些教学主题。不同的主题，被不同的教师所省略，以至于后来教这些孩子的教师，不可能知道之前各年级究竟教过了哪些内容——后接任的这些教师，没法确定这些学生知道什么和不知道什么。[1]

四年前，我经历了一件事，它非常生动地证实了地方课程的这种神话特征。当时，有一个学校在前一年就已开始了核心知识课程的实验，这意味着该校同年级任课教师已同意使用我们规划的课程内容，它远比本地官方"课

---

[1] Stevenson and Stigler, *The Learning Gap*, 140.

程"内容细致具体。当这所学校公布考试分数大幅提高和纪律问题减少的时候,一名《华尔街日报》的记者准备写一篇相关报道,他问校长:"你们学校为了采用新课程而舍弃了哪些旧课程?"结果,校长一直重复说学校没有舍弃任何内容;教师仍在遵循原来的地区课程指南教书。这位心存怀疑的记者不断地重复这个问题;他不明白为何两门不同的课程可以在同一时间在同一所学校使用。但是,这位校长所说一点都没有错。因为辖区课程指南本身太模糊了,以至于看不出它们和那些更为具体的课程之间有什么界限,当然可以同时遵照执行啦。

辖区课程指南缺乏准确性这一事实,可以解答为什么校长们不能自信地说出他们学校每个年级儿童正在学习什么内容这个问题。事实上,孩子们所学习的东西差别特别大。我之所以强调在这种背景之下根据特定年级水平设计教学内容的重要性,是因为学年是课程规划的重要单元。标准模式是:新学年,新教师。这种以多学年(multiyear)为单位开发出来的课程指南在实践中是无效的,因为连续多年这些学生的任课教师是不断变化的。多学年的目标模糊不清,使学生和教师都不对现实差距负责任;差距总是成为以后学年应该填补的缺口!密切监管变得不再可能。不管教师还是学生,谁该担当责任,没有办法保证。

各州和地方怎么会出台连篇累牍的课程指南,却不能界定各个年级应该学习的具体内容呢?这可能会令人困惑。我们不妨看看一些典型的指导说明(它们属于一年级的社会研究课):"孩子应能够识别和解释国旗、重大节日、历史人物和历史事件的意义。能够熟悉一些特定民族的信仰和价值观。能够认识到科学和技术对社会历史和现实的影响。"

这种表述透露了辖区指南的一个显著特征,那就是拒绝对教师的特权加以限制——就本例而言,采用的手法是,地方课程编制者所指的是哪些国家的国旗、重大节假日、历史人物、历史事件,不在指南中加以限制和说明。但是,在没有限制和说明的情况下,凭什么相信不同的教师会以相似的方式回应这些指导说明呢?当不同班级中的一年级学生升入二年级时,他们共同的知识基础是什么,接任的新教师能有把握吗?在学习"特定民族的信仰和价值观"的时候,学生应该知悉的"特定"群体是哪些呢?在这种语境中的

"特定"一词，不自觉地带有一种反讽的味道。

我也找到了数量非常有限的一些地方课程，它们比前面提到的那些典型的课程指南要具体的多了——特别是在科学和社会研究课方面。因此，我要审查一下到目前为止所找到的最好的这个课程指南，以其为例，更为客观公正地说明，即使在最好的情况下也会导致课程不连贯的问题。在这个与众不同的地方课程指南中，一年级科学教学指南很巧妙地说，学生应该能"使用术语'腐烂'（decay）来描述有机物质的分解。"社会研究教学指南（也很巧妙地）说，学生应能"在地图/地球仪上查找南北极、赤道以及北美临海"。这正是课程文件应该提供的一种指导。

但是，即使在这个最好的指南中，确定性和连贯性也存在着严重的参差不齐现象。例如，在科学部分，有关植物和种子主题是这样表述的：

·一年级："描述种子和播种植物。陈述种子萌芽和植物生长的三个要求。"

·二年级："按照从种子到成年的顺序，图解植物成长的各个阶段。"

·四年级："播种，识别和确认决定植物成长好坏的环境因素"。

·五年级："识别和标绘种子各部分的成长状况，对子叶是胚芽生长所需的食物进行推论。"

这种前后重复的背后理论是一种"螺旋上升"式的深化理论。但是，对于这种重复，学生的普遍感受是枯燥无聊，经常听到有人抱怨说，《夏洛的网》（*Charlotte's Web*）这个故事，他们在六学年中被逼着读了三次。

构建地方课程框架的螺旋式方法是这么运行的：首先要确定几个高水准的总"目标"，然后将它们贯穿到几个年级中去。在我所说的这个特殊辖区内，每个年级的科学课都遵循着总体目标，例如："阐明生物体的相互关系以及它们与环境之间的相互影响。"既然这个"目标"或"链条"是贯穿小学前五年科学课的四个主要原则之一，那么地区课程一个年级一个年级地重复着相关主题，就不是什么令人惊奇的事情了。在本例中，不断重复的是种子。但科学课的四个目标中还有一个："描述物理特性的相互作用以及他们对行星地球的影响。"考虑到这么一个目标，当我们发现以下情况时就不会惊奇了：关于太阳的单元内容在一、二、四、五年级中重复出现，关于地球的单元内容在一、二、三、四、五年级中重复出现，关于行星的单元内容在一、二、四年级中重复出现，关于月球的单元内容在一、二、三、四年级中重复出现。

如果说"链条"法的危险之处在于重复和无趣的话，那么一个必然的危险结果是，链条之间的空间变大而导致差距的产生。频繁的重复和差距是困扰地方课程的弱点，而且当这种链条法与模糊性相混合时，问题便不可避免。巨大的差距必然会出现。就拿这个最出色的地方课程指南来说，其中不仅没有指出要给孩子们介绍光合作用的基本特征，也没有指出要让他们了解简单工具及其操作方式，更没有指出要让他们知道如何用英寸、英尺、英镑、公斤、克、夸脱（quarts）、品脱（pints）、立方厘米来测量实物（physical things）。之所以如此，可能是出于一种假设，认为教师本人会填补这些空缺。但事实表明，这种假设并不可靠，没法保证做到。地方课程指南中的一片片空白，结果变成了在学生头脑中的一片片空白。

在一个发达的世界中，我们是如何让课程变得这么拙劣、古怪的呢？从1930年代开始，作为公立学校和师范院校中进步主义教育发展的一部分，课程改革运动遍及全国。[1] 60多年之后，作为对早期以内容为导向的课程编制方法的一个回应，这种含糊其辞、留白打扣的"概念"课程终于形成。这种新课程试图超越"纯粹事实"（mere facts），摆脱"机械学习"（rote learning），追求教学目标的广阔与深远，获得整体性和深刻性。但之前引用的这些例子，恰好阐明了这类主要依靠过程、"目标"和"知识链"的课程所导致的种种恶果。无论这种类型的地方课程指南多么好，也有其根本性缺陷。

第一个根本性缺陷是，对大量的主题框架（conceptual scheme）进行任意组合与分类，构建那些所谓的课程"链条"或课程"目标"。这些主题框架似乎深刻而全面，但大多数真的相当武断。各地课程的主题目标往往各不相同，但每个地区都偏爱各自的目标。同样引人注目的是，最近由课程专家们为美国科学促进会（the American Association for the Advancement of Science）、科学教师全国委员会（the National Council of Teachers of Science）和国家科学院（the National Academy of Sciences）编制的各种主题框架，也

---

[1] Ravitch, *The Troubled Crusade*, 52—55.

带有很强的任意性。这些文件全都遵循着不同的主题框架。

另一个根本性缺陷是，过分依赖于大量的抽象目标（与"纯粹的"内容相对），将其作为课程规划的一种手段。这些一般性目标并不需要给予明确的或连贯一致的说明，因为从宽泛的主题框架到各种具体（通过特定内容）的语词表达，两者关系稀松平常，并不紧密。大而无当的课程规划往往过于综合、空泛，无法指导教师进行具体内容的选择。例如，在我们的一个很出色的辖区中，有一个跨年级的科学课目标，被表述为"理解物质和能量的相互作用"。就这句话的操作性而言，相当于说"理解物理、化学和生物"。现实中，教师必须判定在"目标"之下包括了哪些内容。这种目标对于教师而言，没有什么实际帮助。

地方课程指南除了错误地依赖随意性很强的主题框架外，其重复和差距的主要根源依然是缺乏对具体内容的说明。乍一看，我所说的这个表现出众的地区，在这方面有点儿让人迷惑。在该区的社会科学指南中，有些地方是非常具体的。一年级的学生必须能够"区分地球、政区图和地形图之间的差别"。二年级的学生必须能够"正确标注指南针的方向"和"讲清'星条旗'的意义"。等学生读到六年级时，他们必须能够识别黄河、长江和淮河等河流；能够识别喜马拉雅山、秦岭山脉、日本的中央山脉以及富士山；能够识别戈壁沙漠、华东平原以及东北平原；能够识别香港、台湾以及横滨；能够识别太平洋、日本海和黄海。对东南亚、印度和非洲，也有同样明确的地理知识方面的规定！当一个人看到这种对具体地理知识的广泛关注，肯定会感到惊讶和高兴。这种指南很有用，它能帮助教师对那些数不清的地理特征进行判定，确认其中哪些是应该学习的基本内容。

但在指南中，对美国最重要的地理特征的选择，却缺乏类似的具体指导。对此，我们该怎么解释呢？没有江河溪流，没有密西西比河、密苏里河、蛇河、格兰德河以及詹姆斯河；没有山脉，没有阿利根尼山脉、落基山脉以及喀斯喀特山脉；没有提及北美洲大平原或五大湖；没有城市（学区本身所在的城市除外）也没有州（那个地区所在的州除外）。然而，前文中所有关于亚洲和非洲的地理细节，都是作为基本知识而呈现的。就低年级应该学习美国地理中哪些重要知识这个问题而言，教师不需要帮助指导吗？在这一点上，教科书本身含有太多有用的具体细节。为什么关于湄公河、伊洛瓦底江、怒江的知识有那么明确的规定，而关于美国地理知识的基本内容是什么却没有具体说明呢？

让我为这种极其典型的留白提供一种解释吧，它可能有助于说明美国课程内容规划中的不均匀问题。对亚洲地理特征方面的知识进行筛选时，不会引起什么争议。但在美国境内选择有关本国地理特征方面的知识时，则会被认为是一件极具争议的事情。哪些城市是不该被提及的？俄亥俄州的阿克伦市吗？但那个城市对橡胶制造业来说是非常重要的；孩子们不应该知道轮胎来自阿克伦市吗？天哪！一旦你走上这条路，你将会在哪儿停下来呢？美国有90个城市和阿克伦市一样大或者比阿克伦市更大。我们要让孩子认识90个城市吗？而且，谁来确定美国河流的分界点呢？搁置关于美国地理特征的具体知识的所有争议不是更好吗？相关选择最好留给教师个人去做。关于亚洲和非洲的相关决定，不会有谁去挑战。因此，除了在这些方面进行选择外，我们将只介绍如何使用地图册和看地图。

在整个美国，这种无益的模糊性，没有比在语言艺术课程指南中的表现更明显的了。如果说有些辖区课程指南对于科学和社会研究课的规划比较具体，可圈可点而值得一提的话，那么我所知道的任何地方的语言艺术课程框架皆乏善可陈。在我反复讨论的地区课程指南中，我只在七年级的《期刊文献读者指南》(*The Reader's Guide to Periodical Literature*)中找到了有关书籍、故事或诗歌的具体说明。

以下是在该地区语言艺术课程中发现的一种最广泛的"目标"，而且像其他语言艺术课的目标一样，它通过最初六个年级的每个年级螺旋式上升：

·一年级："利用适当的语境、语音、结构和参考等线索，独立地培养和应用猜词法。"

·二年级："利用适当的语境、语音、结构和参考等线索，独立地培养和应用猜词法。"

·三年级："利用适当的语境、语音、结构和参考等线索，独立地培养和应用猜词法。"

·四年级："利用适当的语境、语音、结构和参考等线索，独立地培养和应用猜词法。"

　　·五年级："利用适当的语境、语音、结构和参考等线索，独立地培养和应用猜词法。"

　　·六年级："利用适当的语境、语音、结构和参考等线索，独立地培养和应用猜词法。"

　　这样的话，从一年级到六年级，教师一直要让学生进行包括"语境线索""语音线索""结构线索""参考线索"在内的形式化操作。

　　尽管这些基本的语言素养确实需要教，但根据学界的研究，用这种纯粹形式化的方法来教他们，由于缺乏对可能要学的具体作品进行指导，从心理学上来说是不健全的。① 它似乎就是计划好的重复、呆滞、乏味的演练。它紧盯流程，且忽视相关书籍、故事、散文等在教学中的特别作用。这么做不仅不能给教师提供帮助，而且错过了既发展儿童能力同时又传递重要的传统知识的机会。《夏洛特的网》之所以要重复阅读多次，弱势儿童之所以没机会获得那些优势儿童在家学会的知识，其原因恰恰就在于这种模糊不清的主题框架。

　　全面详细的课程指南，有助于教师区别对待必学知识和拓展性知识。课程指南对特别重要的事实进行筛选，实际上就减少了本需教师去审读筛选的信息总量。这种课程指南鼓励更有深度和连贯的教学，但也确实容易产生分歧——这在某种程度上可以解释为什么我们一些学区会继续出台宽泛留白的课程指南：既然宽泛留白可以避免争议，为什么还要明确具体呢？从另一方面来说，指南不提供具体细节，那些处于劣势的学生和他们的老师，就像是在玩一种规则不明、神秘怪诞的卡夫卡游戏（kafkaesque game）。② 很快，这些不幸的学生就会被弃置在慢轨道上，而且再也不能融入到学习和社会的主流中去。

---

　　① National Academy of Education, *Becoming a Nation of Readers*.
　　② 弗兰兹·卡夫卡（Franz Kafkaesque, 1883—1924），奥地利小说家。卡夫卡的作品缺乏整体的、明确的意涵。卡夫卡被认为是现代派文学的鼻祖、表现主义文学的先驱，作品情节纷乱，思路不连贯，跳跃性很大，语言的象征意义很强。卡夫卡虽然没有将不确定性当作自己的创作原则，但其作品所表现的不确定性特征却非常明显。——译者注

4. 美国流动家庭的子女

因此，尽管我们的孩子年复一年待在同一所学校里，但结果还是出现了不公平现象，这主要是因为一些学生所学习的知识没有其他孩子多。那些知识学得少的同学，不是因为他们天生缺乏学习能力或缺乏学习意愿，而是因为课程组织本身的缺陷。美国学校里之所以出现本可避免的不公平，其原因在于一个系统性的失败，那就是没能交给所有孩子下一学年学习所必须具备的知识。对一个教师来说，当一群儿童中有人缺乏必要的基础知识时，就不可能让所有人达到同一个水平。在这种情况下，每个学校最重要的一项任务，就是确保本校所有孩子都能掌握下一学年学习所必备的前提性知识。由于美国体制目前把最重要的任务留给了一节节变幻莫测的课堂教学，结果造成了体制性的不公平，尽管这些学生都在同一所学校里学习。而对于那些必须转校的孩子来说，包括对那些在学年中间必须转校的孩子来说，这种内在的不公平更加严重。

我们来看看简（Jane）的困境吧。她进入了一所新学校读二年级。她原来一年级的老师把所有世界史知识延迟了一年没教，也就是说，简在原来学校读一年级时根本就没有学习世界史。但是，在她现在就读的这所新学校里，许多一年级学生已经学过了关于古埃及的知识。因而，新老师所讲到的尼罗河、埃及金字塔和象形文字等，对简本人而言，简直就是天方夜谭。新老师讲课所联系到的内容以及试图由此传授的新内容，简都没有办法理解。由于原先知识匮乏而造成入校后最初的知识匮乏，由于这些最初的知识匮乏而造成简在新环境中的重重不理解，进而造成了更多的重重不理解。我们由此便可明白，简为什么在新学校中的学业成绩一直不那么理想。试想一下，由于不理解其他儿童理解的内容而导致悲伤难过和各种学业障碍，加上本可避免的学业问题以及适应一个新团队而不可避免的各种问题，我们便不难理解为什么美国学校里会出现新生学业不良这样的事情了。除了这些缺点之外，还有一个事实，即转学儿童比例最高的社会阶层是由那些低收入家庭所组成的。

这些低收入家庭，因为经济方面的原因，而不得不经常搬迁。意识到这些问题，人们便能更加全面地理解，为什么弱势儿童会因美国教育体系中课程缺乏连贯性而遭受如此严重的影响。

人们常说，美国是一个移民国家。其实，它还是一个境内人口流动非常频繁的国家。根据美国审计总署（The United States General Accounting Office）统计，美国每年大约有五分之一的人要搬家："美国是所有发达国家中流动人口比率最高的国家之一；平均来看，每年大约有五分之一的美国人要搬家。那些家庭搬迁频繁的小学生，面临着正常生活中断包括转学等各种问题。"① 就那些年轻的父母而言，很少有人能够安排好搬家的时间，几乎没有人能选择在学期初或学期末搬家。② 在一个典型的社区中，每学年学生转进转出的比率，平均起来近三分之一："密尔沃基公立小学（Milwaukee Public School）的平均比率是30%左右。"③ 而且在搬家的父母中，处于收入水平最低阶层的那些人搬迁最频繁——远远高于中高收入的家庭。④ 这种低收入父母的高流动性，必然导致的结果是，那些学习因转校而遭受最严重影响的弱势儿童，正是那些父母最经常搬家的学生。在一个典型的市中心学校，那些9月入学的学生，到5月的时候，大约只有一半的人还在那里就读。⑤ 地方学校方面的神话，不亚于地方课程方面的神话，两者很匹配——如果神话不仅指涉建筑和员工，而且还指涉每学年进校的学生的话。

正如大多数美国人一样，我本来对这个很少对外公开的问题一无所知，没想到学生流动问题如此严重。在关于学校改革的各种讨论中，很少提及学生流动性问题——说得更多的是关于各种教育思想的自我限制性问题，而不是关于我们教育问题的迫切性问题。任何对地方课程自主性原则的挑战，都被认为是一件很敏感的事情。出于这种禁忌，所有问题，包括学生流动的严

---

① General Accounting Office, *Elementary School Children*, 1.
② 同上, 32。
③ Cohen, *Moving Images*, 32—39.
④ Wood, Halfon, and Scarlata, *Impact of Family Relocation on Children's Growth, Development, School Function, and Behavior*, 1334—38.
⑤ Cohen, *Moving Images*, 32—39.

重后果，远远没有得到公众应有的关注。我最早警觉到这种流动性问题的严重性是在 1992 年。当时，我收到了来自核心知识实验校的官方报道。我看到的第一份报告来自德克萨斯州圣安东尼奥市的 179 号公立校（Public School No. 179），霍桑学校（The Hawthorne School）。在这份报告的第一页，在红色标题"学生"的下方有一个方框，其中的数据如下：

接收学生的年级水平	PK-5
人员数额	522
种族：亚洲人	2.5%
黑人	4.8%
西班牙人	83.2%
白人	9.5%
转学人数：转进	108
转出	176
转学者所占的百分比：	54.4%

用来指代学生转学百分比的专用术语是"流动率"（mobility rate）。对于市中心学校来说，平均流动率通常在 45% 至 80% 之间，而许多郊区学校流动率在 25% 至 40% 之间。就纽约市内的平民学校和其他一些地方的学校而言，流动率则超过了 100%。也就是说，在一学年里，转出和转进的学生总数会超过在这个学校上学的学生总数。"在我国一些流动人口密集、儿童特别多的地区，学校的流动率会超过 100%。"①

最近来自审计总署的一份报告说，在所有三年级学生中，有六分之一的人，在一年级和三年级期间，至少上过三所学校。在那些来自低收入家庭的三年级学生中，有四分之一的人，已经上过至少三所不同的学校，而在那些英语水平有限的人中，这个数字上升到了三分之一以上。② 这种流动对教育所

---

① Cohen, *Moving Images*, 32—39.
② General Accounting Office, *Elementary School Children*, 5.

造成的不良影响，构成整个教育系统成效低下的主要方面。审计总署发现，在阅读水平低于本年级水平的三年级学生中，转校生比那些未转过校的学生多得多。① 其实，那些在同一所学校就读的学生，也面临着课程不连贯问题。由此看来，零零碎碎给流动生提供那么一点儿教育，简直不可思议。

　　由这种社会和学业的不连贯性所产生的负面影响是强大的，甚至在非贫困生中，这种影响也同样存在，而且当父母教育水平较低以及在家里得不到补偿教育的时候，负面影响将会大大加剧。大卫·伍德（David Wood）博士和他的同事们已针对流动性对9915名儿童的影响进行了分析。研究人员选择这么大一个群体进行研究，能够将贫困、种族、单亲家庭以及父母教育匮乏等众多因素排除在外，分析转学这一因素的单方面影响。即使将以上这些因素排除掉，依然是那些经常转学的孩子更有可能出现行为不良和学业失败问题——这些问题在当前的美国学校里很难解决。在一次采访中，伍德博士在总结研究结果时说，单就流动性这一点，"与父母没受过良好教育或父母很穷一样，是对儿童（学习成绩差）进行预测的一个可靠因素。"②

　　但非常重要的一点是，不能根据这些权威发现就认为，学生流动所造成的后果是不可避免的。相关研究所描述的后果，主要是在成型不久的美国体制下发生的。伍德1993年的研究结论，就像1966年的科尔曼报告所揭示的家庭的关键作用一样，应该放置在特定的历史、文化和教育背景中进行考量，而不能视其为不受时空限制的必然结果。这么说的真凭实据在于，相比于那些使用统一核心课程的国家，由于学生流动所造成的不良教育影响，在美国更为严重。赫伯特（Herbert Walberg）在一份研究总结中引用了布鲁斯（Bruce C. Straits）的研究结果，指出"在一州（或全国）之内，共同的学习

---

　　① General Accounting Office, *Elementary School Children*, 6.
　　② 引自Cohen, *Frequent Moves Said to Boost Risk of School Problems*, 15. 也可参见Wood, Halfon, and Scarlata, *Impact of Family Relocation on Children's Growth, Development, School Function, and Behavior*, 1334—38. 对于转校所带来的不利后果的进一步说明，请参阅：R. Johnson and Lindblad, Effect of Mobility on Academic Performance of Sixth Grade Students, 547—52; and Ingersoll, Scamman, and Eckerling, *Geographic Mobility and Student Achievement in an Urban Setting*, 143—49.

目标、课程和评估，可以缓解儿童面对严重学习障碍时所形成的压力。其中，对于那些从一个地区转移到另一个有着不同课程、评价和目标的地区，且学业成绩落后的儿童来说，效果尤其显著。"①

我在知道美国学生流动性问题的严重程度之前就已经意识到，那些经常流动的农场工人子女的教育问题可能没有得到适当的处理。那些农场工人的子女在一年之中必须转校好几次，因为他们的父母要赶往北方去收庄稼。如此不稳定的课程可能造成的不利后果，是可想而知的。因此，人们会认为，在这种特殊情况下，至少可以规划设计一个核心课程，以便保证教育的连贯性和稳定性。确实如此，早在 1989 年，一群教育研究人员大胆地提出过建议，认为编制全国性的核心课程（当然只限于流动人员子女）是比较可取的。1989 年 11 月 29 日的《教育周刊》（*Education Week*）中有一篇关于这项研究及其评论的文章：

> 在上周的一次采访中，其中一名作者特罗特（Trotter）先生，对该研究中提出的两项大胆建议进行了阐释：设立国家课程和颁发适合流动人员子女的毕业证书。他说，"在跟这些孩子们谈话的时候，种种沮丧，简直难以置信"，"他们因为转校而要面对课程变化的折磨，像被拒之门外一样，难以融入到学校中去"……对于那些建议，宾夕法尼亚州和美国教育部的官员们已经划清了自身界限。上周，负责监督该州流动人员教育项目的莱德伯尔（Ledebur）先生强调，所有建议所代表的只是作者的观点，而不是国家的……"尽管流动人员子女的教育存在着严重问题，"他说，"但设立全国统一的（适合流动人员子女的）课程，可能并不是解决这些问题的最好方法"……负责国家流动人员子女教育的执行主任弗朗西斯（Francis V. Corrigan）也说，"……尽管这些建议对流动人员子女而言有其价值，但我们还要考虑各州以及地方部门在相关方面的责任。"

---

① Walberg, *Improving Local Control and Learning*. Walberg cites Straits, *Residence, Migration, and School Progress*, 34—43.

虽然转学率高这个问题已经变得更加紧迫和尖锐,但很难说它是美国的一个新问题。在 20 世纪 30 年代,威廉·巴格莱就曾经以其惯有的勇气说过这样的话:

> 每个社区都必须有自己的课程这种观念,不仅是愚蠢的,而且是悲惨的。它忽略了两个重要条件。第一,正如我们已经看到的,需要民主决定所有种族中共同的文化元素,直到人们可以利用那些能够传达共同意义的措辞来讨论集体的问题。第二个条件是非常实际的问题,那就是要认识到美国人不会简单地"原位不动"这个事实,他们是世界上搬家最频繁的人……在这种情况下,如果在科目设置和年级编排方面没有统一、完善的措施的话,对目前至少一千万名学生而言,将是一种极大的不公。①

虽然很少有人会跟巴格莱一样勇敢地将地方课程原则说成是"愚蠢的",但许多研究者都会认同,巴格莱关于地方课程原则的后果是"悲惨的"这一说法是正确的。甚至那些强烈支持地方控制课程这一原则的专家们也会承认,我们需要在共同课程序列方面形成一致意愿——至少在诸如数学、科学以及基本的历史和地理事实方面达成共识,它们不像性教育,不会而且也不应该成为争议性科目。在一个民主国家中,如果学校教育有效而公平的话,地方控制课程这一原则是可取的。但是,教育卓越性和社会公平性原则是至上的原则,地方自治原则必须以其为衡量标准。民主原则有时会彼此冲突;没有任何原则是绝对的。不管怎样,美国绝大多数民众都持有与巴格莱相同的观点。根据 1991 年的盖洛普民意测验(Gallup Poll),大多数人已清楚地认识到,课程的连贯性与通用性是教育卓越性与公平性的一个必要前提,而且人

---

① Bagley, *Education and Emergent Man*, 145.

们在很大程度上对此予以赞成。① 那些拥有支配权，依然视课程特殊主义为绝对神圣原则的专家们，还要多久才能接受广大民众的明确愿望呢？

5. 关于公共知识的国际研究

鉴于为低年级学生提供共同智力资本的重大理论意义与实践价值，可以预言，核心课程的各种优势可以通过对两种不同教育体系的对比而得以彰显，使用核心课程与不使用核心课程，其结果截然不同。如果这种对比与数学、科学这些具体学科结合起来进行的话，会特别有说服力，因为，在所有国家的教育体系中，都为这些学科设置了类似的成就目标。我并不是要论证说，仅仅核心课程本身即可成为获得同样好成绩的必要和充分条件，而是说，它是一个促成好成绩的必要条件，此外还必须要有其他因素，比如，在通识文化（general culture）方面的大力支持就很重要。核心课程之于更加优秀和公平来说是必要的这一预言，可以通过对两种比较的结果进行分析而得以确认。下面这个图表描绘了（日本）核心课程体系与（美国）非核心课程体系中的学生数学成绩。在进行这种跨国比较时，哈罗德·史蒂文森（Harold Stevenson）和他的同事们确保，测试准确地体现出这两个国家的十一年级学生按规定应该学习的知识和技能，而且这些抽样中的学生在社会经济方面恰好具有可比性。对于其他因素，比如当数据被收集时该学年的时间以及进行测试的具体条件等，都进行了严格控制。

---

① Elam, Rose, and Gallup, *The 23rd Annual Gallup Poll of the Public's Attitudes Toward the Public Schools*, 41—47. 对于"你对本地使用标准化的国家课程是赞成还是反对？"这个问题，68%的人表示赞同，24%的人表示反对，还有8%的人不置可否。当问题中"标准化"这个意向性术语被省略后，更多的人会表示赞同。对于"你对要求本地公立学校遵照国家学业标准和目标是赞成还是反对？"这个问题，81%的人表示赞同，12%的人表示反对，还有7%的人不置可否。

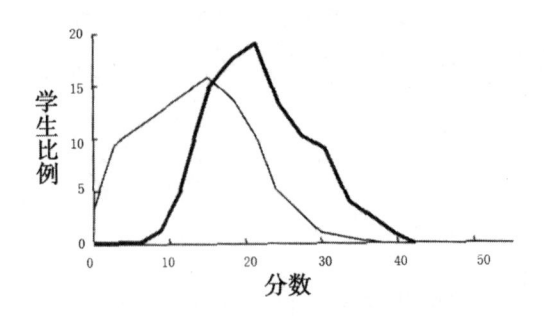

十一年级学生数学测试得分：日本，粗线；美国，细线。
平均值±1　标准差分别为 21.72±6.59 和 13.39±7.06　样本容量：1120 和 1197
来源：H. Stevenson, C. Chuansheng, and L. Shin-Ling, *Mathematics Achievement of Chinese, Japanese, and American Children: The Years Later*, Science 259 (January 1, 1993): 51–58.

　　该图表显示，与日本相比，更大比例的美国学生的成绩处在非常低的水平。如果我们假设，天生的数学能力是正态分布的，那么在一个公平的教育制度下，学生的成绩表现应该反映出这种正态分布。天生数学能力高的儿童应能实现他们的才华，而更大数量的中等数学能力低的儿童应该达到一个相应的水平，至于那些数学能力低的孩子，则应发展到一个可接受的最低限度的合格水平。不难发现，日本学生的数学成绩测试结果，非常准确地阐明了这种卓越与公平模式，而相比之下，美国学生的成绩曲线却很不正常，左边低端分数的人数异常密集，这表明在具有各种正常学习能力的学生中，相当多的学生受到了阻碍，没能实现自身的发展潜力；在那些数学能力偏低的学生中，有一部分人得了零分或略高于零分，而那些顶尖的学生的表现，也没有日本顶尖的学生表现好。美国教育体制制造了分数分布不合理、平均分数偏低和大量的数学无能者。

　　两者对比后的差异如此严重，实在让人难以接受，以至于各种可以想到的辩解方式都被派上了用场，试图对这种结果进行质疑和搪塞。人们随时可能对各种国际比较研究进行反驳，将其说成是拿苹果与橘子相比较，认为风马牛不相及。在美国，这样的辩解确实能产生共鸣。美国例外论传承已久，认为美国将永远是苹果，而其他国家将永远是橘子。尽管越来越多国际比较研究的结果令美国不爽,但很难断然否决,因为(除了常识之外)以下两个事实不能不考虑。第一个事实是,仅仅利用本国自身数据就能说明,美国教育在 1966—1980 年期间出现了绝对性下滑。第二个事实是,在同一时期内,使用恒等比较模式,与其他国家不同,美国会随着时间的推移而出现相对性下滑。

人们常说的是,在 1966 年和 1980 年期间,美国 SAT 语言考试成绩急剧下降是由于应试人数不断扩大造成的。但是,正如我在 1987 年所引证的那样,这种辩护无法解释高分学生数的变化——那些以前在 SAT 考试中得分高于 600 分的学生数量的变化,其绝对数量下降了 64%。[①] 没有人相信或论证,来自这个群组的学生数——即参加 SAT 考试的尖子生的绝对数量——已经下降。根据尖子生总数的下降,以及总均值的大幅下降,便可以合理地推断出,为所有学生包括那些尖子生服务的整个教育质量体系已严重滑坡。

至于所谓的苹果与橘子不一样,并用其来影射国际比较研究,可能适用于单次单点比较(single-shot comparison),但对于长时恒等比较(identical comparisons)而言,却行不通。无论所谓的苹—橘差异以何种形式存在,第一次研究出现,第二次研究会照样出现,并使研究结果更具导向性和说服力。如果 1970 年做一个比较,到 1980 年再同样做一个比较,结果(1988 年出版)显示,出现了相对性下滑,那么这种变化就可以很好地说明,与其他国家相比,美国教育质量的总体方向出现了问题。早在 1970 年,国际教育成就评价协会(IEA, the International Association for the Evaluation of Educational Achievement)进行过一项科学成就的跨国研究,然后在 20 世纪 80 年代重复

---

① College Board, *College-Bound Seniors*. 由大学委员会为我提供的更为具体的信息显示,在 1972—1984 年间,600 分以上的人数严重滑坡。在一百万参加考试的学生中,1972 年有 11.4% 的学生达到 600 分以上,到 1984 年的时候,只有 7.3% 的学生达到了 600 分以上。在 1972 年的时候,有 5.29% 的学生达到 650 分以上,但到 1984 年的时候,只有 3% 的学生达到了 650 分以上。也可参见 Hirsch, *Cultural Literacy*, 4, 5, 217. 还有更为可靠的数字统计:在 1972 年的时候,SAT 语言考试成绩达到 600 分以上的学生的数量超过了 116,000 人,但到 1982 年的时候,尽管参加考试的人数相当,但考试分数达到 600 分以上的人数却没有达到 71,000。文章来源于 David Barulich in *Education Week*, February 15, 1995, 第 31 页。

了这项研究。在 1970 年的研究中，美国在 17 个国家中排名第七；在 20 世纪 80 年代，它在 17 个国家中排名第十五——下滑到了倒数第三。在 1988 年 IEA 报告的工作总结中，这个下滑被认为是值得特别关注的一项内容。①

在反思这些来自 IEA 以及其他来源的研究结果时，很重要的一点是记住它们为什么会如此举足轻重。每一个现代国家都有 98% 的儿童接受了低年级的教育，所以这个数据对于"教育每个人"的美国而言，并不会出现有失偏颇的公平问题。而且，由于这些比较结果来自于对相关人员总体能力的考察，所以能够说明孕育这些能力的相关体制本身的有效性。开展大规模的比较研究，其特殊价值在于，可以清除掉很多小范围研究无法把控的变量。国际比较研究可以从已运行多年的相关教育体制中抽取大量具有代表性的样本，这些教育体制涉及数以百万计的儿童，而且这些儿童的平均成绩是可知的。因此，从数量巨大、具有不同文化背景的学生那儿获得的结论，远比从限制重重的研究那儿获得的结果更可靠。不管这些限制性研究多么神奇，它们都分解不出文化和历史方面的变量。任何一种教育设计，只有当它在不同背景下经历很长一个时期后获得大规模的成功，人们才可能接受，对其普遍应用的主张怀有信心。

事实上，大多数的教育项目，不论它们是国家的还是地方的，包括那些很烂的项目，都或多或少立足于对儿童天性和儿童学习的深刻洞察。没有哪所学校的改革创新不能在较小的范围内取得成功。然而，最初成功的主要原因可能并非创新活动本身，而是其他因素，比如参与者的热情。这种虚假的积极效应被社会学家们称为"霍桑效应"（Hawthorne Effect）。② 当一项学校

---

① International Association for the Evaluation of Educational Achievement, *Science Achievement in Seventeen Countries*.

② 在人类社会生活中，类似于这种受到额外关注而引起积极效应或主体心理变化的情况很多。霍桑效应的教育学意义在于：从外因的角度来看，善意的谎言和夸奖真的可以造就一个人；从内因的角度，你认为自己是什么样的人，你就能成为什么样的人。基于霍桑效应的心理暗示，往往可以治疗抑郁、自卑、紧张等各种心理疾病，因而常常被运用到企业管理和领导行为调节等具体实践中去。在一些社会学教材中，当讨论社会研究中的客观性和道德性问题时，常常把霍桑效应作为偏误例证，以说明研究过程本身对被研究者的行为所产生的特殊影响。——译者注

改革不受欢迎但这项改革又显得很成功时，经常发挥作用的就是霍桑原理。教育是一项运行极缓、牵涉极广的事业，没有什么创新之举能够立即得到安全可靠的评定，就像一种新药物一样，在少量临床试验的基础上，相关评估的可信度不可能高到哪里去。无论是新产药物还是教育新政，其功效均难以预知——正如沙利度胺事件和美国始于20世纪60年代末的教育改革一样，只有被成千上万的人试用很多年以后，种种影响才可能充分地显现出来。①

　　为了确认核心课程政策的相对有效性，国际教育成就评价协会相继开展了两次独立研究，前后间隔长达十年之久。我们由此可以看到，在20世纪70－80年代，那些使用核心课程的国家，科学成绩排名顺序处于上升或者稳定状态，而那些非核心课程国家，科学成绩排名下降了。这里重点考察的是相对变动。人们大都期望那些使用核心课程的国家排名能够保持相对稳定——既然抽样的大多数国家确实在使用核心课程——或者在排名上不要有太大变动。人们大都期望非核心国家出现相对下滑。结果正是如此。在没有核心课程的三个国家中，英国从第九降到了第十一，澳大利亚从第三降到了第十，美国从第七降到第十五。在使用核心课程的国家中，瑞典保持在第六，芬兰从第七位升至第五（美国让出了第七位），而日本和匈牙利互换了第二和第一。②

　　使用核心课程的另一个效用，在国际教育成就评价协会的比较研究中显示了出来。1988年的那个报告，根据各国为儿童提供平等教育机会的状况，

---

　　① 沙利度胺（也被译为反应停、酞胺哌啶酮）事件，是人类药物史上一个著名的案例，其出名不是因为药物疗效，而是其毒性。该药20世纪50年代最先在德国上市，作为镇静剂和止痛剂，主要用于治疗妊娠恶心、呕吐，因其疗效显著、不良反应轻且少而迅速在全球广泛使用。但是在短短的几年里，全球发生了以往极其罕见的上万例海豹胎畸形儿，调查研究发现，导致这些畸形儿的罪魁祸首就是当时风靡全球的沙利度胺。然而，科学家并未全盘否定沙利度胺，继续对它进行深入研究，特别是在免疫、抗炎、抗血管生成的药理和一些疑难病症上的临床治疗研究中取得了令人欣喜和鼓舞的结果，从而使人们对沙利度胺又有了新的认识。2012年8月31日，格兰泰公司首席执行官哈拉尔德·斯托克发表讲话，50年来首次就药品沙利度胺致新生儿先天畸形道歉。——译者注

　　② International Association for the Evaluation of Educational Achievement，*Science Achievement in Seventeen Countries*，100.

对其教育体制进行了评估——对各个国家教育体制的公正性进行了排名。这么做是为了检测各个国家对所有儿童的教育究竟达到了什么程度，看看所有学校的学生，不管他们住在哪里或处于什么社会阶层，学习成绩是否达到了适当的平均水平。令人震惊的是，那些公正性排名高的教育体制，其卓越性排名也会高；学业表现最好的教育体制，也是最公正的教育体制。例如，在芬兰的学校中，只有2%的学校显示平均成绩不达标；在日本，这个比例是1%；在韩国，这个比例是5%；在瑞典，这个比例是1%；在匈牙利，这个比例是0%。在没有核心课程的国家中，平均成绩不达标的学校比例是：澳大利亚，8%；荷兰，16%；英国，19%；美国，30%。[1]

有一种公正性得分是反常的——那就是荷兰。就科学成绩平均值而言，荷兰在17个国家中位居第三，但其公正性得分（16%的学校低于平均标准）在北欧大陆国家中却远远地落在了后面。英国就更糟糕了，有19%的学校平均成绩不达标。造成这些后果的一个原因可能是，与它们的欧洲邻国相比，荷兰和英国缺乏一种共同的核心课程。当然，在分析这些研究结果的时候，英国尚未正式通过国家课程。在荷兰，所有在设备和师资方面达到某些基本标准的私立学校，都有资格接受公共资金。荷兰16%的学校平均成绩落到标准水平之下，这很可能是由于这样的事实：在荷兰，有很多学校各行其是——强力奉行一种理论，这和北欧的另一个非核心课程国家英国类似。

对于一个缺乏全国性课程标准的国家而言，如果它的每所学校都有良好的共同课程，而且学校之间的学生流动率较低，能够维持学生整体稳定的话，就可以让每个孩子获得连贯一致的教育，也就能够取得较高的平均成绩。以瑞士为例，它没有参与国际教育成就评价协会的研究，但根据其他研究，却在卓越性和公平性两个方面名列前茅。在瑞士的每个小行政区内，都使用了不同的核心课程。由于瑞士人不经常搬家，结果每个孩子都拥有连贯一致的课程。[2] 如果荷兰好学校里的学生表现非常优秀的话，那就能够解释，为什么

---

[1] International Association for the Evaluation of Educational Achievement, *Science Achievement in Seventeen Countries*, 42.

[2] Lapointe, Mead, and Askew, *Learning Mathematics and Learning Science*.

16%的学校平均成绩较低,但全国平均成绩却能在世界排名中居高不下。也更有理由推断,就荷兰的境况而言,那些劣质学校中的学生被欺骗了。在荷兰,尽管教育体制普遍良好,但由于核心课程缺失,实已认同可圈可点的不公正现象。因此,荷兰的这种结果非常有意义,它作为一个明显的例外,证实了核心课程之于教育公正的重要性。

关于核心课程的这种价值论定,来自法国的相关数据可以作为支撑。法国没有参加1988年的IEA研究,但近几十年来,法国方面一直在统计全国性的教育数据,而且他们由此自豪的是,已大大缩小了优势儿童与弱势儿童之间由于社会方面原因所造成的学习差距。引人注目的是,在法国,优势学生和弱势学生之间最初的差距,不是像在美国那样逐步扩大,而是随着年级升高而逐渐缩小。等到七年级结束的时候,那些接受过两年法国学前教育(école maternelle)的北非移民的孩子,通常都会拉平原初由于社会原因所造成的学习差距。[①] 事实上,那些拥有核心课程的国家,不仅能提供比较可靠的学校教育,保障各个年级学习所需要的基础知识,而且能减少对本来就不太可靠的家庭教育的依赖性。这最起码可以对法国在公正方面的成功进行一些解释。

6. 新的民权前沿

在20世纪60年代和70年代,当社会公正的法律基础越来越牢固时,全美国的公立学校却越来越糟糕。那些劣质学校严重地阻碍着弱势儿童的发展,因为弱势家庭难以像优势家庭那样弥补学校所遗漏的知识缺口。学校教育质量的整体下滑必然造成不均衡的社会后果。所有孩子,包括中产阶级的孩子,所接受的教育都非常差,但对那些最没有特权的人群而言,所带来的负面效

[①] 数据来源于 Boulot and Boyzon-Fradet, *Les Immigres et l'ecole*, 54−58; and Centre for Educational Research and Innovation, *Immigrants' Children at School*, 178−259.

应最为强烈。随着年级的不断升高,那些弱势家庭的孩子所积累的知识资本,相对于他们在一个更好的体制中可能获得知识而言,要少很多。教育不公将会进一步发展——不论学校是否实现了种族融合。既然劣质教育是今天社会和经济不公平的主要原因,为教育机会的不平等而斗争必然会成为新的民权前沿。① 这场新的斗争比早期的静坐示威和自由乘车更为微妙和复杂。在这场斗争中,很难区分好与坏、真与假。

目前,关于教育机会均等和核心课程应用之间的紧密关系,已经得到了基本解释。核心课程能够帮助所有孩子做好升学准备,从而使一个班级里的所有成员学习顺利。当所有孩子都拥有理解新材料所需要的基础知识时,教师就不必要再花费那么多时间去进行那些令人厌烦的复习和对那些落后生进行特殊辅导。每个人都将更受鼓励、更负责任而且学得更多。我在前面的章节中曾经指出,在那些依 IEA 标准而被认定为公平的所有国家教育体制中,都使用了核心课程这种方法,而且我还指出,在该报告所提到的所有没使用核心课程的国家中,都没能够实现教育公平。②

由于有些孩子会比其他孩子更聪明和更努力,因而教育机会均等并不意味着所有学生都会得到非常高的考试分数。总体而言,学校分数是具有指示性的。毋庸置疑,与那些郊区学校相比,市中心的好学校永远也不能完全实现教育机会平等,因为家庭也是一个学校,学生花在那里的时间比花在学校的时间更多。但有些事情是平等的,那些家庭条件好的学校的学生,总会比那些家庭条件不太好的学校的学生更具有教育优势。尽管如此,在知识上的基本差距仍然可以在教室里得到弥补,这正如国际数据所证明的那样。进一步来说,不论学校是在市内还是在郊区,如果所有学校的平均成绩相对较高的话,那就可以成为一个国家教育公平的基本标志。

在美国,我们学校的智力资本分布不均,由此造成知识富有者和知识匮乏者之间的差距在低年段会随着年级的升高而越来越大,而等到四年级的时

---

① Ferguson, *Shifting Challenges*, 37—76.

② International Association for the Evaluation of Educational Achievement, *Science Achievement in Seventeen Countries*, 42.

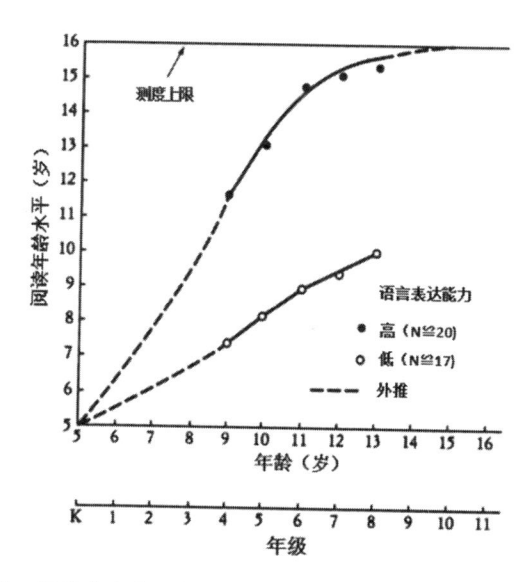

幼儿园阶段口语能力有高有低，在之后发展的过程中，与实际年龄/年级水平相对应的阅读能力中值，如图所示。

来源：Constructed by T. G. Stichr et al., *Auding and Reading: A Developmental Model* (Alexandria, Va.: Human Resources Organization, 1974). W. Loban, *Language Ability Grades Seven, Eight, and Nine* (Berkeley, Calif.: University of California, 1964), Table 16, page 117.

候，这种差距通常就无法弥补了。这个悲剧性的发展过程目前似乎是无法改变的。在20世纪60年代，沃尔特·卢本（Walter Loban）开展了纵向研究，对弱势学生和优势学生所获得的学习能力进行了跟踪，对他们从一年级到四年级及其以后学习能力的变化进行了研究，相关结果在上面的这张图表中得到了生动显示。注意，有些关键数据没有直接呈现出来。也就是说，一组显示在幼儿园阶段口头语言能力较低，而另一组显示，不论是优势还是弱势儿童，在学会阅读之前都具有较高的口语能力。

后来，珍妮·乔奥（Jeanne Chall）的研究结果与此雷同，跟1966年的《科尔曼报告》没有什么差别。科尔曼和他的同事们的考察结果，对解释和克服日益扩大的教育差距具有重要意义。其发现是，对于弱势学生而言，好学校具有更强大的积极影响，而差学校具有更强大的消极影响。这或许可命名为"科尔曼定律"(Coleman's Law)。① 由于我们的公立学校系统总的来说不太好，在幼儿园阶段的小小的教育缺陷通常会不断扩大，等到四年级时演变为很大的学习差距——这个结果对于那些参与了"开端计划"(Head Start)项目的同学也难以幸免。

"开端计划"作为一种实现教育机会均等的手段，在政治上是颇受欢迎的。许多人认为，该计划应该扩展到所有处境不利的儿童。尽管偶尔遭遇政治挫折，其声誉有时也会由于成效研究方面的非难而受到损害，但"开端计划"已经发展成为一项"伟大社会工程"，而且一直享有两个政党的保护。至于寻求平等教育机会究竟复杂到何种程度，可能只有根据具体情况来判定，事实上，"开端计划"并没有实现教育改进的目的，更不用说教育公平了。

那是美国卫生与公众服务部（the Department of Health and Human Services）有凭有据的结论。该部 1985 年针对有关"开端计划"成效的所有研究公开发表了一篇评论："从长远来看，那些曾经参与'开端计划'的学生，在认知和社会动机考试中的分数，并没有比那些没有参加'开端计划'的弱势学生更高。"② 为什么会出现这种令人惊讶的衰退呢？爱德华·齐格勒（Edward Zigler），身为耶鲁大学资深心理学教授以及"开端计划"的创始人之一，无意中讲了他担任儿童发展办公室主任期间的一件趣事。他当时在主持一个部门权力机构会议，其中包括美国卫生教育福利部（Department of Health Education and Welfare）的副部长。他们对"芝麻街"（Sesame Street）的印象非常深刻，而且老是想着它是如此便宜这么一个事实。③ "我们只要为每个孩子花六十五美分，就可以让那些穷孩子享有'芝麻街'这档

---

① Coleman, *Equality of Educational Opportunity*；关于差学校、差老师对弱势学生的最糟糕的影响，参见第 22、316—318 页。还可参见 Chall, *Families and Literacy*; *and especially*, Chall, Jacobs, and Baldwin, *The Reading Crisis*.

② U. S. Department of Health and Human Services, *The Impact of Head Start on Children, Families and Communities*, 1.

③ "芝麻街"（Sesame Street）是美国公共广播公司（PBS）制作播出的儿童教育节目。该节目综合运用了木偶、动画、短剧、真人表演等各种手段向儿童教授基础阅读、算术、艺术等基本知识，有时还教一些基本的生活常识。——译者著

节目",他们说,"我们为什么要在'开端计划'上为每个孩子花一千多美元呢?"……最后,由于他们一直施加压力,我说可以把"开端计划"的钱给"芝麻街",但他们必须能够回答我的问题:一个穷孩子要看多长时间"芝麻街"才能塞满自己的牙缝?当最后没人能够回答时,会议就此结束。①

从 20 世纪 60 年代"开端计划"开始的时候,齐格勒和他的联合创始人就将其设想为一个不只是教育的项目。对于贫困儿童的未来福祉而言,其健康、营养、动机和自信心,与其知识学习相比,被视为至少是同样重要的东西。"开端计划"从一开始就表现出来的另一个特点是,它具有要求父母参与每个地方性项目的管理这么一个原则。这个原则的理论依据是:树立父母的自尊,将有助于培养孩子的自尊。简而言之,"开端计划"根本就不是一个学业项目。虽然短暂性的学业绩效有时会被检测,但这些绩效并非安全牢靠,它们会很快衰退。

研究人员已在为这种学业衰退(fade-out)寻求进一步的解释。撰写 1985 年"开端计划"研究评论的科学家团队提出了以下观点:"小学教育环境无法像'开端计划'所倡导的那样有效地支持或激励孩子。这说明,为了维持'开端计划'的早期发展绩效而进行更有创意的设计,是非常可取的。"② 研究者们所暗示的是,虽然"开端计划"可能产生短期的学习效益,但后来的学校会把它们消磨掉。那些足够幸运而参加了"开端计划"的孩子们,不得不进入不连贯的支离破碎的公立学校系统。但这种对"衰退"的解释,只说明了实际情况的一半。"开端计划"不是单一理论上可以描述的项目计划。从一个地方到另一地方,其知识学习会大不相同。虽然它通常有一段时间是有成效的,但它往往缺乏学习连贯性,而且难以对特定的学习结果负责。当它的毕业生随后进入一个也缺乏学习连贯性且不能对特定的学习结果负责的项目时,孩子们相当于刚出油锅又跳进了火坑。这种说法的言下之意在于,要对"开端计划"进行拓展,不仅要完善项目自身知识学习的严谨性,同时还要提高之后学校教育过程中知识学习的严谨性。

---

① Zigler and Muenchow, *Head Start*, 145.
② U. S. Department of Health and Human Services, *The Impact of Head Start*, 2.

在世界的其他地方，学前教育确实实现了为弱势学生的长期学习奠定基础的目的。在法国，低薪工人和北非移民的孩子接受早期教育后，接下来会持续不断地从中受益。① 那么，是什么使早期教育的学习成效在某些国家可持续存在而在我们国家却消失了呢？几个对比：美国"开端计划"一天连续三小时，工作人员是非专业的，也不是知识性教学。法国学前教育（由90％以上三到四岁的法国儿童参加）持续一整天，且一年到头12个月，其师资由专业人士构成，具有明确的教学目标。接着，孩子们会进入一个同样具有明确教学与认知核心的连贯的学校系统。

为了否认核心知识课程的可行性，美国专家们已整出一套神通广大的言语技巧。实际上，他们会说：

· 过去没有使用核心的通用内容标准，我们培养的孩子也相当不错。

· 我们美国已经有了一个非正式的核心知识体系，它是由一些广泛使用的教科书所确定的。

· 我们不需要强调特定的内容，因为：知识的变化与增长如此迅速，最好的方法是教孩子如何学习。

· 有这样一种危险，即联邦政府将会对标准化的内容施加影响，这将为联邦控制教育铺平道路。

· 把美国与其他国家相比较是不合理的，那些国家在任何情况下都远远不能比我们更多样化。

· 一种千篇一律、因循守旧的课程，将会毁掉美国各地的显著特点，使学校像饼干模型切割刀一样，制造出的同类产品无处不在。

在前面几页中，我已试图揭露这些固执的立场所要规避的东西。的确，如果前面的分析正确的话，像我们这样一个多元化的游牧式的国家，与那些迁徙少和非多样化的国家相比，就更需要逐年级编制的核心课程。正如来自

---

① 有关比利时、法国、德国、卢森堡、荷兰、瑞典、瑞士的统计数据，参见：Centre for Educational Research and Innovation, *Immigrants' Children at School*, 178—259. 法国的研究最为全面，结果显示，当其他所有因素都考虑在内时，第三世界移民的孩子与法国的孩子的不同表现"尽管没有完全消失，但多多少少都会明显减少。"更为详细的内容，参见：Boulot and Boyzon-Fradet, *Les Imtnigre's et l'ecole*, 54—58.

游牧家庭的弱势孩子，比优势家庭的孩子更需要学业连贯性一样。"开端计划"尤其需要一个一致认同的有关基础知识和词汇的核心课程。当孩子们必须对学校进行大变革的时候，当全世界少年儿童的教育需求越来越趋同的时候，极端的地方主义以及与之相随的含混不清的课程，似乎越来越不合时宜了。

美国儿童在学校能够学习的内容，将由其家庭所赋予他们的内容来决定，这在根本上是不公正的。尽管本章一直集中于讨论这个不公正问题，但绝不可以说那些来自优势家庭的儿童就大都接受了充分的教育。那种说法是讲不通的，他们并非如此。一个民主国家的公立学校，有责任让所有学生通过教育而实现自身的潜能。尽管我们学校无力改变，但一个孩子知识资本的最初缺乏并不是不可改变的；相反，学校可以通过克服它们的学习不连贯性来应对这个挑战。在全世界，只有一种方法可以用来应对教育卓越性和教育公平性的双重挑战：在学前教育和小学教育的每一年，以一种恰当有效的方式来教授明确的技能和一套稳定的核心内容。

三、一座坚不可摧的堡垒

1. 乔装改革的正统观念

　　历史学家们追溯当代美国教育时，会从 1918 年《中等教育基本原则》(*Cardinal Principles of Secondary Education*) 的出版开始。《中等教育基本原则》是一个由中等教育改革委员会（the Commission on the Reorganization of Secondary Education）编写，由美国内政部教育局（the Bureau of Education of the U. S. Department of the Interior）出版的代表主流教育思想的官方文件。像教育界随后一直声称的那样，它是一个致力于改革，对强调学科知识教学发起挑战的文件。当然，在 1918 年的时候，学校依然主要集中于学科知识教学，包括拉丁语。但是，随着入学人数的日益壮大和移民人数的迅速增长，这些教育家们相信，一个新的时代已经到来，那就是将教育重心转向健康、职业、家庭组成、道德品格以及有利用价值的休闲——《基本原则》特别关注的这些主题上来。因而，那种声称可被视为一种建设性主张，即国家所需要的一种制衡教育的方式——关心学生的全面发展而不只是他或她的智力方面，而且渴望通过创设适应儿童"能力和天资上的个体差异"的教学来实现公共教育的民主化。显然，它们是反对学科知识的进步主义所持有的态度，并且从那之后在教育界一直盛行。在《基本原则》的初稿中，甚至没有出现"基本方法的掌握"（即阅读、写作和算术）这样的措辞，在最后的版本中，也只是对学习目标有所提及。

自从《基本原则》发布以来,对学科知识的敌意一直是教育"改革"的核心所在——当目前的改革者们攻击"纯粹事实"和"死记硬背"时,这种传统是需要牢记在心的。70多年来,小学阶段的学科知识教学一直处于无情的围攻之下,以至于节节败退。其实,当前改革者们的那一套口号,都已是老生常谈了。但是,为了不至于让人认为教育改革者们心知肚明而假装改革,必须承认,他们这么做并不是蓄意骗人的。他们的改革提案依然建立在真诚的但相当不准确的信念之上,即认为,当今美国公立学校中盛行的是一种注重事实知识的课堂教学。然而,事实并非如此。在现实中,美国小学最引人注目的特点是,那种反对死记硬背的改革主张已经稳妥地实施了。《基本原则》中反对学科知识教学的观点,自20世纪30年代开始就已主导了美国师范院校,直接影响着教师培训与认证。也就是说,目前在校工作的所有教师,整个生活都受到了以上观点的影响。这一历史事实,似乎并没有影响到教育家们的世界观以及他们的改革主张。教育专业的教授们依然建言献策,依然假设我们小学还处在操练-实训阶段,认为学校依然在知识教学的掌控之中。

教育专业的教授们依然认为,教师依然在给排座整齐、温顺听话的学生授课,依然迫使孩子们去"死记硬背",而且依然仅仅强调积累事实性知识。然而,只要参观一下任何一所公立小学就会明白,那些遭受谴责的各种做法是很少见的。你会发现很少有独白式的传授,相反,更多的是主题性、实践性活动。死记硬背现象极少,一次次可以观察到的也就是背诵对美国的效忠誓言。个别胆大的教师偶尔会要求学生记诵诗歌或歌曲,要么就是记诵州府名称和外语词汇,但这种做法往往会招致反感。识记匮乏现象司空见惯,不足为奇。几十年来,对机械式学习的猛烈攻击,已经左右着师范院校、专业期刊以及教师生活的方方面面。对这匹死马的穷追猛打说明,那些所谓的需要改革的种种罪恶不过是些说辞而已,它们与美国小学的实际做法之间存在着极端的脱节。

自从1964年劳伦斯·克雷明(Lawrence Cremin)的创新之作《学校的转型》(*The Transformation of the School*)出版以来,我们已经知道,到20世纪30年代时,进步主义教育的反学科知识原则,已经成为全美小学教师教育的既定信条。然而,受进步主义思想支配了几十年之后,改革者们仍然把这些教条作为改善我们学校教育的必要的"创新"加以推介。克雷明之后的美国历史学家们,像拉里·库班(Larry Cuban)和亚瑟·齐尔弗斯米特(Arthur Zilversmit)都承认,进步主义的意识形态确实长期主宰着我们的学校教育,但他们却辩解说,这种意识形态并未显著地影响学校实践。在库班看来,美国的教育思想运动就像大海表层的波浪,几乎影响不了海底深处。以同样的思路,齐尔弗斯米特指出,尽管现代学校已经把学生课桌从地板上松绑了,但学校常常会不断地旧戏重演,让学生坐回原排位置上去。[①] 教师和学校似乎无法克服传统和习惯。

也就是说,下面的两种解释只有一种可能:要么进步主义的信条尚未有效地付诸实践,要么它们已经被付诸实践,但其本身有缺陷。作为教师,如果人的思想出了毛病,尽管公开宣扬进步主义信条,但学校制度过于呆板且墨守成规而难以改变的话,那我们就必须更加努力地去改变人的思想。另一方面,如果信条本身就是错误的,那就要在学校要教什么以及改革中要提倡什么这些方面有一个相当大的改变。要么改变自己珍视的信条,要么改变其他人的实践,考虑到这两项明确的选择,教育专业的教授们基本上都更倾向于后者。

在这种历史解释的矛盾冲突中,我相信克雷明提供了更为全面和更为准确的观点。进步主义主导了学校这么久,以至于有了一些对它的小反叛,比如重新调整孩子的课桌这件事,总体来看,与其说它缺乏影响力,不如说它缺乏实用性。判断进步主义影响力的根本依据,不是一系列具体课堂实践这些表面现象,因为它们是变动不居的,关键是要看看过去六七十年中学科知识教学衰退的总体趋势。进步主义的反学科知识原则,在美国学校中已明显大获全胜。

举个例子。从1918年到20世纪90年代,反传统的、进步主义"改革"的基本原则之一就是一直坚持认为,基于认知技能的自然主义实践性教学,优越于基于大量确定性知识的讲课—操练的实训性教学。学习应当是整体性的和自然而然的,应该呈现为各种项目,而不应被分解到孤立的学科知识中

[①] Cuban, *How Teachers Taught*. Zilversmit, *Changing Schools*.

梦山书系 | 福建教育出版社

中小学教师用书

一、新书推荐

《核心素养十讲》………………………………………………… 钟启泉 著 / 20.00 元
《孙绍振如是解读作品（小说、诗歌卷）》……………………… 孙绍振 著 / 45.00 元
《孙绍振如是解读作品（散文及其他卷）》……………………… 孙绍振 著 / 45.00 元
《文学解读基础——孙绍振课堂讲演录》……………………… 孙绍振 著 / 70.00 元
《演说经典之美》………………………………………………… 孙绍振 著 / 49.00 元
《演说〈红楼〉〈三国〉〈雷雨〉之魅》………………………… 孙绍振 著 / 49.00 元
《与讲台同在》…………………………………………………… 贾志敏 著 / 35.00 元
《小学数学热点问题指津》………………………… 张良朋 邱学华 著 / 45.00 元
《相伴语文》……………………………………………………… 白金声 著 / 39.00 元
《享受学习——魏书生与陶继新的教育智慧》………… 魏书生 陶继新 著 / 29.00 元
《于永正语文教学艺术研究》…………………………………… 陆平 著 / 43.00 元
《斯霞语文教学艺术研究》………………………… 汤振纲 齐云霞 著 / 33.00 元
《丁有宽语文教学艺术研究》…………………………………… 黄朝霞 著 / 35.00 元
《袁瑢语文教学艺术研究》………………………… 丁炜 吴忠豪 著 / 55.00 元
《贾志敏语文教学艺术研究》…………………………………… 李重 著 / 39.00 元
《支玉恒语文教学艺术研究》…………………………………… 施茂枝 著 / 39.00 元
《靳家彦语文教学艺术研究》…………………………………… 丰向日 著 / 39.00 元

二、"生命·实践"教育学系列（主编 叶澜）

"新基础教育"指导纲要丛书
《学生发展与教育指导纲要》………………… 李家成 王晓丽 李晓文 著 / 63.00 元
《语文教学改革指导纲要》……………………………… 李政涛 吴玉如 著 / 70.00 元
《英语教学改革指导纲要》……………………………………… 卜玉华 著 / 65.00 元

七、班级管理/班主任工作

《一个学期打造卓越班级：全国模范教师的带班日记》………… 王振刚 著 / 39.00 元
《要做就做班主任》……………………………………………… 董彦旭 著 / 34.00 元
《新入职班主任专业成长百宝箱》………………………………… 钟杰 著 / 33.00 元
《31 位名班主任的精神修炼之旅》………………… 张万祥　刘英 编著 / 32.00 元
《班主任一天的苦辣酸甜咸》…………………………………… 张万祥 主编 / 39.00 元
《班主任工作的 50 个细节》…………………………………… 李冲锋 著 / 29.00 元
《班主任工作细节处理艺术》…………………………………… 李冲圣 著 / 33.00 元
《做学生生命中的贵人》………………………………………… 王振刚 著 / 29.80 元
《打造有精神的班级》…………………………………………… 牛瑞峰 著 / 29.80 元

八、学校管理/区域发展

《做一个卓越的校长①——陶继新对话名校长》……………… 陶继新 著 / 39.00 元
《做一个卓越的校长②——陶继新对话名校长》……………… 陶继新 著 / 39.00 元
《做一个卓越的校长③——陶继新对话名校长》……………… 陶继新 著 / 42.00 元
《做一个卓越的校长④——陶继新对话名校长》……………… 陶继新 著 / 49.00 元
《情暖校园》………………………………………… 陶继新　房彩霞 著 / 25.00 元
《即墨 28 中解码》…………………………………… 陶继新　李志刚 著 / 35.00 元
《"宽基教育"纵横谈》……………………………… 陶继新　王念强 著 / 32.00 元
《学校品牌与建设策略》………………………………………… 潘怀林 著 / 28.00 元
《学校管理的 50 个细节》……………………………………… 翁文艳 著 / 39.00 元
《澳洲课程故事——一位中国著名校长的域外教育体验》…… 许新海 著 / 43.00 元

九、教育随笔/家庭教育

《不写作，枉为人——潘新和语文学术随笔》………………… 潘新和 著 / 38.00 元
《阅读，让教师遇见更好的自己》……………………………… 李华 主编 / 32.00 元
《迷恋学生的成长——一位中学教师的德育思考与实践》…… 李华 著 / 33.00 元
《与童心相契——童小谣教育笔记》…………………………… 童小谣 著 / 24.00 元
《那三年，我陪你走——一位作家妈妈的亲子信》…………… 王芸 著 / 28.00 元
《做一个优秀的家长——魏书生与陶继新的家教智慧》… 魏书生　陶继新 著 / 33.00 元
《好老师教你做好父母》………………………………………… 杨卫平 著 / 30.00 元

《教育家如何评课》………………………………………… 林高明 编著 / 32.00 元
《核心素养与课堂教学》…………………………………… 林高明 著 / 25.00 元
《有效评课的策略与方法》………………………………… 林高明 著 / 30.00 元
《与美国国家年度教师面对面》…………………………… 高靓 著 / 32.00 元
《亲历日本教育：一位留日教师的点墨走笔》…………… 罗朝猛 著 / 29.80 元
《做有智慧的教师》………………………… 曾建胜　苏文木 编著 / 29.80 元
《教坛春秋——20 位中学教师的境界与智慧》………… 陶继新 著 / 33.00 元
《教坛春秋——20 位小学名师的境界与智慧》………… 陶继新 著 / 35.00 元
《思考与觅食——钟建林教育人生随笔》………………… 钟建林 著 / 35.00 元
《追梦：我的教育情思》…………………………………… 孙双金 著 / 32.00 元
《教师职场 36 忠告》……………………………………… 何捷 著 / 28.00 元
《教师的心理健康素养》（教师基本素养丛书）………… 赵世明 著 / 28.00 元
《教师的职业道德素养》（教师基本素养丛书）………… 余维武　朱丽 编著 / 30.00 元
《教师的经济学素养》（教师基本素养丛书）…………… 李波 著 / 27.00 元
《教师的外国文学素养》（教师基本素养丛书）………… 温祖荫 著 / 33.00 元
《教师的互联网素养》（教师基本素养丛书）…………… 程慧 著 / 20.00 元
《尝试之路——邱学华教育家之路纪略》………………… 姜广平 著 / 45.00 元
《电影教你当老师——60 部中外电影的教育意蕴》…… 张荣伟 等 著 / 36.00 元
《西方教师教育思想——从苏格拉底到杜威》…………… 谢延龙 著 / 49.00 元
《多彩合作课堂》………………………… 马兰　盛群力 等 编著 / 33.00 元
《聚焦五星教学》…………………………… 盛群力　魏戈 主编 / 42.00 元
《教师专业素养的道德基础》…………… （美）休·索科特 著　王凯 译 / 35.00 元

六、课堂教学/学科教学

《课堂教学的 50 个细节——一个专业研究者的听课杂记》……… 郑金洲 著 / 20.00 元
《课堂管理的 50 个细节》………………………………… 林存华 著 / 35.00 元
《文本分类教育·实用性作品》…………………………… 薛法根 等 著 / 42.00 元
《文本分类教育·文学作品》……………………………… 薛法根 等 著 / 43.00 元
《小学语文部编教材文本解读及学习设计（一年级上册）》……… 汪潮 主编 / 45.00 元
《小学语文部编教材文本解读及学习设计（一年级下册）》……… 汪潮 主编 / 45.00 元
《小学语文部编教材文本解读及学习设计（二年级上册）》……… 汪潮 主编 / 44.00 元
《小学语文部编教材文本解读及学习设计（二年级下册）》……… 汪潮 主编 / 45.00 元
《小学语文部编教材文本解读及学习设计（三年级上册）》……… 汪潮 主编 / 45.00 元
《一课都不能少——何捷老师的奇趣语文课》…………… 何捷 著 / 35.00 元

《造就美国人：民主与我们的学校》（新阅读译丛·赫希核心知识系列）
　　…………………………………………（美)艾瑞克·唐纳德·赫希 著　苏林 译 / 35.00 元
《知识匮乏：缩小美国儿童令人震惊的教育差距》（新阅读译丛·赫希核心知识系列）
　　…………………………………………（美)艾瑞克·唐纳德·赫希 著　杨妮 译 / 25.00 元
《瞿葆奎教育学论要》……………………………………郑金洲　程亮 选编 / 36.00 元
《顾明远教育论述精要》……………………………………顾明远　等 选编 / 42.00 元
《黄济教育思想论要》………………………………………石中英　于超 选编 / 58.00 元
《鲁洁德育论著精要》…………………………………………鲁洁　等 选编 / 38.00 元
《陶行知教育名篇精选（教师读本）》…………………………………周洪宇 编 / 49.00 元
《陶行知教育名论精要（教师读本）》…………………………………周洪宇 编 / 26.00 元
《陶行知生活教育导读（教师读本）》…………………………………周洪宇 著 / 43.00 元
《教师第一课》………………………………………………朱永新　高万祥 主编 / 33.00 元
《有效备课·上课·听课·评课》（有效教学丛书）……………余文森 主编 / 28.00 元
《有效教学的案例与故事》（有效教学丛书）…………………余文森 主编 / 28.00 元
《有效教学的理论和模式》（有效教学丛书）…………………余文森 主编 / 27.00 元
《有效教学的基本策略》（有效教学丛书）……………………余文森 主编 / 29.80 元
《教育基本原理》（教师教育课程系列教材）…………………张荣伟　等 编著 / 25.00 元
《课程与教学论》（教师教育课程系列教材）…………………余文森　等 编著 / 25.00 元
《班级管理与班主任工作》（教师教育课程系列教材）………谌启标　等 编著 / 27.00 元
《现代教育技术》（教师教育课程系列教材）…………………黄宇星　等 编著 / 36.00 元
《发展与教育心理学》（教师教育课程系列教材）……………连榕　等 编著 / 33.00 元
《综合实践活动课程导论》（教师教育课程系列教材）………洪明　等 编著 / 35.00 元
《课堂教学技能》（教师教育课程系列教材）…………………王晞　等 编著 / 23.00 元
《中外著名教育家简介》（教师教育课程系列教材）…………黄仁贤　等 编著 / 23.00 元
《教育科学研究方法》（教师教育课程系列教材）……………陈伙平　等 编著 / 20.00 元
《教师专业发展》（教师教育课程系列教材）…………………余文森　等 编著 / 20.00 元
《心理健康教育》（教师教育课程系列教材）…………………叶一舵　等 编著 / 20.00 元
《考试与评价》（教师教育课程系列教材）……………………王伟宜　等 编著 / 23.00 元
《项目教学的方案与实施》（新理念教学丛书）………………王林发　等 编著 / 32.00 元
《故事教学的规则与方式》（新理念教学丛书）………………刘天平　等 编著 / 29.00 元
《实践教学的途径与应用》（新理念教学丛书）………………谢文东　等 编著 / 30.00 元
《体验教学的策略与方法》（新理念教学丛书）………………豆海湛　等 编著 / 35.00 元
《前置教学的设计与操作》（新理念教学丛书）………………王林发　等 编著 / 32.00 元
《教学智慧：从平凡到不凡》……………………………………郭玉霞 著 / 29.00 元
《优质中小学是什么样的——一位教育学教授的新西兰之旅》……周祝瑛 著 / 30.00 元
《网络效应与青少年教育》………………………………………周祝瑛 著 / 20.00 元
《教师行为的 50 个细节》………………………………………林存华 著 / 30.00 元

《我的作文教育故事》（管建刚名师工作室丛书） .... 范天蓉 著 / 35.00 元
《管建刚：作文教学 12 问》（管建刚名师工作室丛书） .... 徐栋 著 / 25.00 元
《作文革命：你应知的 12 个细节》（管建刚名师工作室丛书）
.... 倪建斌 樊小园 著 / 28.00 元
《作文：教在"学"的起点》（管建刚名师工作室丛书） .... 潘非凡 著 / 33.00 元

四、当代前沿教学设计译丛

《新教学艺术与科学》............... (美)罗伯特·J.马扎诺 著　盛群力　等 译 / 30.00 元
《掌握综合认知能力——面向专业技术培训的四元教学设计模式》
.... (荷) 杰伦·J.G.范梅里恩伯尔 著　盛群力　等 译 / 49.00 元
《理解为先模式——单元教学设计指南（一）》
.... (美)格兰特·威金斯 杰伊·麦克泰 著　盛群力　等 译 / 33.00 元
《教师教学设计：改革课堂教学实践》
.... (美)艾丽森·A.卡尔－切尔曼 著　方向　李忆凡 译 / 30.00 元
《首要教学原理》............ (美)M. 戴维·梅里尔 著　盛群力　钟丽佳　等 译 / 75.00 元
《提高教师教学效能》...... (美)洛林·W.安德森 著　杜丹丹 译　盛群力 审订 / 28.00 元
《聚焦素养：重构学习与教学》
.... (美)亚瑟·L.科斯塔　贝纳·卡利克 著　滕梅芳　等 审订 / 27.00 元
《重塑学校——吹响破冰的号角》
.... (美)查尔斯 M.赖格卢特　詹妮弗 R.卡诺普 著　方向 译　盛群力 校 / 29.00 元
《教出有智慧的学生》............ (美)罗伯特·斯滕伯格　等 著　杜娟　等 译 / 28.00 元
《综合学习设计——四元素十步骤系统方法》（第二版）
.... (荷)杰罗姆·范梅里恩伯尔　等 著　盛群力　等 译 / 45.00 元
《教学的艺术与科学——有效教学的综合框架》
.... (美)罗伯特·J.马扎诺 著　盛群力　等 译 / 29.00 元
《培育智慧才能——学习的维度教师手册》
.... (美)罗伯特·J.马扎诺　等 著　盛群力　等 译 / 39.00 元
《目标本位教学设计——编写教案指南》
.... (美)斯蒂芬·耶伦 著　白文倩　任露铭 译 / 25.00 元

五、教师综合素养

《平民主义与教育》（《民主主义与教育》最早中译本）
.... 杜威 讲述　常道直 译　杨来恩 校订 / 37.00 元

《我的魔力语文课》……………………………………………… 何捷 著 / 29.00 元
《吴勇教故事——儿童故事性写作教学探索》…………………… 吴勇 著 / 33.00 元
《吴勇讲"语用"——小学"功能性写作教学"探索》………… 吴勇 著 / 29.00 元
《吴勇话知识——小学精准性写作教学探索》…………………… 吴勇 著 / 30.00 元
《吴勇用教材——小学教材习作教学探索》……………………… 吴勇 著 / 28.00 元
《问道语文》………………………………………………………… 罗才军 著 / 33.00 元
《孙明霞的创意作业》……………………………………………… 孙明霞 编著 / 35.00 元
《巧用范文教习作》………………………………………………… 范学望 著 / 29.80 元
《顾之川语文教育论》……………………………………………… 顾之川 著 / 49.00 元
《我即语文》………………………………………………………… 陈日亮 著 / 53.00 元
《语文教学归欤录（上卷：纵谈·答问）》……………………… 陈日亮 著 / 33.00 元
《语文教学归欤录（下卷：快简·零札）》……………………… 陈日亮 著 / 39.00 元
《教好语文100招》………………………………………………… 江惜美 著 / 29.80 元
《小学语文教法探微——名师同课异教评析》…………………… 陈宝铝 编著 / 43.00 元
《小学语文教学设计：问题与方法》……………………………… 吴亮奎 著 / 49.00 元
《重塑语用品质》…………………………………………………… 刘仁增 著 / 36.00 元
《语用课，开讲啦》………………………………………………… 刘仁增 著 / 39.80 元
《语用：开启语文教学新门》……………………………………… 刘仁增 著 / 45.00 元
《课文细读——指向文本秘妙》…………………………………… 刘仁增 著 / 39.80 元
《一位大学教授的高考"下水文"——一种作文指导范式》…… 徐江 著 / 25.00 元
《高考作文逻辑思维研究与教学对话》…………………………… 徐江 主编 / 35.00 元
《文本解读逻辑思维研究与教学对话（初中卷）》……………… 徐江 编 / 37.00 元
《中学语文名篇新读》……………………………………………… 汲安庆 著 / 39.00 元
《语文百花一坛栽——融思辨、读写、做题、提分于一体的高中语文实战课堂》
　　　　　　　　　　　　　　　　　　　　　　　　　　　　　白坤峰 著 / 30.00 元
《上出语文味——中学语文课堂上的文学涵泳、文化熏陶》…… 黄艳明 著 / 39.00 元
《指向"语用"的阅读教学实践》………………………………… 王林波 著 / 35.00 元
《一个教研员的作文示范课》……………………………………… 李日芳 著 / 33.00 元
《走向有效的写字教学》…………………………………………… 屈太侠 著 / 35.00 元
《小学写字教学教师读本——硬笔正楷书写指导》……………… 钱本殷 著 / 23.00 元
《中小学教师论文写作指南》……………………………………… 赖一郎 著 / 30.00 元
《上学生喜欢的语文课》…………………………………………… 李明哲 著 / 35.00 元
《用心语文——我评过和上过的课及主张》……………………… 黄国才 著 / 45.00 元
《语文课——用心做语文的事》…………………………………… 黄国才 著 / 33.00 元
《为课痴狂》………………………………………………………… 杨卫平 著 / 29.80 元
《诊断式阅读教学探索与教例》…………………………………… 杨海棠 著 / 29.80 元

《小学作文教学疑难问题解答》……………………………… 钱本殷　等 著 / 42.00 元
《语文课堂教学经典案例评析》……………………………… 黄伟 主编 / 53.00 元
《智慧·教法·感悟——小语名师课堂教学集锦（1）》……… 陶继新 主编 / 45.00 元
《智慧·教法·感悟——小语名师课堂教学集锦（2）》……… 陶继新 主编 / 48.00 元
《智慧·教法·感悟——小语名师课堂教学集锦（3）》……… 陶继新 主编 / 37.00 元
《智慧·教法·感悟——小语名师课堂教学集锦（4）》……… 陶继新 主编 / 39.00 元
《智慧·教法·感悟——小语名师课堂教学集锦（5）》……… 陶继新 主编 / 49.00 元
《小学语文片段教学指南》…………………………………… 肖俊宇　等 著 / 29.00 元
《课例中的儿童本位理念——"有机教育"思想下的小学语文教学设计》
　　　　　　　　　　　　　　　　　　　　　　　　　　　施茂枝 著 / 39.00 元
《说课实战训练教程·小学语文卷》………… 谢安平　林高明　邓园生 编著 / 28.00 元
《说课实战训练教程·小学数学卷》………… 叶建云　林高明　朱其珠 编著 / 37.00 元
《片段教学实战训练教程（小学语文卷）》………… 林高明　陈朝蔚 编著 / 43.00 元
《片段教学实战训练教程（小学数学卷）》………… 叶建云　林高明　朱其珠 编著 / 43.00 元
《做"业高一筹"的小学数学教师》…………………………… 任勇 著 / 16.80 元
《打造动感课堂的 66 个细节》………………………………… 钱守旺 编著 / 58.00 元
《小学数学经典教学方法》…………………………… 钟建林　方齐珍 著 / 45.00 元
《数学广角怎样教》…………………………………… 屈小霞　林碧珍 编著 / 19.00 元
《小学数学教法探微——一种有深度的同课异构研究》…… 林碧珍 编著 / 35.00 元
《数学思维养成课——小学数学这样教》（修订版）………… 林碧珍　等 编著 / 35.00 元
《给小学数学教师的 50 条建议》……………………………… 林碧珍 编著 / 40.00 元
《新课程标准例释（小学数学卷）》…………………………… 林碧珍 著 / 26.00 元
《小学数学高效教学 100 问》………………………………… 王晓卉 著 / 45.00 元
《高考数学命题规律与教学策略》…………………………… 高慧明 著 / 46.00 元
《中小学数学中的"为什么"》………………………………… 李祎 编著 / 45.00 元
《数学教学方法论》…………………………………………… 李祎 编著 / 45.00 元
《图形计算器与数学新课程整合教学设计》… 涂荣豹　陶维林　宁连华 编著 / 34.00 元
《做最好的英语老师》………………………………………… 葛文山 著 / 33.00 元
《高中英语好作文教学笔记》………………………………… 葛文山 著 / 34.80 元
《高中英语"三段七步"读写整合教学法》…… 牟金江　罗晓杰　项纸陆 著 / 34.80 元
《英语课堂教学艺术经典案例评析》………………………… 康淑敏 主编 / 65.00 元
《信息技术课程的教学策略与案例》………………………… 游建波　等 编著 / 48.00 元
《小学高年级积极心理课 40 例》……………………………… 吴伟红 著 / 39.00 元
《小学生情商团体辅导》……………… 周光顶　黄少蒙　林甲针　等 著 / 30.00 元
《中学生学习心理团体辅导》………………………… 上官郑粉　林甲针 等 著 / 33.00 元
《从"教育"到"辅导"：心理健康教育视野下的德育工作》…… 林甲针 著 / 30.00 元

《数学教学改革指导纲要》……………………………………… 吴亚萍 著 / 58.00 元

当代中国基础教育学校变革研究丛书
《"新基础教育"研究手册》……………………………… 张向众　叶澜 著 / 45.00 元
《"新基础教育"研究传统》…………………………………… 李政涛 著 / 32.00 元
《班级日常生活重建中的学生发展》………………………… 李家成 著 / 39.00 元
《"新基础教育"课堂教学改革的深化研究》………………… 卜玉华 著 / 39.00 元
《教育实践与教师发展》……………………………………… 吴黛舒 著 / 39.00 元
《中小学数学教学课型研究》………………………………… 吴亚萍 著 / 58.00 元
《中小学生语文能力培养与实践》………………………… 吴玉如 编著 / 49.00 元
《求取与反思——新世纪以来全球教育改革研究及中国教育传统的初步考察》
………………………………………………………………… 彭正梅 著 / 58.00 元

三、管建刚作品

《一线带班》…………………………………………………… 管建刚 著 / 30.00 元
《我的下水文》………………………………………………… 管建刚 著 / 33.00 元
《我的语文观》………………………………………………… 管建刚 著 / 25.00 元
《我不是班主任》……………………………………………… 管建刚 著 / 23.00 元
《一线表扬学》………………………………………………… 管建刚 著 / 30.00 元
《教师成长的秘密》…………………………………………… 管建刚 著 / 29.00 元
《不做教书匠》（修订版）…………………………………… 管建刚 著 / 29.00 元
《一线教师》…………………………………………………… 管建刚 著 / 30.00 元
《和女儿谈》…………………………………………………… 管建刚 著 / 26.00 元
《管建刚和他的阅读教学革命》……………………………… 管建刚 著 / 29.00 元
《我的全程带班录（四年级）》……………………………… 管建刚 著 / 35.00 元
《我的全程带班录（五年级）》……………………………… 管建刚 著 / 35.00 元
《我的全程带班录（六年级）》……………………………… 管建刚 著 / 35.00 元
《跟着管老师教作文》………………………………………… 管建刚 编 / 30.00 元
《我的作文教学革命》（管建刚作文教学系列）…………… 管建刚 著 / 28.00 元
《我的作文教学主张》（管建刚作文教学系列）…………… 管建刚 著 / 26.00 元
《我的作文训练系统》（管建刚作文教学系列）…………… 管建刚 著 / 29.80 元
《我的作文评改举隅》（管建刚作文教学系列）…………… 管建刚 著 / 33.00 元
《我的作文教学课例》（管建刚作文教学系列）…………… 管建刚 著 / 28.00 元
《我的作文教学故事》（管建刚作文教学系列）…………… 管建刚 著 / 29.00 元
《我的作文教学六讲》（管建刚作文教学系列）…………… 管建刚 著 / 29.80 元

去。这种主题教学法声称能够提高学生的学习兴趣,能够把所学的知识灵活地装进学生的头脑中去,能够让学生爱上学习,能够激发学生的创造性和独特性。而传统的教学方法往往会把知识分割为碎片,让学生产生厌烦,将他们变成被动的依赖者,使他们憎恨学习,并且会扼杀他们的独特性和创造性。

(传统教学法确实完成了一件事,那就是使孩子们真正学到了他们直接被教、被训以及之后被严格测试的学科知识。像我这样的实用主义者,都反对自然教学模式和人为教学模式之间的两极对立,而且更喜欢自然教学法与直接教学法的综合利用。[①] 进步主义"改革"批评家们(包括杜威)很久以前就指出,自然主义教学法的最大缺点是,其间接性并非一直奏效。没有什么无形之手可以保证,只要有充满趣味、引人入胜的学校活动,就能得到所渴望的知识和能力。历史事实已经证明,那种反对是有理有据的。)

审视今日学校图景,在改革家们所描绘的那种莫须有的操练与实训教学以及到处都在推进的设计教学之间存在着令人困惑的不兼容性。在自然主义教学法与机控教学法相结合这种趋势之下,这种不兼容性被强化了。当计算机被设计为实践性的、"互动"的学习空间时,会进一步强化对书本知识学习的反感。据预测,我们正在转向无书本的课堂,甚至可能完全不要教室。正如我们现在所知道的那样,学校将成为昔日传闻。这种激进的、"打破模式"的思想,消解了人们对于"设计教学法"的各种批评。"设计教学法"已经实行了几十年,其后果普遍较差。当我们等待无书本和无砖块的教室到来的时候,对计算机的未来热情会起到转移注意力的重要作用,人们不再关注过去的失败以及长期存在的进步主义思想与实践。

进步主义思想占主导地位的另一个例子是:除了主张改变对学科知识的强调之外,《基本原则》还主张学校必须更加重视儿童的"个体差异性"。到20世纪90年代的时候,依然在推行这种改革主张。儿童各种各样的能力和"学习风格"绝不该被单一、呆板的学科标准和教学方法所湮没。在过去的十年期间,我参观访问了几十所小学,没有发现一所学校的教师和校长对不同儿童的个人才能和个体需要漠不关心。上述观念与对"机械学习"的否定一

---

① 参见第五章。

样,已经深入人心,而且长期获胜。尽管如此,对于不同学习风格以及各种个体差异性的强调,依然被当作前途光明的改革新举措而不断推进。

在20世纪前20年,传播最为广泛的教育手册是克伯屈(William Heard Kilpatrick)的《设计教学法》(*The Project Method*,1918)。这本手册售出了六万多本。在1993年,《教育周刊》(*Education Week*)上有一则具有讽刺意味的新闻,该新闻报道的是美国新学校发展公司(New American Schools Development Corporation),这家从事改革的集团公司致力于创建所谓"打破传统"的学校。这则新闻的标题暗示说,当前的改革提议是崭新的。当时刊出的标题是《打破传统的进步主义时代的新观念:NASDC学校开始探索"项目学习"》(PROGRESSIVE-ERA CONCEPT NOW BREAKS MOLD: NASDC SCHOOLS EXPLORE "PROJECT LEARNING"),这篇文章(由Lynn Olson所写)还说:

> "基于项目的学习",围绕着一个重要观点或共同原则,从许多领域而不是更传统的学科视角来组织知识。同学们自己计划和实施项目,这会迫使他们参与到有意义的学习经验中去……我们往往没有真正吸引(学生)……我们把所有东西都整得鸡零狗碎。我们对一切东西进行分解。然后,莫名其妙,他们记得并不牢靠。[①]

克伯屈在表达自己的思想时,不可能比1990年代的这些改革者说得更好。这并不奇怪,因为在各种名义之下,克伯屈教学方法一直处于安稳的位置。(克伯屈这个名字在本书中将作为一个主题词(leitmotif)出现。它是一个应该更好地去认识的名字。尽管美国进步主义教育运动经常与约翰·杜威或与《以儿童为中心的学校》(*The Child-Centered School*,1928)的作者哈罗德·拉格联系在一起,但将进步主义思想引进美国学校教育的最具有影响力的人物是克伯屈。他的书籍和文章被作为重要的教育学课本,而且在其理论形成期的1918—1940年间,他在哥伦比亚大学师范学院直接培训了许多未

---

① Olson, *Progressive-Era Concept Now Breaks Mold*, 6—7.

来的教育学教授。)

另一个难以打破的改革传统是，教育完整的儿童，而不只是传授知识：

> 新学校的标志是自由、活动和创造性的自我表现。旧学校被描述为"训育营"、一个"恐惧、管制和长期压抑而令人疲惫"的地方，其哲学是建立在忠于纪律和学科知识的基础之上的。新学校致力于"自我表现"和"儿童的充分发展"，它是一个孩子渴望抵达的地方，因为……"他们用黏土和沙子做模型；他们画画和绘图，阅读和写作，撰写故事并改编汇演；他们在花园里劳作；他们搅拌、编织和烹饪"；其哲学是"自我概念"……儿童所接受的是全面教育。可见，其教育内容广泛而且与生活本身紧密关联。其实，经验不仅仅是知识问题，它还牵涉身体、节律和情感。①

以上（引号中）建议，摘自 1928 年出版的《以儿童为中心的学校》一书。这些思想，在当今的美国，抑或在亚洲或欧洲的大多数国家，都已付诸了实践，或者说，至少其中一部分思想已得到了落实。我们很难找到哪所小学没这么做。然而，美国现在依然倡导类似思想，并以变革的形式要求学校必须引介，以便人道而有效的教育最终能够实现。尽管这些做法已经实施了许多年，但我们的学校并没有变得更好或更加公平。对于这么一个悖论，我们的教育专家们几乎没人承认并加以关注。

另一个例子：改革者们仍然要求学校创设一种"积极的"学习环境，在这样的环境中，孩子们有效地掌控自己的学习而不是"被动地"接受成年人强加于他们的东西。在 20 世纪 90 年代，学校仍然被建议：

> 要重视学生积极参与制作和批评自己同班同学的知识。在根本上，这些行为违背了一种范式，这种范式认可知识最初是老师所拥有的东西，学生在学习的过程中获得这些知识，然后通过考试来说明他们已经将这

---

① Rugg, *The Child-Centered School*. Quoted in Ravitch, The Troubled.

些知识转化为自己的东西。相信学生的知识以及他们建构和批评知识的能力，是赋予学生权力的一种方式，这种方式违背了绝大多数课堂教学中不言而喻的规范。①

下面是《教育周刊》上一篇相当典型的文章，全文焦点是对学校中过于重视内容而太不重视过程的做法表示怨恨：

> 增加学科课程内容会使学校改革产生一种幻觉……新政策承诺学生会学到更多东西，但它们必须通过官方、校方、教师的教、学生的学以及测试等课程实施环节才能抵达学生。它们很少能按照预期的那样进入学生头脑。全都是魔术师的把戏……20世纪80年代的学校改革有失偏颇，它专注于内容而不是教学，拒绝家长、教师以及知情人士的实践性知识。这种愚蠢的有悖于教育学的偏见会持续到20世纪90年代吗？②

简言之，每个读过20世纪前30年浪漫主义、进步主义作品的人，以及那些读过师范院校标准教科书的人，再读当前关于学校改革的文献时，都会产生一种强烈的似曾相识的感觉。在当前关于学校改革的文献中，很难不出现以往的内容。当然，措辞已经发生了变化。"项目设计"已变成"主题学习"或"多学科"活动。"思维训练"（曾经遭遇早期改革者们的诟病）已变成"批判性思维的技能"。"生活体验"已变成"实践活动"或"深度理解"。"小组参与"已变成"合作学习"。但是，除了这种表面的变化以及试图将计算机技术整合进去之外，当前提倡的诸多教育改革实际上已经主宰学校很久了。半个世纪以来，这场认定"过分重视"学科知识有害的教育改革一路凯歌。学校有可能从事的最激进的改革——指向传统学科中那些已被充分认定

---

① Wiske, *How Teaching for Understanding Changes the Rules in the Classroom*, 21.

② Better Teaching or "Just the Facts, Ma'am"?, *Education Week*, March 11, 1982, 30.

和具有挑战性的学科知识的改革——很难得到支持。传统的学科知识反倒成了要被根除的东西。

2. 无处不在的反知识观

在美国教育工作者的思想中，对事实性知识是很厌恶和轻视的。起初，这种现象对于我这样的一个局外人来说，是如此反常，是如此难以理解和相信，以至于花了好多年才弄清问题的实质所在。毫不过分地说，在许多幼儿教育工作者和改革者的世界观中，反知识的态度是极其关键的构成要素。我渐渐意识到，这种顽固的态度一直是我们教育失败的一个强有力的因素，由其造成的严重后果不亚于其他任何一个因素。由于我花了十多年时间才相信存在这么一种反常现象，所以必须料想到本书读者会与我当初一样对这个判定有所怀疑。让我简要讲一讲使我看穿真相的那些大量的亲身经历中的几件事吧。

直到几年前，我还认为这些反知识的态度不过是抵制变革的一些伎俩而已——在这种情况下，实际强化的是基础课程。我相信，在内心深处，教育者并非真正轻视知识。我的想法是："大多数人不喜欢变革。他们将掌握事实性知识称为'细节索求'和'机械学习'，这种措辞是拒绝和蔑视事实性知识的一种手段，意在使事情保持原样。"由于极力坚持这种论断，我因而将所听到的言论解释为策略性的防护手段，而不是将其当作基本信念的表达。

三年前的夏天，我同意给三大批教育工作者演讲。每批都由150－250位校长和行政人员组成，他们来自全国各地。这三批人员由一个叫 IDEA（思想）的组织负责召集和管理，利用暑假期间在诸如丹佛、阿普尔顿、威斯康辛以及洛杉矶等地的大学校园里举行活动。因为 IDEA 的与会者来自各个地区，所以机会绝佳，通过这三批人员可以在非正式场合直接了解教育文化。

在我的第一次小组会议上，一个教育工作者问我，一年级学生应该知道什么样的东西。我提到了正好发生在身边的几个例子，即核心知识学校的一年级学生正在学习的内容：一些伊索寓言；关于埃及的一些事实，包括木乃伊和尼罗河；一些地理基础知识，像在户外或在地球仪以及地图上能够找到东、西、南、北，还要能够识别大西洋、太平洋和七大洲。紧接着，一位与会者就问我，我是不是真的认为学习七大洲对一年级学生是有用的，它能有什么用？当时没有人愿意为"教授儿童这些事实性知识"这个观点辩护。即使有些人私下里赞成这么做，但没有人敢说出来。如果那些持异议者在场的话，他们已被各种社会舆论绑架了。

大约一个小时之后，在一次全体会议上，一位教师被"在低年级教授可靠的知识"这种想法激起了兴趣（因为一些人似乎确实对这个总体设想感兴趣），好奇地问我是不是喜欢为低年级学生编写参考书。我说确实如此，而且从中学到了很多东西。接着的问题是：在我所学到的知识中最有趣的是什么？我考虑一下后说，或许最令我兴奋的是终于理解了地球和太阳轨道在一年之中的相互关系，以及为什么在赤道这个位置春季和秋季是最热的季节。紧接着，另一个地方的教育者问我，我是否认为那点儿信息已使自己成为一个更好的人。这么一问，瞬间的热情被泼了一盆冷水。当时，依然没有人站起来为教授事实性知识辩护。

那人刚说过事实性知识对于成为一个"更好的人"是无用的，一位自称是小学校长的人站起来说话了，她问我：向一年级学生展示埃菲尔铁塔——核心知识课程推荐的内容，你是否意识到这对儿童发展来说是不合适的？对于这种断言，我非常震惊，以至于没能有效地给予回应。我没有想到竟然会遇到如此自信的说法，而且我真是太有礼貌了，具有南方佬的风度（in an old-style Southern way），竟没直接质疑她在相关领域的专业水平。同时，我也没敢说法国学前儿童经常参观埃菲尔铁塔，却没有造成什么心理伤害，因为可想而知，一旦提到法国（或其他国家）儿童，必然遭到诘难，他们会说"我们不是法国人啊"。事实上，我想不起来自己当时说了什么，但确实记得，会场中没有一个人站起来为教授幼儿事实性知识这种做法辩护。

在接下来的几天里，我又参加了两场 IDEA 组织的校园活动，那里聚集着大量的教育管理者，这是一个很好的抽样，能够代表全国学校管理者的整体思想状况。在每一个校园，我都邂逅了相似的教育态度，他们大都认为事实性知识无用，而且认为让儿童去学习这些东西是不可取的。他们普遍认为，讲授事实知识必然造成支离破碎、枯燥乏味和不人道的学习后果，而且教学生诸如七大洲的名字和形状这类知识，只能通过死记硬背的方式来完成，这些无意义的内容与儿童的个人兴趣和生活经验相距甚远。

正是在这些 IDEA 组织的会议上，我意识到了这种反事实性知识的偏见达到了什么程度，由于对"新技术世界"（new world of technology）的热衷，这种偏见目前正在被强化。几十年来，教育界一直反感书本知识，现在由于联想到电子产品的大好前景，这种反感看上去恰逢其时，甚至显得很前卫。我发现，"新技术世界"给那种反事实性知识的观点带来了许多好处。几个 IDEA 的与会者告诉我，目前的知识，不管什么种类，很快就会过时。"知识爆炸"的时代已经到来，再去教"今天的事实"已经无关紧要，因为他们明天肯定会过时。在这个新的信息时代，正在产生的信息量如此之大，试图让学校占有这一切是徒劳无益的。通用技术的现在已经淘汰了过时的"老式"技术，比如背诵乘法表。这些专家们并不认为信息时代要求每个人都要有更多的知识资本，他们不但不将新技术看作加强事实性知识教学的手段，反而却将其作为反抗事实性知识教学的依据。

在 IDEA 组织的各种讨论中，与那些被称为"真正知识"的更好的东西相对应，事实和信息无一例外地会被冠上"纯粹"一词。在这些教育者的头脑中，教学要么是令人兴奋、实际可行、有益道德的，要么是死记硬背、枯燥乏味、沉闷无聊的，两者对立，只能二选一。参加 IDEA 组织的活动时，我就像进入了一个非此即彼的世界，有一种中世纪道德剧的味道，其中的善必然是用来与恶对立的。当你学习那些真实、丰富、有挑战性的学科知识时，除了需要艰苦努力之外，也可能感受到其中的乐趣和迷人之处——更不用说道德受益和能力提升了——那些 IDEA 的参与者没有这个意识，也不会去讨论那些事情。

这些数以百计的与会者并不认为自己是知识的敌人，而且还可能认为，任何人这么描述他们，都是不能容忍的。他们不但不认为自己是知识的敌人，相反，却认为自己是"真正知识"的朋友，以区别于"纯粹事实"。当我问他们所说的"真正知识"是什么意思时，一些与会者说它主要在于认识"事物的相互关系"，但他们没有解释，在没有了解具体事物之前，怎么能够将它们联系起来。他们还认为，任何真正重要的事实性知识都是在实践过程中自然而然获得的。（美国学生并没有自然而然地获得这种知识，这一点证据确凿。①）

总而言之，这些教育工作者认为自己并不是知识本身的反对者，而是"不连贯的"事实性知识的反对者。他们认为，当与"有意义"的知识相比时，"不连贯的"事实是微不足道的。他们认为，美国学生的无知是由"主流文化"（the larger culture）所造成的问题，而不是由学校教育本身所造成的。美国教育者自身具有一种反知识倾向，同时，以世界标准来衡量，美国学生当前的学业成绩远远落后。没有人意识到这两方面之间的关联性。美国学生的事实性知识匮乏，同时，阅读、写作和运算能力不足。对于这两方面之间可能存在的因果关系，也没有人去思考。这些 IDEA 的参与者们认为，相比于传授纯粹信息，他们干了更多其他事情。正像康涅狄格州韦斯特波特市教育主管最近对那些抱怨他们孩子在学习上存在巨大差距的家长们所说的那样，学校所传授的不只是事实性知识：

> 凯莱赫博士说，在信息爆炸的时代只知道教什么内容是有问题的。他告诉父母，现在学校的情况与当时他们上学时的情况不同。他还说，韦斯特波特市教育体制要努力实现的是"知识＋"（knowledge plus）。②

最近，一篇新闻报道宣布了 1994 年度最佳教师的评选结果。当这位能干的专业人士被问到能给同行们什么秘诀时，她说，除了尊重孩子和寻找创造性的方法来让他们感兴趣外，教师的责任心非常重要。她在表达对教师职责的看法时说："他们不是在那里教学科知识，他们是在那里教孩子。"(They're not there to teach subject matter, they're there to teach children.) 当然，大家都知道她的意思。如果在 20 世纪 20 年代和 30 年代，她可能会说，"教孩子，而不是教学科"（Teach the child, not the subject.），这属于

---

① Ravitch and Finn, *What Do Our 17-Year-Olds Know?*
② *Westport (Conn.) News*, June 3, 1994.

"以儿童为中心的教育"的口号。对于这样的措辞，可以温和地理解，不要当作是对知识的反对，而仅仅是表达一种对知识的传授方式的强调。但是，这些古老口号的实际后果却绝不温和，而且它们持久性的主导优势显示，即使最能干的教育者也已被这种对立性思维所迷惑。这种对立性思维可以回溯到七八十年以前。事实上，反知识的口号可以追溯到更早，正像约翰·杜威在下面这段评论中所论证的那样：

（我们必须）摆脱偏见，正视儿童个体经验与学习过程中各种形式的学科知识之间的某种（明显没多大）差距。从儿童的角度来说，这个问题涉及怎么看待儿童个体经验本身已包含的要素——事实与真理——与正式学习过程中出现的同类要素之间的关系问题；更为重要的是，儿童个体经验本身是怎么包含态度、动机以及兴趣这些要素的，这些要素是怎么开发和组织学科知识并将其占有的。①

杜威批驳"儿童中心"与"学科中心"两种教育之间对立性的言论，早在1902年就出版了！显然，杜威并没有成功驱除教育界"过度简单化"的思想观念。相反，它们继续通过师范院校而得以传播，继续毁坏广大教师和管理者甚至包括一些极有才干的教师和管理者的判断力，继续以"改革"之名而被专家们倡导。

3. 为什么美国大学比中小学好

正统的思想观念控制着我们的公立学校及其改革者，其影响或许在一定程度上可以通过对比来衡量，即将我们的K-12教育体制与不受教育理论家控制的教育领域——我们的公立院校和大学相比较。在国际社会中有广泛一致

---

① Dewey, *The Child and the Curriculum*, 2: 276. Quoted in Westbrook, *John Dewey and American Democracy*, 99.

的看法，即美国创造了发达国家中最好的公立大学和最糟糕的公立中小学。①成千上万的外国学生赶来，在美国的学院和大学里学习，但有见识的外国父母，如果他们的孩子可以以任何其他方式学好英语的话，很少愿意把他们的孩子送到我们的公立小学中去学习。我的一个来自瑞士的朋友，是弗吉尼亚大学的医学研究人员，有一份他特别热爱而在瑞士难以复得的工作。可是，他和他的妻子对两个年幼的孩子在公立学校所得到的教育却感到非常苦恼，以至于他们尽管难舍这份工作，但还是在商讨是否要回国。

是什么导致了美国中小学和大学在质量上的惊人差异呢？一个国家在中小学和大学两个领域都拥有出色的教育质量并非不可能。事实上，创建优质的K-12教育体系远比创建优质的大学教育体系来得容易，其证据在于，许多国家已经创建了比我们更好的小学，但很少或没有几个国家创建出了更好的大学。

也许，美国的文化环境有利于一流大学的形成（我不是暗示所有的大学都是一流的，或是说所有大学教员都很出色），这大概是因为我们拥有言论自由以及与之相随的信仰自由的传统，甚至包括鼓励异议。开放讨论和打破旧习可以营造一种氛围，在这种氛围里卓越的知识可以繁荣活跃。越过弗吉尼亚大学卡贝尔大厅的大门有杰弗逊的一句话，这句话表达了他想创造的大学："这所大学将以人类思想得以自由驰骋为基础。在这里，我们不惧怕真理会将我们引向何方；只要允许理性自由地去斗争，我们也不怕容忍任何错误的存在。"那是远离自以为是、循规蹈矩的教育圈子的另一种世界。

但是，除了开放性和竞争性之外，还有另一个使我们大学有别于我们中小学的差别之处，而且我认为这可能是最关键的差别之处。我们的学院和大学以及控制其命运的学者们，不仅重视思考的独立性，而且非常重视知识的深度、广度和准确性。然而，知识的深度、广度和准确度却常常被我们的K-12体制贬抑为属于"教育存储论"的那些东西。比起那些更加"实际性"的通用目标，诸如"高阶技能""自尊""元认知技能"和"批判性思维技

---

① 这是国际经济合作与发展组织发布的评价报告，参见：*OECD Economic Surveys*，1993—94；United States, Chapter IV.

能"，知识被认为不太重要的东西。"纯粹事实"被认为是与"死记硬背"难解难分的东西，它可能是在教育理论家的术语表中最被蔑视的短语了。

当进入大学的学生和随后给他们配备的教职工都准备不足的时候，我们这些最好的大学的卓越品牌还能够维持多久，目前尚不清楚。例如，自1965年以来，在大学入学测试中，语言和数学分数高于650分的学生，在绝对数量上已经下降了75%。这说明，我国优秀学生数量之所以减少，并不能简单地归因于国家对大批少数民族学生的优待政策。针对这种准备不足的趋势，为了维持大学的质量，我国研究型大学已经开始不断引进受过良好教育的高素质外国人才。其中的研究生，有许多人留在了美国，但也有许多没有留下来。例如，日本高科技产业在美国的大学里具有牢固的智力根源，在美国有超过13000名日本学生（相比之下，大约有700名美国学生在日本）。

尽管从国外涌入了大量的智力资本，并与之相应地也涌入了金融资本，但是我们不能像永久保持消极贸易平衡一样永久保持K-12阶段的智力资本逆差。我们那些最难进入的大学，现在都必须办写作和数学辅导中心，有时还要设阅读辅导中心。看到这些辅导中心突然涌现而且无处不在，实在令人不安。当然，去这些辅导中心的许多学生是留学生，或是那些参与赞助性行动计划的学生，但是这些辅导机构的客户绝对不仅仅局限于少数民族学生和弱势学生。就其本质而言，这是一种不稳定的局面，它必然导致美国所有大学标准下降，而且很明显这种现象已经出现了。

如果说强调知识和异议已经给我们许多大学带来了高质量，而强调过程和一致已经给我们大部分中小学带来了低质量的话，那么就常识而言，大力推行知识和异议就具有其实际意义。这种质量差距的存在恰好可以说明，支配着我们K-12系统的口号以及在改革方面的努力是有缺陷的，不可能达到这种异议所理想的目标。那些主导性的理论以及提出那些理论的人，虽然踌躇满志，却给这个国家带来了很糟糕的后果。不仅我们的学校特别需要"重建"，那些重建学校的人们的思想观念，也需要重建。

4. 特许与选择：是的，但选择什么

那些教育领域之外意欲改革学校的人们，已经习惯了失败。父母、政客、企业高管以及其他局外人士，都试图叩击这个巨大的城堡之门，但就像卡夫卡的故事一样，结果却被推到了一边去，或是陷入错综复杂的高大上的口号之中，诸如"批判性思维""个性化教学""新技术""真实评价""高阶思维技能"以及其他各种新版的浪漫进步主义话语，这些话语已被嫁接到内容相对中立、结构变化了的言辞之中，比如"学校重建"和"实地决策"。为了设计"打破常规"的学校，慈善家和资本家们已经花费大量金钱。各个州和市区迫于改善学校的急切需要，都试图通过把公立学校转交给私营企业来绕开改革难题。但是，每项充满希望的"创新"都附和着"批判性思维"之类的常见词语，而对这些词语的内容却不在意。没有任何力量能够抵抗这套正统的思想观念。

由于对现状失望，许多美国人开始支持成立特许学校，在这些学校中，家长自己做出重要决定并进行"学校选择"——一种允许父母为孩子选择将要就读的公立学校的结构性变革。这些想法基于一种符合逻辑的理论推导，这种理论认为，授权于父母可以通过竞争的力量来减轻制度垄断之恶。那些倡导特许和选择的人们认为，公立学校之间缺乏竞争意味着学校缺乏自我完善的动力，他们还预测，在经济领域的利益竞争，在公共教育中也可以重复出现。

在理论上我认同这个观点，但在实践中这种推断可能存在缺陷，也就是说，在当前形势下，认为通过竞争就可以大大提高学校教学质量的论断是有失偏颇的。实际上，与经济竞争的这种比较含蓄的类比是不周全的。在经济领域中，消费者基本上知道他们想要什么。相比之下，消费者在教育上的偏好则很难由自己来决定。仅就教育的结果这么一件事而言，它是需要很长时间才能显示出来的。有时，尽管父母们知道他们未来想要得到什么，但对学校为了达到这个目标每天需要做些什么缺少明确的认识。长远目标清晰明白，

短期行为含混不清,这两者搅和在一起,恰好可以解释由调查得来的一个荒谬现象:一方面,美国父母们认为我们的学校基本上是失败的(因为他们知道全国各地的学生学业成绩都很差),另一方面,他们又认为自己的孩子在学校(一个干净明亮且可以开展大量活动的地方)表现良好。

现有证据表明,在美国,学生学业成绩目前并没有因为父母的自主择校而有很大提高——这个结果与国际数据一致,它说明,自主择校本身并不是一项理由充分的改革原则。许多年前,荷兰就制定了公开资助自主择校的原则,但目前显示,荷兰的办学质量在北欧大陆没有多大提高,自主择校与学业成绩之间的相关性非常低。如今,荷兰大约有16%的学校办学质量低于标准水平,相比之下,在非择校体制的瑞典、丹麦、日本和韩国,未达标的学校只有1%—5%。这些数据一点也不能说明,有必要去反对公立学校选择或建设特许学校,而且事实上,我喜欢这些结构性变革,并希望由此能够带来一些实质性变化。然而这是不可能的,因为在目前的思想垄断被打破之前,任何结构性改革都不可能调节我们的整个教育系统。[1]

父母择校的基本问题是:在垄断背景下引入竞争,垄断可能抵制竞争效用的发挥。有些事情是一样的,父母都更愿意把孩子送到离家最近的学校读书。如果有两所学校,其中较好的这所学校比另一所学校远了5公里,那么较好的这所学校要好很多,才可能对父母有充分的刺激效应,否则,他们是不会愿意让孩子多走那么一段距离的。正因为没有标准可靠的方法用以判断远近两所学校的教育质量,他们通常都不会让孩子转学。其实,在对两所学校没有了解很多的情况下,即使是专家,也很难判断教学质量孰优孰劣。不仅如此,更为复杂的是,在不好的学校里会有一些好老师,而在好的学校里也会有一些不好的老师,这种模棱两可给家长们择校造成了进一步的困难。学生家长肯定会问:"当我选择一所学校的时候,我的孩子会遇到哪一类老师呢?"

当父母们面对诸多信息进行选择时,除了会遇到以上这些困难外,一个

---

[1] 参见:International Association for the Evaluation of Educational Achievement, *Science Achievement in Seventeen Countries*.

更具统摄性的巨大难题是：在众多学校中作出选择，几乎不可能。因为，这些学校尽管都采纳了特别主题，但当它们都信奉同样的教育"哲学"时——都关注"儿童个体以及他/她的需要"，关注"批判性思维""自尊""快乐学习""尊重他人"；学校教职员工都认同那些基于最新研究的教学方法，诸如"实地决策""合作学习""以儿童为中心的教育学"。对"个体的孩子和他或她的需要""批判性思维""自尊""快乐学习""尊重他人"的同等关注；由学校工作人员使用基础教学方法的最新研究所作出相同的保证，如"校本的决定""合作学习""以儿童为中心的教学"。当这些学校的宣传言论如此相似的时候，那些能够作出明智选择的家长，绝对是有眼光的。

在这一点上，我有意为这本书所要批判的教育现象提供一个正面的衬托。我的意图在于挑战那些不充分的理论，也就是要把空间留给那些更好的理论。我们不妨做个假设，在父母可以选择的学校中，有一所学校持有如下哲学观：

> 我们学校的所有教师不仅接受过教学法培训，而且拥有所教学科方面的系统知识。我们将宽容、礼仪、守纪、责任和勤奋等伦理规范教给所有孩子。我们全体教员在教学内容方面已达成共识，都明确知道各年级学生应该获得的核心知识与技能。我们确保每个孩子都习得这些核心知识并获得在下一年级顺利发展所需要的具体知识和技能，从而使知识建立在原有知识基础之上。我们学校的教师经常交流讨论激励学生学习以及帮助学生全面掌握各项知识与技能的有效方法。我们的目标明确，因而能够对孩子进行监控，而且在必要时给予重点关注。最后，我们会为父母们提供每个年级要学的具体知识和技能目标的详细大纲，并就孩子的学习状况与他们保持联系。通过这种以知识为基础的教学方法，我们确保所有正常儿童表现出所在年级的应有水平，与此同时，还要让那些最优秀的孩子追求卓越。由于获得了特定而完整的知识与技能，我们的学生不但能够体验到学习的快乐，而且拥有自尊。如此这般，便可确保我们的学生做好升级准备，并且渴望学习更多的内容。

事实证明，当美国的父母们被提供了这样的选择时，他们愿意将孩子送到很远的学校去读书。

不幸的是,我上面所描述的这种选择,对于在美国的大多数父母来说,是不可能得到的。尽管这种哲学指导着表现最好的欧洲和亚洲的学校系统,但在现今的美国,任何试图创建一个注重知识的公立学校的想法,通常都会遭遇指责和强烈抵制。例如,在 1992 年,一群家长试图以上述原则在科罗拉多州的柯林斯堡市开办一所小学,结果教育有关部门坚决反对,百般刁难,威胁要对那些有意合作的教师进行打击,甚至还聘请律师帮助,阻止家长传播所谓的异端邪说。幸运的是,精明的父母们早就想好了如何应对这种情况,他们的公立学校,华盛顿核心知识学校,正在蓬勃发展——表明自主择校原则与独立的思想垄断相结合,会影响到变革的实际效果。这所学校的所有学生都精神饱满,而且校外还有很多孩子在等候入学,其中很多孩子的父母是少数民族,他们认为,这种严格的教育是孩子经济独立的重要基础。①

5. 一种知识的垄断

长期以来,批评家们一直抱怨美国的公共教育是一种制度和思想的垄断。我们借用亚瑟·贝斯特(Arthur Bestor)的"公立学校联合理事会"(interlocking public school directorate)这个短语来形容那些控制着教育界各种组织机构的联合群体:

> 那些委员会和执行委员会的成员们,那些积极参与问卷制作、课程规划和思想宣传的女士们、先生们,几乎都是从三个相互关联的专业领域中选拔出来的。首先,他们是那些来自大学、学院和师范学校的教育学教授。其次,他们是地区学监、校长和地方公共学校的管理者和监督者。再次,他们是政府部门的官员、"专家"以及来自州立公共教育部门

---

① 柯林斯堡地区学校的戏剧性结局,非常令人开心,值得牢记,以便发挥其示范激励效应。

和联邦教育部门的其他官员。这三个群体，统称为专业的教育工作者，近年来共同组成了一个公立学校联合理事会。①

这种垄断组织的控制力是通过把持教师资格认证而得以维系的。那些师范院校的教授们和那些州立教育部门的同僚们一起，通过要求那些有意从教的人必须在师范院校接受指定数量的相关课程才能获得公立学校教师资格这么一种手段，而使自己稳坐钓鱼台。通过这个认证过程的数以百万计的教师，都变成了被灌输和俘虏的听众。在贝斯特揭露真相的前几年，莫蒂默·史密斯（Mortimer Smith）一直在观察教育思想和宗教教义之间的相似性，他所描写的情况和这种结果非常接近：

> 如果有人花气力对这个问题进行调查的话，就会发现，那些师范院校中的教员们与那些由他们培养出来的管理者和教师，对于教育目标、教育内容和教育方法这些问题，观点简直惊人地保持一致。他们构成了一个联系紧密并且具有一套明确教条和教义的共同体。他们要确保这些信念通过国家法律、国家教育部门的规章制度而得以贯彻和延续，以至于，只有那些经受过正确教条培训的教师和管理者才可能拿到资格证书。②

像所有可以决定谁能进和谁不能进的专业行会一样，为了阻止外界干预，教育这个堡垒已经开发出了强有力的把控技术，尤其是标语口号的控制。有些教师后来能够在生活中超越那些最初被灌输的东西，要归功于他们自身的独立自主性，而这也是我参观中小学时经常感到欣慰的东西。

除了史密斯和贝斯特分别于 1949 年和 1953 年提到那些组织外，现在还必须加上全国教育协会（National Education Association）以及一些实力雄厚的基金会的项目官员。这些组织的成员常常在师范院校中接受训练，并且已

---

① Bestor, *Educational Wastelands*, 102.
② M. Smith, *And Madly Teach*, 7.

经将那套主流的教育思想内化于心。因此，贝斯特于1953年所告诫的那套反知识观念，经过长期发展，现在比以前更加强盛了。

很多基金会凭借这套思想体系拉帮结派。这对于以传授知识为主的学校改革来说，便构成了严重障碍。曾经一度，基金会的项目官员可能是具有独立思想的学者，也可能是主流教育思想的强烈批评者，比如斯隆基金会（Sloan Fouundation）的詹姆斯·库勒（James Koerner）还著有《错误的美国教师教育》（*The Miseducation of American Teachers*，1963）一书。但是，这样的时代似乎已经过去了。私人慈善事业的特殊优势是，它有能力反对和抵制那些标准化的观念和占主导地位的思潮。目前，教育界不仅成功地将自己的毕业生或盟友安插到许多基金领域中去了，而且还说服了那个领域，使其相信所谓的反知识观与伦理和社会正义方面的思考是完全一致的。保守派们已大获全胜，他们成功地将其失败的观点粉饰为新的、有研究根据的理论，并说这些观点有利于社会正义。可其实，它们根本就不是那回事。

贝斯特非常准确地抓住了这些策略的花花道道。他于1953年描述的教育界对内部分歧和外部分歧的抵制状况，现在一点也没过时。想到这些，实在令人沮丧。

> 教育领域最令人震惊的事实之一是，几乎没有任何来自内部的严厉批评。迎接每项新政的都是声声赞歌，任何一句外部批评都会被集体围攻，而且……专业的教育学者们根本就不愿意将他们的建议提交公众自由讨论，也不愿意接受真诚的批评，甚至常常采用更为丑陋的方式去大肆反驳，对批评者进行谩骂和个人攻击，而不管批评多么率真和有见识。[1]

在这种统一思想的高压之下，再加上就业分配和大量的基金分配等方面的行政控制，教育领域演变为一个制度垄断的城堡，就不足为奇了。

然而，单单制度性垄断本身，并不是教育系统失败的根源。在几乎每一

---

[1] Bestor, *Educational Wastelands*, 110.

个现代国家中，公立教育都处于垄断控制之下，但其质量并不一定因此而受到影响。日本的小学已经属于世界上最好和最公正的那类学校了，但其学校却处在全能的教育部——文部科学省（Monbusho）的严格控制下。文部省和在其他自由民主国家中的类似教育部门一样，他们的美好目标是保证教育的质量和公平，而不是抵制思想挑战与变革。尽管有很大的权力，但这些部门对立法机构负责任，而且其中汇聚了各个同领域的学者，他们对于各种批评和新思想持有一种开放的心态。在这一点上，挪威的教育部门就是一个非常典型的例子，对于教育的垄断，无处不在。

美国教育界的思想封闭性并不是不可避免的。这是一种历史的偶然和必然。从哥伦比亚大学的教育学院开始，出现了一种类似生物繁殖的思想传播。位于纽约的父母机构的思想的 DNA，通过传播被植入女儿机构，然后从一个师范院校被复制到另一个师范院校。到目前为止，由它们培养出来的大多数师范院校的教授和大多数学生，都是哥伦比亚大学教育学院的思想之子、思想之孙或思想之曾孙。①

我们美国的经验表明，这种指向统一观点的思想垄断，比那种纯粹制度上的垄断更加愚蠢荒谬。尽管存在着地方控制的神话，但这种居于垄断地位的思想统治着美国 K-12 阶段的教育。相比于其他自由民主制度中纯粹的官僚主义控制，这种思想垄断更为广泛和更具有危害性。在那些比我们更成功的教育体制中，尽管也能发现这些流行的思想观念，但没有我们这么极端，也没有像我们这样主导着整个过程。

6. 需要：来自内部和外部的有力挑战

谁会挑战这种思想垄断呢？怎么能指望父母、政客和慈善家们察觉到教育专家们的口号正在错误地导向极端化和简单化呢？如果没人提醒相关思想的诱导性的话，谁会反对"批判性和创造性思维""自尊""关注孩子的个体

---

① 参见本书第四章第七点。

差异性"呢？谁又会明确支持将"不适当的发展"任务强加给年幼的孩子呢？怎么能指望普通市民明白这些目前正在被使用的话语产生了与企图实现的目标相反的结果呢？看看下面的这些悖论吧，我将在后文中予以解释：

• 强调批判性思维而轻视知识，会降低学生的批判性思维能力。

• 经常表扬孩子来增强其自尊，却不考虑其学习成绩，会滋生自满情绪或者多疑心理，也可能两者兼有，以致自尊心下降。

• 在一个有 20 到 40 个学生的班级中，要求一个教师特别有效地关注每一个学生，意味着在大多数的时间里忽视大部分的学生。

• 一直被称为"不恰当发展"的那些功课，已被证明对世界各地数以百万计的学生都是非常合适的，而现在用以喂养美国儿童的精神食粮却造成了发育不良（朝着下行方向），并且经常让他们心生厌烦。

被夸夸其谈的口号淹没之后，就别指望父母、政客和慈善家们还能审慎地看待他们了，除非给他们提供完善的多样化的专业知识——真正改革最不可缺失的东西。之所以没有出现完善的多样化的专业知识，很大的一个障碍就是，那些本属于技术而非政治的教育问题，长期以来却被政治化了。例如，找到最有效的方法来教孩子如何阅读，本是一项专业技术问题，而不是一个意识形态的问题，但是，阅读教学的"字母拼读教学法"（phonics approach）被视为"保守的""强硬的"（hickory stick）的共和党思想，而"整体语言教学法"（whole-language appoach）则被等同为"自由的""温和的"（wishy-washy）的民主党思想。

在这场激烈的论争中，很少有人愿意去关注像珍妮·乔尔和玛丽莲·佳格·亚当斯这样的研究者。她们研究发现，综合字母拼读法和整体语言法的中间道路法是最有效的教学方法。但是，她们却惨遭来自两方面的恶意攻击，而对于她们的"幕后动机"（hidden agendas），更是冷嘲热讽！没想到，由于亚当斯的工作是由美国教育部的研究基金资助的，来自哥伦比亚大学教育学院的两位教育学教授，坚持在她的书中插入更为"自由的"支持整体语言法的"后记"，而这使公众愈加困惑。

在这种情况下，如果参与者或社会大众咨询那些从事研究的心理学家们如何看待自然拼读教学法与整体语言教学法之争，阅读方法上的混乱就可能会减少。那些在主流的心理学系（不同于师范院校的心理学系）里研究过这个问题的人，会一致支持乔尔和亚当斯的中间道路论。然而，由于习惯于非此即彼，主流的研究成果被简单地忽略了。任何对正统的进步主义教育的挑战，都被视为来自政治保守主义的挑战。这种策略相当有效地压制了批评，而且回避了实践变革。①

人们必须凭借主流媒体对这些呆滞的观点进行公开批评，但到目前为止，主流媒体并没有在这方面发起多么有成效的挑战，前景依然黯淡。尽管学校教育具有重要的社会和经济意义，但新闻记者们倾向于认为，教育报道跟他们对偏远地区的农业报道差不多——极其重要，但沉闷乏味。教育报道这样的事情，通常会交给一个初级记者去做，当他（她）一旦拥有了足够的知识和怀疑能力，就会转身去报道其他内容。如果我们的教育报道能够像政治报道那样敏锐、多疑、深刻的话，我们就不仅能在新闻媒体中，接着还会在社会基金领域以及普通大众中，看到大量的知情知底的批评。

不久前，我收到了一位博识的家长的来信，这位家长非常恼火，信写得很长。这封信引用了一段地方报纸中的教育评论，所引内容如下：

> 在我们为毕业生列出的心愿单上，第一项是具备阅读理解至少中等程度的综合材料的能力，并能清楚地表达自己的思想。在心愿单的顶部还有一项，就是希望学生拥有推理和解决问题的能力。具有这两项技能后，毕业生就可以为他们无法预料的未来现实生活做好准备：学习并不仅限于学校。现在很少有什么工作还完全按照十年、二十年前的方式来完成。仅仅为了保住工作，工人们就不得不去学习新技能、新知识，更不用说想升职了。越来越多的不会学习的工人将会落伍……所以学校要为学生的终身学习做好准备。②

---

① Adams, *Beginning to Read*. 亦可参阅 Pressley and Rankin, *More About Whole Language Methods of Reading Instruction for Students at Risk for Early Reading Failure*, 157—68.

② Springfield (Mass.) *Sunday Republican*, January 2, 1994. 我要感谢 John Kelleher 提供了这个例子。

在引文之后，这位家长继续指出，（在关于现代就业的老生常谈之中）新闻报纸在传播由教育者和改革者所发布的相同谬论：抽象的阅读能力是有可能教的；抽象的解决问题的能力是有可能教的；一旦拥有了这些抽象能力，学生就能够追求"终身学习"。正如这位家长所指出的，这三个假设中的每一个都半真半假，而显然，该文记者或编辑对这种片面真理的局限性一无所知。

新闻媒体是挑战教育思想现状，并且将问题公开化的最好的中间机构。科学和技术方面的专家意见经常被忽视，如果新闻记者们转向这两个思想源——在欧洲和亚洲的教育专家以及在美国教育领域之外工作的研究人员，将对公众大有裨益。教育记者很少去采访那些在心理学部门工作的研究人员。如果他们这么做的话，就会发现，主流的科学界对于教育界的许多心理学预设都不当真，比如说可以教授孩子广义的批判性思维和解决问题的技能。

公众需要多种学校以便选择，但相比较而言，更需要多种教育思想以便选择。整个教育界受控于一整套教育口号，不能容忍内部异议，抵制以学科知识教学为导向的科学批评，拒绝由此引起的审查和争论。见多识广的新闻媒体完全可以在最需要争论的地方——美国教育界内部——掀起围绕教育本身的争论。我凭直接经验知道，假如有机会的话，教育界有很多人都会去打破这种强制性的思想垄断。

四、一个思想领域的批判

1. 引言

我在前面几部分中已说明，现在许多学校倡导的"改革"实践，恰恰将美国教育置于风口浪尖。一个不受主流思想约束的人会提出以下问题：教育者为什么一直倡导那些已造成不良后果的明显反事实内容、反机械学习、反语言训练的实践——坚持不懈地推进这种教育改革，而且实际还比以前更激进呢？

基本答案是这样的：在教育界，目前还没有想到可替代的方案。对所谓"传统"教育的轻视，是美国教育思想必不可少的一部分。在我们的教师培训机构中，反传统教育的那些言论长期处于主导地位，致使那些竞争性的、非进步主义的思想原则根本就没有立足之地。在美国的师范院校中，没有哪个教授会提倡机械式学习、重视事实性知识或支持语言训练。既然在一个不断重复的问答中只有一个正确的信念，再去讲信条本身可能存在错误，肯定会被视为异端邪说。如果质疑进步主义学说，就等于对教育事业本身的合法性发难。其基本前提是，进步主义原则是正确无误的。因为进步主义原则是正确的，它们就不可能成为导致教育无效的原因。对于学校无效这一事实，肯定存在着其他更好的解释。其中"较好的"解释有：

• 否认我们的学校真的无效这一事实。学校没有出现真正的危机，基本上都还不错——考虑到人口的变化，它们比以前的状况更好。（这种立场再进一步，就是拒绝相信测试结果：这些测试无法评估学校的真正绩效，而且事实上会限制真正的教育。）

• 否认进步主义当前处于主导地位这一事实。真正的问题是，进步主义从来没有被真正把握。在学校里面，教师依然坚持传统的、非进步主义的习惯，这是应该受到指责的。

• 虽然进步主义原则已被遵照执行，但否认进步主义得到了真正落实这一事实。接受了进步主义信条的教师应该为执行不当而承担责任。既然进步主义的原则是正确的，那么只要正确地遵照执行，就必然会带来好的结果。既然结果并不好，那么其原则就没有被正确地执行。

• 将矛头指向那些无法克服的外部条件，因为它们阻碍了进步主义的充分发挥。缺点应归因于势不可挡的社会问题，而不应归因于错误的教条。缺点应归因于破碎的家庭、暴力文化、大量的少数民族学生，以及纷繁复杂的学校事务。这些比较严重的社会文化问题非常普遍，以至于影响了学校教育目标的实现，甚至那些富裕的郊区学校也难幸免。

总之，既然进步主义学说不可能有错，那么对于境况不佳的美国学校来说，唯一适当的选择是采用"改革"这种顺势疗法，而且还要推行更强大、更密集的进步主义原则。

要想打破学说依赖这种循环，对进步主义学说本身进行拷问是非常必要的——甚至要让那些从事教育学研究的教授们去思考这件不可想象的事情。历史考察显然是开启这种"打破成见"（break-the-mold）的思维方式的最佳方法。或许，理解了进步主义思想的历史起源，会有助于推翻其不负责任的专政统治。本章将努力实现三个主要目标：其一，通过追踪其历史起源和探究其专有名词试图掩盖的本质特征，认清美国教育思想界；其二，通过展示这些专有名词是如何伪装其非专有特征的，进一步揭露美国的教育思想界；其三，（在本章和下一章）反驳那些专有名词掩盖下的类似科学的东西。在《世界观心理学》（*Psychology of Worldviews*）一书中，卡尔·雅斯贝尔斯（Karl Jaspers）指出，如果没有被吸引力或排斥力激发出热情的话，一个人不可能很好地理解一个思想领域。但是他又很精明地补充说，无论是吸引力还是排斥力，都能够导向准确理解和深刻洞见。①

和其他各章一样，在本章我主要依赖的是主流的历史与科学研究。我对"教育思想界"的一些批评是基于公认的研究成果的专业批评，这些研究成果与教育界的那些教条是相冲突的。但纯粹靠那些主流的研究结论是不太可能改变那些坚定的思想信念的。"研究告诉我们"是教育界最喜欢使用的插入语之一。所谓"研究告诉我们"的东西，往往与那些已经确立的教育教条高度一致。但是，历史和心理学研究所告诉我们的那些东西会怎样呢？难道他们会与我的观点不一致吗？任何人都有可能竭力根据他（她）本人的预设对科学研究进行筛选。不过，当那些被广泛接受的主流科学与教育专家们所引证的科学之间发生明显冲突时，我们似乎可以得出比较合理的结论，那些富有多样性、公允性的主流科学，更有可能是正确的。

人们在选取科学研究结果时表现出来的思想倾向有时被称为"意识形态"，该词意味着思想倾向主要是为了提升自身利益或团体利益。美国教育思想确实没有完全从个人主义的意识形态中解放出来，尤其当它彰显自我而特别强调过程的时候。但我要避开"意识形态"这个词。占主导地位的美国教育理念得以形成，主要不是制度选择上的结果，总体来看，很多理念属于我们的文化。那些关于幼儿成长、书本学习、创造力、独立思考和学校管理的思想观点，既属于教育思想，也属于公认的美国文化。根深蒂固的国民态度致使某些教育观念在美国的影响力比在其他国家牢固持久得多。在本章最后转向美国教育思想中那些更为专业的核心概念之前，我将对那些具有广泛影响力的思想态度进行讨论。

---

① Jaspers, *Psychologie der Weltanschauungen*, 10; and *Wilhelm Diltheys Gesammelte Schriften*, 8:14. Spranger, *Zur Theorie des Verstehens und zur geisteswissenschaftlochen Psychologie*, 369.

2. 浪漫主义

在哥伦比亚大学教育学院，霍瑞思·曼建筑群与百老汇相对而立，在其高高的檐壁雕带之上刻写着九位大教育家的名字——16 到 19 世纪的洛约拉、墨兰顿、斯特姆、夸美纽斯、赫尔巴特、福禄贝尔、裴斯泰洛齐，霍瑞思·曼，托马斯·阿诺德，旨在表达他们的教育理想对学院创建者们的启示意义。真想知道，经过了多少次审议或辩论才选定了这些人物。显然，这个雕带是为了赞颂教育者的崇高理想。至于托马斯·杰弗逊没有列入的原因，或许也能够得到解释。杰弗逊是美国公共教育的最重要的早期思想家，但没有担任过校长。从另一方面来讲，赫尔巴特也没有担任过校长，但他极大地影响了现代美国教育的方向，甚至超过了杰弗逊。

这个雕带似乎在说："让这个建筑的其他侧面去歌颂诗人和哲学家的名字吧。在教育学院这里，面对着百老汇的这个雕带将歌颂改变了现代教育的思想家，不管他们是倡导新理论（如赫尔巴特）或是通过将理论和行动结合来对儿童进行教育。"令人钦佩的是，这种选择对小学教育特别重视，名单上列有弗里德里希·福禄培尔，他是幼儿园的发明者；约翰·赫尔巴特，他是早期的教育哲学—心理学家，以其名字命名的"赫尔巴特学会"孕育了"以儿童为中心的教育"；还有约翰·裴斯泰洛齐，他主张教育应与孩子的自然发展相和谐。他们能够成为彼此知道的同时代人物，可不是纯粹的巧合：裴斯泰洛齐生于 1746 年，赫尔巴特生于 1776 年，福禄贝尔生于 1782 年。在浪漫主义运动的鼎盛时期，他们活跃在瑞士和德国。正是欧洲浪漫主义创造了关于儿童的新观念，也正是这种新观念主宰了美国的教育理论。

在浪漫主义运动之前，关于教育的基本概念并没有在任何社会中完全消失，这种基本概念的前提假设是，每个孩子都是"有待于塑造"（still-to-be-formed）的生命，其本能冲动需要被鼓励的方面较少，而需要按照社会各方面规范加以塑造的地方更多。这种教育观念在亚洲和非洲的大多数社会中依然占据着主导地位，而且西方直到 18 世纪后期也仍然如此。

例如，柏拉图高度重视教育，因为他坚信，美好的生活和公正的社会需要对人类天性中的理性部分进行特别训练和提升，以便能够主导和控制其本能的、情感的方面。对于柏拉图来说，允许本能和情感支配理智的教育将成为罪恶的根源。最近流行的口号是"追随你的天赐之福"（Follow your bliss），这里的"天赐之福"是指本能上所偏爱的任何东西，而在柏拉图看来，简直就是对道德的亵渎。同样，犹太教和基督教的教育理论，虽然没有柏拉图那么强调理性，但表现了类似的对人性及其本能情感的不信任。在圣奥古斯丁的《忏悔录》（Confessions）中有一段描述儿童恶搞的内容，非常经典。[1]

他和另外一些小男孩决定从农家的树上偷一些梨子。并不是因为偷梨这个行为使奥古斯丁将这件事视为人性的范例；毕竟，他和那些缺乏社会教化的小朋友可能是饿了，而且他们确实想吃梨。对奥古斯丁来说，更重要的是他们摘了很多梨子，根本不可能吃完，而且违背常情的是他们把梨子带走扔给猪吃。奥古斯丁认为，对于这种恣意妄为的破坏性行为的唯一解释是，甚至在小孩子身上，或者说，尤其是在小孩子身上，存在着只能用原罪说才能解释的罪恶与任性。这个偷梨事件对奥古斯丁的启示是，人性本恶，教育的目的不是遵循人性，而是要去纠正它，将其置于一条与自然发展相反的美德之路上。让堕落的人性自由发展，将招致贪婪、自私和犯罪。

尽管启蒙运动的思想家们打破了宗派宗教和原罪之说，但他们中的大多数人并没有打破那些在历史上推动了社会发展的教育模式和文化原则。美国的创始人——像麦迪逊和杰弗逊（以及位于教育学院雕带之上的他们的战友汉密尔顿）这样的启蒙人物——对人性也持有怀疑和不信任的态度。正是基于对人性的怀疑与不信任，才有了对个人反对多数人暴政的保护；才依靠参议院来避免纯粹代议制政府本身的危险；才有了三权分立原则，通过制度建设防止权欲和贪婪。由他们所建立的宪法尽管允许追求天赐之福，但并不意味着对人性本善的信赖。

在开国元勋中，杰弗逊关于公共教育的著述最为全面。其中对于美德和

---

[1] Augustine, *Confessions*, Book VI.

卓越才能培养的重视，以及对道德教育的严格要求，确实看不出对于那种鼓励人性自然发展的教育的信任。对于他们而言，历史（而非本性）研究应该成为教育的主要议题：

> （这）将使他们有资格判定人的行为与计划；这将使他们看清每一个伪装之下的野心所在；并知道何以击败其观点。在世界上的每种体制中，都留有人类弱点的痕迹，都有腐败和堕落的因素，都能够发现其阴谋所在，其邪恶将不知不觉地显露、蔓延和增长。①

但从18世纪后期开始，欧洲浪漫主义作为一场新思想运动，唱响了两个划时代的教育理念，向无情的传统思想发起了挑战。首先，浪漫主义认为，人性本善，为了免遭外部社会偏见和习俗的毒害，应该鼓励它顺其自然地发展。其次，浪漫主义得出结论，儿童既不是成人的缩小版、无知版，也不是有待塑造的无形黏土。准确地说，每个儿童都是一种特殊的、自足的生命存在，独一无二且值得信赖——的确圣洁——其天性应该得以张扬并按照自身的节奏运行。

对待人性可靠性的态度之所以发生重大转变，是因为浪漫主义思想家对"自然"怀有一种宗教般的虔诚之心，并以此打量世间万物。自从卢梭的《爱弥儿》（1762）问世，这种乐观主义的、类似宗教的观念便和教育理论联结在了一起。后来，它们被德国浪漫主义哲学家黑格尔（Hegel，1770～1831）、谢林（Schelling，1775）等人转译而成为声名远播的哲学体系。在《自然哲学》（*Naturphilosophie*）中，谢林明确阐释说，上帝之光普照自然万物和人类本性，二者皆为神圣之物。这是对新的浪漫主义儿童观内在思想的直白表述，也是浪漫主义对社会习俗约束的一种反抗。在浪漫主义者看来，如果没有遭受阻挠的话，真正的自然发展怎么可能会出错呢？毕竟，自然本能来自神圣之源。正是人为强加的社会文化阻隔了人性的神圣之源，才使儿童误入歧途。

---

① Jefferson, *The Life and Selected Writings of Thomas Jefferson*, 265.

美国的早教事业深受福禄贝尔的影响，下面是这位欧洲教育家的主张：

> 对于幼小的植物和动物，我们给予空间、时间而且允许休息，因为我们知道，它们会按照自身成长规律而实现自我，趋于完美。我们避免在它们身上施加外力，因为我们知道，外力会干扰其自然成长，有害于自由发展。然而，人们却将年轻人视为一块软蜡、一块黏土，可以将其塑造成理想的样子！……教育和教学首先应该是一种生成、一种守望、一种保护，而不是什么预设、干涉和限制……所有规定性和修补性的培训与指导，都是对自然的干扰，必然导致约束和伤害。①

约翰·裴斯泰洛齐同样警告说，不要让孩子仓促地陷入纯粹的传统学习中去：

> 任何称得上自然开启人类潜能的教育方法，肯定都是率真和简易的……父母不该急于让孩子学习那些与自身兴趣相距甚远的东西。如果让孩子抢先学习那些内容的话，不仅会降低他们的能力，而且会深刻影响他们的自然平衡。②

席勒在他的《欢乐颂》（*Ode to Joy*，1785）中赞美了人与自然的这种统一，就像许多人会记得贝多芬《第九交响曲》（Beethoven's Ninth Symphony）的最后一个乐章一样，它所表达的是我们摆脱社会习俗后与自然重逢的"欢乐"——"消除一切分歧"（Was die Mode streng geteilt）。一脉相承，威廉·布莱克（William Blake）在他的《天真之歌》（*Songs of Innocence*，1789）中也赞颂了童年的神圣性，而且早期的狂热者华兹华斯（Wordsworth）还写了《颂诗：忆童年而悟不朽》（*Ode: Intimations of Immortality from Recollections of Early Childhood*，1804）一诗，其中有这样

---

① Froebel, *The Student's Froebel*, 5—6.
② Pestalozzi, *Pestalozzi's Educational Writings*, 18—19.

的句子：

> 孩子啊 你立于生命的高峰，
> 天生自由且享有尊荣。
> 为什么要懵然挑战天恩，
> 为什么与时间比拼争雄，
> 早早把命定的重轭加身？
> 很快，你的精神将承受尘世的苦难，
> 你的身心将承载习俗的繁重，
> 像冰霜一样凛冽，像生活一样深沉。①

从感叹社会"习俗"和"时尚"的死板、堕落，到认为要求儿童早早学习书本知识是不健康、不自然和有害的，不过一步之遥。很快，孩子的精神就要承受那尘世的苦难，无需急于奔向那命定的重轭。

认为文明给孩子带来的是腐败、堕落，而非友善、阳光和美德，这是欧洲浪漫主义对美国教育思想的一个独特贡献。将儿童天生圣洁这一观念与习俗和文明的腐败本质之间进行对比，是值得称颂的浪漫主义思想。同时，它也是容易走向蔑视书本知识学习和堕入反智主义的一种教育观念。

在美国思想传统中，一方面包括卡顿·马瑟（Cotton Mather）、杰弗逊（Jefferson）、麦迪逊（Madison）和汉密尔顿（Hamilton）等人，他们对人类本性持怀疑态度，另一方面包括爱默生（Emerson）、梭罗（Thoreau）和惠特曼（Whitman）等人，他们对"心灵神圣"深信不疑。在爱默生的朋友路易莎·梅的父亲布朗森·奥尔科特（Bronson Alcott）看来，无论是裴斯泰洛齐还是华兹华斯，都没能深刻地、充分地表达他本人对儿童绝对可靠的神性的感受：

---

① Wordsworth, *Ode: Intimations of Immortality from Recollections of Early Childhood*, lines 125—32.

> 不因华兹华斯的天才，不为裴斯泰洛齐的厚爱，
> 这条幼年的溪流清澈欢快。
> 那从天而降的圣水洗礼每个儿童，
> 日日养育的孩子与我共在；
> 我将水钵深浸生命之泉，
> 从中汲取虔诚。
> 睁开双眸，打量外部世界，
> 一切各得其所，满目神采。①

身为教师，美国进步主义教育的老前辈帕克（Colonel Francis Parker）在激励同行们时说过：

> 儿童的自然倾向是天赋神性的见证。我的同行们，我们来到这里，只是为了一个目的，那个目的就是理解这些倾向，并使它们遵循自然，朝向本来的方向前行。②

目前，美国教育中有一个根深蒂固的情结，认为凡是自然的东西都会自动向善，趋于完美。一切按照自然法则来完成的事情都有其内在的必要性和正确性。美国人往往乐观地认为，凡是任其自行发展的事物最终都会顺理成章——也就是说，浪漫主义思想已浸透于我们的文化中。

在教育方面，由这种乐观的心态所生发的思想是，人们对孩子的自然发展信心满满，但对严格管教、勤奋读书以及其他形式的人为激励和约束却疑虑重重。作为杜威的门徒，当代美国教育思想的主要奠基人克伯屈（William Heard Kilpatrick）认为，他和他的同事们已经超越了像裴斯泰洛齐、赫尔巴特和福禄贝尔这样的欧洲浪漫主义者。但事实上，克伯屈只是简单地把关于人性和自然发展的浪漫的乐观主义思想转译成了世俗的、科学的语言。这种

---

① Alcott,"*Sonnet XIV*".
② Quoted in Cremin, *The Transformation of the School*, 134—5.

思想转译只是发生了语言文字上的变化；隐藏其后的是浪漫主义信念，即如果允许孩子在自然环境下自由发展的话，教育效果会更好。仅就"自然"这个术语而言，它经常出现在克伯屈的语言里：

> 一种管理有序、活动目的明确的教育体制，不会由于要掌握学科知识而受到外部环境和人为因素的限制，因而不仅确保可以严防人格失调问题，而且经常还能及时提供各种必要的补救措施。依靠诚实的学习和适当的活动去追求有价值的目标是精神健康的自然之道。①

自然万物，不加干预而顺其天性，则各美其美，如其所是。邪恶在于，由于非自然的约束，而导致与自然的分离。例如，让儿童整齐地坐在一排排的座位上，迫使这些具有独特天性的学生保持一致。由于这种浪漫主义思想作祟，教室课桌摆放成为美国教育文化中的一个典型问题。将课桌摆放成半圆形或螺旋形，象征着美好、自由、现代化的教育战胜了不人道、不自然、限制性的传统教育。现在，许多学校依然骄傲地宣称，他们不会一排一排地安排学生座位。

历史，包括美国近代教育史都已表明，人类活动几乎没有是在顺其自然的情况下圆满成功的。总体看来，不应该对人类天性不闻不问、听之任之。人的天性有其两面性、对立性，至于让哪些天性得以发展并使其统领人性，我们应该有所选择，而不应该留给偶然和际遇。确实不能违背天性，但我们可以尽力培养人类天性中最好的部分，并对其中最坏的部分进行控制。文明的目的要想实现，教育的结果要想达成，都不能完全顺随人的天性，而是要尽量引导其走向人道的和有价值的目标。显然，这是一个古老的教育原则，而不只是一个西方的教条，它是世界各地许多文化中教育智慧的凝聚和折射。在人类思想史册之中，欧洲的浪漫主义对美国文化和教育产生了巨大影响（哎，太狠了），以至于脱离了启蒙主义原初的轨道，这个错误我们必须纠正。

---

① Kilpatrick, *The Essentials of the Activity Movement*. Quoted in Tennenbaum, *William Heard Kilpatrick*.

尽管美国诞生于启蒙运动时期，但深受浪漫主义思想的影响。美国文化中这两种思想传统之间的冲突，在《哈克贝利·费恩历险记》（*Huckleberry Finn*）中有非常精彩的描述，那就是萨莉阿姨和哈克·费恩之间的僵持对立，前者属于（理性主义者）柏拉图和圣奥古斯丁那一派，后者是（浪漫主义者）华兹华斯的追随者。

……要是早知道写书要费那么大劲的话，我当初就不会写了，以后自然也就不会写了。不过嘛，依我看，我得比其他人先走一步，先到"领地"去。这是因为萨莉阿姨要收养我，还要教我学什么文明礼仪，这可是我受不了的事情。我先前已经领教过一回啦。[1]

哈克·费恩坚信，他在那个靠近自然的"领地"内，将会比在靠近文明和莎莉阿姨的城里，能够更好地保持幸福和美德。但在人类历史上，几乎没有什么能够证明他的这种浪漫主义信仰。

在今天的美国文化中，理性主义和浪漫主义在人性观方面的冲突有增无减。最近，崇尚自然之美和人性本善的乐观主义思想有所降温——越南战争的悲剧、持续繁荣后的萧条、电视中世界各地种族屠杀的新闻连续不断、美国学校中学生之间的各种暴力事件——这一系列悲惨经历的根源在于人道的浪漫主义信念，以为只要允许孩子各行其道，其善良的本性便会自然绽放。还说什么，如果鼓励儿童像一棵树一样自然生长的话，一切都会健康发展。逐渐地，人们开始质疑这种理念，并开始对道德教育思想产生了新的兴趣——一种莎莉阿姨式教育的复归。

但是，许多美国人仍然相信，自然的东西肯定比人为的东西更好，就像学校自然摆放课桌一定会比整整齐齐排列课桌更好一样。事实证明，浪漫主义运动的基本原则在美国大有市场，经久不衰；几乎所有与早期教育相关的主流思想和口号都与其有历史渊源。开发孩子的创造力和想象力的思想源于浪漫主义。教育的目的不只在于传授知识，而是要培养"完整的孩子"，包括

---

[1] Twain, *Huckleberry Finn*, *last words of the book*.

想象力。这种教育目的观最初来源于浪漫主义的泛神论信仰，认为只要没有人为设障，从儿童天性中生发出来的一切都会准确无误、美好善良。塞缪尔（Samuel Taylor Coleridge）曾经说过这种"我们特别喜欢称之为想象力的虚构的神奇力量"，认为它"会让人的整个灵魂转化为现实"。① 在早教课程中，从《麦加菲读本》（*McGuffey Readers*）中的道德故事转向神话、童话以及今日故事，标志着重心开始由儿童道德意识塑造转向儿童的创造力和想象力培养。可能大多数美国人仍然相信，那种遵循儿童自然发展的早期教育，肯定会比很早就灌输知识和美德的杰弗逊式教育更加有益。

在20世纪20—30年代，美国的师范院校已纷纷转变为进步主义的思想基地，但好几十年之后，浪漫主义的教育观才完全占据主导地位。这种教育观念从这些基地散播开来，到20世纪50年代的时候在中小学里大获全胜。当时，越来越多具有传统教育思想的教师退休了，而具有进步主义教育思想的人开始担任校长或教育督导之职。在那之后，从幼儿园一直延伸到中学，整个一代学生所接受的都是进步主义教育，而且这种浪漫的进步主义思想的所有影响通过20世纪60年代的高中毕业生显现了出来——高考成绩急剧下降。

许多问题取决于我们是否继续毫无批判地接受浪漫的进步主义信念，而这些信念目前依然主导着美国教育界的思想。对于这些信念的任何挑战，都被认为是异端邪说，并且会受到教育界近乎宗教般的强烈抵制；想想这些信念具有类似宗教一样的历史起源，那也就不足为怪了。但有待讨论的是，在整个教育思想体系中，浪漫主义的发展观（我将在下一节重点讨论）对于教育质量，尤其是对于公共教育的公平性具有极大的破坏性。

3. 浪漫的发展观与其他自然主义谬论

美国教育界从浪漫主义那里继承了这样的信念：幼儿期是一段纯真与自

---

① Coleridge, *Biographia Literaria*, Chapter XIV.

然的时期，是真正作为儿童的一个时期，"囚室的阴影"（Shades of the prison house）很快就会将年幼的孩子笼罩。① 对于每个儿童来讲，能够按照自然秩序协调发展的生命时光仅有这么一段，如果将其破坏的话，那是错误的。对于父母而言，为了实现自己未能实现的雄心壮志，千方百计地对孩子施压，以致揠苗助长，不惜毁掉孩子的生活，这也是错误的。不言而喻，过早的书本学习与天性相背。教育界的说法是："研究表明"，不合时宜的干预和约束所带来的是"不恰当的发展"，所营造的是一种具有温室效应，并且强制灌输的氛围。

强制灌输（就像残酷地利用一只斯特拉斯堡鹅一样）和温室效应（那里的植物不合常理地被人工催熟）这两种画面，经常出现在那些反智性的早教文献中。在这种浪漫主义观点的鼓噪之下，人们对于教幼儿识字、拼读、算术和事实信息等形成了一种非常消极的态度。那些畅销书，就像戴维·艾尔金德所著的《还孩子幸福童年：揠苗助长的危机》（The Hurried Child: Growing Up Too Fast Too Soon）和《错误教育：学龄前儿童的风险》（Miseducation: Preschoolers at Risk）一样，所讲的都是许多美国人经常听到的东西。

专家们针对书本知识学习的种种抨击，进一步壮大了美国文化中本来就很强大的浪漫主义势力。当学校对少儿严格管教并要求他们努力学习的时候，许多父母会表示遗憾和同情。在许多父母的内心深处，已经形成了一种非此即彼的对立思维模式，认为教育要么是快乐的与知识无关的"适当发展"，要么是不快乐的不近人情的知识学习。在他们看来，学校学习就是面对晦涩的抽象概念和各种管教约束，而"适当发展"的学习则是一种具体的、创造性的游戏活动，这种教学活动会调动所有感官参与，会顺从自然指令，以缓慢而可靠的速度进行。其实，那些具有挑战性的学科知识同样可以与快乐的实际活动结合起来，同样可以调动所有感官参与，只是人们没能够这么规划设计而已。"以后会有时间来做那些事情的"，这是父母们经常重复的一个话题。

---

① "囚室的阴影"（Shades of the prison house）出自华兹华斯的诗作《颂诗：不朽的暗示》（Ode: Intimations of Immortality）。——译者注

从爱默生（Emerson）和奥尔科特（Alcott）那个时代以来，美国人耳濡目染的就是浪漫主义的发展观。没有谁需要劝说。

在美国，如果围绕儿童的幸福与不幸福，或者围绕强制性的课堂作业与多感官参与的游戏活动展开辩论的话，任何有良知的人都会站到具有浪漫的发展观的那群人一边。但是，对于那些在早期教育中经历了知识挑战的少年儿童而言，他们的精神健康和创造能力究竟怎么样，我们有多少证据呢？

相关的大数据主要来自法国。法国已经开办幼儿学校（écoles Maternelles）一百多年了，而且自第二次世界大战以来，一直在为80％以上的三岁儿童、95％以上的4岁儿童以及99％的5岁儿童提供学术教育（academic education）。这些儿童都是在真正的学校中接受教育。对于那些非常小的孩子，法国把美式日托中心（crèches）和真正的学校（écoles）区分开来。最近，法国社会学家完成了一项有关幼儿学校长期影响力的纵向研究，研究对象是本国4000多名入读幼儿学校的2岁儿童，占了同龄入读生总数的30％以上。研究结果令人惊讶。那些上学年龄较早的孩子，后来在学业上取得了更好的成绩，而且通过纯间接测评得知，由于曾经接受过挑战和经历过早期的学习激励，他们的适应能力和幸福指数也更高。①

从社会公正的角度来看，法国的这些结果更加引人注目。如果家庭条件差的儿童在两岁时上幼儿学校，他们到六、七年级时的学习成绩，会与那些家庭条件很好但直到四岁才上幼儿园的孩子的学习成绩旗鼓相当。如果家庭条件好的孩子也在两岁时上幼儿学校，他们的学习成绩会在以后继续保持领先位置，但在这种情况下，所有学生都表现出相当高的学业水平。法国的经验表明，一所运行良好、注重学习成绩的幼儿学校，能够克服目前美国学校中不同社会阶层学生之间存在的巨大的学习差距。在本书第一章中，我曾经指出，"开端计划"（Head Start）之所以出现令人失望的结果，与现代美国社会中的独特问题有关，但主要还是由于在课程内容方面缺乏连贯一致的编排方法（浪漫的发展观的一个显著特点）。

法国和美国在类似"开端计划"项目方面的对比，几乎就是一种控制性

---

① Jarousee, Mingat, and Richard, *La Scolarisation maternelle a deux ans*, 55.

的教育实验。这两种项目之间的根本差异主要是早期教育的哲学基础不一样，而不是什么幼儿社会学。那些在巴黎和马赛郊区幼儿学校的学生，与美国不同学区学校里的学生一样，具有明显的种族多元化特征。就其总体而言，法国的教育专业人员从来就不是浪漫的发展主义者。卢梭也许是在巴黎郊区写下了《爱弥儿》一书，但他在教育哲学上的伟大影响却在法国之外。卢梭深刻地影响了浪漫主义思想家裴斯泰洛齐、赫尔巴特、福禄贝尔等，并通过他们影响了美国的教育专业人士。法国人自己一直在反驳卢梭的观点，对人性本善而被文明腐化这种观点进行批判。我曾经与一些法国的幼儿教育专家交谈过，他们和美国教育专家一样，也非常重视创建那种多感官参与的愉悦的学前教育氛围，但同时，他们对于所有正常儿童应当达到的学术目标也有非常清晰的认识。

由于美国文化对幼儿教育长期持有浪漫主义观点，所以发展主义的那套专业说法根本就不需要多大功夫去论证。同时，结论不同的研究往往被漠然置之。哈佛大学的杰罗姆·布鲁纳（Jerome Bruner）在研究的基础上曾经说过"任何科目都能够按照某种正确的方式，教给任何年龄阶段的任何儿童"（Any subject can be taught effectively in some intellectually honest form to any child at any stage of development.）[①] 这么一句话。这句话通常会被作为名言引用，以便对布鲁纳的观点进行驳斥。然而，布鲁纳的说法代表了许多在师范院校之外工作的心理学家们的观点。如果人们再去看看神经生物学的研究成果的话，就会知道人脑"自然"发展的实际情况究竟是怎么回事，就会知道所谓早期教育必须亦步亦趋且不可干涉的自发性观点是需要反驳的。下面的内容摘自一篇最近很火的文章，讲述了神经生物学的进展状况：

"这太疯狂了"，耶鲁大学的神经生物学家帕茨科·拉基克（Pasko Rakic）说，"美国人认为，不应该要求年幼的孩子耗费脑力去做困难的事情：'让他们玩；他们会在大学里学习'。问题是，你如果不提前训练他们，到时会更加困难。"

[①] Bruner, *The Process of Education*, 33.

让孩子锻炼头脑，从来都不会太早。关于早期用脑训练的一些好处，几个世纪以前就知道了。以音乐、体操、象棋教师为例，长期以来，他们一直主张练习要及早开始。令语言学家们惊奇的是，孩子可以学习一门新的语言而不带口音，但这方面成年人做不到。"为了符合某些单词的正确发音，你必须让声带保持一定的张力，"拉基克说，"为此，你必须收缩喉咙的肌肉，但控制这些肌肉的突触是在青春期之前形成的。"

拉基克说，有一个相当简单的科学解释：儿童大脑可以形成的突触连接远远超过成人大脑所能形成的突触连接。儿童出生后不久，大脑就开始进行突触连接，其速度之快，令人难以置信。随着青春期的临近，连接的数量逐渐减少。接着就开始了两个方面的功能分化——功能性固着和选择性淘汰，那些经常使用的连接会被稳定下来，那些不常使用的连接就会被排除。拉基克说："可以这么说，我们是在一块较大的石头上雕琢出了自己的大脑。"最伟大的雕琢是在2岁至11岁之间完成的。

"当然"，拉基克补充说，"这并不意味着你在以后的生活中不能学习。你还可以学习很多很多。但在童年时期，快速学习的能力是无与伦比的。"[1]

上面几段文字所表达的是教育界之外的专家的观点。下面是《3—8岁幼儿课程内容与教学实施评鉴指南》(*Guidelines for Appropriate Curriculum Content and Assessment in Programs Serving Children Ages 3 Through 8*) 中的一段文字，公开表达了美国幼教协会和美国教育部幼儿专家协会 (the National Association for the Education of Young Children and the National Association Early Childhood Specialists in State Departments of Education) 的"基本立场"。我们可以将上面的几段文字与下面的这段文字进行对照：

不应该要求儿童理解抽象（符号）性的概念或掌握那些以后更容易获得的技能或知识。在某种程度上，该指南说明了教与学的效率问题。

---

[1] *Life*, July 1994, 68.

例如，一、二、三年级的教师都反映说学生不能理解"数位值"：教师花费了好几个小时去教这个抽象概念，但学生要么垂头丧气，要么诉诸记住一些无意义的技巧。①

如果遵照这个建议的话，很多基础性的数学学习会被推迟到四年级——大约要等到10岁。如果说这样的政策有助于提升"教与学的效率"的话，实在令人怀疑。在法国、日本以及其他一些发达国家，在一年级结束的时候，学生能够完成两位数的书面运算，而且至少能够大致理解两位数的数位值。在二年级结束的时候，这些学生能够学会九九乘法表，而且会三位数的加减运算，也就是说他们懂得借位和进位，从而展示出对数位值运算的理解。到三年级结束的时候，他们能够进行五位数的加减运算，能够写出99000以内的所有数字，能够算出比某个数字大10倍或100倍的数字，能够算出某个数字的十分之一是多少——所有这些对于学生和老师都没有很大的压力，也没有发现任何有害的心理影响。②

根据报道，10岁以下的美国儿童在理解数位值方面存在困难。这种困难很可能是由于他们在算术上缺乏连贯一致的指导和练习。在欧洲和亚洲，有数以百万计的儿童在不断熟悉算术和反复运算的过程中理解了数位值，尽管一年级时模糊不清，但到二年级时便明确无误了。有生动的证据表明，这个

---

① 参见美国幼教协会主编的《3—8岁幼儿课程内容与教学实施评鉴指南》(*Guidelines for Appropriate Curriculum Content and Assessment in Programs Serving Children Ages 3 Through 8*) 第21—38页。"记忆无意义的技巧"这个短语带有一定的毁谤色彩，说明在"深刻理解"和"机械记忆"之间存在着一种非此即彼的对立思维。毫无疑问，仅仅记住任何超过9的两位数都必须向左进位，只不过是掌握了一种无意义的技巧而已，但是，反复练习这种"无意义的技巧"是一种方法，而且可能是掌握和理解数位值的最好的方法。每天早上背诵誓词（the Pledge of Allegiance）是一种"无意义的技巧"，但一定程度上有助于理解"誓言"和"忠诚"这两个单词。

② 在欧洲和亚洲这两个地区，都没有造成什么有害的心理影响。关于欧洲，最权威的研究涉及20000名学生。参见：Duthoit, *L'Enfant et l'ecole*, 3—13. 关于亚洲，参见：Stevenson, *Adapting to School*. 关于1—3年级学生应掌握的数学知识，不妨参阅法国和日本的国家课程指南，亦可参阅：Geary, *Children's Mathematical Development*; and Thompson, *The Brain*, 299—333.

过程并不苦,甚至有趣。① 我们如果遵照指南中的建议去做的话,孩子们的数学学习会推迟好几年。尽管美国学生的数学得分不高,但我们也只是表面规划一下,要到一、二、三年级初才开始教授。在那些孩子们在低年级就很容易地学会了数位值的国家中,它们的早期教育专家不可能认同指南中的"基本立场"。然而,该立场得到以下这些美国专业协会的支持:

课程开发与监督协会(Association for Supervision and Curriculum Development)

全国各州教育董事会协会(National Association of State Boards of Education)

全国数学教师理事会(National Council of Teachers of Mathematics)

全国社会课程理事会(National Council for Social Studies)

儿童教育国际协会(Association for Childhood Education International)

南部幼儿教育协会(Southern Early Childhood Association)

美国体育、健康、娱乐与舞蹈联合会(American Association of Physical Education, Health, Recreation, and Dance)

国际阅读协会(International Reading Association)

国家黑人儿童发展协会(National Black Child Development Institute)

全国科学教师协会(National Science Teachers Association)

对于像我这样的一个非专业人士来说,要挑战顶级专业组织在早期儿童教育方面所秉持的官方立场,应该做好一定的心理准备,就像塞缪尔·约翰逊博士挑战历时两千多年的"戏剧三一律"② 之后的感受一样:"我差点被自己的鲁莽吓着了;尤其当我看清那些意见反对者的名气和实力时,难免不心

---

① 参见 Harold Stevenson 与其同事制作的名为《磨光石》(*Polished Stones*)的日本数学教学概览,在安阿伯密西根大学心理学系(Department of Psychology, University of Michigan, Ann Arbor)可以找到该视频。

② 所谓"三一律",源自亚里士多德在《诗学》一书中提倡的戏剧创作的统一性原则,即剧本创作必须遵守时间、地点和行动的一致。约翰逊认为,戏剧基于想象,各幕之间在空间和时间上的变异是应该允许的,在"三一律"中,只有行动的一致性是重要的,空间的一致性和时间的一致性是虚妄的。在这一点上,约翰逊继承了18世纪早期英国文艺评论家的见解,但他把这一理论说得更为透彻。——译者注

生畏惧，以致哑然无语。"但塞缪尔·约翰逊毕竟是一个地道的经验主义者，因而他又表示说，"目前的问题并不是只能靠权威才能决定的问题之一"。① 究竟什么时候教数位值最好，这个问题适用同样的经验主义原则。

那些被大多数国外专家和美国主流心理学家视为不切实际而具有误导性的观点，却被美国的这些专业协会当作指导意见而大做文章，何以至此？若想弄明白这些观点为什么在美国比在其他地方更受信赖，就必须弄清楚浪漫主义的强大的历史影响力。本章前一节对此进行了考察。可能除了德国例外，浪漫主义关于幼儿的类似宗教的观点，在美国比在世界上其他任何地方都更为坚实持久。

当然，浪漫主义关于童年的教条最初能够立足的一个原因是，它们确实表达了部分真理。浪漫主义运动真正标志着早期教育的一大进步，而且由裴斯泰洛齐、赫尔巴特以及福禄贝尔所教授的许多原则，与那些在实践中被证明有效且具有心理学依据的原则基本一致。例如，浪漫主义强调游戏在早期教育中的重要性，这是全世界的教育系统以及主流的心理学研究一致认同的东西。但是，有些浪漫主义观点，比如说关于延迟书本学习的重要性这种思想，如果做得过于极端或不加批判地加以接受的话，就会与有效的实践和可信的研究相冲突。简而言之，并不是说所有的自然主义原则都是谬误；当它们被不加鉴别地应用时，才会如此。

由于被导向极端而已成为谬误的教育自然主义的两个教条是：浪漫的发展观，或者叫自然发展观（natural tempo），它主张书本知识的学习（和指南中的基本立场一样）需要到达一定的自然年龄（通常是八岁以后）；整体的学习观，或者叫自然教学法（natural pedagogy），它主张自然（生活性、实践性、综合性）教学法始终是最有效的教学方法。

以上这两种观点，克伯屈在裴斯泰洛齐文集导言中进行了总结：

> 裴斯泰洛齐认为，"生活本身就是教学和教育的真正基础"，进一步来说，"生活塑造了我们，但塑造了我们的生活并不是话语问题，而是行

---

① S. Johnson, ed, *Preface*, Shakespeare. The Plays, 327.

动问题"。我们知道,大多数现代教育都主张,既然孩子们会从他们的生活中学习,那么学校就必须是一个生活的地方……裴斯泰洛齐似乎正是利用这种方式,预见到了我们现在最为赞赏的现代学校。①

关于自然发展观的原则,裴斯泰洛齐有这样的说法:

> 大自然已经赋予人较高的资质;儿童就像一粒完美的种子,如果你不让它自然破壳而任意敲开的话,看到的不过是浑然天成的胚芽而已。你那么做,对于儿童来讲,就等于毁坏了他们的天赋,断送了他们的前程。②

福禄贝尔这么认为:

> 看着这株植物——你称之为野草:当它在重压和控制之下成长时,你几乎无法推测其自然的生命与目标。但在开阔的地面上,你就能看见它所显示的自然规律,就能看见它内在生命绽放的神奇魅力……如果你不按照自然进程而提早迫使(儿童)成型和发展的话,他们就会成长受阻、变态畸形。③

每一个正常儿童的认知发展似乎都遵循着特定的自然顺序,让·皮亚杰的这一观察结果,提升了自然发展观这一教条的可信度。自皮亚杰以来,自然发展观这一教条,一直是用科学术语来表达的,就像官方语言一样,"科学"地建议推迟数位值的教学。但是,该教条的根源是对自然成长的神圣性的浪漫主义信仰。这种教条自诩是建立在一定的研究基础之上的,特别是建立在皮亚杰的研究基础之上的,但研究并没有证实这一点。事实上,皮亚杰

---

① Pestalozzi, *The Education of Man*, xii.
② 同上,34。
③ Froebel, The Student's Froebel, 6.

本人（更不用说后来对其观点加以完善的研究人员）就曾经提醒那些盲目的追随者们要警惕纯粹的自然主义方法，要注意：

> 在心智发展的过程中，环境发挥着决定性的作用；不同层次的思想与不同的年龄阶段之间的关系，并不是一一对应固定不变的；因此，那些有效的方法不但可以提高学生的学习效率，甚至还可以加速他们的精神成长，而不会造成什么不利影响。①

就自然教学法而言，同样需要注意这些方面的问题。自然教学法主张，在生活性、主题性、整体性的情境中学习，比通过听讲座或者机械操练式（drill-and-practice format）学习更好。裴斯泰洛齐和福禄贝尔是这么说的：

> 自然之力（forces of nature），虽然结果注定而毫无悬念（这是真理），但在运行的过程中不会出现僵硬和困难。自然万物，心向光明，无忧无虑，欢畅自由——没有任何强迫冒犯的迹象。（裴斯泰洛齐）②
>
> 因此，教育和教学一开始就应该是一种辅助、守望或保护，而不是规约、指使或干涉。（福禄贝尔）

与这条原则一样，在《3—8 岁幼儿课程内容与教学实施评鉴指南》中有更为专业的表述。该指南建议推迟数位值教学：

> 诸如主题、单元、项目等概念（先行）组织者，有助于激发儿童思考那些有意义的实质性东西。如果缺乏特定的语境，随意呈现颜色、数

---

① 参见：Piaget, *Science of Education and the Psychology of the Child*, 173. 也可参见：Mandler, *A New Perspective on Cognitive Development in Infancy*, 236—43; and Mandler, *How to Build a Baby*, 587—604. 关于浪漫发展观的恶果的权威讨论，以及比较全面的参考文献目录，出现在这本书的校对页面中。参见：Stone, *Developmentalism*.

② Pestalozzi, *Pestalozzi's Educational Writings*, 20.

学符号、字母发音等抽象概念的话，儿童很难对它们产生什么感觉。①

就这种教育儿童的方法而言，可圈可点的地方肯定还有很多。但是，这类教学模式是否始终优越于其他模式，需要根据不同群体儿童和不同学科的实际情况来确定。毫无疑问，任何能够吸引儿童兴趣和能够给儿童带来快乐的教学模式，如果能够持续产生良好的实践效果的话，都会成为首选。毋庸置疑，演示本身比讲授更能吸引人——教学和写作都是这样。但无论教学还是写作，只有将演示和讲授进行整合应用，才可能产生最快捷最可靠的效果。对于大多数学科而言，如果间接性、生活性教学法与直接性、专题性教学法综合利用的话，便能够最大限度地调动学生的学习兴趣并产生最佳学习效果。② 整体性程序教学的所谓天然优势性，并非不言自明的真理，只不过看上去如此而已，因为我们盲从于浪漫主义对"自然的"胜过"人为的"这一优越性的崇拜。在教儿童跳芭蕾、弹钢琴或踢足球的时候，就不会将不断创设生活性的"有意义的语境"作为基本原则，而最重要的是将专业训练和实践应用很好地结合起来。

自然教学法的前提假设和自然发展观的前提假设一样，两者都是虚假和有害的。自然教学法的前提假设是，正确的学习方法应该具有生活性、整体性和主题性，这样才能够真正激励儿童并真正教会他们互相合作和运用知识。它是所谓自然首选的教学方法。但事实证明，当学习标准语法、拼写、发音和乘法表这些东西时，它却是一种不太靠谱的教学方法。我们知道，有些孩子确实通过整体性、主题性、项目导向性教学而学会了这些东西，但有些孩子却不行。为什么会发生这种现象呢？通常情况下，所谓正确的解答是，那些确实学会了语法、语音等很多东西的孩子，具有良好的家庭教育背景，相关技能在家里得到了额外的操练。但是，这种常识性的解答与自然教学法的

---

① National Association for the Education of Young People, *Guidelines for Appropriate Curriculum Content and Assessment in Programs Serving Children Ages 3 Through 8*, 26.

② Brophy and Good, *Teacher Behavior and Student Achievement*, 338. Walberg, *Improving the Productivity of America's Schools*, 19—27.

前提假设是矛盾的。自然教学法唾弃操练（不论在哪里接受），认为这样做太死板而且没必要。所以，如果按照教育界的这种自然主义前提假设，不同学生的学习结果大不相同这一客观事实，肯定就有其他的解释。

  对此，通常会用"缺乏自尊"或"个人能力和学习风格存在差异"等词语来解释。也就是说，由于社会环境和先天条件不同，不同学生的本性不同，自然教学法对那些未能学好的学生的作用会有所不同。这种解释所造成的后果是，将学习结果不同的原因从实际的教学手段转向了远在学校补救能力之外的其他东西。比如会说，低自尊是由家庭破裂、种族主义等更大的社会力量造成的。还会说，个人能力差异是天生的，因而是自然的，是没有什么真正的补救办法的。因此，自然教学法这一教条，进一步强化了本来就很强势的一种美国文化——更多地将学业成绩归因于社会环境和自然天赋，而不重视积极的补救措施。

  这种过分强调先天能力的思想，在现实中真的会产生严重后果。无论一个人具有怎样的音乐天赋，如果没有大量的训练和练习的话，他（她）也不可能把钢琴弹得多好。无论一个孩子具有怎样的数学天赋，他（她）也不可能自然而然地掌握乘法表。神经生物学有一个发现，所有的学习都需要付出努力——首先需要集中注意力；此外，许多学习需要反复去做（所谓"分段练习"），以便构建和强化新的神经网络。[①] 对于这些学习，除了反复训练和积极努力外，没有什么捷径。当然，如果能够让这些努力变得"轻松"有趣的话，那就更好了。但是，如果这些学习得不到指导和监控——这是教师的首要责任——其目标就不可能顺利达成。自然教学法的谬论会进一步滋生，会误以为人的天赋是通向所有学问的金光大道，会误以为那些未能学好的儿童之所以学习受阻，是由于先天能力不足，而不是因为没有得到直接的辅导和补救。这种谬论，在那些将儿童学习受阻归因为马马虎虎的自然主义教学法

---

  ① Thompson, *The Brain*, 338:"语言技能学习和动作技能学习具有许多相同的特点。例如，不论是长时记忆还是短时记忆，分段练习——七天每天练习一小时——比一次七小时的集中练习效果好得多……如果是新学的知识或新学的动作技能，而你不加以练习，其中有一部分会存入长时记忆，但大多数会消失；如果你进行充分的练习，就能将其存入到长时记忆中去，并能够持久牢固地保存下来。"

的人看来，简直不可思议。因为他们认为，正是自然主义教学法造成了教育辅导和补救措施的长期匮乏。

为了认清自然主义观点的错误程度，最好将这些观点与心理学研究的最新成果进行对照，因为心理学在"什么是自然学习"方面已经有了更为深入的认识。如果某种学习在所有的文化和环境之中都遵循着固定的顺序，它就会被认定为自然发展。一般认为，这种普遍的自然发展模式一定遵循着（尽管不限于）特定的发展顺序，这种发展顺序是人类在进化过程中逐渐形成的，甚至是整个生物界在进化过程中形成的。例如，游戏活动不仅在儿童中，而且在许多种类的动物中都很普遍。游戏这一本能有助于发展人的基本认知能力，有助于更为综合、更为复杂的认知能力的形成，包括空间定位、动手能力、实物描述、社会交往、口头表达、倾听以及基本运算等。

这些初级学习（primary learning，经由 David Geary 提出的概念）似乎确实遵循着特定的自然顺序，因而对裴斯泰洛齐－皮亚杰学习模式（Pestalozzi-Piaget model）具有支撑作用。该模式还获得了许多跨文化语言发展研究方面的实证性依据；在各种文化中，语言发展都显然遵循着共同的模式。精细运动技能的良好发展以及概念系统的初步形成，似乎也是这个样子。总之，语言发展、心智发育以及基本概念（这方面的差异度更大）的形成，都明显遵循着一定的时间顺序。将这种顺序称为"自然"顺序是没有什么问题的，因为它普遍存在，在不同的文化情境中都会表现出来。①

但除了这些具有自然顺序性的初级学习之外，还有一些不具有自然顺序性但各种文化中都必不可少的次级学习。在这些非自然的次级学习中，有阅读、写作、四则运算以及**概念发展**等，诸如十进制计数、多列加法和减法、进位和借位、乘法和除法。这些次级学习不相符自动发展的裴斯泰洛齐－皮亚杰模式。② 从自然发展的角度去思考次级学习，将其类比为橡子长成橡树，具有相当大的误导性。儿童的这些次级学习能力根本不可能自然而然地得以发展，除非你去教他们——这个道理在各种文化当中都是不言自明的。基于

---

① Geary, *Reflections of Evolution and Culture in Children's Cognition*, 24—36.
② 同上, 36。

这种思路展开的相关研究的重要启示在于，尽管说心智发育和概念形成具有自身的基本顺序，如果过早（比方说4岁之前）教阅读、写作和算术的话，在有些方面是无效的，但是，在儿童成长的过程中，并没有一个明确的自然成熟的年龄供他们去学习阅读、写作和算术。

这些次级学习本身的非自然性，面临着一个非常现实的问题：总体来看，除了学习过早或学习过迟之外，有没有一个明确的最佳学习时间？心智发展具有关键性的自然顺序，但是，如果一个孩子由于精细动作技能发展迟缓而不能很好书写的话，是不是就不要鼓励去练习书写而只是简单等待呢？那些法国幼儿学校的教师得出的结论是什么呢？在2—5岁年龄段孩子的教育方面，这些教师的实践经验比世界上任何一个专业组织的经验都要丰富。关于教育时机问题，他们避免任何过早或过迟的教条主义。他们通过长期的实践经验指导，只要不造成过度紧张，在心理和学业方面施加适度的社会压力，以便鼓励后进生进步，其实是一种很好的做法。① 这种实践结论并不惊人，只是没有前文中美国幼儿专家的"基本立场"更具个人主义色彩罢了。按照美国幼儿专家们的建议，"应该什么时候教授相关知识与技能，以及（或者）什么时候应该掌握相关知识与技能，取决于每个儿童的先前经验和知识基础。"②

既然阅读和数位值属于非自然性学习，那么儿童就不可能自然而然地为相关学习做好准备。儿童要为阅读和算术等次级学习流程做好准备，并不是一个简单的自然成长问题，而是一个与先前相关学习有关的问题。学习是建立在学习之上（Learning builds on learning）。其他的事情与此等同——也就是说，如果先前的相关学习基础一样的话——幼儿的心智在低龄阶段的可塑性更大，会使大多数的学习变得更加容易，更加持久。③

因此，在3—7岁这个至关重要的早期年龄段，最紧迫的教育问题不是什么童年神圣不可侵犯和精神可能遭受伤害之类的近似宗教的问题，而是关于

---

① Norvez, *De la naissance a l'ecole*.

② National Association for the Education of Young People, *Guidelines for Appropriate Curriculum Content and Assessment in Programs Serving Children Ages 3 Through 8*, 26.

③ Thompson, *The Brain*, 299—333.

为了集中开展一项学习而必须牺牲其他哪些学习的非常实际的问题。试图很快就让一个缺乏精细动作技能的孩子写出一手好字是徒劳的,其实也是令人沮丧的,而且更糟糕的是,会耗费太多的时间。最好的办法是,在那个富有挑战性的任务上适当投入一些时间,而把更多的时间用在练习绘画或其他更令人愉快的精细化活动(fine motor activities)上。那是隐含在美国官方"基本立场"中的核心智慧。但是,进入小学阶段后——也就是6、7岁之后——因为初级学习能力发展迟缓而对次级学习造成严重影响的情况很少。如果"数位值"这个例子很典型的话,可以说,真正因为先天发育而学习受限的情况确实很少。[1]

尽管没有什么自然方法来学习那些非自然性的、次级学习的东西,但许多美国专家仍然坚持浪漫主义教条,认为通过"死读书读死书"(drill and kill)或奖励与惩罚来让儿童学习那些非自然的东西,会造成心理伤害。持续不断地对幼儿施加压力当然是有害的,而且会适得其反,但适当的诱惑和少量的压力并不是坏事。避免压力是早期教育所追求的全部智慧——这种理念的前提假设是,天然的也是无痛苦的。但是,有些痛苦就像快乐一样,是教育过程不可避免的一部分,两者彼此彼此,难分多寡。几乎所有的次级学习都需要努力和坚持。避免给儿童带来压力这种理念,常常走过了头。实验表明,"那些在婴幼期有过压力体验的动物,等到成年之后,在学习方面会比那些没接受过压力实验的动物表现得更好。"[2]

按照浪漫主义发展观,每个孩子都有他(她)天生注定的发展速度,因而不应该受到外力强迫,以免被伤害或扭曲。这种观点对美国教育的实际影响是什么呢?一个很重要的影响是,拒绝人为的各种积极努力——不管这些努力是痛苦的还是快乐的,尽管这些努力是所有学习都需要的。如果一个孩子比另一个孩子学习慢的话,浪漫主义者会说,那个较慢的孩子不应该被推着向前走,应该允许其自然地成长。克伯屈说:"在我们的老式学校中,正规

---

[1] Geary, *Children's Mathematical Development*. 也可参见:Thompson, *The Brain*, 299—333.

[2] Thompson, *The Brain*, 324.

的学科知识远离实际生活，这使我们认为学习的过程是艰苦的和令人厌恶的。但……实际上，生命本身的学习是不需要努力的，它自然而然地伴随着我们。"①

然而，更为成功的教育体制的指导原则是，应该鼓励那些落后的学生学习时间再长一些，学习力度再大一些。在这种更为成功的教育体制中，学生、父母和教师都很明确每个学生在每个年级应该获得的知识与技能的最低标准，每个人都会相互配合，为达到相关目标而积极努力。目标通常都能够实现，即使有的学生实现不了目标，他们也会通过进一步的努力而更加接近目标。他们这么做，并没有在心理方面造成什么伤害性后果。②

浪漫主义发展观不但过分强调人的自然（即基因决定的）才能，而且假设每个人的学习速度都是天生注定的。相关思想带来了极其严重的社会后果。其中，每个人的学习速度是天生注定的这一假设，在绝大多数情况下都是错误的。在美国，个人"先天的"学术才能与其社会地位之间明显地存在着一种非常均整的平行关系——这种平行关系的均整性远远超过了法国，也远远大于变量统计所能解释的程度。一种可能的情况是，在某一所特殊的学校中，那些家庭贫困、父母没受过良好教育的孩子，与那些家庭富裕、父母受过良好教育的孩子相比，先天的学术能力总体上看起来有些偏低。但是，如果说所有家庭贫困、父母没有受过良好教育的孩子都天生迟钝落后的话，这从生物学上来讲是不可信的。恰恰相反，几乎可以确定的是，不论是在那些家庭贫困、父母没受过良好教育的孩子当中，还是在那些家庭富裕、父母受过良好教育的孩子当中，他们的先天才能都存在着一定的差异性。而且，有些弱势家庭的孩子，比一些家庭优越的孩子更具有学术才能。在美国，一个人的低学业水平与低经济地位之间存在着极其紧密的关系，这说明，影响和决定个人发展结果的远不止先天才能这一个因素。

很可能，浪漫主义发展观本身就是造成这种不平等的一个重要因素。学习是一个不断积累的过程（Learning builds cumulatively on learning）。事实

---

① Tennenbaum，*William Heard Kilpatrick*，243.

② Stevenson and Stigler，*The Learning Gap*，Chapter 5.

上，在浪漫主义发展观的鼓噪之下，早期教育一直试图摆脱所谓"非自然的"书本知识和所谓"不适当的"外在压力，拒绝付出多方面的积极努力，以至于那些家庭教育背景好的孩子，总是比那些弱势家庭的孩子学习更快、更好。问题的逻辑在于，那些家庭条件好的孩子，在家里就已习得了与学校课程相关的背景知识，而那些弱势家庭的孩子，不但没有机会在家里学习相关知识，而且在学校也没有得到补习机会。从原则上来说，浪漫主义发展观限制了学术性知识的学习，但在当前社会背景下，它对不同阶层儿童的限制程度大不相同。就学习速度和学业发展而言，与那些家境条件不太好的孩子相比，那些在家获得了相关背景知识的孩子总是更有优势——不是因为他们都拥有与生俱来的优越天赋，而是因为他们拥有更多的智力资本。在这种情况下，所谓"自然"赋予每个孩子的"先天"发展速度，不但非常难以确定，而且与美国学生目前学习可以达到的实际速度之间也没有什么关系。

  因而需要高度关注的是，那些具有浪漫主义发展观的人，已经利用美国文化中潜在的浪漫主义思想，说服国家立法机构授权推行未经实践证明的所谓"复式教育"（multiaged education）——根据学科知识的"准备"状况不同，将不同年龄的孩子安排在同一个班级中学习。据说，这一创新有助于每个孩子以适合自己的"自然的"速度学习，而不会被强加什么人为的，或者对有些孩子来说，可能是遥不可及的学习目标。但是，这一法律条文的实际影响是，会使学生、老师和学校都不对当前的各种不公平问题负责。那些学习偏慢的后进生会被安排到"进度适可"的班级里面去听课，而不管他们的年龄大小，而且事实上也不考虑他们的"先天能力"如何。当然，学校也不具备测定每个学生"先天能力"的条件。

  在复式教育原则尚未经过大规模检测，或者根本没有经过适当的控制性检测的情况下，就通过相关法律，实在是一种激进和不明智的做法。这种立法之所以能够通过，是因为大多数人已经被说服，认同所谓"允许每个孩子按照他（她）自己的速度发展"是不证自明、毋庸置疑的教育方法。对于那些沉浸在浪漫主义发展观中的人而言，复式教育原则是如此明白无误，以至于根本不需要什么具体的证据来说明其有效性或公平性；只要大多数教育专家支持这种"改革"，只要这种"改革"能够与公众和立法机关所秉承的文化理念产生共鸣，那就足够了。简直不敢想象，浪漫主义发展观的影响力有那么强大，竟然成功地说服了国家立法机构，将一个未经充分检测的教育原则推广开来。应该说，没有比这更能说明问题的例子了。毕竟，这条教育原则肇始于奥科特（Alcott）和爱默生（Emerson）那个时代，其本身所蕴含的浪漫主义倾向产生了很糟糕的社会影响。

4. 美国例外主义与地方主义

在本书前文中，我引用了非常明确的证据，旨在说明，近20年来，与其他发达国家所取得的成就相比，美国教育呈现出一种相对衰落的态势。[1] 当然，我深知这么说会让人反感。我不想让读者很厌恶地合上这本书。在一些教育研讨会上，当我引用相关数据时，可以清楚地看到听众的各种反应。就会议现场来看，这种国际比较对许多美国人而言似乎是无关紧要、不太恰当的，甚至会被视为一种彻底的反美行为。每当谈到有关教育比较的话题时，尤其是当有人说可以拿其他国家的教育与美国教育进行比较时，教育工作者们往往会流露出一种无可奈何的悲凉的目光。相比之下，一旦有人站出来提出异议时，这些听众又总会表示强烈支持。比如，有个参会者说："谈论像法国或是韩国这样的同质性国家，一切都会很好，但这与我们的学校有什么关系呢？我接触过来自17个国家的孩子，他们的父母中，有些人是不说英语的，在这些孩子中，有的有严重的学习障碍，有些孩子遭受家庭暴力，来上学的时候，身上还带着疤痕。请不要跟我谈什么法国和韩国的事情。"此人话音一落，听众掌声雷动。

在这种心境之下，我很久以前就已决定，在公共论坛上，有关国际比较的事，最好只字不提。但书本与论坛不同，在这种更为冷静的语境中，值得一提的是，在生源种族差别和经济地位差别方面，美国并非总比其它国家更为复杂、多样。的确，在美国学校的许多班级中，有些学生的第一语言不是

---

[1] 参见第二章第五点。

英语，有些学生的家庭教育不健全。这些问题不得不面对，不得不解决，而且确实给我们的学校带来了巨大的困难。但是，这些困难并不注定学生成绩就差，也不能作为解释成绩落后的理由和借口。我亲眼看到，在巴黎郊区的一些学校中，学生的种族差别和社会多样性与布朗克斯和迈阿密地区学生的种族和社会多样性相当。目前，在巴黎地区，非本地、非法国的学生数占学校学生总数的23.2%（有些郊区的比例会更高）。其中代表性的群体主要来自北非、西非、西班牙、葡萄牙、意大利和东南亚，而且还有所占比例较少的一部分学生，他们几乎来自世界上的每一个国家。①

1992年，密歇根大学的杰出心理学家哈罗德·史蒂文森（Harold Stevenson）教授，与他以前的学生詹姆斯·施蒂格勒（James Stigler）合作，出版了《学习的差距》(*The Learning Gap*)一书。它可能是过去五十年来出版的有关美国教育的最重要的书籍之一。我之所以说"可能"，是因为，一本书如果没有人阅读或注意的话，就不可能显示其重要的实践价值，而就《学习的差距》这本书的科研成果而言，恰恰因为教育界的极度自满而搁置在美国主义的浅滩之上。《学习的差距》是为社会大众而写的，是两位作者与他们在台湾、日本和美国的许多同事一道，历经10多年，针对不同国家的教育进行比较研究后浓缩而成的一个精华本。本书提供的发现非常令人震惊，而且还得到了其他国家相关数据的进一步证实。成功的基础教育体系实际具有的普遍特征，在这本书中得到了全面系统的阐释。本书所参考的研究报告，都已在实行同行评审制的学术期刊上公开发表过。从科学的角度来看，相关数据和分析是无可厚非的，而且也没有哪个知名科学家站出来发表什么异议。

然而，史蒂文森教授的专业能力却遭到了那些以消解国际比较为业的教育界人士的挑战和羞辱。这些人所使用的是一种歪曲事实、鄙视一切的诡辩术。那些言论不经同行审议的"研究人员"（researchers），往往根据读者的思想趣味撰文，投其所好，找到愿意发表的教育期刊。他们在反驳时惯用的表达风格，在下面的这段文字中得到了很好的展示："学生没有可比性，课程没

---

① Ministere de 1'Education Nationale, *Les Eleves de nationalite etrangere scolarises dans le premier et le second degre en* 1993—1994.

有可比性，学校没有可比性，而且测试也没有可比性。这些比较漏洞百出，以至于没有什么意义。"① 而且，即使那些不可避免的"漏洞"得以补救，也还要考虑我们特殊的美国精神。我们根本不想效仿其他国家的做法。我们的体制与他们的体制不同，我们的体制具有"促进平等主义、实用主义、个人主义的显著特点，基于这样的美国价值观，教育的目标绝不是要获得最大的成就，更不是要在教育领域领先于其他工业化国家。在其他各个领域，美国已充分享有了自己的领先地位。"②

我们教育领域需要这样一些作者，他们所扮演的角色是必要的。伏尔泰关于上帝的说法，适用于这些反对对教育进行比较的辩护者们：假如他们不存在的话，那么就有必要把他们创造出来。但是，在整个美国文化中，弥漫着一种非常强烈的思想倾向，认为将我们的机构与其他国家的机构进行比较是不合适的。如果不是因为这一点的话，那些反对对教育进行比较的辩护者们所发布的令人欣慰的言论，就不太可能在教育界和社会各界有那么多人相信。历史学家们将这种思想倾向称为"美国例外主义"（American exceptionalism）——一套广泛传播的美国论调，它主张美国及其机构具有"显著特点"，完全不同于其他国家，我们能够从其他国家那里学习的很少，甚至学不到什么东西，因而没有必要跟他们进行比较。

美国例外主义认为，我们作为一个民族，不仅不同于其他民族，而且比其他民族更优秀。同时，我们的问题也独一无二，是其他民族所没有的。正如迈克尔·科曼（Michael Kammen）所说，这种论调"与国家本身一样古老，而且同样重要的是，它在社会自身的认同感方面起着不可分割的重要作用"。③ 尽管我们目前的教科书会讲美国以前的缺点，但以前的教科书并非如此，它们所讲的内容千篇一律，已经将美国例外论嵌入我们口耳相传的日常文化之中。美国早期的伟大教育家之一，诺亚·韦伯斯特（Noah Webster）是一个非常活跃的例外主义者。他甚至一直坚持，我们的拼写也应该表现出

---

① Bracey, *Why Can't They Be Like We Were*, 104—17.
② Hum, *The Problem With Comparisons*, 7—12.
③ Kammen, *The Problem of American Exceptionalism*, 1—30.

我们的独特性。露丝·埃尔森（Ruth Elson）对美国学校中 1790 年到 1900 年所使用的教科书进行考察后发现，它们毫无异议地都将有德性的、淳朴的美国人与腐败的、堕落的欧洲人进行比较。① 迈克尔·科曼进行了总结：

> 在整个 19 世纪，富有想象力的作家和历史学家们，以及那些深受欢迎的演说家和神职人员们，异口同声，齐赞美国的特殊使命以及完成使命的雄心壮志……美国革命（The American Revolution）在相当程度上强化了例外主义思想，以至于渗透到大众文化的各个方面。②

等到 1865 年，美国内战刚刚结束，波士顿婆罗门诗人詹姆斯·拉塞尔·洛厄尔（James Russell Lowell）在哈佛大学毕业典礼上，为故去的领袖亚伯拉罕·林肯发表了题为"纪念颂"（*Commemoration Ode*）的演讲。他视林肯为独一无二的美国精神的代表。他的极度赞美之词，塑造了一种空前绝后的崭新"模型"（mould）：

即便自然错爱昏庸，
也不会让一个人
为了破损的宏图顾虑重重。
她反反复复要我们记诵：
为了他，已抛弃了旧世界的模型，
从广袤、肥沃的西部高原
选择草鲜、甘甜的黏土，
用纯洁无瑕的材料，塑造新的英雄：
英明、坚毅，神圣而忠诚。
……
我们的孩子们会铭记他的殊荣，
善良、执着、勇敢，一个富有远见的英雄。

---

① Elson, *Guardians of Tradition*.
② Kammen, *The Problem of American Exceptionalism*, 7.

他睿智、稳健、无私，宠辱不惊，
一个伟大的美国人，在这片土地上降生。①

所谓西方世界的"纯洁无瑕的材料"，意味着我们从过去的负担中解放了出来——甚至也意味着，从原罪中解放了出来。摆脱腐败的过去而获得新生，对广袤纯净的自然风景的赞颂，以及对传统和典籍的贬损——所有这一切，都是地道的美国式的、例外主义者的浪漫主义版本。与罪孽深重的欧洲相比，我们栖居的这块"处女地"（Virgin Land），更加自由、更加独立、更加清净，也更加多元丰富。这里的一切都更为广阔——我们的美德与罪恶、我们的活力与困惑。我们注定要去领导和救赎其他国家，而不是被其他国家领导和救赎。我们被指派到地球上来教导他们，而不是向他们学习。

美国例外论在教育上的正式说法，是由美国教育思想的编纂者克伯屈设定的。他认为，我们所需要的教育，必须与其他国家的教育不同，因为我们美国人本身与众不同。其他国家是不民主的，是分等级的，是静态不变的。他们所拥有的是"固定的、封闭的、专制的教育体制，完全是为静态的宗教、静态的教会、静态的等级制度和静态的经济制度服务的。"② 相比之下，我们则是民主的、多元的、动态的。在《适应文明变革的教育》（Education for a Changing Civilization）一书中，克伯屈探讨了从他早期的《教育方法原理》（Foundations of Method）一书中引申出来的一个中心议题——美国需要拥有一个开放的、有活力的制度，这样才能适应我们美国的独特性，才能适应我们所处的不断变革的时代。美国课程的学科内容，永远也不可能提前设定："如果人们面对的是一个快速更新和变化的世界，变化的形式和变化的方向无法预料，那能提前设定什么东西呢？正因为如此，他们的教育特别重视思维与方法的碰撞。"③

久而久之，克伯屈传播给教育界的例外主义观点变成了教条，而且至今依然以各种形式在不断重复和繁衍。当然，他不再说，美国之所以必须清空

---

① Peterson, *Lincoln in American Memory*, 32.
② Quoted in Tennenbaum, *William Heard Kilpatrick*, 112.
③ Kilpatrick, *Foundations of Method*, 267.

"固定的"和"静态的"教育内容,是为了引领急剧变革的工业时代。说法已经有了部分调整。现在我们还说必须避免固定的、静态的教育内容,是因为信息时代已经来临。克伯屈的思想之所以今天依然有市场,是因为他所说的"快速更新和变化的世界,变化的形式和变化的方向无法预料",目前已不再归因于工业革命,而是归因于计算机革命。但是,新形势下所设定的美国教育目标,竟然与克伯屈在1925年时所说的目标一样:应该忽略内容(因为它很快就会过时)学习,"重视思维与方法的碰撞"。尽管是新瓶装旧酒,但这些错误的教条依然在公开传播,与20世纪20年代没有什么不同。

美国例外论对于教育所产生的影响,可以通过将当代英国教育改革与我们自己的改革进行对比来衡量。直到最近,英国教育界几乎与我们曾经发生过的一样,长期被反学科知识的进步主义思想牢牢地控制着,特别是在二战之后,当一切美国式的东西特别被器重的时候。在教育改革方面,英美两国砥砺前行,相互鼓劲。在战后,一些我们美国最为自信的反学科知识运动,深受英国校长A. S. 尼尔所写的《夏山学校》(*Summerhill*,1960)一书的启迪。这本书中有这么一段表述:"每个孩子所需要的就是读、写、算,其余的应该是工具、泥巴、运动、表演、绘画和自由。"根据戴安·拉维奇(Diane Ravitch)所说,直到1969年,《夏山学校》每年在美国的销售量超过20万册。① 关于进步主义横跨大西洋发挥主导作用的例子还有一些,其中包括英美达特茅斯会议(the Anglo-American Dartmouth Conferences),该会议批准了将语言艺术教学转向过程导向的建议。

但是,英国并没有一直青睐于进步主义教育。英国与欧洲国家联系紧密,自身经济依赖于欧共体。正因为如此,英国公众都很清楚,法国、瑞典以及其他一些欧洲国家的教育质量比英国好得多——这种结果显然与欧洲国家更加重视连贯一致的教学内容有关。英国的教育专家们,由于坚守极端的反学科知识这一立场,加上特别强调学习的过程,遭到了新闻媒体的广泛批评。大势所趋,他们不得不调整自己的立场,并接受内容连贯一致的教学方法。但在1980年代以前,英美两国教育界都特别强调过程的重要性,在相关态度

---

① Ravitch, *The Troubled Crusade*, 235—36.

上没有多大区别。

但是，特别强调过程这一惯例在1987年被英国议会阻止了，当时针对教育专业人员的抵抗，国会以投票的形式将国家课程引进了中小学。英国人经常不断地前往欧洲大陆。与美国相比，他们与外国的隔离度较小，所受的外部影响更多，而且或许因为在国家独特性方面的意识没有我们这么强烈，他们获得了关于其他国家教育体制的直接经验与认识。渐渐地，在这些直接经验与认识的引导下，英国公共舆论开始支持按照年级顺序设置教学内容这一理念。到1987年时，大多数英国人都一清二楚地认识到，使用国家课程的学校体系比英国的学校体系好得多。尽管英国人以其独特的国家特征为傲，但相比于我们美国，他们在国家独特性方面的态度比较平和。他们自觉自愿地学习国际经验，这为我们树立了一个很好的榜样。若想真正改进美国教育，首先需要对教育领域中的例外主义进行批判和反省。

除了纯真、伟大和多元这几方面让我们有与众不同的感觉外，基于地方主义的例外论，在美国教育思想中具有特殊的意义。与其他国家不同的是，我们美国人排斥这样的教育管理原则：由中央权力部门控制地方课程内容。美国地方政府和中央政府之间的冲突，可以追溯到共和国最初成立的那些日子。当时，汉密尔顿（Hamilton）等人主张组建权力相对强大的中央政府，但杰弗逊及其政党对任何可能导致专制的东西都高度敏感，特别希望地方政府拥有尽可能大的权力。在最初那些年，避免专制是地方主义的基本理念。后来，延伸到对抗另一种形式的专制——那种官僚主义的无知、冷漠和低效。现代地方主义的说法是：不要试图通过中央政府去做成什么事，甚至也不要指望州政府去做什么事；高层的那些官僚们对地方问题的复杂性没有什么感觉，甚至根本不了解相关人员的基本情况。

但是，20世纪美国历史变革的事实要求我们，应该对地方主义中的一些很明显的问题进行重新审视。为了支持国家货币，我们已有所选择，放弃了一些个体银行印发的地方货币。我们已经采用了标准轨距的铁路。我们已统一使用跨时区的标准时间，而不再使用地方区时。在现代世界的大多数国家中，人们已经认识到，为了教育质量和教育公平，不同地区早期教育的课程内容应该有一个共同的评价尺度。令人遗憾的是，目前在美国，要想抵制教育的地方主义，仍然举步维艰，因为没有切实可行的机制可以取代已经被神圣化了的相关制度。因此，必须把教育的地方控制问题作为教育改革的一个起点。

但是，考虑到美国地方主义存在的必然性，教育改革的主要目标只能是去弥补那些最为严重的缺陷。第二次世界大战之后，在即将结束占领而让日本接管本国事务时，美国曾经建议日本政府，像美国那样推行教育的地方治理模式。美国认为，这是确保民主政体和抵制中央集权思想的一种手段。但事实上，日本人的回答是："我们本打算遵循你们的教育管理原则，但教育中的地方主义无法保护任何事情。最糟糕的是，它会导致教育不公平，因为没有任何办法可以确保所有儿童享有优质的教育资源。"①

其他民主国家也已得出完全相同的结论。有一次在访问丹麦时，我的一个同事跟着该国最杰出的一个学者出去参观。这个丹麦人指着他曾经就读的学校说，还有一些著名的科学家和学者也毕业于这所学校。"哇"，我的同事说，"那一定是一所特别好的学校啦。""不"，主人回答说，"在丹麦，我们确保所有的学校一样好。"对极端的地方教育管理权力进行限制，这种民主行为具有非常重要的意义，而且已在世界范围内得到了认可。从第二章所引用的美国的极端流动数据来看，淡化教育地方主义的做法，显得更加必要。

面对地方主义显而易见的缺陷，美国的教育工作者们一直试图利用例外主义的那套说辞进行辩解，甚至将其作为反对不同地区自愿探索共同课程内容的理由。他们认为，如果明确要求将一部分课堂时间用在规定的共同内容上的话，会侵犯美国教师的专业自主权，有悖于教学民主——这个谬论始自克伯屈，自从他 20 世纪 20 年代发表这种观点以来，美国的师范院校就一直在宣扬、传播。② 共同的教学内容和教师的专业地位之间，并不存在必然的关联。关于这一点，在那些教师声誉最好和薪水最高的国家中，有事实为证。这些国家的教师不仅在课堂上享有充分的自由，而且享有与同事合作的诸多好处，而这一切都是以共同一致的教学目标为基础的。

---

① Stevenson and Stigler, *The Learning Gap*, Chapter 7.
② Kilpatrick, *Foundations of Method*, 289.

事实证明，极端的地方主义的那一套，必然导致失败和不公。当今的教育改革者们特别强调地方控制教育的神圣性，甚至以不做任何课程决策和不给任何课程建议而骄傲。但是，这么做其实是放弃教育领导的基本责任。总是让别人去设定课程内容，这种做法无论是从教育学的角度还是从政治学的角度来看，都是不负责任的表现，不具有民主的美德。极端的地方主义不仅导致了美国儿童的失败，而且导致了教师自身的失败。对于这些教师而言，他们为了恰当地完成自己的工作，不仅要在教学目标上达成一致，还要在与同事的合作中实现共赢。

当然，对于美国例外论的有些观点，我们大多数人现在依然认同。我们经常会鼓励孩子们独立思考，希望他们具有自主意识，能够批判性地接受各种观点，而且当他们在这几个方面达到一定高度时，我们也会由衷地感到高兴。在美国，不仅"批判性思维"（critical thinking）盛行，受大众欢迎，同时，人们还对"同步教育"（lockstep education）顾虑重重，这恰好证实了美国人对于独立思想的价值认同。但有证据表明，自托克维尔那个时代起，美国文化中的独立精神、怀疑态度就一直很顽强。我们的文学、我们的家庭和我们的学校，也一直很重视对这种独立精神和怀疑态度的培养、呵护。和 19 世纪相比，今天人们孜孜追求独立思想的态度并没有什么不同，区别只在于，那时的美国学校强调学科知识，现在强调"批判性思维"。但是，如果认为贬抑事实性知识就能保持思想独立的话，那肯定是一种谬误。相反，任何一个深刻的、独立的思想家，都不会不全面、深刻地把握他（她）所反对的思想内容。

由美国例外论所造成的危险是，只要它依然自以为是、夜郎自大，教育改革就不可能走上尊重实践、尊重理性的正途。那些被例外主义洗过脑的社会大众，往往见怪不怪，认为教育改良就应该以美国本土的"打破常规"的实验为蓝本。但事实是，这种基于美国本土的"打破常规"的实验，从来就没经过大规模的实验——至于现在的这种做法在其他地方有效还是无效，似乎无所谓。只要我们的教育工作者和社会大众还相信美国文化和美国儿童是无与伦比的，美国例外论就会继续被用来作为抵制真正变革的有效手段。

5. 个人主义

个人主义就像核桃派（pecan pie）一样，极具美国色彩。① 没有人打算放弃，也没有人愿意放弃个人主义。个人主义的表现形式多样，具体程度不一。当个人主义思潮在美国校园传开之后，出现了言辞和实际的巨大反差。跟随弗农·帕林顿（Vernon Parrington）和奥克塔维斯·弗洛瑟姆（Octavius Frothingham）的脚步，巴里·谢恩（Barry Shain）在《美国个人主义的神话》（*The Myth of American Individualism*）一书中指出，我们现在的个人主义思想与 1850 年之前的主流思想截然不同。美国现在特别强调每个孩子的独特性和绝对价值，但这种现象出现的比较晚，直到欧洲浪漫主义传播到新英格兰之后才开始，到 19 世纪的时候才大获全胜。谢恩说：

> 正如弗农·帕林顿所看到的那样，浪漫主义思想最终从 18 世纪的公共性和理性的双重约束中解放了出来，成为"个人主义理想的荣耀"。他认为，这场运动的根本目的是"维护人类不可剥夺的价值；从理论上讲，是对人类自然天性的肯定，是从人类的超自然性转向人类的自然规定性"。②

就其根本而言，在我们学校中占主导地位的个人主义，根源于对自然天性的浪漫主义信仰。像浪漫主义的发展观一样，个人主义对"从人类的超自然性转向人类的自然规定性"具有一种近似宗教的情怀。浪漫的个人主义认为，每个人都具有自然、神圣的天性，只要顺其自然，就不会出错。我们用来赞美"个体差异"的科学性、社会性术语，都不过是附和裴斯泰洛齐和福

---

① pecan pie，一般译为"核桃派"，亦称"美洲山核桃派"。顾名思义，传统的核桃派是用美洲山核桃做的，它是美国传统感恩节的必备甜点之一。——译者注

② Shain, *The Myth of American Individualism*, 114.

禄贝尔，为气势恢宏的浪漫主义充当辩词而已。19世纪的各类作家，包括威廉·哈兹里特（William Hazlitt）和亚历克西斯·德·托克维尔（Alexis de Tocqueville），都将美国和法国革命的平等主义思想与人人天生平等的泛神论信仰巧妙地联系了起来。托克维尔甚至声称，人人平等主张本身，包括民主主张本身，都隐含着泛神论思想。

目前学校里出现的所谓"分数膨胀"（grade inflation）现象，或许是浪漫的个人主义不可避免的后果。我曾听到一位教管人员（superintendent）在电视上说，每个孩子都有其特殊的"天赋"。他很可能没有意识到，他的观点来源于所有分数膨胀之父爱德华·扬（Edward Young）。扬早在1759年就说过，所有的作家都有其内在天赋。对于18世纪中期那场关于现代作家能否比得上古代作家的伟大争论，他有自己独特的观察。在他看来，现代作家当然能比得上古代作家。他认为：每个原创作品"都是从天赋这一重要根基上自然生发的；它是生长出来的，不是制造出来的。"他写道："天赋，具有其内在的神圣性。天赋可以使我们在没有掌握学问规则的基础上，恰当地进行作品创作。"[①]

既然美国学校中的每个孩子都是独一无二的，与其他所有孩子一样，具有平等的价值，那么就绝不能鼓励学业竞争，因为这么做有悖于平等主义和个人主义准则。重点应该放在孩子独特的想象力和创造力上，而不是放在既定的僵化的知识上。据说，这种个人主义能够培养独立思想，并因此成全了伟大的美国。如果所有学生被分成三六九等的话，那就颠覆了人人价值平等的原则。该原则的涵义很明确：每个孩子都应该能够通过测评。每个孩子的文章、图画乃至与众不同的拼写，都表达了他（她）的独特性。或许，所谓的"分数膨胀"现象，更准确地说，就是"分数平均主义"或者"分数个人主义"。如果按照其极端的逻辑原则的话，既然每个孩子的独特天赋都是神圣的，那就都应该得到一个A等；但由于这一原则不可能公开接受，所以现在在很多学校里面，不给学生分等打分成了一项首选策略。

在教育界，许多人已寻求并找到了不分等级和促进社会普遍发展的"科

---

① Young, *Conjectures on Original Composition*.

学性"理由。所谓的研究"表明",如果孩子被降低一个等级,会对他们的态度和学习造成负面影响,而低分则会挫伤个人自尊心。但是,正如著名的心理学家罗宾·道斯(Robin Dawes)所观察到的那样,这种对自尊心的过分强调,并没有什么实践方面的依据。道斯还指出,学业自尊心和学业成就之间的相关性非常低(0.17)。虽然自卑可能真的会导致懒散,但与学术成就唯一直接相关的是个人努力,与自尊心没有多大关系。①

此外,应该深刻认识自尊运动(self-esteem movement)的补偿意义和种族色彩。因为,在个人主义、自尊心和神圣价值这些豪言壮语之中,通常隐含着不言自明的种族主义取向,认为进行补偿性成绩评定具有特殊意义。需要注意的是,虽然分数看起来没有多大差距了,但学校并没有在社会平等、民族平等和种族平等方面做出实质性贡献,并没能缩小不同阶层子女之间的学业差距。尽管最近在缩小不同种族之间的成绩差距方面取得了一些进展,但每年夏季照样还会传来令人失望的消息,因为每年的测试成绩都差不多,不同种族之间的成绩差距基本不变。对于这种几近绝望的结果,人们做出了两种反应,要么迁怒于种族主义,对其进行口诛笔伐,要么出台政策法令,硬性消除种族之间的教育差距。通过强制性的法令来体现平等这么一种策略,在一些中小学和高校得到了落实。具体做法是,要么根据种族和社会阶层不同,对标准化考试的成绩进行不同的解释,要么直接否认测试的有效性,认定测试成绩所传递的信息为"错误"。

当学校教育没能提高学业成绩时,为了挽救个人价值和自尊心的需要,就会人为地将实际得分拔高。其中比较典型的一种做法就是,美国大学理事会(College Board)最近决定直接提高 SAT 成绩。结果,通过"非线性变换"将 SAT 语言测试平均分从 425 分提高到了 500 分——早些年的实际平均分恰恰就是 500 分,可见,现在已经下降了大约 75 分。美国大学理事会在解释相关做法时说,平均成绩之所以下降,是因为现在参加 SAT 考试的"少数民族"学生更多了。

---

① Dawes, *House of Cards*, 229 − 51. Mecca, Smelser, and Vasconcellos, *The Social Importance of Self Esteem*.

这种人为拔高成绩的做法属于种族上的傲慢行为，理查德·伯恩斯坦（Richard Herrnstein）和查尔斯·默里（Charles Murray）在《钟形曲线》（*The Bell Curve*）中对于诸如此类的举措表示支持。这本书以"先天"智力匮乏为由，主张放弃那些提高不同族裔和社群能力的尝试。① 尽管少数民族学生的成绩确实拉低了 SAT 的平均分，但美国大学理事会认为这是不可改变的事实，这种前提预设内隐着一种与分数膨胀法、智商决定论和自尊运动紧密关联的认知偏见。理事会真的不该人为拔高 SAT 的平均分，本来更好的应对之策应该是，踏踏实实地去提高现实成绩，想办法使其比早期的分数更高。大学理事会的做法不仅没有正视现实，以此督促学生和学校奋起直追，反而虚张声势，对美国教育和美国学生的实际成绩动手脚，煽动自满情绪。由此看来，美国基础教育界针对学生的一些魔幻做法，已经被美国大学理事会如法炮制，而且同样达到了维护自尊的需要。

美国大学理事会的做法以及自尊运动的发展已充分说明，教育界擅长于浪漫的个人主义的那套说辞，但在实际思想和远景规划方面力不从心。通过法令强制性地让学生通过考试，这种解决问题的办法无异于竹篮打水。它类似于相信不劳而获的镀金奖章以及不分好歹的赞许夸奖能够改善人的心理健康和社会地位一样。这种纯属幻想的做法只会错失良机，耽误学生的发展。那些在个人天赋和独特个性方面得到表扬和赞许的毕业生后来会发现，他们根本就不能胜任那些较好的工作。而且，在学校的长期教导之下，他们并不会去指责学校（似乎并没有把握纡尊降贵和种族主义之间的密切关联），反而把问题归咎于学校以外的社会，认为社会没有给他们提供公平的发展机遇。

公立学校中那些备受关注的新教育改革，都有意无意地导向了民族、种族方面的社会不公问题，而在个人主义方面的实际影响则比较有限。"多元文化"元素被狂热而却杂乱无章地引入了课程；"非洲中心"课程在那些非洲裔为主的美国学校中被采纳了；为那些因为自身民族或种族问题而缺乏自尊和自信的学生提供了积极帮助；尝试着将"文化偏见"从教科书和学业测试中剔除；不声不响地引入了补偿性评价标准——所有这些改革都同出一辙。当

---

① Herrnstein and Murray, *The Bell Curve*.

一些熟人听说我在写一本关于当前教育改革现状的专著时，他们必问的一件事是，我是否会讨论"多元文化主义"。毕竟，这个术语已与"自然拼读法"和"成果导向的教育"联系在了一起，成为保守派和自由派互相攻击的一个话题。

如果做得好的话，将多元文化元素引入早教课程，对于美国儿童是有益的，因为这种做法本身表达了对于少数民族的真正成就及其贡献的认同。其实际作用在于，既维护了少数民族的群体自尊，也维护了所有社群的普遍自尊。尽管在那些已宣扬多元文化思想的学校里依然存在着连续不断的教育不公平问题，而且事实说明，仅仅靠这种课程调整本身是不够的，难以取得多大的实际成就，但毕竟带来了一个重要变化，那就是，只要主题明确且把握好尺度的话，没有人会提出什么反对意见。错误在于，极度夸张相关改革的实际效益，将改革对于自尊的作用吹得神乎其神。

对于浪漫的个人主义所宣扬的绝望论和决定论思想，一个比较好的矫正方法是，关注奥兰多·帕特森（Orlando Patterson）针对牙买加黑人教育成效和美国黑人教育成效所做的对比研究。牙买加黑人和美国黑人都来自西非，他们不但族裔和语言完全一样，而且在同一历史时期被运送到了美国和西印度群岛。需要考虑的是，他们具有同样的文化渊源和血缘关系，以及同样的奴隶制遭遇，但为什么西印度黑人的受教育程度明显地高于美国黑人，而且为什么产生了那么多杰出的非裔美国人，其中来自加勒比地区的黑人比例相当可观，诸如科林·鲍威尔（Colin Powell，其父母来自加勒比海）和帕特森本人？

事实上，帕特森的分析已非常清楚地解答了相关问题，说明上述现象应该主要从文化方面而不是从个人方面或基因方面寻找原因。虽然在历史－文化－心理方面的因素极其复杂，但帕特森指出了牙买加和美国之间存在的明显差异，对两国的教育实践和态度进行了对比：

> 对两种教育体制进行比较会发现，做事态度比学校的物质资源和学生的家庭背景更重要。就客观物质条件而言，最穷的美国黑人也比一般的西印度农民富裕得多。尽管曼哈顿的哈莱姆社区也很穷，但与牙买加

的穷乡僻壤和金斯敦的破烂小镇相比,可就好多了。与美国相比,牙买加的教育设施尤显匮乏。学校取得成功,似乎并不依赖于家庭或学校的物质条件,而是与教师、学生、父母对待主流文化的态度直接相关。态度至关重要。在加勒比地区,尽管学校的班均人数会达到86,有时会有好几百人在同一间大教室里上课,但在整个小学阶段,所有教过我的黑人教师都有一个根本信念——所有学生都能教好。"我做到了,所以你也能。"所有学生都能被教好,对于这一点,没有人会有丝毫怀疑。不仅学生不会对此有怀疑,父母和教师同样也不会有任何怀疑。如果我们想成功,那就一定会获得成功;如果我们没有获得成功,问题肯定在我们自己身上。①

为帮助少数民族所做的一些努力,如引入多元文化方面的课程元素,可能会在社会和心理方面产生一定的积极作用;但有些做法,比如通过虚夸或拔高分数来提升孩子的自尊心,则是有害的。这些非专业的心理辅导之所以失败,是因为他们言不由衷,关于学生的成绩,并没有说出实情。尽管这些孩子天生聪明,但由于长期得到这种虚假的评价,最终会信以为真,优越感应运而生。很糟糕的是,后来的社会现实让他们大失所望,在深刻怀疑的同时,个人自尊受到更大的伤害。正如帕特森和道尔斯所言,让学生对在校学习产生自信的唯一可靠的办法(这有利于他们的一般自尊)是培养勤奋学习的习惯,因为,只有勤奋学习,才可能获得真正的好成绩。

近些年来,由浪漫的个人主义推出的一种新的"科学"研究,引起了很多学校的极大兴趣——出现了"个人学习风格"运动,以及与此非常类似的"多元智力"运动。所谓的研究"表明",人人皆有七种智力,如果其中一种智力天生不高的话,那么,其他六种智力中的一种或几种智力一定会很高。根据这种基本的智力补偿原则,每个人都会在某个方面具有很高的智力。这种科学报告,与现存的那种认为人人皆有平等天赋的教育信念非常吻合。这种"多元智力"理论认为,学校一直过于强调逻辑智力和语言智力。(这种观

---

① Patterson, *Language, Ethnicity, and Change*, 70.

点与浪漫主义的反语言传统一致,我在下面的"反智主义"一节会进行讨论)。根据这种所谓的科学研究,从今以后,学校应该对不同的学习风格和"非学术智力"一视同仁,不可轻视音乐智力、运动智力等不同智力,更不可以将每个孩子都锁定在狭隘的语言－逻辑模式中发展,以至于仅仅让他们学习学术性科目。如此这般的话,人人得 A 的学习时代便指日可待了。这要归功于新近的研究成果!

热衷于个人学习风格和多元智力理论,将其视为浪漫的个人主义思想的科学新版本,这说明美国教育界一直存在着一种不良倾向——看重那些思想观点令人愉悦但缺乏共识的科研成果,轻视那些思想观点令人不悦但具有科学共识的发现。美国中小学之所以接连不断地出现问题,原因正在于此。

从短期来看,在科学研究中缺乏共识是可以接受的,甚至对思想进步来说是必要的。科学前沿的一些研究总是会出现各种争议。但与此同时,缺乏共识的那些发现,也极有可能是不正确的。在科学领域,共识性增加,则正确性增加。现在每个人都同意,水的化学分子式是 H_2O。共识这一事实,并不能保证它是绝对真理,但确实可以保证它具有很高的可靠性。如果你从事教育这样的实践活动,你就需要依赖于具有共识性的科学,因为,只有这样才能保证高成功率,在即使有一点儿问题的情况下也很少出错。如果采纳无共识性的科学作为教育政策的基础,那就是在未经许可和成功渺茫的情况下开展大规模的非常危险的人身实验。当思想和现实发生冲突时,总是现实获胜。就这一点而言,多种学习风格和多元智力理论目前之所以被接受,就是再好不过的说明。

每个教育理论家至少在某种程度上已经认识到了学生之间个体差异的重要性。每个好老师都会尽力去培养学生的才能和提高他们的弱项。这已是一条被广泛接受的教育原则,但与之相伴的事实是,学校并不能让少数民族的学生获得良好的学业发展。或许正因为出现了这种情况,人们才对霍华德·加德纳(Howard Gardner)的《心智结构》(*Frames of Mind*,1983)一书充满热情,因为它解释了现实教育问题,特别强调非学术的个人能力和可选择的学习模式。加德纳是哈佛大学教育研究院的一名杰出教授,是一个出色的作家。他一直呼吁,教育改革的许多领域应该保持平衡,而且最近特别倡导学科集中教学。他所支持的多元化学习风格已没有原来那么合理和有效。在《心智结构》一书中，加德纳辩解说，人有七种独立的智力，不同学生的七种智力水平高低不等。

加德纳的著作出版之后，许多公立学校采纳了"多元智力"教学法。这些学校自信，他们不仅满足了个人主义和社会平等的迫切需要，而且还运用了最新的科学成果。但是，不论是多元智力理论还是类似的多元化学习风格理论，在科学界都没有被广泛接受。虽然研究人员承认不同风格和不同智力确实存在，但没人知道它们的特性是什么，也没人知道它们的神经生理学基础是什么。

著名心理学家乔治·米勒（George A. Miller）在1983年12月的《纽约时报书评》（New York Times Book Review）上发表了一篇评论，总结了关于多元学习风格和多元智力理论的科学共识："因此，加德纳先生的心智分类很可能是错误的。在没有理论解释的情况下，碰巧做出正确观察的可能性——描述正确的现象、创建正确的分类、进行正确的测量——是微乎其微的。"不仅如此，米勒还探讨了多元智力理论和学习风格理论目前特别感兴趣的一些教育政策的核心问题。他补充说：

> 在单项智力评估被七项智力评估取代之前，本该做许多工作。既然没做什么工作，那么相关讨论都只不过是直觉和想象而已。的确，如果能够获得各项数据的话，教育者便能够因材施教，为每个学生提供更恰当的教学模式和教学内容。而事实上，没有人知道教育者应该发挥学生的长项还是应该援助学生的弱项（或两者兼顾），因此，在教育实践领域，新的心理测量法似乎并不能比原来的心理测量法走得更远。

在这里，米勒教授提出了一个任何强调个性教育的人都必须面对的一个基本问题。为了发展学生的特殊才能和学习风格，学校是否应该以牺牲他们的阅读、语言、数学和普通知识等标准学术能力为代价？目前的研究无法回答这个问题。每个人都应该在某方面得到一个A吗？这是一个在研究中找不到答案的社会政策问题。但是，为了公平起见，学校显然应该为所有儿童提供必要的知识和技能，以便他们成为政治过硬、经济无忧、独立自主的公民。如果学校不能够明确界定每个学生应该掌握的知识和技能是什么，如果学校不能够让每个学生都获得必要的知识和技能，那就等于没有提供明显的针对个体差异的教育，就不可能很好地发展每个学生的潜力，就不可能为他（她）们的未来社会生活做好准备。

6. 反智主义

当我坐在这里书写美国教育中的反智主义的时候，我所在的弗吉尼亚州正在围绕"提高学习标准"这一议案进行激烈辩论，争议的焦点在于，是否应该强制各个年级达到规定的知识标准。在弗吉尼亚州的标准草案中，有关事实性知识的表述，比目前任何州的现有标准都更清晰。但是，除了缓和退让之外，获批的可能非常渺茫。根据《华盛顿邮报》（*Washington Post*，1995年3月29日）报道，标准草案"遭到了教师群体、教育主管、家庭组织、教育学教授以及共和党和民主党两党议员的严厉批评。有人说，这些目标野心勃勃，不适合低年级的学生，（而且）忽视批判性思维，为死记硬背推波助澜。"（现在，当我修改书稿时，已经过去了一段时间，但可以告诉大家的是，标准最后大打折扣，不得不妥协。）

美国的教育学教授，比世界上其他任何地方的教育学教授都更加敌视事实性知识的教学，这为考察美国教育界的思想提供了另一个窗口。但是，正如《华盛顿邮报》的报道所表明的那样，不仅仅教育学教授们对"死记硬背"表示敌意，在这种态度上属于同一阵营的还有共和党和民主党、学生父母以及相关的教育立法者。而且，正如我根据《邮报》已刊文章的主旨所推断的那样，那些新闻记者们的态度也是如此。可以说，在美国教育思想中，存在着广泛的被理查德·霍夫斯塔特（Richard Hofstadter）称为"反智主义"的反知识倾向。[1]

---

[1] Hofstadter, *Anti-Intellectualism in American Life*.

"反智主义"是一个很好用的术语，但我想弄清楚的问题是，霍夫施塔特对它的定义是否恰如其分地揭示了大多数美国人的知识旨趣。霍夫施塔特把反智主义定义为对"知识本身"的轻视。这种定义可能会遮蔽某种本质性的东西，也就是说，最常被美国人轻视的知识，往往是与科学知识和历史传统有关联的学术性知识——那些在报告厅中讲授以及主要记录在书本中的知识。美国人所轻视的并不是知识中那些他们不感兴趣的东西——他们不感兴趣的只是那些以讲座和书本呈现的知识。

当然，霍夫斯塔特是正确的，感兴趣与不感兴趣不同，注重实用性是美国人的一贯特点。美国人最喜欢那些对经济发展和道德进步有实用价值的知识。我碰巧也有这种偏好。相比较来看，美国人一直特别重视那些来自直接经验的知识，而不太重视那些来自书本的知识。这一点与美国人的早期形象般配，他们似乎开启了人类生活的新纪元。针对亲身的直接经验的"批判性思维"成为首选，而不是"死记硬背"别人的作品。哈克·费恩是一个典型的美国式的反书本知识的人物。他通过对自己在河边和"领地"上所发现的那些东西进行批判性的思考而获得了自我教育。自然和经验就是他的老师。哈克的态度与沃尔特·惠特曼的态度没有多大差别：

  当我听那位博学的天文学家讲课的时候，
  当一栏又一栏的证明、数据摆在我面前的时候，
  当一张又一张图表映入眼帘需要我加工处理的时候，
  当我坐在报告厅里听到一阵阵掌声响起的时候，
  很快，我就会莫名其妙地厌倦烦躁起来。
  于是，我悄悄起身溜到外边一个人游荡，
  在神秘潮湿的夜风中，一遍又一遍，
  仰望那寂静美丽的星空。①

惠特曼在1865年写下了这些诗句。自19世纪中期以来，美国人对于书

---

① Whitman, *Leaves of Grass*.

本学习的价值的认识一直是矛盾冲突的。其中一部分人一直忠诚于杰弗逊主义和启蒙主义精神，相信学问、科研以及知识更新的实用价值。他们坚信全民教育对于经济、政治和社会具有重要的推动作用。这种明显具有启蒙主义特征的美国价值观引起了托克维尔的特别关注，他指出："他们（美国人）都乐观地相信人的完美性，他们认定知识的传播（也是杰弗逊的措辞）绝对是有益的，而无知的后果肯定是致命的。"[1]

但自19世纪中期以来，美国人对书本学习的不信任也同样强烈。书本成了与腐败的传统和罪恶的欧洲相关联的东西。美国是一个向前看而不是向后看的民族。"人的眼睛长在前额下，而不是长在后脑勺"（爱默生），"历史就是废话"（亨利·福特）。更深刻的、更好的教育，应该从直接的实践经验中获得，而不是简单地坐在报告厅里面听讲座。读万卷书不如行万里路，行万里路不如阅人无数。一个真正受过良好教育的人，应该是一个具有广阔的美国生活背景的人。这样的话，启蒙主义传统和浪漫主义传统之间便产生了冲突，前者把民主与书本学习联系起来，后者则轻视文化和书本。这两种传统之间的冲突在19世纪的波士顿被人格化了，其中，霍瑞思·曼代表启蒙主义这一方，拉尔夫·瓦尔多·爱默生代表浪漫主义这一方。在听了霍瑞思阐述公立学校对于美国民主的重要性之后，爱默生在他的杂志上发表了轻蔑的评论：

> 昨天，霍瑞思先生做了一场关于教育的演讲，其中充满了当前关于民主制度的悲观思想，并由此推论学校教育的重要性……教育这种东西！……我们被关在中小学和大学的教室里，长达十年乃至十几年，最后装着一肚子大话出来了，却什么事都不会做。我们不会用双手，也不会用双脚，不懂得用眼睛去观察，也不懂得用双肩去担当。当我们被困在森林里的时候，连一块可吃的树根都找不到。我们不会利用星星辨识行走的方向，也不会根据太阳来确认一天的早晚。如果我们会游泳和滑冰的话，那也会好一些吧。我们竟然会害怕一匹马，害怕一头牛，害怕一条

---

[1] Tocqueville, *Democracy in America*: Part I, Chapter 18.

狗，害怕一只猫，害怕一只蜘蛛。还是罗马人的教育规则更好，在一个孩子没学会站立之前，就什么都不要去教……农场，没错，农场就是最好的学校。我之所以特别敬重农民的理由在于，他们是现实主义者而从不夸夸其谈。农场是生活世界的一部分，但学校达不到这一点。农场可以通过训练人的身体而滋养和提升人的精神与心灵。①

爱默生所担心的是，书本可能会毁坏属于个体精神世界的独特天性。就这一点而言，反智主义和个人主义的观点大同小异：

我宁可再也看不到书籍，也不想被它搞得晕头转向、扭曲变态，乃至丧失独立自主的个人生活。价值世界是一个精神自主的世界——这种精神，自由、独立，不受束缚。每个人都被赋予了这种精神，每个人自身都拥有这种精神，只不过绝大多数人的这种精神被钳制住了，没有获得很好的发展机会。②

美国诞生于启蒙运动时期，但深受浪漫主义思想的影响，因而对于教育和书本知识一直持有一种奇妙的矛盾心理，形成了富有启蒙主义色彩的教育理想和浪漫主义色彩的教育恐慌，前者希望教育能够促进社会走向正义（如曼），后者担心教育阻碍个性发展、相互理解和独立思想（如爱默生）。美国人一直喜欢鼓励他们的孩子在上学期间到"真实"的世界中去兼职。在美国人的头脑中，一直有一种爱默生所说的书呆子形象：面色苍白，体弱多病，对现实世界一无所知，与个人最美好的本性脱节。美国人崇尚自然，但对以往的东西嗤之以鼻。另外，与其类似的另一种教育思想认为，"操作性知识"（hands-on knowledge）比"陈述性知识"（verbal knowledge）更有用。从19世纪30年代爱默生反对学究式的作品开始，到1918年《基本原则》（Cardinal Principles）倡导实践技能，反智主义一脉相承，尽管说它只是美国思想的一个方面，但事实上已经成为主导美国师范院校的一项基本原则。

《基本原则》所关注的是健康、职业、民权、闲暇利用这些非学术性的目

---

① Emerson, *Journals*, entry for September 14, 1839.

② Emerson, *The American Scholar*.

标。从 1918 年到现在，主题思想一直没变，只是所使用的教育术语变换了花样。"行"胜于"知"，强调职业发展和社会实践，轻视传统的学科知识问题——所有这些都是 20 世纪 20 年代和 30 年代课程改革的重心所在。下面的这段文字选自克伯屈的《教学方法原理》(Foundations of Method，1925)：

> 我们首先要全面关心儿童的成长问题，其次再考虑那些应该学习的学科知识问题……学科知识之所以成为好东西，是因为它们对儿童良好行为方式的养成具有重要作用……这些分散的学校课程。如果认同学科知识的内在性以及活动的目的性的话，我们怎么可能不放弃这些课程呢？是的，教学工作就是目前这种样子；为儿童开设的这些分散的课程应该撤销了。①

在 1939 年，查尔斯·普洛瑟 (Charles Prosser)，作为一个很有影响力的本本主义的反对者，利用一组类比句对相关思想进行了阐释——表达了他对那些他基本上不让他的学生学习的华而不实的知识的态度——所谓：

> 商业算术，胜于平面几何或立体几何；掌握健身方法，比学习一门法语更重要；掌握一项职业技能，比学习代数更重要；日常生活的一般学问，比地质科学更重要；简单的商务英语，比伊丽莎白时代的经典作品更重要。②

与普洛瑟相附和，一份被称为《面向全体美国青年的教育》(Education for All American Youth，1944) 的报告，简直就是《基本原则》的翻版，其中说："不存在贵族式的学科……数学与力学，艺术与农业，历史与家政，它们都不分上下、彼此彼此。"③ 在实践中，这种平行化的教育层级关系所导致

---

① Kilpatrick, *Foundations of Method*, 253, 277, 357.
② Ravitch, *The Troubled Crusade*, 66.
③ 同上，62。

的后果是，压制传统的学科分类标准，偏爱诸如家庭经济、消费者行为以及个人调适这些非学术的新兴学科领域。爱默生曾经开玩笑说，实用性技能应该在学校学习中拥有更高的地位，但后来竟然成了事实，并成为学校教育的基本目标。根据戴安·拉维奇（Diane Ravitch）的研究，到 20 世纪 40 年代时，这些实用主义思想与实践在美国公立学校中已经非常普遍：

> 他们的共同特点是：课程围绕着人类活动的基本领域而展开，而不是以传统的学科知识为中心；只有那些迄今为止在日常环境中有用的学科知识才可能被接受；强调各种功能性价值，诸如行为、态度、技能和实用技术等，忽视那些书本性知识或者抽象性知识；各种学习活动始终以学生的直接需求和个人兴趣为中心。①

在当今世界，这些反智主义传统的可行性和实用性并没有得到证明。今天，不可能再断言说，学习代数不如掌握一项职业技能。很显然，在每过几年工作性质就会发生变化这一形势下，代数已经成为非常实用的学习领域。最近，一部名为《为人师表》（*Stand and Deliver*，1987）的电影就很受欢迎。这部电影的前提思想就是，学习数学是一条光明大道（the road out of the barrio）。正因为工作变动不居，更新速度日益加剧，没有人知道该如何为特定的职业而教。在目前瞬息万变的经济形势下，学生特别需要具有学习新职业的能力。因此，在掌握基础知识和基本词汇的基础上，拥有一般的学习能力，比直接的职业训练更为实用。

在这种情况下，浪漫主义对所谓"纯粹性"语言知识的攻击，已经给现代美国教育造成了非常严重的后果。爱默生曾经抱怨学校只给学生提供了"一肚子套话"（a bellyfull of words），并赞扬农民是"现实主义者而不是一本词典"（a realist and not a dictionary）。但是，对"现实"的颂扬胜过了"语言"，以至于与现代教育几乎没有什么实际关联。反对语言这么一种偏见，本身就是一种文化和语言传统，与现实没有直接的联系。在现代经济生活中，

---

① Ravitch，*The Troubled Crusade*，63.

每一种体面的工作都依赖于沟通和学习——主要以语言为媒介而开展的两种活动。

言语代表事物。言语理解的内容，并非"纯粹性"的言语本身。言语是人类理解现实不可或缺的工具。一种适当的教育的基本目标之一，就是要获得丰富的词汇——成为爱默生所贬抑的"一本词典"。当然，这并非唯一重要的目标。了解一种文化的优秀传统，掌握许多领域的基础知识，习得个人美德和公益精神，同样重要，甚至更为重要。但事实上，尤其是当今，一个受过教育的人，在学习各种新技能和从事新工作时，所依赖的主要还是言语能力。掌握广泛的语言知识，而且由此掌握这些语言所指涉的事情，肯定是当今时代最实际、最重要的教育目标之一。

我们认为，当一个孩子学习单词的时候，其实并非"死记硬背"。每天掌握八个生词，尽管这个速度已经非常厉害，但这种学习本身远非纯粹接受性的活动。正如心理学家所表明的那样，学习单词需要经过多次"试错"（trial-and-error），这是一种复杂的猜测活动。年幼的孩子会依靠非常有限的相关背景知识，不断地尝试着理解他们所听到的东西。不久前，我听到一个成年人对一个五岁的孩子说："殿下今天早上怎么样？"（How is Your Highness this morning?）这个孩子稍微停顿了一下，接着回答说："我又长高了一点儿；我每晚都会长高一点儿——在我睡着的时候。"尽管这个孩子将"Your Highness"（殿下）错误地理解成了"你的身高"，但毕竟尝试着进行了沟通——哪怕是最简单的对话，也会利用不断的猜测进行交流。但是，如果一个孩子不太了解具体语境的话，他（她）在那一刻的课堂中就很难成为一个积极的参与者。无论这个孩子或老师多么足智多谋，情形大抵如此。在各种课堂教学过程中，如果学生的专业背景和知识基础参差不齐的话，整体教学（whole-class instruction）就很难收到整体效果（universally effective），而这种问题在美国会经常出现。因此，有时就像伊莎贝尔·贝克（Isabel Beck）所说的那样，弱势儿童只能把需要掌握的词汇作为直接的目标来学习，这样才能在词汇方面跟得上其他同学。①

但是，无论是通过有针对性的操练来学习单词，还是通过丰富的语言应用即语境法来学习单词，在把握其实际意义的时候，大多数情况下都不需要动太多脑筋。在某种意义上，所有的单词都是通过死记硬背学会的。在一个单词和一个事物之间，几乎没有什么可以理解的关联，所要记住的只不过是一种文化关联，而这种文化关联需要的是去记住，而不是被"理解"。当一个孩子知道"bee"（蜜蜂）这个词所指代的是某种会飞的东西时，有什么需要理解的呢？我们美国人通过死记硬背来理解"chair"（椅子）和"table"（桌子），就像德国人学习"Stuhl"（椅子）和"Tisch"（桌子）、法国人学习"chaise"（椅子）和"table"（桌子）一样——都必须死记硬背才能学会。这么一种明显不需要动脑筋的日常行为，就好像鼓励一年级学生背诵（对于他们而言）意义空洞的"效忠誓言"（the Pledge of Allegiance）一样，可以要求他们应用"试错"法去把握相关内容，而实际上，许多孩子要到五年级才能真正理解"誓言"的实际意义是什么。

就像其他浪漫主义者一样，裴斯泰洛齐是他所说的"言语主义"（verbalism）的反对者。但是，他也是一位遵从多种方法搭配的实用主义者，而不是排斥操练和实训的空想家。他认同死记硬背在语言学习中的强大作用，并视其为进行理解和把握中心思想的一种手段：

（孩子们）取得了在我看来在他们那个年纪不太可能取得的成就……在孩子们几乎看不懂印刷品的年龄阶段，我教他们整体识读地理图表，这些地图表上面印有最难认的缩写，其中一些最陌生的单词只用了几个字母来表示。但你已经看到了，他们毫不含糊地破译了这些图表，而且轻而易举地背下了相关内容。有时，我甚至尝试着让一些年龄较大的孩子去掌握一些非常难的科学命题。在此之前，他们根本不懂这些命题。他们会通过大声朗读和不断重复来记住这些句子。对于相关问题的解释，

---

① Beck, Perfetti, and McKeown, *Effects of Long-Term Vocabulary Instruction on Lexical Access and Reading Comprehension*, 506—21.

他们也会这么去记。一开始的时候,他们就那么自问自答,鹦鹉学舌式地重复那些意义不明的词句。但是,这些截然不同的独立观点,包括井然有序的划分结构,连同这些词句本身,最后都会不知不觉地在他们的脑海里留下不可磨灭的印记,进而渐渐地将那些本来处于沉睡状态的学科知识唤醒,虽然开始时混沌不清,但最后会豁然开朗。①

当然,就这些活动而言,我们没有必要完全像裴斯泰洛齐那样去做。但是,早期浪漫主义者在教育上的创新——从裴斯泰洛齐到帕克(Colonel Parker)在马萨诸塞州的昆西学校,乃至杜威在芝加哥的实验学校,之所以如此成功,其中的一个原因在于,这些进步主义探索都没有放弃明确的知识目标,并且都把传统做法与非传统做法进行了整合。裴斯泰洛齐在倡导他所说的"词汇系统教学法"(systematic treatment of vocabulary)时,比他的大多数弟子都更加明智和灵活:

> 对于儿童而言,拥有丰富的词汇量,是一种绝对优势。熟悉事物的名称,有利于他们把握事物,一旦意识到它的存在,便能将其捕获;一组逻辑严密无误的事物名称,有利于儿童深刻理解和把握事物之间的内在关系。这还不是全部。因为儿童尚未全面理解一个事物,所以我们可能无法想象,他所知道的东西对于他本人而言究竟能有多大作用。一个孩子一旦掌握了一套科学的词汇,不管怎样,便拥有了自身优势。这正像一个商人的孩子一样,在其幼年时期,在自己家中,就可以学习不计其数的商业名词。②

像许多教育改革者一样,裴斯泰洛齐对社会正义感兴趣,并且认为,如果集中而系统地进行教学的话,那些商人的孩子所拥有的知识,农民的孩子也照样可以掌握。在上面引用的那段评论中,裴斯泰洛齐隐含了本书提出的

---

① Pestalozzi, *Pestalozzi's Educational Writings*, 92.
② Pestalozzi, *Pestalozzi's Educational Writings*, 93.

一个基本观点——为了扩大那些来自贫困家庭的弱势孩子的知识总量，有必要集中而直接地向所有学生传授那些优势儿童在家中通过不断接触和重复而不知不觉就可以获得的知识。反智主义的不当之处，或者说浪漫的自然主义教学法的不当之处在于，认为农民的孩子和商人的孩子一样，彼此所学的知识都会受到限制，都不可能获得对方那么多知识。裴斯泰洛齐的浪漫主义同伴偶尔会批评他的方法。身为浪漫主义者，在促进社会正义方面，裴斯泰洛齐凭着直觉，在教学方法上表现出足够的灵活性。这一点，让那些偶尔批评裴氏教学法的浪漫主义者颇为难过。

敢这样说吗？在爱默生的思想传统中，除了其伟大之处外，也存在着很多愚蠢之处。事实上，如果儿童没能在学校获得"一肚子词汇"的话，他们永远也不理解他所写的那些内容。爱默生竟然忽视了这一点，为什么呢？爱默生是精英主义者，而霍瑞思·曼是真正的民主主义者。正如葛兰西所说的那样，浪漫的反智主义思想和浪漫的发展观，都是穷人担负不起的商贾阶层的奢侈品。就这一点而言，美国当代中产阶级也负担不起。今天，启蒙主义的知识价值观，是我们唯一可以负担得起的思想观点。当18世纪的百科全书编撰者试图利用一套书籍对人类的知识体系进行梳理时，他们是把进步的希望寄托在了人类日益增长的经验上面。这么做的一个重要前提是，他们可以利用文字将这些经验记录下来。他们认为，每个人都试图重新发明车轮是愚蠢的。他们不是要在书本知识和实际效用之间找到什么冲突，而是要强调书本知识比未形成文字的经验更具有实用性，而且知识的实用性比无知的实用性更大。

就美国教育界的反智主义而言，当它从20世纪20年代的"家庭经济"和"商品交换"转向20世纪90年代的"批判性思维"和"解决问题的能力"时，暴露了自身滑稽可笑的一面。早在20世纪20年代之前，那些倡导传统学科知识教学的人就已经声称，学习拉丁语、古典文学和数学，不仅具有直接效益，而且具有间接效益——有利于强化"智力训练"。据说，理论性的硬学科有利于"训练心智"。事实上，传统教育主要是教学生拉丁语和批判性思维。但到20世纪初时，那些反对拉丁语和其他传统学科的教育理论家，以桑代克（Edward Lee Thorndike）的研究成果作为理论武器，拒绝智力训练，将其视为违背科学的教育行为。按照桑代克的说法，人的技能不可能从一个领域迁移到另一个领域。学习拉丁语并没有"教会你思考"，你只是学习了一门语言。

如今，那些反对学科知识的教育理论家，与传统的教育理论家大同小异，所信奉的都是人的一般能力和"批判性思维"能力。尽管他们没有什么科学根据。尽管"批判性思维"已经取代了几十年前所倡导的职业教育，成为比纯粹书本知识更上位的教育目标，但就其根本思想而言，依然存在着反智主义、反学科知识以及反精英主义的种种偏见。该目标认为，将"实用技术"教给所有儿童，具有社会平衡的作用；来自各种家庭和具有各种能力的儿童，将站在公民社会的共同基础之上；就其内容和目标而言，非学术性的实业教育具有高度的民主性。但事实上，目前已经发生而且仍然在持续的情况是，经济地位和学术地位之间的差距越来越大，有钱人越来越有钱，那些知识匮乏的人，知识越来越匮乏。由此可见，反对书本知识，教授所谓"实用"技能，例如批判性思维，是一种非常不切实际而且非常不公平的做法。

有一种观点认为，市中心穷人的孩子缺乏批判性思维能力，而郊区那些富人的孩子恰好词汇丰富，拥有这种能力；这是一种荒谬的观点，这种假设经不起仔细推敲。在有些情境下，虽然郊区的那些孩子可能会茫然无知、左右为难，但在街头长大的那些聪明的同龄人却表现出良好的批判性思维。如果他们的批判性思维能力可以很好地从街头迁移到教室里的话，那么接下来的专门训练就根本没有必要了。事实上，所谓的批判性思维运动（the critical-thinking movement）并没有改变穷人和富人之间的学术差距，由此可见，这种版本的反智主义思想缺乏现实基础。桑代克是60年前反智主义科学家中的权威人物，他的科研工作驳斥了"能力可以从一个领域转移到另一个领域"这种观点。现在，他的那些早期弟子的弟子们，已经忘记他的这个基本观点。以放弃书本学习为代价，强调一般思维能力的训练，这和浪漫主义发展观一样，所导致的后果是，剥夺了弱势儿童所需要的基本知识。正如葛兰西所预言的那样，教育领域中各种版本的反智主义，实际都造成了高度的不公平和高度的不民主。

7. 专业分离主义

虽然大多数教师都是在非研究性机构接受的教育，但全国教师培训学校的指导思想和基本态度却源自于研究型大学的教育学院。教育学院的批评者和拥护者都承认，就其总体而言，这些非研究性机构中的教育学教授的地位没有他们的同事们那么高。甚至他们的拥护者杰拉尔丁（Geraldine J. Clifford）和詹姆斯（James W. Guthrie）——《师范院校：专业教育概览》(*Ed School: A Brief for Professional Education*)的两位作者，也提到了"他们长期以来在很多方面没有地位"这一点。① 作为哈佛大学的校长，德里克·博克（Derek Bok）发起过一场提升教育学院声望的运动，但后来发现，对学校改革的新兴趣"并没有提高教育学院在研究型大学中的校园地位"。② 本节以下内容的目的之一，就是要探索这种社会地位被剥夺的成因及其影响。因为这种地位剥夺具有严重后果，所以不仅教育界内部的理论家们，而且作为旁观者的外界人士，都表达了非常不满的情绪。

将哥伦比亚教师学院与其他学院分开的那条街道，被诙谐地描述为"世界上最宽的街道"。自 20 世纪初以来，在研究型大学中就一直流行着一种态度，认为教育学教授们是"没有律法的次要群体"（Lesser breeds without the law）。1916 年，亚伯拉罕·弗莱克斯纳（Abraham Flexner）写道，当教育学院呼吁从学校课程中删除重要的知识和细节时，他们已经"失去了自己的头脑"。他抱怨他们毫无根据地热衷于技巧，认为他们的课程设置和论文主题都是一些"荒谬和琐碎的东西"。③ 1929 年，哈佛大学的欧文·巴比特（Irving Babbitt）观察到，教育学教授"在学术界几乎被普遍怀疑，并且常常被他们的同事看成是地道的冒充内行的骗子"。随后不久，在 1933 年，哈佛大学即

---

① Clifford and Guthrie, *Ed School*, 332.
② 同上，200。
③ 同上，139。

将退休的校长劳伦斯·洛厄尔（Lawrence Lowell）对校监会说，哈佛大学教育学院是"一只本该溺死的小猫"。近几十年来，为了解决规模缩小问题，教育学院在各个大学中一直排在寻求紧缩开支的首位，而在有些地方，尤其像约翰·霍普金斯、耶鲁、杜克这样的大学，它们原有的教育学院都已经消失了。①

但是，大学中的这些教育学院所面临的困境也得到了缓解，一方面是由于教育学院在教师资格认证方面具有极其重要的作用，另一方面是由于它们在意识形态方面对全国的学校具有巨大的影响。在一个重要的领域中，那些不被尊重的人占据主导地位，肯定是一种不正常的情况。权力与怨恨结合是致命的。教育界将知识和"精英主义"联系在一起——比最近加入反智同盟的"欧洲中心主义"早得多——是一种基于敌视原则而非理性原则的策略。在大学里面，这些教育学教授周围的那些同事们之所以名声显赫，是因为他们所拥有的知识被认为是过硬的知识。教育学的教授们将对这些精英阶层的怨恨转化成了对那些给精英阶层带来声望的知识的怨恨。这种替代性的敌意委婉地将自己说成是平民化的反精英主义，再加上极为普遍的反智主义，进一步削弱了传统的书本学习。

多年前，在偏远地区，教育学院在本地都是占主导地位的机构，一个很好的例子就是后来成为加州大学洛杉矶分校（UCLA）的教师培训学院。这些早期的"师范学校"或教师培训学院，都是由州政府或当地社区建立的，以便确保只有具备相应资格的人才能任职从教。由于在本地没有竞争对手，这些师范学校主要是以学科知识为导向的。它们基于这样的假设——教师的教学能力首先取决于对既定教学内容的掌握情况，其次取决于是否掌握了相关内容的最佳教法。由于这些以任务为导向的机构都完全致力于教师培训，所以各个系别之间几乎不存在什么恶意竞争。

随后的不愉快，并非萌生于这些师范学校之中，而是出于这些师范学校和发展中的大学之间的竞争。洛杉矶州立师范学校（The Los Angeles State

---

① Clifford and Guthrie, *Ed School*, 137.

Normal School）早于 1882 年就已成立，专门负责培养小学教师。① 直到 20 世纪 20 年代，它依然是一个两年制（而不是四年本科）的证书授予机构。然而，当时的洛杉矶已经成为美国的第五大城市；这个师范学校也因而相应地发展起来，并且渴望提升自身地位，成为本科学位授予机构，以便转型为像伯克利大学一样具有更高声望的知识型大学。后来没过多久，它就变成了一个四年制的大学，而且在 1927 年，它的名字由"洛杉矶州立师范学校"改为"洛杉矶加州大学"（The University of California at Los Angeles）。

结果，国家不但没有什么收获，反而使教师培训机构原来赖以生存的声望严重受损。随着名称头衔的变化，新的大学开始由伯克利的中央行政机构来管理，其中一些成员认为，对于一所真正的大学来说，纯粹从事教师培训活动并不恰当。在加州大学洛杉矶分校，在教师培训机构内部，关于本机构是否应该作为学校的一个整体部分这一点，也出现了争议。②（新成立的加州大学洛杉矶分校）这个孩子，就这么看不起它的先辈（原来的师范学校）。也正是这样，本来以自身发展结局为荣的先辈，默默地陷入了悲伤孤独之中，以至于只能以其职业的高贵来自我安慰，只能从哥伦比亚大学教师学院或其他具有类似经历的教育学院那里借用一些冠冕堂皇的工序名词来支撑自身的学术地位。

正如思想史上的许多其他插曲一样，本插曲明显是个悖论。事实证明，试图找到教育学的独特学科内容来谋求专业身份与地位，算不上很成功。正如詹姆斯·柯纳（James Koerner）所观察到的那样，"不论教育学院把什么学科吸纳到教育研究中来，都可能已经是其他学术领域的内容，以至于最后只能把教学法作为独一无二的学术领域来研究。"③ 因而，这种对身份和地位的寻求，导致的结果是强调工序流程，并致使教育学研究在学术内容方面的缩减，以及与大学中其他学术领域的互动减少。悖论由此形成：教育学术研究的内容减少，本来有利于创生独特自立的学科领域，结果却毁掉了既定的

---

① Clifford and Guthrie, *Ed School*, 261ff.
② 同上, 265。
③ Koerner, *The Miseducation of American Teachers*, 28.

发展目标——提升教育机构的学术声望和社会影响。①

霍瑞斯·曼早在1839年就认识到，教师培训机构不可避免地会面临这样的紧张与诱惑，因为与社会使命相比，教授们往往对他们的学科地位和自身声望更感兴趣。他并不想成为哈佛的一个组成部分，也不想因此而分散当下的发展目标。他认为，"师范学校的职责就是要掌控全部领地；就是要吸引所有教师和所有学生的全部注意力。学校不能有任何竞争对手，不能有偶然性的或者附属性的目的，而且只有真正取得成功，才能保证自身存在。"② 在19世纪90年代，约翰·杜威采取了不同的方法，但就其目的而言，和曼的想法是一样的。杜威劝说芝加哥大学校长组建了一个独立的教育系，由他本人担任主任（他已经是哲学系的主任）。这么规划并不是要设定教育学和哲学的主从地位，而是要让知识服务于以任务为导向的教育事业。1894年，在给他妻子的一封著名的信中，杜威写道："有时，我真想放弃直接讲授哲学，转而通过讲授教育学来达到哲学教育的目的。"③

就霍瑞斯和杜威的这些早期理想而言，有两个显著特点。首先，他们对于优先事项没有丝毫怀疑。务实是首要的；教育领域中的理论和学识，只有能够改善教育而且能够通过教育服务于民主目标时，才是有价值的。杜威认为，民主国家的每一个孩子都必须"在科学、艺术、历史方面得到训练；掌握科学探究的基本方法，以及交流与沟通的基本手段……具有勤奋、坚毅的品格，而且最重要的是，具有服务社会的能力和服务社会的习惯。"④ 在教师培训的过程中，一切事情都必须指向那些非常具体的知识目标和道德目标。其次，实践对理论的主导地位已经确立，在理论与实践、知识与方法之间，不存在自相残杀的冲突。教育学与学科内容之间的通融原则，是不证自明和一致认可的。那些从事教师培养工作的教师，与历史学者或科学家之间根本不可能出现什么恶意对抗。那些即将教给学生的知识，肯定是相关领域学者最近提供的最好、最真实的知识。

---

① Traced in Clifford and Guthrie, *Ed School*, 47—122.
② 同上，58。
③ Westbrook, *John Dewey and American Democracy*, 104.
④ 同上，94。

随着对教师培训学院的需求量的扩大,有些理念也发生了变化。马修·阿诺德(Matthew Arnold)关于文学作品创作的必要条件的论述,也同样适用于思想运动的发展。他认为,"两种力量——人的力量和时代的力量,必须保持一致。"到20世纪20年代时,随着早期职业服务观念的衰退,教育界在社会方面和思想领域维护自我的历史时机到来了。从1910年到1930年,有88个州立师范学校变成了教师教育学院。① 随着这些学院层次的学校和教育系的迅速增长,需要大幅增加教育学教授的数量;相应地,这也加强了对于这类教授在独特思想体系方面的需求——需要新的期刊、新的专业协会,更重要的是,需要独特的思想原则。为了满足这类需求,求教于美国教师培训机构之母——纽约市教师学院(Teachers College in New York City),是合情合理的。该学院成立于1889年,于1898年并入了哥伦比亚大学——在1910年至1930年这个关键时期,该机构所培训的教育学教授比其他任何一个机构都多。

约翰·杜威与芝加哥大学校长发生争执之后,于1904年搬到了哥伦比亚。人们往往认为,由他构建的思想观念主导了现代的美国教育界,但在历史学家们看来,杜威的思想观点其实被新教育运动的直接领导者克伯屈严重曲解了。② 实际上,真正听过杜威课的教育类学生很少,而且也没能真正理解他的思想。然而,克伯屈的讲座一次会吸引600名学生,济济一堂,只能站着听课。据说,克伯屈在哥伦比亚教师学院工作期间培训了大约35,000名学生,当时正赶上各地的新学校和新教育学院需要招收教职人员。后来,他所教授的这些弟子们又在全国各地培训了一批又一批的教育学教授,使他的思想得以不断延续。这种思想传播的基本脉络可以解释为什么当前的美国教育观念会具有相对一致性。

克伯屈像是一个思想的仓库,他的追随者们非常渴望听取他的思想——

---

① Woodring, *The Development of Teacher Education*.
② 对于杜威的这种影响力的解释,Diane Ravitch 和 Robert Westbrook 的观点一致。参见 Ravitch, *The Troubled Crusade*; and Westbrook, *John Dewey and American Democracy*.

这些思想让这个新专业拥有了自身地位、自身使命和独特的身份认同。我在这本书中经常提到他的名字，这是因为，虽然他不是构建当前美国教育思想的唯一重要人物，但他是这些人物思想的编纂者，让思想焕发魅力。他 1918 年发表的《设计教学法》（*Project Method*）这篇文章，所推崇的是活动设计，而不是传统的学科知识教学。该文属于美国教育历史上最具影响力的文献之一。在克伯屈那本影响巨大的《教学方法原理》（*Foundations of Method*, 1925）一书中，我们可以找到许多原则，至今依然深刻地影响着当下的教育情境。正是在克伯屈这本书中以及他的文章和演讲中，而不是在杜威的各种各样、晦涩难懂的著作中，人们才可能找到本章所追溯的教育思想的直接来源。

从这本书的标题开始，克伯屈所强调的就是方法。我们可以在这本书中找到当前教学"改革"的大部分主题：根据自由、民主的美国理念而定义的正确的教学方法；以最先进的科学研究为基础的怀疑精神；坚决维护儿童的个体性和教师的自主性；轻视纯粹的学科教学以及其他国家的教育方法；重点在于用教材教孩子，而不是简单教教材的训诫；宣扬说，因为知识变化太快，所以课程中不应当规定具体的教学内容；严厉批评死记硬背的学习方式；严厉批评测试甚至成绩报告单；宣扬说，遵循设计教学法，能够培养批判性思维技能。就阅读教学而言，克伯屈甚至推崇整体语言教学法（whole-language approach），认为它胜过语音拼读教学法（phonics approach）。而最为重要的是，有一种观点赢得了整个教育界的认同，并被普遍接受：摆脱传统知识限制的新方法，能够通过将学科知识融入教学过程而统领整个教育领域。正是这种"过程高于一切"的思想，帮助那些新兴的教授们实现了独立自主的专业诉求。

每当克伯屈有机会设计自己的课堂教学，他做的第一件事就是用可移动的桌椅替换掉那些被螺丝固定在地板上的桌椅。接着，"他会为这个班级制订一个原则：他要让孩子们参与'一个又一个不断深化的无害活动'。"[1]

---

[1] Tennenbaum, *William Heard Kilpatrick*, 226.

最初，那些学校负责人都大吃一惊，因为我提议班级教学根本不要设定课程、教师可以完全自由地安排自己认为明智的事情、孩子们可以自由地思考和活动。不必要求孩子们去学习阅读、掌握指定的算术或拼读；没有必要安排考试。没有必要根据规定的课程给学生打分或分等。我只制定了一个原则："组织一个又一个不断深化的无害活动。"①

尽管《教学方法原理》这本书的名字颇具影响力和轰动效应，但它作为一种思想表达形式（an intellectual performance）却非常令人失望。这本书是以对话的形式展开的，但对相关思想进行论证时，所使用的却是一些有待阐释的抽象的"思想原则"和貌似科学的名词术语，诸如"神经元""突触""心理定势""刺激反应"等。不管这些高度概括的心理学原则具有怎样的持久性、可靠性，若将它们与克伯屈所倡导的特定的教学方法联系起来的话，都没有也不可能有多大的说服力。克伯屈似乎没有注意到，那些具有普遍性的原则可以用来论证所有有效的教学方法，因为每一种可行的教学法都必须符合具有普遍现实意义的思想原则。这是一种逻辑难题，它会继续纠缠，也必然会纠缠那些认同"建构主义"心理学的新科学的支持者们。最后，只能根据具体结果来判定一种教学方法。正因为克伯屈特别强调学生的个体性和教师的自主性，人们在他的阐述中看不到那些对于微妙方法的赞同，而就这些微妙的教学方法而言，它们是需要借助一般的心理学原则进行斡旋调和的，因为，课堂文化和教师文化多种多样，而与之对应的教学方法更是千差万别。

克伯屈作为教育改革的预言家，之所以如此成功，是因为他在进行新的制度设计时很清楚自己的风格是什么。当时，无论是科学发展还是美国的民主政治，都需要进行教学模式和思维模式创新——就这种新模式本身而言，尽管杜威和桑代克已经向那些内部的专业人士进行了阐释，但那些外部的墨守成规的传统主义者却全然不知。一种言之凿凿的科学派头，再加上职业认同的相关论述（刚刚入职的成员们都很想了解的内容），都一股脑地展现了出来。

---

① Tennenbaum, *William Heard Kilpatrick*, 226.

正因为他具有这种长期的影响力，克伯屈成为激进的分离主义的代表——教育与其他学科分离，学科内容与教学法分离，以及有远见的社会思想家与保守的（隐式反民主的）传统主义者分离。那些曾经被鄙视的教育学教师，现在因为拥有了（桑代克）最先进的科学心理学方面的根据和（杜威）道德方面的优越的社会原则，便可顺理成章地谋求自身优越感了。这支新专业队伍霸气十足，因为它拥有最好的理论原则——在社会层面、科学层面以及哲学层面均如此。相关预言咄咄逼人，非常适合它谋求职业认同的历史功能。事实上，这种自以为是的霸气风格，今天仍然十分明显。从历史的角度看，这种毫不妥协的分离主义，很成功地成为主导这个新职业的基本态度，几乎是不可避免的。任何更为温和的方法都可能危害专业的特殊性和专业声望。

但从历史的视角来看，这种斗争对于美国教育思想来说是一个新的起点。哥伦比亚师范学院建立于崇高的理想之上，这些崇高理想是霍瑞斯·曼共产主义精神的延续，也是杰弗逊精神的间接宣扬。教师培训工作是兑现美国民主理想不可或缺的一部分，同时也是最好的民主原则得以传承的一种手段。从抽象的意义上说，克伯屈当然是赞同这些远大社会理想的，但尽管如此，他在实际行动中却怀有一种极其刻薄的理念，以至于那种试图传播美国文化精粹的思想会显得守旧而不合时宜。克伯屈明确拒绝将教育作为社会延续和传承的手段。他把这种教育目的与陈旧的"静态"文明相联系。相比之下，现代美国所代表的是一种动态的"富有活力"的文明，在这种文明中，孩子们不会成为过去的奴隶，而是被塑造成独立自主的思想者，他们可以摆脱以往习俗与偏见的各种束缚，能够正视未来可能发生的一切。①

杜威的教育思想经常被克伯屈所引用，但这是一种远比杜威的主张更有个性和更为缥缈的教育观念。无论是在教学法方面还是在以往传统方面，杜威都不是分离主义者。事实上，在《民主与教育》（*Democracy and Education*）的开篇几页，他就把教育的基本目的确立为：

---

① Kilpatrick, *Foundations of Method*, 266—267.

> 社会团体的更新……就其最广泛的意义而言，教育是维持社会生活连贯性的手段……人出生之后，不但不知道社群的目标和习俗，而且往往漠不关心，因而必须让他们认清这些目标和习俗并对其产生浓厚的兴趣。教育而且只有教育可以弥合这种差距……如果不付出艰辛的劳动，进而确保真正而全面的传承的话，无论多么文明的社群都可能陷入野蛮状态，以致堕落为凶狠残暴之徒。①

罗伯特（Robert Westbrook）在为杜威所写的著名传记中指出，"虽然杜威在批评进步主义改革时很少指名道姓"，但是：

> 他的主要目标之一就是克伯屈。克伯屈是杜威在哥伦比亚大学的同事，他的"设计教学法"出自于进步主义的"儿童中心"思想，而且可能是唯一最具有实际影响力的课程改革。哥伦比亚大学《师范学院学报》(*The Teachers College Record*)印发了大约60,000份克伯屈发表于1918年的那篇文章。在那篇文章中，他首次描述了设计教学法。到20世纪20年代的时候，他成为美国师范教育的领军人物……克伯屈自认为是杜威的弟子……但（杜威）坚持认为，让儿童掌握既定的学科内容必须成为设计教学的目标之一……大多被批评者那时（包括现在）所攻击的无目的、无内容的"杜威主义"，实际上是无目的、无内容的"克伯屈主义"。②

其实，杜威和美国教育史上那些最深刻的思想家一样，一直都是整体主义者，而不是分离主义者。首先，关于过去，他们一直都是整体主义者——认可传承性和连续性在教育中的核心地位。其次，关于知识领域，他们也一直都是整体主义者——从不提倡利用模糊的、面向未来的所谓"批判性思维"训练替代学科知识教学，也从不提倡用"批判性思维"替代维持共同体生活

---

① Dewey, *Democracy and Education*, 2—4.
② Westbrook, *John Dewey and American Democracy*, 504ff.

所必需的公共知识。

由此看来，真正继承了霍瑞斯·曼传统中最美好最深层东西的人，不是克伯屈本人，而是他在哥伦比亚教师学院的同事巴格莱。巴格莱的影响力没有克伯屈大。真正赢得了后来的教育学教授们的思想和内心的人，不是巴格莱，而是克伯屈。这对美国来说是件非常不幸的事情。除了坚决反对当时刚流行的轻视学科知识的思想之外，巴格莱强烈认为民主国家中的所有学校必须享有共同的知识体系：

> 正规教育的一个相当重要的功能，尤其在民主的国家里，是要确保大部分民众共享最高水平的集体文化——包括价值、理解、标准和愿景等，以便能够在集体思考和集体决策方面达到最高水平。显然，这就要求全国所有学校能够在课程设计方面达成一系列共识。①

巴格莱的通融主义、社群主义构想没有能够赢得同事们的支持，主要是因为整体主义方面的问题以及缺乏专业上的独特性。克伯屈对自己的预言家身份非常自信。当巴格莱于1946年去世时，克伯屈在日记中写道："长期以来，他一直是一个严苛的保守主义者，在所有人中他最值得尊敬，（而且）直言不讳……他的离世标志着一个时代的结束。从此以后，在那些声称懂教育的人当中，没有谁还会像他那样站在敌对的立场上。"不幸的是，这个预言非常准确。巴格莱的努力被所处的新专业环境击败了。仅仅正确是不够的；他的著作根本不遵守习以为常的规则要求，也没有形成独特的标志性的教育学范式。巴格莱并没有（像克伯屈那样）给他的同行们提供自主性的、过程取向的专业知识，也没有提供可以造就教育行家里手的专业术语，而是提供了一种更为复杂的构想，其中包括学习生活和共同服务，以及与其他研究领域的合作等。这是一种更为深远和更具实际意义的构想，而且最终若能落实的话，对教育专业的自身声望也更为有利。

毕竟，结果恰恰是克伯屈教学法的根本缺陷产生了令人疑惑的问题——

---

① Bagley, *Education and Emergent Man*, 139.

这种疑惑还经常带有一种轻蔑的态度——教育学教授和教育专家们常常被他们的同行轻视，而且越来越多的公众也开始看不起他们。美国教育思想史在这方面提供了很好的说明——集体的专业动机与制度动机往往与个体成员最好的专业理解和专业直觉之间相互对立。这印证了雷茵霍尔德·尼布尔（Reinhold Niebuhr）的深刻洞见——道德高尚的个体与不道德的社会群体截然不同。专业的群体组织如同一只巨兽，往往会把个体拖向错误的方向，以至于背离他们自己的最好情感。事实上，如果不是因为特殊的专业背景的话，教育者们几乎都不会对知识和其他专业群体持有敌意。他们之所以会如此，纯属专业教化的结果。

对于以任务为导向的事业单位而言，通融与整合的理念依然切实可行。那些运作良好的职业培训院校已充分展示了这一点，像工程、法律和医学等富有声望的专业领域就做到了，而且很多教育院系都喜欢拿自己跟它们进行比较。但是，与教育院校不同，前面提到的这些专业领域，都与和自身主题相关的学科建立了院系合作关系。他们经常参与教学合作项目和各种非正式的团队研究活动。法律专业如今不断地与哲学、经济学、社会学甚至文学互相沟通；医学则与哲学、社会学、生物学和化学不断地进行交流。工程院校必然要与一些从事基础科学研究的部门保持经常性接触。在许多大学中，这些职业院校都依靠专业交叉后的思想创新和院系之间的联合聘任而得以生存和壮大。

这种合作状况与教育院校的闷闷不乐、孤立怨恨构成了对比。与其他院系联合聘任这种想法，被视为一种威胁，而且必须全力抵制。按照纯粹社会学的观念，这种举措被解释为对自治和自尊的一种威胁，而且被毫无理智依据、毫无趣味地解释为一种学术权力问题：

> 近些年来，教育学院的院长们已经设法与那些地位较高的院系联合聘用教员，以便扩展本专业的威望和合法性……教育被认定为一个思想空洞的专业领域，只能从那些"真正"的学科中吸纳一些外生的知识来充实自己……任何清醒的学者都知道，联合聘用存在很多问题。如果这个交叉位置上所招募的教员来自同源专业的博士项目的话，他（她）很

可能已经非常清楚这个特定学科的学术标准和社会地位……因而会发现,在被剥夺了部分教员职位的同时,教育自身地位低已是不证自明的事实。①

无论是对于国家还是对于教育院校自身,这种饱受非议的态度都是问题重重而没有前途的。对于局外人而言,这是不言而喻的。认为基于课程内容的这些学科是受"学术标准和社会地位"控制的,而不是受前沿知识控制的,对于这种观点,像法学、医学这些正常运行的专业院校根本就不会认同。相反,他们相信,学科自身使命的变化取决于相关领域知识的进展状况。总的来说,这种信念的合理性已通过自身发展而得到了证明。在教育院校中有一种相反的观点,例如,认为教育心理学不但与一般领域的心理学分离,而且独立自主。这简直是胡说八道,非常危险,必然会阻碍教育自身使命的进步与发展。

显然,正如德里克·博克(Derek Bok)所建议的那样,对于那些被情绪左右、被怨恨绑架的思想观点,矫正的方法只能是提升教育院校和教育专家的声望。然而,要真正有所改变的话,不仅必须改变导致较低声望的公众观念,还必须改变这些观念背后的客观现实。仅仅依靠公共关系,这种改变不可能实现。对于非常紧迫的任务,应该直截了当地说明。如果那些富有影响力的专家固执己见,依然把持着那些富有影响力的位置,继续担任教师培训和教育管理者培训之职,教育质量就不可能得到充分改善。既然不可能将那些掌控我们学校命运的教授和官僚们全部免职,我们最大的希望只能是改变他们的分离主义和反智主义思想。

以杜威、巴格莱等人为代表的整体主义传统,是美国教学思想传统中最为精致和最为合理的部分。创建一流教育体系的最大希望在于将其建立在最可靠的思想基础之上,而且这些思想应该具有最可靠的来源——那些基于课程内容的学科。教育中的整体主义之所以比分离主义更具有实际优越性,是因为它本身就具有思想上的优越性。它的思想自由开放、兼容并蓄,历经各

---

① Clifford and Guthrie, *Ed School*, 332.

种科学思想的洗礼，不仅更有可能成为最可靠的思想，而且有可能比那些有缺陷的思想更具可行性。

针对那些有缺陷的思想的根源问题，我已追溯到了美国的例外主义和欧洲的浪漫主义，而且探讨了那些更好的思想之所以被拒斥于师范院校之外的职业性和制度性原因。在理解整个事件基本轮廓的情况下，人们就可能看到其他更好的理论结构和制度设计的可能价值。如果我们不能够让师范院校变成更为有效和更有威望的所在的话，即使对深陷困境的专家们进行批评，也达不到建设性的目的。在有些师范院校所追求的远大理想中，在像贝格莱那样的一些学者的真知灼见中，我们可以大致看出更为美好的发展图景。这些学者们坚决抵制自身领域中的那些已经占据了主导地位的浪漫主义思想以及轻视知识的错误观念。事实上，成为一个教育学教授，并非就会自动成为注重过程的教授。这些学者们是被遗忘了的英雄，也是相关史实的见证。

8. 总结

根据以上内容，读者应该能够把握轻视知识的主要思想根源了。事实上，这些思想根源一直困扰着我们的教育制度，并导致最近的各项改革实验以失败告终。美国教育思想界的那些具有误导性的观念，正是从我所说的美国例外主义、浪漫主义、专业分离主义这些具有强大历史和社会影响力的思想观念中以及它们的子类思想观念中产生的。

然而，这并不意味着，教育界必然会因为思想不足而弄成那种特殊的样子。由于特殊的历史原因，自然会形成一些教育口号。例如，所谓知识变化太快，没有必要再将特定的学科知识作为关键的教育内容。这种愚蠢的说法似乎是克伯屈在20世纪20年代最先提出来的。虽然他的口号未必出自浪漫主义或专业分离主义的相关推论，但它与这两者的精神实质恰好一致。就强调个人成长高于传统知识这一点而言，它与教育浪漫主义一致。就对非教育领域专家深信不疑的学科知识不屑一顾这一点而言，它与分离主义一致。这句口号甚至与美国例外主义一致，将欧、美教育对立起来看待，认为欧洲教育仅仅注重事实性知识，没有个人主见，而美国教育注重独立思考和批判性思维，有利于自由、民主。因此，它成了一句具有专业意义的口号。但是，如果克伯屈没有发明这句特殊口号的话，它在美国的传播就不可能比在世界上其他地方的传播更为广泛。

如果我们根据思想观念的实际后果来对其进行判断的话，就能合理地得出这样的结论：教育思想界的三大主流思想都是错误的，而且都后患无穷。浪漫主义的心理假设和道德假设，并没能像其发起人所希望和预测的那样如愿以偿。在我们的语言应用方面，浪漫主义可能创作了一些最伟大的诗篇，但在教育理论方面却一直是一种错误的理论。美国例外主义确实具有其现实基础，因为我们的民主政治传统以及我们思想独立的行为习惯，在世界历史上都是与众不同的。但是，例外主义往往会自鸣得意，逃避学习别人经验可能遇到的挑战。专业主义最为傲娇之处在于，它能够提升人的工作自豪感和责任意识，但是，极端的专业主义则自我封闭，导致分离主义。其结果是产生一种人人不满的群体心理，并且会由于自我保护方面的考虑而逃避责任。

简而言之，教育理论家们的思想观点太偏激了。确立于 20 世纪 10—20 年代的教育思想界，自吹自擂，过于注重自身地位和自我认同，过于轻视服务意识和实际应用方面的民主理想，而原本正是这种崇高的理想支配着美国教育事业的发展。霍瑞斯·曼的思想传统被淹没在克伯屈的思想传统之中。富有理想的实用主义让步于争强好胜的分离主义；分离主义把它的片面真理扩大到整个教育领域。无论是什么观点，如果过于偏激的话，都会失去其原有的真理成分。现在，经过六十多年反对知识的极端主义之后，尚不清楚，公众是否需要反对这种有缺陷的传统，代之以否认过程而赞成知识的另一种极端主义，也不清楚，是否有可能重新提出接纳包容的思想传统，弘扬质疑精神，增强开放意识，认同实用主义态度。相比较来看，第二种方法更可取，但是，任何一种方法都足以构建一个比现有教育体制好得多的教育体制。

五、现实的报复：教育与主流研究

1. 主流研究的优点

　　我已经强调，教育界所使用的那些听起来好像具有科学性的术语，例如"适当发展"（developmentally appropriate），并没有得到科学研究的真正认可。本章第一部分将探讨教育思想界是如何选择性地援引相关研究来维持自身现状的。接着，本章将转向可以为教育改革提供可靠性指导的主流研究的某些方面。

　　可靠的指导依赖于可靠的研究。教育中的很多技术问题已被贸然扭曲为思想观念冲突的导火索，最显著的例子就是，在小学阅读教学中正在悄然发生的语音教学法和整体语言教学法之间的对立。在这一点上以及在其他的教育争论中，许多争辩者会冷嘲热讽，也经常会击中要害，认为对方所援引的研究成果只不过是巧夺辞令、舞文弄墨，为了自身的派系立场文过饰非、打马虎眼。事情发展到这一步是可悲的。意识形态和学术研究应尽可能自觉地保持相对独立。准确、可靠的研究成果必须超越派系偏见，而且必须要落到实处。当研究成果被带有误导性的意图而选择引用时，或者当它成了二流的和不可信赖的研究成果时，它就不再有任何价值，甚至连巧夺辞令的作用都没有。

　　在本章中，我对教育研究的讨论将会深入探究一定数量的学术细节。这种深究是值得的，因为可靠的主流研究能够产生实际效益。高质量的相关研究为我们总结了一系列可以利用的最可靠的教育经验。巧妙地将其应用于课堂教学中的效果，会比单纯靠直觉预感要好得多，因为经过良好的反复研究所得出的结论，在很多时候都是正确的，而不会是错误的。好的研究代表了教育中的现实性原则。

但是，既然许多教育研究都集中在像历史、社会学和心理学这样的"软"学科上，它就必然包含着未知的因素、无法控制的变量以及根深蒂固的不确定性。然而，在某些重要的问题上，还是存在着共识的。因此，在这一章里，我将专注于这些得到最广泛认可的和最为客观公正的结论。

就"客观公正"而言，我所指的是一种精神气质，而不是漠不关心。因为教育研究是一种应用性研究，所研究的主题是由直接的实用性的目的所产生的，但是，一个好的教育研究人员的研究偏好，并不会预先决定研究的结果。良好的医学研究也是如此，实用性的目的决定着会设计出什么样的课题，决定着会得到什么样的资金配给，但是，相关应用研究的答案和结果是由现实决定的，而不是由个人偏好决定的。

我们的教育研究所提出的问题，有时会反映出彼此矛盾的目的，例如：我们如何把每个人都培养成具有相当高的能力，而又不会抑制那些最有才华、最积极上进的学生？研究可以描述和量化这些问题所涉及的利弊得失，却无法判定如何根据那些利弊得失来行事。这种判定是一个政策问题，而且在一个民主国家中，教育决策应该集思广益、公开透明，并且充分利用那些最准确的知识来判定。研究是政策的仆人，而不是它的主人。

但从另一重意义上来讲，好的研究确实具有掌控作用，能够展示问题发展的基本格局。虽然研究不可能决定政策，但它至少可以把我们与现实联系起来。这本书的副题在于：美国大学之前的基础教育之所以失败，是因为主流的教育理论与其一直声称所代表的教育现实之间不怎么吻合。美国教育的失败，反映了教育现实对于不充分的教育理论的报复。自20世纪30年代以来，在面对现实方面，美国教育史就是一部顽固地坚持一种幻想的历史。幻想还没有被击破。现实也不可能被击破。不仅如此，它还决定着现实世界的发展变化，其结果只能是教育的衰落。

2. 研究的选择性利用Ⅰ： 建构主义

当前教育改革者的目标是培养出具有"高阶技能"的学生，即培养出那些在信息时代遇到陌生问题时能够独立思考的人，这些人会成为"问题的解决者"，"懂得如何学习"，会成为"批判性的思想者"和"终身学习者"。为了实现这些"高阶技能"，改革者所提倡的方法是"发现式学习"。学生利用这种学习方法，对"真实世界"的难题进行"探究"和"独立分析"，自己独立地解决问题并做出决定。克伯屈于20世纪20年代命名的这种"设计教学法"，现在被称为"发现式学习"。就小学教学的目标与方法而言，在1993年的一本教科书中有一个总结。学校的目的在于：

> 为学习者提供方法去发展与批判性思维和解决问题相关的智力技能。如果正如许多人认为的那样——思维应该成为美国教育的中心目的的话，那就必须进行方法设计，以便帮助个人发展相关能力。探究法就是尝试着做这事——专注于人的各种思维能力的发展，诸如辨别和分析问题、指出假设、收集相关数据并对其进行分类、验证假设以及推导结论等。它所寻求的是个人独立性的发展。它主张鼓励儿童运用科学探究的方法独自发现事物的变化发展。通过探究，儿童应该学会如何学习。探究学习所强调的是独自发现事物的规律。[①]

这幅富有吸引力的教育画面，与传统学校的"工厂模式"构成了一种比较含蓄的对比。传统学校培养出来的学生不会主动去思考，只会鹦鹉学舌般地重复既定的思想观念，或者就是死记硬背那些根本没有理解的事实知识，也没有能力去应对新形势和新知识。

以上这些，已经成为当前教育改革者们的一种共识。丹尼尔斯

[①] Jarolimek and Foster, *Teaching and Learning in the Elementary School*, 142.

(Zemelman Daniels）和海德（Hyde）在他们 1993 年出版的《最佳实践》(*Best Practice*) 一书中进行了完美的总结。

> 几乎在每门学校课程中，我们现在都拥有最近总结报告、教学研究元（综合）分析、试点课堂公报以及具有里程碑意义的专业建议。目前，关于何谓"最佳实践"（Best Practice）这个问题，已经达成非常一致的共识，所有关键领域都已拥有所谓最先进（state-of-the-art）的教学建议……不管是全国数学教师理事会（the National Council of Teachers of Mathematics）、阅读研究中心（the Center for the Study of Reading）、国家写作项目组（the National Writing Project）、国家社会研究委员会（the National Council for the Social Studies）、美国科学促进协会（the American Association for the Advancement of Science）、全国英语教师委员会（the National Council of Teachers of English）、全国儿童教育协会（the National Association for the Education of Young Children），还是国际阅读协会（the International Reading Association），在教和学方面的洞见都具有惊人的一致性。在许多重要问题上，来自这些组织机构的建议确实大同小异。

因此，丹尼尔斯和海德列举了 25 条告诫，要求有些方面应该"减少一些"，而有些方面应该"增加一些"。所有这些机构都对这些告诫表示认同，其中包括：

> 减少全班性的教师指导的教学
> 减少学生坐、听等被动性的接受学习
> 减少学生花在阅读教科书上的时间
> 减少教师试图覆盖大量材料的各种做法
> 减少事实和细节方面的死记硬背
> 减少对竞争和等级的强调
> 减少对标准化考试的依赖和应用

增加经验性、归纳性、实践性学习

增加实践活动、小组讨论、团队合作等热热闹闹的主动学习

增加对小数量主题的深入研究

增加学生的工作责任：将目标设定、资料收集、监管、评价等任务交给他们

增加学生的选择权，比如自己选择书本

增加对情感需要和学生认知风格变化的关注

增加合作性、协作性的活动

增加对学生成长的描述性评价的依赖

作者们对于当下这些共同的"儿童中心"原则都很赞赏，认为它们都是"进步主义的、发展适当的、基于研究的，而且都是明显可以教会的"。①

任何试图替代这些"基于研究的"建议，都会被否决，都会遭到蔑视，都会被认定为"与相关研究结果所说的学生的学习方式不一致"。这种否决阻碍了相关对话的通道，而且还被披上了科学权威的外衣。但是，所强调的这些研究结果，与教育界目前所建议的"改革"并不一致。事实上，许多改革者已经忽视了主流的研究成果，所赞成的只是那些非共识的理论（如"多元智能理论"），且只是因为它们碰巧可以为进步主义的目标和方法提供理论支持。本章后面的部分将介绍一些主流研究的实际成果。本节和下一节的目的在于，帮助读者朋友们成为清醒的怀疑论者，当再听说那些由来已久且已被证明符合常识的做法与"相关研究所说的学生的学习方式"不一致时，能够拥有质疑和反驳的武器。

这种与众不同的批评言论出自全国数学教师理事会（NCTM）主席玛丽·林奎斯特（Mary Lindyist）之口，她在公开指责约翰·撒克逊（John Saxon）出版的一些数学课本时发表了这些看法。② 约翰·撒克逊是一位标新立异的前空军飞行员，在早年服役的时候，他曾55次飞往韩国完成任务，之

---

① Zemelman, Daniels, and Hyde, *Best Practice*, 4—5.
② Hill, *Math's Angry Man*, 27.

后在空军军官学校（Air Force Academy）教授电机工程这门课。进步主义的那套方法没能把数学的基本原理教给他的学生。出于对进步主义方法的反抗，他决定抵押自家的房子，开办一个教科书出版公司来挑战主流的"发现式学习"。撒克逊绝对是一个思想独立的批判型思想者——正是教育改革者们所说的他们希望造就的那种人。但尽管如此，他和他的书都遭到了那些数学权威机构中的改革家们的严厉批评——特别是遭到了全国数学教师理事会的责难：

> 全国数学教师理事会主席玛丽·林奎斯特指责撒克逊"使用已被使用多年的技术。在他所做的事情中，并没有什么了不起的新发现。"她认为，在他的书中，"约定俗成的东西太多，根本没有按照正确的方法来教数学。""我无法想象，一门课程能在所有情况下对所有学生都适用。"她还进一步说（很关键的一点），撒克逊的做法，"显然与相关研究所说的学生的学习情况不一致"。①

但实际上，撒克逊的方法是合理的，它和相关研究中所说的学生的学习方法很接近——正如我在本章第六节将要展示的那样，它比全国数学教师理事会所倡导的所谓进步主义方法更接近相关研究成果。② 撒克逊的常规通识技术一直很好用，足以说服数百所学校去抵制当权的数学机构而购买他的书。他现在是一个大富豪，图书销量和市场份额每年都在增长。他不仅撼动了当权的数学机构的成员结构，而且深刻地影响了那些对当权机构唯命是从的主流出版商。尽管在研究文献中尚没有出现对该项目的独立评估（显然没有人愿意承担这些事情），但是，使用他书的大多数教师都说，现在的学生比之前那些没用该教材的学生更擅长数学了。③ 撒克逊是真正的美国人的典范——一种朝气蓬勃的象征，那就是，美国的实用主义和独立思考的精神，迟早会对进步主义的正统观念发起进攻。

---

① Hill, *Math's Angry Man*, 27.
② 参见第五章。
③ Hill, *Math's Angry Man*, 27.

在数学领域，所谓的正统观点认为，学校应该鼓励学生直面"真实生活"（real-life）中的问题，应该"转向数学推理——避免对寻找答案这种机械学习的强调"①，而不是让学生死记硬背乘法表和解决许多练习册上的问题。然而，凡是有理智的人都不会对培养学生数学推理技能这一目标提出异议，同时，对于那种将美国中小学数学教学失败归因于使用了死记硬背加减法定理这种传统训练方法的论断，他（她）们也很可能会提出质疑。其中，父母们的一个抱怨是，他们的孩子并没有掌握这种定理。有没有可能，全国数学教师理事会所倡导的思想，恰好已广泛存在于他们计划改变的学校之中呢？

这种假说因全国数学教师理事会和其他一些改革组织所倡导的培养高阶思维技能的教学方法而更具有说服力。这些"新"方法包括关注个人需要、关注学习方式、关注发现学习和关注主题学习。但是，就其本质而言，这些教学技术属于以项目设计为导向、以儿童为中心的方法，它们一直主导着美国的教育思想界，而且已在美国中小学中盛行了数十年。

当目前的改革者们自以为他们所提倡的新技术是以最新研究成果为理论基础的时候，那些追随克伯屈（Kilpatrick）、拉格（Rugg）等早期进步主义思想的人们自然会表示不满，认为他们得鱼忘筌。比恩（J. A. Beane）和阿普尔（M. W. Apple）就有这样的抱怨：

> 我们的集体记忆怎么那么容易退化呢？主题单元教学和综合课程已经成为教育界的热词，但难道我们忘了这两个概念源于早期社会重建主义者们所提倡的以问题为中心的"核心"方法吗？所谓的"适宜性发展"是最新的实践创意吗？它们不可以追溯到本世纪早期兴起的进步主义的以学生为中心的教育吗？今天，当我们说起合作学习的时候，能够轻易忽略20世纪20年代作为民主运动一部分而在学校和社区里开展的小组合作的那套做法吗？当我们在至少60年以前的专业文献中找到那么多重大的服务案例时，怎么可能还会对学校与社区联合的许多做法感到困惑呢？……许多我们深信不疑的关于学校教育的强大思想，都是长期锐意

---

① Hill, *Math's Angry Man*, 27.

进取而努力促进学校民主化的结果（比如，可参见鲁格，1939）。我们都是这些努力的获益者。①

以上言论恰巧出自于两名倡导儿童中心这一传统理论的专家之口，但这并不影响其历史准确性。作者们恰好对那种声称"新的"改革思想根本不同于原来的进步主义的言论提出了质疑。同时，他们还对那些"意义空泛的术语"出自纯粹、客观的科学这一说法发起了挑战。其实相反，以儿童为中心、反事实性知识的教育目标和教育方法早已存在。因此，那些最实用又通用的理论被罗列出来并加以改编，只是为了给它们提供理论支撑。

在这些理论当中，以被称为"建构主义"的心理学理论为主。这种理论认为，学生不是被动接受知识的容器，而是独立建构知识的主动参与者。可以说，这种理论支撑了诸多教学法，如"以学习者为中心"的教学法、实践教学法、发现教学法，以及其他教学法。建构主义是一种关于记忆和学习的心理学理论。就其宽泛的框架和严谨的阐述而言，在主流心理学中得到了广泛认同。早在20世纪30年代，巴特莱特（F. C. Bartlett）就在其关于记忆的著作中指出，人类的记忆并不是对储存在我们脑中的事物的完美输出，而是对其进行重新建构，而且这种建构在细节上大不同于其原来的样子。既然教育要依赖于记忆性学习，而有意义的记忆是主动建构而不是被动输出，因而可以得出结论，学习也是一个主动建构而不是被动接受的过程。

这种关于建构主义的基本认识，已经被确证很多次了。从20世纪60年代开始，一系列的实验表明，我们阅读或听演讲时，记住的并不是实际的语言顺序，而只是它们的要点。我们并不是一字不差地恢复原句，而是对它们进行重新建构。这种建构常常基于在此之前我们所掌握的知识和所怀有的期望。通常情况下，我们无法区别实际说了什么和实际听到了什么，因为在我们看来，后者与前者是一样的。记忆活动的这种创新性、建构性，恰好体现了所有有意义的、相互关联的学习的基本特征。

另一方面，当我们学习和回忆一系列无意义的单音节语词的时候，像

---

① Beane and Apple, *The Case for Democratic Schools*, 3—4.

puv、loa 和 rix 等，我们不可能对其进行构建和再创造。因此，对教育者们来说，大致了解有意义的、构建性的学习和无意义的、死记硬背的、非建构性的记忆之间的区别，是很有必要的。总的来说，建构式学习是一件好事——对于大多数教育目标而言，建构式学习比纯粹摄影式或留声机式的记忆更好。然而，心理学文献中充满了只知逐字记忆却缺少个人理解力的"书呆子"。如果我们希望学校培养出有能力的人才，那么，建构性、有意义的学习是最好的选择。

建构主义不仅值得期待，而且普遍存在。不管它是怎么来的，建构主义具有一切有意义学习的特征。一个人所建构的意义的性质，通常与他的构建手段没有关系。一旦一个人建构了 5＋2＝7 的意义，他（她）获得该意义的具体过程便成为无所谓的事情。目的地与到达目的地的手段混为一谈，这是一种逻辑混乱，被称为"根源性谬误"(the genetic fallacy)。从建构主义的一般理论跳跃到提倡发现式学习的特定实践，未免操之过急，而且在逻辑上讲不通。毋庸置疑，任何涉及语言意义使用的学习都是一种建构性学习——除非有人相信思想转移或传心术之类的东西。一个学生要想理解老师或别人在说什么，唯一的方法就是努力建构这些话语的意义，这个过程很复杂，有时候特别不容易。当一个人听一场讲座的时候——在理解讲座的情况下——需要进行积极的意义建构。聆听，像阅读一样，绝非被动的、纯粹接受性的活动。

但正是建构活动的这种普遍存在性，决定了建构主义在实际应用中的某些缺陷。既然大多数学习活动，包括听讲座，都是建构性的，那么建构主义对于教学实践来说，就是一种不可靠的理论。在同样的课堂环境下，不管采用什么样的教学方法，学生参与建构性活动的程度都会因人而异。有时，他们积极建构的东西并不正确。比如，当一年级学生宣誓忠于"理查德共和国"的时候，就会出现这种情况。在教师使用的教学模式和学生参与意义建构的积极程度之间，并不存在必然的关联。事实上，正如我之后将表明的那样，真正有用的建构和学习的数量，主要取决于学生之前拥有的相关背景知识的数量，而不是教学模式。

另一方面，学生自发的建构式学习（发现式学习）有时确实比教师诱导的建构式学习保持得更好，也更易于获得。但是，如果说发现式学习保持得好的话，那么它也会有不足。它需要花更多的时间，而且有时候得出的结论也站不住脚——所谓站不住脚，不在于学生所记住的内容是否持久，而是说学生所记住的内容本身站不住脚。学生们"发现"各种各样的东西，其中有些是与当前的目的无关的，有些是错误的。选择这种发现技术而不是另一种发现技术，就是选择这一种建构主义方式而不是另一种建构主义方式。这些选择是由实际的教育目标和教育结果而决定的，而不是根据中立的心理学理论的特殊规定来确立的。最后，发现式学习必须通过所观测到的有效性来证明其正确性，而且就这一点而言，其结果并不能证明极端地或过度地依赖于目前所谓的"建构主义"实践是正确的。教育工作者们过于草率地得出结论，认为建构主义证明了"越是经验性、归纳性、实践性的学习，学生通过动手、争论、合作参与学习的积极性就越高"之类的规律。这种错误的推断是基于这样一种假设：其他形式的学习只是"传递"和"接收"，而没有主动建构知识。但事实上，所有有意义的学习，无论采用何种方法，都需要这种积极的建构。

简而言之，"建构主义"这个术语已成为一种用来捍卫发现式学习的魔法咒语；发现式学习并不比任何其他形式的建构式学习更受心理学理论的认可。假装有理有据这么一种做法，恰好说明了我所说的"研究的选择性使用"。尽管"建构主义"一词十分流行，但无论是发现式学习还是其他任何形式的教学方法，都未受到现代心理学的特别青睐和认可。

3. 研究的选择性利用 II："思维技能"

当前，同样也属于选择性利用研究的一种表现是，热衷于教授"高阶思维技能"（higher-order thinking skills）——一个包含"批判性思维技能"（critical-thinking skills）、"问题解决技能"（problem-solving skills）和"元认知策略"（metacognitive strategies）的大词；它们都被说成是优越于具体内容教学或事实教学的东西。对教授这些抽象技能的有效性的主流研究进行总结是很有用的。研究结果会影响相关主张的可信度。这种主张在师范院校中得到了全面而细致的阐释，即普遍认为，教授方法、态度和策略，远比单纯的信息教学更有价值。

批判性思维的早期倡导者们鼓励学生质疑，鼓励透过表面现象探究问题的本质，并遵循正式的或非正式的逻辑准则。学生们被告诫要避免"后此谬误"（post hoc, ergo propter hoc）之类的逻辑问题，不要根据不充分的样本就草率地给出结论，更不要捕风捉影。然而，最近，批判性思维作为一项运动，已不仅仅关注逻辑关联性问题，还在商业广告中宣称，要接受更多已被"当前研究"证明了的几乎所有的东西，而不管各种迫切需要得到的东西是否彼此关联或与批判性思维有关系：

> 批判性思维是有效阅读、有效写作、有效言说和有效倾听的核心。它使我们能够将掌握的内容与自尊、自律、多元文化主义、有效合作学习以及解决问题这些不同的目标联系起来。它能够使所有的学生学会评估自己的学习。它还能够使所有的指导者和管理者提高自身的教学和思维水平。①

此外，据说批判性思维能够产生"让学生致力于积极学习的方法"，而且扮演着"为推进高阶教学、高阶学习和高阶评估奠定基础的关键作用"。②

青睐直接传授所谓"元认知技能"的那些人，则怀有更为低调的理想目标。研究人员已经发现，在专家和新手之间始终存在的差异之一是，当专家们在使用心理策略时，他们会自觉地对它们予以监控和评估。③ 如果新手能够被教会监控所用策略的话，他们的表现可能也会接近专家的表现。学生们被鼓励去监控自己的思维过程，以便提高他们在阅读、写作和解决问题上的能力。他们在以下方面被要求自我监管：如何为获得主题思想而阅读，如何利

---

① *Chronicle of Higher Education*，April 28，1995，A—71.
② 同上。
③ Larkin，*The Role of Problem Representation in Physics*.

用最有效的方式去计算，以及如何评估他们在说明文写作的各个子任务上的进展。① 只要自我监控能够使学生成为更有思想的读者、作者和问题解决者，这种元认知教学显然就应该予以鼓励。

但是，在批判性思维或自我监控方面的直接教学，实际上能否提高学生成绩，在学界是一个有争议的话题。比如，关于批判性思维的证据就不可靠。批判性思维方面的教学已经在多个国家中持续了一百多年。然而，研究人员发现，以色列、德国、奥地利、菲律宾、美国等国家的学生，包括那些已经学过批判性思维的学生，依然会陷入逻辑谬论。② 我个人的非正式观察也证实了这一研究结果。那些以逻辑学为职业的同仁们，当他们对公共政策或其他他们知之甚少的复杂问题发表意见时，并不会因为自身的专业而免于马虎和草率的判断。通常来说，导致非批判性思维的主要原因，并不是人们的逻辑思维方式，而是人们对于相关事件的无知或误解。

在批判性思维方面的一般性训练，并没有什么实际效果，这已被可控性实验所证实。那些刚刚听完一学期逻辑课的人，只比那些没有接受逻辑教育的人稍微多一点儿逻辑性。其他实验表明，在抽象的"高阶技能"（higher-order skills）方面的训练，并不能提高多少思考力。③ 大量的相关数据聚焦在一个被称为"沃森卡选择问题"（Wason Card selection problem）的实验上，结果发现，尽管给予暗示和提供规则，但在解决其他领域中不熟悉的问题时，人们仍然很难恰当地运用相关程序和规则。④ 因而学界争论的主要问题是，在思考方面的直接教学实践是否能足以证明花费大量时间有意识地灌输抽象的逻辑原理或一般的自我监控策略是合理的。

当然，并没有人否认，将程序性策略方面的各种技巧作为学科知识教学

---

① Resnick and Klopfer, *Toward the Thinking Curriculum*.

② Jungwirth and Dreyfus, *Diagnosing the Attainment of Basic Enquiry Skills*, 42—49.

③ Klaczynski and Laipple, *Role of Content Domain, Logic Training, and IQ in Rule Acquisition and Transfer*, 653—72.

④ George, *Facilitation in the Wason Selection Task with a Consequent Referring to an Unsatisfactory Outcome*, 463—72.

的组成部分是一种智慧。大多数教师都这么做，并取得了良好的效果。所有优秀语文教师都会传授学生写作过程的技巧和自我监控的方法；所有优秀数学教师都会给学生提供解决问题的策略；而且事实表明，在阅读教学中渗透阅读策略是有效的。

尽管说在学科知识教学中传授具体的元认知技巧是一种有效的教学实践，但人们依然会对"一般的'高阶技能'教学优于学科知识学习"这一说法表示怀疑。对于"基于研究的"元技能（meta-skills）的热衷，很容易上升为进步主义反学科知识这一传统的新花样。这一传统已经导致了美国学校教育的衰败。最近，康涅狄格州的教育主管成为以牺牲学科内容为代价而过度强调元认知的典型代表，他表示，他的学生学到了比学科知识更好的东西，并称之为"知识＋"（knowledge plus）。[1] 当元认知僭越认知的时候，我们最好仔细审查一下相关研究，看看它们关于"高阶技能"教学的实效性究竟说了些什么。

根据康奈尔批判性思维测试（Cornell Critical-Thinking Test）结果，直接的批判性思维教学确实能够提高一些个人的批判性思维能力。[2] 这不足为奇。通常情况下，任何领域的直接教学都会一定程度上提高学习者的测试成绩。毕竟，非正式逻辑本身也是一个学科领域。相关研究仍未解决的争论是，批判性思维教学是否能够提高学习者日常的批判性思维能力。如果能够证明这种能力训练真的可以迁移的话，那么花费额外的时间教授批判性思维就是合情合理的了。但是，现有的证据并不令人乐观。关于思维训练和能力迁移的研究，经过了一百年之后，所得到的结果仍然软弱无力、模棱两可。这至少说明，批判性思维教学所产生的实际效果非常有限，根本不值得专门花费那么多时间。[3]

在针对元认知和自我监控策略指导的研究中，特别是在针对阅读、写作

---

[1] George, *Facilitation in the Wason Selection Task with a Consequent Referring to an Unsatisfactory Outcome*, 318.

[2] McPeck, *Teaching Critical Thinking*, 54—74.

[3] Klaczynski, Gelfand, and Reese, *Transfer of Conditional Reasoning*, 208—20.

和数学答题能力提升的策略指导研究方面，在一定程度上获得了更为可靠的理论依据。这些策略指导的目的在于让学生清醒地意识到相关策略，它们能够提高他们在特定领域的实际能力。比如，教乘法时，可以教孩子自觉地跳数运算。事实证明，作为一种自我检查或自我监控的方法，是可行的。跳数运算是一种有益的答题技能。当你计算 5 乘以 3 时，可以用跳跃计数法来计算，就是加三次 5（5、10、15），或加五次 3（3、6、9、12、15）。很有趣，这是一种非常好的检验结果的方法，也是学习乘法概念的一种好方法。同样，在阅读教学中，被称为"审问"（question asking）和"互惠教学"（reciprocal teaching）的元认知策略，对提高理解力具有一定的效果。事实证明，教授这些特殊领域中的元认知策略，比教授宽泛的问题解决策略更有用。教授宽泛的问题解决策略的意图在于，形成重新认识各种具体问题的自动化机制。①

直接教授"高阶技能"的实际效果，还受到其他因素的严重制约。在相关研究文献中，有很多这方面的讨论。熟练运用高阶技能的关键一环在于，不但知道这项技能，而且知道何时运用这项技能才有效。② 只有经过大量的训练和实践之后，才可能获得这方面的元认知知识，而且事实证明，孤立的讲授法不一定能传递给学习者。③ 对于学生而言，那些在具体的、类似的情境和活动中有用的策略，如加法和减法，才是最有用的策略——那些在某个领域学到的策略，而不是学习和思考方面的一般策略。教授介于一般领域和特定领域之间的策略（像阅读理解方面的策略），会产生介于两者之间的实际效

---

① 关于互惠教学的积极作用问题，参见 ee Rosenshine and Meister, *Reciprocal Teaching*, 479—530; and Palincsar, *Reciprocal Teaching*, 56—58. 关于互惠教学的理论基础问题，参见 Stanovich and Cunningham, *Reading as Constrained Reasoning*, 3—60. 关于其他领域教授元认知策略的积极作用问题，参见 Geary, *Children's Mathematical Development*, 72—78; Singer and Donlon, *Active Comprehension*, 116—86; Dansereau et al., *Development and Evaluation of a Learning Strategy Training Program*, 64—73; and Larkin and Reif, *Analysis and Teaching of a General Skill for Studying Scientific Text*, 431—40.

② Jungwirth and Dreyfus, *Diagnosing the Attainment of Basic Enquiry Skills*, 42—49.

③ Sternberg, *Criteria for Intellectual Skills Training*, 6—12.

果。与对照组相比，这么做会在一定程度上提高阅读技能。①

在分析儿童的元认知策略的性质和有效性方面，罗伯特·西格勒（Robert S. Siegler）做了一些非常出色的工作。西格勒应美国心理协会之邀，撰写了《数学与科学教育的挑战：心理学的回应》(The Challenge in Mathematics and Science Education: Psychology's Response, 1993) 一书的最后一章。西格勒已经阐明，孩子们具备与他们对所学内容的熟悉程度高度一致的无师自通的策略。他还发现，直接教授"有效的"元认知策略，或者故意抑制低效率的策略，比如不让学生用手指计数，实际上可能会阻碍高级数学技能的获得！对于学生的这种适应性的程序知识，西格勒使用的是"关联性知识"（associative knowledge）这个术语，避开了"高阶思维技能"之说。这似乎是明智的，因为程序性知识总是在一定程度上与学习有关，而且目前尚不清楚为什么这种程序性知识比与之相关的具体知识更"高阶"（因而含蓄一点更好）。②

西格勒所关心的是，对那些发展缓慢或处于不利地位的儿童进行自我监控策略的教学，可能会阻碍他们的学习，而不是帮助他们取得进步。虽然教授自我监控策略背后的依据是以最有效的方式加速学习，但还没有研究能够表明大量的元认知教学能够加速学生的学习。事实上，我们有充分的理由来怀疑，对元认知教学的强调有可能会阻碍学生的进步，特别是对那些进步缓慢或处境不利的儿童。强调元认知（EOM）可能带来以下问题：

　　强调元认知（EOM）可能会干扰学生适应性问题解决技能的有序发展

　　强调元认知（EOM）可能会侵占学科知识教学而使学生失去诸多机会

　　强调元认知（EOM）可能会增加工作记忆负担并因而危害学生的

---

① Rosenshine and Meister, *Reciprocal Teaching*, 480.

② Siegler, *Adaptive and Non-Adaptive Characteristics of Low-Income Children's Mathematical Strategy Use*, 341—66.

学习

所有这些潜在问题都可能对进步缓慢或处境不利的学生造成非常坏的影响①

强调元认知（EOM）可能会干扰学生适应性问题解决技能的有序发展。这是因为，有意识地学习策略背后的抽象原则，可能比无意识地学习策略本身要困难得多，所以教授抽象原则可能会阻碍一年级学生的自然发展。例如，让学生有意识地、系统性地从正在阅读的课文中找出问题，不如让他们在问题真的出现时再提出明确的问题，也不如让他们把同样的精神集中在无意识的阅读理解上。其实，前者比后者更加困难，成效也更小。元认知教学甚至会干扰相关程序知识的有序发展。西格勒采访了一些一年级的教师，询问为什么有些人会禁止儿童用手指计数作为"协助方法"（backup strategy）。一些教师解释说，既然熟练的孩子能凭借记忆进行智力运算，那么如果要求运算能力慢的学生也使用这种高级策略的话，他们就会逐渐熟练起来。正因为如此，所以要禁止儿童用手指计数。西格勒评论说："当儿童充分了解正确答案而能够从记忆中读取时，他们就会自发地这么做。而当他们不知道答案时阻止使用协助性手段，则会导致许多不当行为。很难看得出这种方法是如何帮助学习的。"②

强调元认知（EOM）可能会侵占学科知识教学而使学生失去诸多机会。安尼玛瑞·帕林斯卡（Annemarie Palinscar）和安·布朗（Ann Brown）在教阅读理解方面成绩卓著。他们在报告中说，许多"40 分钟的培训课程"被用在非正式逻辑或元认知阅读的教学上。在此期间，教授学生一些策略，以便他们关注文章的主旨、整合整篇文章的信息、提出问题并对其评估、回答相关问题并在阅读时关注文章结构。既然报道说这种方法在阅读教学中是有效的，那么它的主要危险就在于，目前不加批判地应用元认知教学。尽管抽象

---

① Rosenshine and Meister, *Reciprocal Teaching*, 528.
② Siegler, *Adaptive and Non-Adaptive Characteristics of Low-Income Children's Mathematical Strategy Use*, 363.

（且相当困难）的程序性教学还在进行，但广泛的元认知教学所占用的时间，有时可能应该放在更有成效的事情上，比如，放在深入理解后续阅读中要使用的主题内容和词汇上，或者放在各类阅读主题的文化背景上，还可以放在那些能够让任务更有趣、让学生更容易参与的知识上。这种以内容为导向的教学时间的使用，并不一定在所有情况下都占有优势，但需要记住的是，在教授孤立的学习策略和强化具体内容教学之间，存在着孰轻孰重的权衡关系。

我反对过度使用元认知策略，但更反对迷信批判性思维教学和其他抽象技能教学。在阅读理解方面教学生具体的元认知策略，对他们确实有很大的帮助，那些接受过这种方法训练的学生，比那些没有接受过培训的学生的阅读水平更高。例如，那些受过训练的学生，确实会比没有受过培训的学生更容易把握阅读内容，因为前者在阅读时会自觉地提出问题，会自觉地为自己设定明确的理解目标。[1]

强调元认知（EOM）可能会增加工作记忆负担并因而危害学生的学习。对于阅读、数学和写作的初学者来说，除了任务的基本要素之外，工作记忆已经没有多少空间来做其他事情了。解码和单词认知已经使初读者达到了极限。[2] 数学运算的早期阶段要求很高。在写作中，仅仅掌握单词的结构和拼写就很难。即使在小学的较高年级，这些任务也不是微不足道的事情。如果除了规范他们的行为之外，我们还要求儿童以元认知方式监控自己的行为表现，这样的要求有可能进一步加重工作记忆的负担，甚至会降低而不是改善他们的行为表现。这个问题对于初学者或者准备不充分的学生来说尤为严重。

支持传授元认知策略的基本观点似乎是：既然专家能监控自己的行为，

---

[1] Palincsar and Brown, *Instruction for Self-Regulated Reading*, 19—39. 策略教学可能是一种孤立的教学，其更多的可疑之处，参见 Duffy et al., *The Effects of Explaining the Reasoning Associated with Using Reading Strategies*, 347—68; and Paris and Oka, *Children's Reading Strategies*, *Metacognition and Motivation*, 25—56. 关于理解能力与解码技能的关系的全面论证，参见 Stanovich and Cunningham, *Reading as Constrained Reasoning*, 3—60. 强烈支持阅读理解教学应用元认知方法的主张，参见 Haller, Child, and Walberg, *Can Comprehension Be Taught*, 5—8.

[2] Pierce, Duncan, and Gholson, Cognitive Load, Schema Acquisition, and Procedural Adaptation in Nonisomorphic Analogical Transfer, 66—74.

并且能根据任务本身自觉或不自觉地调整策略,那么初学者如果也能这样做的话,他们就在使自己变得更像专家的路上走了一个捷径。但这是西格勒在一年级教师中发现的一个错误说法,这些教师希望学生使用专家策略而不要依赖于手指计数。热衷于专家式元认知策略的人可能会忽略一个重要事实:不论拥有何种技能的专家,都会自然而然地了解任务的基本组成部分,以至于他们有足够的工作记忆空间进行自我监控。吉尔·拉金(Jill Larkin)等人指出,专家会考虑到问题的各个方面,而新手仅能考虑到基本操作方面。当新手试图考虑专家层次的内容并忽略先决条件时,他们的表现会比之前更糟。①

阿尔弗雷德·诺思·怀特海(Alfred North Whitehead)在他的《数学导论》(*Introduction to Mathematics*)中对这一点作了精辟的评论:

> 在所有的经典摘抄和名人演说中,都在重复着极其错误的陈词滥调,那就是我们应该养成思考我们正在做什么的习惯。但事实恰恰相反。文明是通过扩展我们不用考虑就可以执行操作的活动数量而进步的。思想活动就像骑兵在战斗中冲锋——它们在数量上有严格的限制,他们需要勇猛的战马,但必须在极其关键的时候才能上场。②

所有这些潜在问题都可能对进步缓慢或处境不利的学生造成非常坏的影响。如果怀特海(Whitehead)的观点是正确的(认知心理学中的许多研究表明他是正确的),小学阶段的主要目的就是帮助学生,让他们在阅读、写作和数学方面的基本技能自动化、最大化。对于进步较慢的学生而言,在自我监控方面的额外负担,要比那些已经掌握了许多熟练技能的学生重得多。所以,当教师教授元认知策略的热情可能会阻碍并且减缓所有小学生的进步时,对于进步较慢的学生来说,会显得特别繁重,很可能会严重阻碍他们的发展。我们不应该要求这些学生像专家一样监控自己,相反,我们也许应该帮助他

---

① Larkin and Chabay, *Research on Teaching Scientific Thinking*, 150—72.
② Whitehead, *An Introduction to Mathematics*, 41.

们"扩展他们不需要考虑就可以执行操作的活动总量"。关于有效教学的研究表明，让学生采取简单的小步骤学习是帮助他们成为专家的最便捷的方式。

请记住迄今为止我在本章中所阐述的相关研究，因为它们能有效地提醒你，我为什么认为注重这些细节是重要的。我们需要用有理有据的怀疑论来对待那些支持过程、反对事实的主张以及美国教育工作者寄来的各种否定性信件。今天上午，1995 年 4 月 25 日，我在《华盛顿邮报》中看到了下面这封信：

> 让我们面对现实吧。没有哪个教师能够利用一门学科教会学生一切。真正的潜在问题是，教师是教学生还是教内容；学生毕竟不是等待教师来装填的容器。对教师而言，更重要的任务是，帮助学生学习如何最充分地利用个人学习优势与潜力，进而阐明和解决与他们的世界息息相关的问题……信息时代各种潜在信息的大爆发，说明基于事实陈述的课程路径是行不通的。因此，学生必须面对挑战，提出一些在解决问题的过程中必须注意的问题。对于正在迅猛发展的以服务、信息为基础的信息化社会而言，这种批判性思维至关重要。如今，教育贯穿人的一生，而且，今天的事实也将很难满足明天的需要。学生不必钻研于个别事实；他们需要的是智力空间来发展他们的技能，以便提出相关问题，并且知道在何处、如何找到他们所需要的数据。在学校的一天中，只有那么一点儿时间；在某种程度上，学生因为不得不记忆数据碎片而丧失了可以将数据转化为信息的技能，那些珍贵的分分秒秒——更不用说学生的精力了——都被白白浪费了。[①]

对于上面这些反事实的说法，如果新闻记者们一开始持有保留态度而且带着一点怀疑精神去看待的话，肯定会推动公众意识的巨大进步。这些众所周知的情绪化表达的问题，不在于它们有没有意义，而是它们的前提存在严重缺陷。的确，我们可以而且应该教学生对许多各种不同的观点发问，提出

---

① Washington Post, *Letters to the Editor*, April 25, 1995, A16.

"他怎么知道那些的呢"这样的问题。但是，这种建议的误导性在于，在儿童缺少大量扎实知识的情况下，为了"阐明和解决与他们的世界息息相关的问题"，可以教他们那些抽象的一般技能。如果主流研究和实际结果都支持"学会学习"（learning-to-learn）这一原则的话，我们将多么幸运啊。但是，关于一般获知技能、元认知技能和思维技能的教学方法，已被证明是一种并不可靠的灵丹妙药——一句没有可靠现实依据而被不断重复的口号。当今时代需要的教育，与上述引文中所呈现的虚幻的教育截然不同。下一节，将致力于阐释主流研究所披露的信息时代人的能力的真正本质问题。

4. 现实能力的结构

教育界一直重复的目标——培养一般性思维技能——并没有可靠的理论基础。相关说法轻描淡写，过于婉转。他们认为，学校可以向学生灌输可供思考、"获取"和解决问题的抽象性、一般性技能，而且这些技能可以很容易地应用于现实世界。坦率地说，这种观点只是一种幻想。同样，那种寄希望于某个领域内的一种思维技能可以很容易、很可靠地转移到其他领域的想法，也不切实际。然而，具有广泛适应性的思考能力确实存在。我们大多数人都知道，那些受过良好教育的人，甚至是一些不太聪明的人，都有较高水平的综合能力，他们可以批判性地思考不同主题，可以很好地与人交流，可以解决各种各样的问题，并且可以随时应对陌生的挑战。我们的学校就应该有板有眼地培养这样的人，这种信念既符合经验，也符合常识。如果这个目标不能够很好地实现的话，那就很难保持它对于教育界和普通大众的吸引力。因此，正确的理解应该是，这种对一般能力的追求，确实界定了现代教育的重要目标。我们的任务并不是改变这个目标，而是准确地解读它，使它能够符合现实世界能力的本质，并得以真正实现。

在本章的第 2 节中，我运用当前改革运动中的标准语言，总结了对现代教育目标的规范性解释：

当今教育改革者的目标是培养具有"高阶技能"的学生，他们能够独立思考"信息时代"所遇到的陌生问题，他们是"问题的解决者"，已经"学会了如何学习"，而且都将成为"批判性思考者"和"终身学习者"。

这完全正确。问题在于，这些技能的构成模式抽象、模糊，教育界对纯粹"事实"（factoids）的批判思路陷入了歧途，误认为人们希望得到的"高阶技能"可以独立于具体事实和相关信息，不需要广泛的内容作为基础。有大量证据表明，实际上已是认知心理学中的一个共识：那些能够独立思考陌生问题的人，还有那些能够妥善处理问题，具有批判性思维，能够进行终生学习的人，毫无例外地都是见多识广的人。也有大量证据表明，近来毕业于美国学校的许多学生并非博学多识，而且缺乏高阶通用性技能。长期以来，他们接受教育的学校一直处于面向信息时代的改革之中，这些改革一直被反内容教学的理论所主导。因此，为了达到理想的目标，我们必须更加准确地认识，作为批判性思想者和终身学习者，真正应该具备什么。

我曾经在本书第二章中提出，我们需要用更准确的智力资本这一教育隐喻代替所谓的工具隐喻。我认为，智力资本是工具的工具，是诸多教学指南所推荐的各种抽象技能的现实基础。按照教学指南的号召，学校应该：

为学习者提供各种途径，培养与批判性思维和问题解答有关的智力技能。如果思考是美国教育的中心目标，正如许多人认为的那样，那就必须精心规划以便帮助个人发展这种能力。[①]

这些现实能力的本质是高度复杂的。如果吹嘘认知心理学家和神经生物学家已经对它们进行了最准确的描述而且达成了一致，那将是一种误导。甚至其中一些被广泛接受的模式，像被称为"图式"（schema）的这种模式，都受到了挑战。关于高级心智功能的细节描述，甚至它的基本框架，依然还是

[①] Jarolimek and Foster, *Teaching and Learning in the Elementary School*, 142.

争议的主题。此外,从目前已知的情况来看,我们可以预料到,随着时间的推移,情况将会变得更加复杂、更加多元,而且我们根本不可能会被简单的模式或口号所限制。

但在当今时代,还是有一些捷径可以用来描述和把握这些现实能力的主要特征。例如,可以肯定的是,那些沟通能力有限、词汇量非常有限的人,都不具备这些一般能力。人们需要沟通能力,是为了理解问题和解决问题。一个人如果不能理解正在学习的东西,就不可能"学会学习"。我们就从这里说起吧。一个拥有信息时代能力的成年人,不可能只有小学四年级的词汇量。现实中找不到这样的例子。其实,即使拥有丰富的词汇,也不能保证就拥有批判性思维技能。因而,缺乏智力资本是一个人缺乏批判性思维技能的确定性标志。

一个人的智力技能与词汇水平相关,不仅成人如此,幼儿、小学生和中学生也如此。只有那些拥有一定沟通能力,能够充分参与他们所处水平的课堂活动的儿童,才有可能在这个班集体中学习各种各样的新东西。就他们的水平而言,他们已经学会了如何学习,并且处于能够学习更多东西的状态。他们准备学习某个领域新东西的敏感度,依赖于他们对该领域的了解状况,而他们对相关词汇的占有量就可以说明。[1] 杰罗姆·卡根(Jerome Kagan)已充分认识到,孩子们的主要学习能力之一,就是利用大脑的符号表征功能去把握一系列的经验,这种功能最为经常的显现方式就是语言活动。[2] 正常儿童和成年人的很多智力技能(当然不是全部),都与他们的语言应用能力密切相关。

学会学习能力(learning-to-learn skills)与语言掌握之间的这种相关性,并不意味着学校教育就应当全力于教授学生词汇表,也并不意味着许多其他才能和优势就不应该被激励,更不意味着就不该为那些在视觉和触觉方面比

---

[1] Spiro, *Cognitive Processes in Prose Comprehension and Recall*. Anderson and Shifrin, *The Meaning of Words in Context*. Beck, Perfetti, and McKeown, *Effects of Long-term Vocabulary Instruction on Lexical Access and Reading Comprehension*, 506–21.

[2] Kagan, *The Nature of the Child*, 213.

语言方面更有天赋的孩子提供灵活多样的教学方式。我之所以这么明确地表达，是为了避免有人误解或故意曲解我所说的话。这只是一种谨慎的考虑。在针对《文化素养》的几篇评论中，最愚钝的观点是，建议教育工作者教授那些不连贯、依靠死记硬背的单词和事实。这种阐释使我那本书的论点立刻显得既愚蠢又不切实际，也许这正是如此解释它的那些人的辩论意图。

所以，让我尽可能明确地说，希望孩子拥有丰富的词汇量，但并不提倡用机械的或笨拙的方法来实现目标。正如这本书一样，任何对当前思想的挑战都是被迫的，都可能会被认为不切实际或少见多怪。但是，为了让讨论富有深度和创意，必须及时阻止那些过于轻率的反驳。正如《文化素养》一书并不建议将其中的核心知识索引作为清单记住一样，目前特别强调词汇广博这种观点，并非暗示要死记硬背词汇表。我将在本章后面的部分讨论教学法问题。

我坚持认为，学校教育应该使学生掌握极其丰富的词汇，从逻辑上讲，这是使学生掌握问题解决技能的必然要求。解决问题的现实能力取决于沟通能力和学习能力，而沟通能力和学习能力又依赖于丰富的词汇。语言基本功是数学、艺术、历史、伦理、政治和科学等领域一系列能力的前提条件。尽管语言能力与其他能力不相同，但它总是作为先决条件存在。我们大致看一看语言技能的发展过程，就会明白思考和学习等其他大多数技能是如何一步一步形成的了。

在一次电视采访中，一本关于初级阅读的权威书籍的作者玛丽莲·贾格尔·亚当斯 (Marilyn Jager Adams) 作出了这样一个估计：上完了一年级而没有达到一年级阅读水平的孩子，在以后的学校学习中和经济生活中很难取得成功。[1] 这是一个惊人且让人印象深刻的论断，毫无疑问，也是一个需要大量统计分析才能得出的结论。然而，它触及到了一个深刻的真相——语言技

---

[1] M. J. Adams, interviewed in *Failing Grades: Canadian Schooling in a Failing Economy*, video produced by Joe Friedman, M. D., *Society for Advancing Educational Research*, Edmonton, Canada. 更详细的资料，参见 Juel, Griffith, and Gough, *Acquisition of Literacy*, 243—55.

能具有累积性，也就是说，语言技能在早期阶段能够迅速、快捷地得以建构，但早期造成的缺损却难以弥补。既然语言技能对于掌握其他科目和技能至关重要，那么，后期语言技能依赖于早期语言习得的基本原因何在，就值得研究。

初始条件的至关重要性让我们想到了"混沌理论"。该理论认为，在巴西的一只蝴蝶扇动了翅膀，能引发一连串的因果关系；这些因素将决定六个月后发生在亚特兰大的一场雷暴的路径。早期语言学习的小增量变化，都可能会在后期产生巨大的影响。那些掌握少量词汇和具有相应的有限知识的学龄前儿童，能够通过自身的智力和外在的帮助很幸运地进行相应年龄阶段的词汇学习，并且能够以此为基础在各个年级继续表现出该有的水准。但各方来源的证据表明，当这种语言和知识的缺损在早期没有得到弥补时，尽管后期进行大量的补救，在接下来各年级的学习中也几乎不可能达到相应年级的水平技能。① 这些研究结果的政策意义在于，考虑到学业上有效的早期干预，大量的补助金应当逐渐转向学前、幼儿园项目，并且用于支持低年段的项目推行（不过，只要唯发展主义的浪漫主义教条继续阻止着学前、幼儿园项目发挥学业上的有效性，这一举措可能会是不明智的）。

目前，我已经说明，早期口语学习是不断增强沟通技能、学习技能的重要基础，而这些沟通、学习技能又将是获得许多其他技能的基础。我还没有提到阅读和写作，那是因为说的能力和听的能力是最重要的。在语言学里，有一条可以称为"施蒂奇法则"（Sticht's Law）的语言定律，它是由托马斯·施蒂奇（Thomas Sticht）经过出色的研究之后揭示的一条定律。② 他发现，听力正常儿童的阅读能力，不会领先于自己的听力。虽然这一法则不能自然延伸到适用于高水平读者和有难度的文章，但在阅读的早期阶段确实如此。施蒂奇强调，对于大多数儿童来说，到了七年级的时候，他们的阅读速

---

① Chall, *Families and Literacy*; *and especially*, Chall, Jacobs, and Baldwin, *The Reading Crisis*.

② Sticht and James, *Listening and Reading*, 293—318. 也可参见：Sticht et al., *Auding and Reading*.

度、理解能力与听力达到持平状态。听、说交流能力是主要的，在一定程度上限制着一个人的读、写能力。

这是一个基础性的法则，因为尽管掌握了阅读解码技能，但并不代表具有较高水平的阅读能力。虽然在低年级的时候就特别强调解码技能，但它只是一种将纸上的黑色符号转换成词语的能力。尽管从字母到语言的解码过程是阅读的基础，但它并不是阅读的本质，阅读的本质是对书面语言的理解。按照施蒂奇法则，听力正常的人对书面语的理解，不会比对口语的理解更好。口语表达是书面表达的基础。如果儿童的听、说词汇量不太多，而且听、说理解能力不太高，那么他们的阅读能力也不会很高。但是，如果儿童的听、说交流能力发展得比较好的话，那么他们就可能成为好的读者，唯一可能的障碍是在解码方面缺乏流畅性和准确性。

儿童最初听、说能力的获得，是一种自然的进化过程，这是人类普遍存在的现象。但是，儿童读、写能力的获得是一个非自然的、文化特定化的过程，并非普遍存在。① 数学学习同样是一个自然的进化过程，它始于人的数字意识。就这一点而言，我们人类和其他动物一样，在此基础上建立起十进制数学的特定文化传统。② 幼儿学习的过程就是从自然性转向文化性，从以口语为基础转向以阅读基础。如果幼儿在有限的语言环境中长大，他们的听、说能力就会变得很差，而我们就应该不遗余力地提高他们基本的听、说能力，这些能力是进一步获得读、写能力的先决条件。

如果完成了这种弥补性和预备性工作，如果达到了解码的流畅性，那么在小学的后期阶段，也就是在二年级或三年级之后，一种反向性影响就会开始出现。虽然阅读水平不会超越听力水平，但是，阅读能够成为而且通常会成为语言经验的一个来源，它会极大地提高听、说能力。一个孩子一旦学会了熟练阅读和理解，不管是阅读还是听别人读，都有助于新单词的学习和新知识的获得。因此，口头交流与书面表达之间的反馈机制能够丰富儿童的语

---

① Juel, *Beginning Reading*, 759—88. 也可参见 Gough and Hillinger, *Learning to Read, an Unnatural Act*, 179—96.

② Geary, *Reflections of Evolution and Culture in Children's Cognition*, 24—36.

言和学习经验，并为他们日后获得更广泛的知识和词汇积累提供机会。

这意味着，一个在生活中有了听说方面的良好开端，但早期没有得到解码技能训练的孩子，会在语言和学习方面丧失很多机会，而那些在解码技能方面得到了较多练习机会的儿童，则会获得更多的语言和学习经验。这种不利因素不仅会阻碍儿童阅读能力的发展，还会减少他（她）们语言和学习经验的总量。那些听、说经验贫乏的入学儿童，往往都是在家缺乏语言指导及听、读经验的孩子。与那些更幸运的学生相比，他们在家庭中很少体验到丰富的语言，在学校中对口语理解的水平也不高，他们的语言会越来越匮乏，而且由于解码能力不足，所能接触到的书面语言也会越来越少。从学前班一直到一年级，对这些处境不利儿童进行重点的、专业的学习辅导，上面的这些不平等现象可以大大减少。每个正常的孩子不但能够而且应该在一年级或二年级结束时达到本年级的阅读水平，并在其后的每个年级结束后也达到本年级的阅读水平。由于学业进步与早期发展条件密切相关，这种单一的、可实现的目标——每个儿童在一年级或二年级结束时能力达到本年级阅读水平——将比其他任何一项改革都能更好地提高美国教育的质量和公平。

但是，"本年级阅读水平"是什么意思？如果我们假设一所学校的一年级的语言艺术教学已经为所有儿童提供了音韵意识、准确的字母和单词识别等必要内容，那么"本年级阅读水平"肯定会受到一年级听、说水平的限制。达到了本年级水平意味着，儿童已经对语言使用和体裁的某些约定和要求有所了解——例如，以"很久以前"开头的读物将会讲述一个故事。这意味着，儿童掌握了语法和句法的某些重复性惯例，能够表达和理解更复杂的句型了。

但并不是所有儿童都能获得本年级水平的阅读技能，尽管他们在解码方面得到了许多成功的集中指导，并掌握了基础技能。要达到年级阅读水平，还有很多东西需要阅读。更重要的是，要理解在上下文中使用的越来越多的单词含义。词义并不像语法和句法那样有正式的结构，它们是代表知识和经验范围的符号。如果你不学习教育工作者们所轻视的"事实"（factoids），就不可能把握词义，因为它们包含了"生日""乔治·华盛顿""树""1492"

"重力"以及"宽扎节"之类的词语。①

目前判定儿童是否达到某年级阅读水平的测试，不仅测试解码的流畅性和语法能力，而且还要测试词汇理解能力。既然被测试的词汇代表概念与模式——关于知识——达到某年级阅读水平，意味着掌握了代表相关知识的词汇。没有准确的方法能将阅读能力描述为纯粹的正式技能，也无法消除以信息为基础的"事实性"知识。随着儿童升入更高年级以及他们的解码能力和句法技巧的成熟与熟练运用，词汇量越来越成为儿童是否达到某年级阅读水平的决定因素。简而言之，这个关键要素——对于获取交流（学习）技能越来越重要的那个要素——就是儿童的知识（词汇）基础。将阅读能力视为从特定知识领域中脱离出来的机械技能的观点，与对正式"思维"技能的认识一样，都是天方夜谭。

这些考虑意味着，虽然教授沟通、学习技能在相当程度上依赖于对解码过程的掌握，但绝对不应该过度专注于这些过程。无论什么时候对早期阶段语言技能的学习时间进行分配，都要将斯蒂特定律牢记在心。读的能力不会超过听的能力。提高儿童在听、说方面的流利度和理解力，至少与锻炼阅读技能同样重要。两者都必须得到练习。儿童在任何方面的学习都不应该落后。不考虑沟通、学习技能与读、写技能之间的区别，以及随之而来的对知识和词汇的忽视，最终会严重阻碍沟通、学习技能的发展。全神贯注于阅读机制（它们也是必要的）可以很好地说明工具隐喻的劣势，它跟不上智力资本这一隐喻。解码技能一旦被掌握之后，所能发挥的仅仅是平台作用。与丰富的词汇和知识所能赋予的理解能力相比，它们所能发挥的实际作用是微不足道的。

一般的听、说理解技能是怎么回事呢？我已经说了，它们受到个人词汇量的限制。对于大多数人来说，这是一个不言而喻的事实。但值得重申的是，词汇本身并不是获得理解能力的充分条件。正如我们都知道的一则趣闻中讲的那样：一个人听完爱因斯坦的演讲后抱怨说，他能听懂爱因斯坦所说的每

---

① Tierney and Cunningham, *Research on Teaching Reading Comprehension*, 609—56. Beck, Perfetti, and McKeown, *Effects of Long-term Vocabulary Instruction on Lexical Access and Reading Comprehension*, 506—21.

个单词，但是这些单词组合在一起是什么意思就让他很困惑了。这则趣闻的深刻含义在于：理解能力或学会学习，不仅需要掌握广泛的词汇，还需要掌握特定领域中的广泛的知识。① 心理语言学经常探讨这一点，相关研究令人诧异，那些久经世故的人竟然也深信，一般的学习技能不需要掌握广博的知识。这里所谓广博的知识，用我偏爱的一个短语来说，就是充裕的知识资本。

在讨论其他实际能力之前，我应该最后再说一说早期语言技能问题。早期教育的目的不仅要实现高水平的听说交流技能，还要使儿童的解码技能尽可能快地达到与听说水平相匹配的高度。只有解码技能得到了很好的锻炼，并且达到了无意识的自动化状态，这一目标才算实现。之所以强调这一点，是因为它是其他大多数智力技能的底板。一些基本过程需要尽早达到自动化、无意识化，以便让大脑更自由地进行批判性思考，为寻求问题解决的办法创造更多条件。在 20 世纪 50 年代，乔治·米勒（George Miller）估计说，人类的心智一次只能自觉地处理五到七种不同的东西；他将这种智力活动的有限领域称为"短期记忆"（short-term memory）。② 目前，人们更倾向于使用"工作记忆"（working memory）这个术语，而且认为，这种限制与其说是可以加工的项目的绝对量，不如说是这些项目可以在头脑中有效运行一次的时间的绝对量。显然，如果需要特别控制的解码技能很少，或者不需要控制，乃至环环相扣而能自动化运行的话，那么在儿童的工作记忆中就会留下更多的空间，以便对个人理解和问题处理方式进行批判性和创造性思考。

因而，现实语言技能发展的结果就是对一系列功能的掌握，这些功能相互作用，极其复杂。为了方便起见，可以大致地将它们划分为三个层面：掌握不断重复的正式的语言要素，达到自动化程度；获得内容丰富的知识基础，它们以特定的词义和文化传统为表征；在理解和解决问题的时候，能够成功有效地调控这些要素。这种一般模式不仅适用于听说，而且适用于阅读，其

---

① Bransford and Johnson, *Contextual Prerequisites for Understanding*, 717-26. Spiro, *Cognitive Processes in Prose Comprehension and Recall*.

② Miller, *The Magical Number Seven*, *Plus or Minus Two*, 81-97.

中，掌握解码技能的过程属于无意识地、自动化地连续重复相关要素的过程。① 这种三层模式同样适用于书写和作文，其间，需要付出巨大努力才能使学习者习惯于不断重复地按照字词的正规格式书写，只有在遣字构词基本达到自动化状态，才能自觉地、连续不断地使用书面语来表达个人思想。② 由于工作记忆受到多方面的限制，所以那些正式的、基础性过程的自动化程度越高，智力技能在理解、表达以及问题解决等方面就越有成效。高阶技能在相当程度上依赖于低阶技能的自动化水平。

这种适用于阅读和写作的模式，也同样适用于数学。在数学中，那些在答题过程中被用来指导运算的规则，就相当于语法、句法、拼写、构词等方面的重复性要素。数学中要解答的问题包括基本的加、减、乘积以及方程式运算等。当然，数学中也含有类似具有特殊词汇意义的要素，诸如与加法、减法、乘法以及不同类型问题的常规解法有关的基本数据。心理学家们把那些像语法一样被重复使用的运算"规则"以及更像词汇的以内容为导向的东西称为"图式"。他们认为：

> 在代数中，解题能力的发展包括图式习得和规则自动化两个方面。以习得这两方面技能为基础的活动过程，包括这两方面技能发展所需要积累的经验数量，似乎是独立的。规则自动化所关注的是基本运算程序的简易操作，例如，在一个等式的两边减去或者加上一个变量。更具体地说，自动化指的是自动执行一个程序而无需考虑支配该程序所使用的规则。规则自动化的好处之一是，减少程序运行应用对工作记忆的要求。当工作记忆资源得到释放之后，问题其他方面的处理就会更容易、更准确……—旦规则被记住并且能自动地处理一组问题，它们就很容易被用来解决不同类型的代数问题。然而在此之前，从某一个代数问题中习得

---

① Juel, *Beginning Reading*, 759—88. LaBerge and Samuels, *Toward a Theory of Automatic Information Processing in Reading*, 293—323. Perfetti and Lesgold, *Discourse Comprehension and Sources of Individual Differences*.

② Britton et al., *The Development of Writing Abilities*. Perl, *The Composing Processes of Unskilled College Writers*, 317—36.

的规则并不容易迁移使用——难以再用这些规则解决其他类型的代数问题。总之,规则自动化不仅可以减少问题解决对工作记忆的要求,而且可以把这些规则用来解决其他不同形式的代数问题。然而,规则自动化似乎只有经过反复练习才会出现。另外,图式习得似乎非常快,也就是说,所需要的练习非常少。①

从以上关于数学技能发展的描述可以看出,它们与交流、学习技能的发展模式具有类似之处,这恰好说明,我们发现了现实问题解决和批判性思维技能的总体结构。首先,精湛的技能依赖于自动化,而达到自动化的条件是,对这些技能要素进行反复、大量的训练,为批判性思维留下更多自由的空间。其次,精湛的技能依赖于相关词汇、惯例和图式的习得情况,它们构成了技能所需的知识基础。熟练的形式运算只有经过大量的练习才能获得,但是,如果相关知识的记忆比较牢固的话,运算的速度就会更快一些,风险就会更小一些。当然,对于有效的高阶思维而言,记忆牢固的知识也是必要的。这项研究揭示了现实智力技能的一般特性,对于教育政策具有一定的启示意义,我将在下一节接着讨论。

5. 什么是高阶思维

认知心理学中的两个传统,有助于理解批判性思维和问题解决技能这两者的本质。我们一直希望我们的学生能在这两个方面得到发展。其中一个传统研究了专家思维和新手思维之间的根本差异,有时还带有实际目的,希望尽可能快地让新手更像专家那样思考。② 另一个传统研究了日常生活中精确思

---

① Geary, *Children's Mathematical Development*.

② Larkin et al., *Models of Competence in Solving Physics Problems*, 317−48. Schoenfeld and Hermann, *Problem Perception and Knowledge Structure in Expert and Novice Mathematical Problem Solvers*, 484−94.

维和不精确思维之间的区别，诸如平时翻阅报纸或购物时讨价还价这类活动，我们都会参与其中，但都不是专家身份。① 这两种研究得到的共同结论是，几乎任何领域或问题的可靠的高阶思维的普遍特点是，都以广泛的、完整的与该主题相关的背景知识为基础。这不禁让人怀疑，因为这听起来就像是常识（比如，每天都进行精确性思考）。但是，这些发现所涉及的那些复杂性的东西和一些细节，富有启示意义而且值得深思。此外，既然这些研究结果与主流的轻视事实性知识的教育改革口号背道而驰，那么大致勾勒一下高阶思维所具有的知识基础特征，将具有战略性意义。至于高阶思维具有怎样的知识基础，已被相关研究所证实。

教育者们用以贬低"纯粹"事实性知识而抬高抽象的形式思维原则的主要理由是：知识变化得如此之快，以至于具体的信息内容刚刚学会就过时了。这种说法至少可以追溯到克伯屈的《教学方法原理》（1925），它之所以表面上看起来合理，是因为人们发现21世纪的科学和技术的发展速度如此迅猛，以至于科学过时、技术过时成为现代生活的基本样态。持这种说法的人认为，可以将技术过时与知识退化进行类比，而认同这种类比的人则将相关说法进一步强化，认为事实性的知识已经没用，因为新的事实性知识正在以前所未有的速度涌现，在这样一个信息爆炸的时代，再去积累那些零碎的数据已经毫无意义。然而，你怎么知道哪些东西是经久耐用的呢？对于学生而言，最有效的办法是把时间花在获取组织、分析和探访尼亚加拉河一样奔流不止的信息的手段上。

就像教育的工具隐喻一样，与仅仅获得易过时的事实性知识这一模式相比，获取加工技能这一模式会永远有用，而且如果真实、可行的话，将极具吸引力。但是，把高阶思维技能描述成万能通用的加工和访问技术大全，这种比喻不仅不全面，而且完全是对高阶思维实际运行模式的一种误导。高阶思维并不是利用正规技术查找数据，相反，它调配不同的相关线索，根据原先存在的知识进行估算和分析。将正规技术应用于数据查找的方法，恰恰是

---

① 此类研究传统参见：Tversky and Kahneman, *Availability*, 207—32；Collins, *Human Plausible Reasoning*；and Fischoff, *Judgment and Decision Making*, 153—87.

新手所使用的笨拙而不可靠的解决问题的方法。作为现实世界中高阶思维的模式，这种描述不仅不准确，更颠覆了现实。它描述的是新手的低阶思维，而不是专家的高阶思维。

吉尔·拉金（Jill Larkin）和露丝·莎贝（Ruth Chabay）通过一项关于新手和专家解决简单物理问题的方法的研究，提供了关于这个观点的一个有力论证。[①] 拉金和莎贝设置的问题（简单来说）是，计算当一个女孩拉着她的弟弟以恒定的速度穿越雪地时，雪橇和冰雪覆盖的地面之间有多大的摩擦力。弟弟和雪橇共重50磅。姐姐用的拉力是10磅，而她拉的绳子与地平面成30度角。摩擦系数是多少？对一个典型的新手来说，他会试图通过应用在书中可查到的正式方程来解决这个问题，这样一来他就忠实地遵循解决问题的工具性原则。这个学生会发现，适用的公式是 $f=\mu N$，其中 f 是力量，N 是"正压力"（通常等于重量），μ 是摩擦系数，也就是需要计算的数值。新手看到的是 $f=\mu \times 50$，并且会认为，女孩施加的力 $f=10$，所以 $10=\mu \times 50$，$\mu=10/50$，即 $\mu=0.2$。这个答案是错误的，并不是因为公式或者运算错了，而是因为这个新手没有足够的实际物理常识来将这个公式和问题联系起来。这个新手的解题过程不仅证实了形式化模式的不恰当，更宣告了学生只要掌握如何查找东西——所谓的"访问能力"（accessing skills）这一论点的破产。在这个典型的案例中，查找东西这项技能只会给学生的错误观念提供虚假的准确性。

熟练的物理学家则以不同的方式来处理这个问题。他（她）在查找方程式之前会分析该情境的关键部分，甚至在考虑使用所给的数字之前就进行两个重要观察。第一个观察是，雪橇以恒定的速度运动，所以，事实上没有其他净余力作用于雪橇。女孩的拉力在水平方向上所产生的作用力与由摩擦对拉力所形成的反作用力恰好平衡（相等）。如果这两种作用力有什么差别的话，雪橇将会加速或减慢运行。因此，得出的答案是，摩擦力与女孩在水平方向上的拉力相等。物理学家还会注意到，既然绳子与地平面成30度角，那么女孩10磅的力量中就有部分是垂直作用力。进而可以推断，摩擦力等于女

[①] Larkin and Chabay, *Research on Teaching Scientific Thinking*, 158.

孩的水平拉力，相当于这 10 磅力量减去垂直作用力。这样，在没有查找和应用任何公式之前，通过众多线索和相关知识厘清了问题的应答逻辑。拉金和莎贝作出了以下评论（涉及更多的是目标而不是相关的物理细节）：

> 科学家们在解决问题时，首先会利用本学科的强有力概念来对问题进行重新描述。因为这些概念之间联系密切，因而能够在诸多推断中进行交叉校验，从而避免错误。[我所强调的一点]①

高阶思维的一个重要特征是基于"密切相关"的概念进行"交叉校验"。在高阶思维中，我们把一个问题定位于心智空间之中，就像我们把自己定位于物理空间中一样——需要一个交叉校验的过程，或者说，需要对个人原有坐标认知系统中的相关标识进行重新定位。如果我们利用几个不同的线索，从几个不同的角度看一个问题，而且如果几种不同判断一致的话，那么我们就能够通过分析获得信心，并且可以带着信心继续前行。另一方面，如果这些线索不一致或者相互冲突，我们就会警觉起来，并找出哪种方法更加合适或有效。与那些运用正规技术来搜寻资料的易错方法相比，这种操作显然是一种截然不同而且更加可靠的思维模式。

这个例子也说明了所谓校本信息（school-based information）快速过时的论断不合情理。用来解决雪橇问题的知识怎么就过时了呢？科学哲学家尼古拉斯·雷舍儿（Nicholas Rescher）曾经发现，最新的科学在某种意义上是最不可靠的科学，因为处于科学的最前沿，所以总是会与对立的理论产生争议——任何一方都可能胜出。因而，雷舍尔推论，最可靠的物理学是"石器时代的物理学"：如果你把石头向上扔出去，它就要掉下来。对于大多数需要普通人进行批判性思考的问题，诸如道德、政治、历史甚至技术等，最需要的知识通常是最基础的、历时长久的、变化缓慢的知识。没错，正如物理学的前沿知识处于不断修正中一样，美国内战前的历史在某些细节上也在不断修正中（例如，亚伯拉罕·林肯和安·拉特利奇的绯闻是真的吗？）。但在不

---

① Larkin and Chabay, *Research on Teaching Scientific Thinking*, 150—72.

断变化的前沿背后，有一套可靠的知识没有改变，这套知识也不会有太大的改变，而且它非常有利于我们在思想空间中定位。的确，随着时间的推移，当今世界最重要和最有用的背景知识会发生变化。但如果说，在新时代，事实性知识变化太快，重要的事实性知识的学习已经无用了，这可能经不起推敲。我目前还没有见到过一种严密的论证能够捍卫这种一再声明的主张。或许，这种没有头脑的论调根本不可能得到合理的辩护。

如果孤立地看待拉金和莎贝的物理学的例子，可能会认为高阶思维依赖于抽象概念而非事实性细节。但大多数研究表明，我们得出结论和解决问题所经由的思维活动，并不是由字面记忆的事实所堆砌起来的，也不是由抽象的概念组成的。[1] 批判性思维所经由的模式、线索和图表，既不是纯粹的一堆概念，也不是数据资料的字面记忆，而是由概念、判断和事例所组成的复杂多样的联合体。关于高阶思维，要记住的关键特征是它的混合性，包括操作技能和特定领域的相关知识。

关于高阶思维的一些最有用的研究，一直关注于提高我们在伦理、经济和公民生活中作出明智而准确判断的能力。[2] 由于我们大多数人记不住，又不想花时间去学习美国预算赤字以及类似事件的所有细节，所以对于政治和经济争论，我们在一定程度上遵循的是印象主义，而正是这种印象主义为一些标语口号和煽动言论大开方便之门。哪种批判性思维可以提高我们在这些问题上的准确判断能力呢？我们如何才能保护自己和我们的学生免受过分单纯、谎言和阴谋论的加害呢？

很难理解的是，为什么没有确切知识支撑的一般性的怀疑论，能胜过同样没有确切知识支撑的一般性的轻信盲从。事实上，尽管我们倾向于将"你骗不了我"（I'm-from-Missouri）这种姿态视为"批判性思维"，但不明就里的一般性的怀疑论的表现形式是轻信盲从。就理智的公民思想而言，我们最期待的境界是，能够作出较好的基本接近真理的判断，以便使相关决策信息充分、合情合理。但对于所有公民来说，人生太短，学习任务太艰巨，以至

---

[1] Johnson-Laird, *Mental Models*.
[2] Kunda and Nisbett, *The Psychometrics of Everyday Life*, 195—224.

于很难记住大量的经济数据和人口信息。目前，我国政府年度预算赤字——每一个美国家庭，大约是 30 美元、300 美元还是 3000 美元？我们当然可以去查一查，但很少有人会这么做。如果我们已经拥有了相关知识，却作不出理智的判断的话，那么，在通常情况下，我们就不可能作出理智的判断了。许多高阶思维都与我们作出类似判断的能力有关，而且要求相关判断比较可靠。有些人是怎么做到这一点的呢？我们怎么才能学会这么做呢？这些问题的答案对于 K-12 课程会有什么启示呢？

针对相关问题的最好的研究表明，无论是满脑的事实记忆，还是广博的概念归纳，对于指向现代世界复杂性的高阶思维而言，都不是有效的教育模式。另外还发现，准确的事实判断对于理解许多问题都是必要的。诺曼·布朗（Norman Brown）和罗伯特·西格勒（Robert Siegler）总结了现代教育的基本问题：

> 面对如何把这些知识教给学生这个问题，教育者一直在两种方法之间摇摆不定。一种方法是要求学生记住广博的定量事实，另外一种方法是降低日期、大小和其他数量的重要性，强调对数据之间本质关系的把握。这两种方法各有利弊，然而……事实性的东西实在太多了，任何人都难以记住其中的大部分内容。另一方面，如果不能在一定程度上了解某个领域的复杂内容，要想获得对该领域不只是肤浅的认识，简直是不可能的事情，至少也是非常困难的事情。①

这个"广度—深度"（breadth-depth）问题将永远伴随着我们，而且总是需要妥协和常识才能得以化解。人们会做出什么样的妥协，这取决于主题内容和具体目标。在实践中，那些自学成才、博学多识的人，以及那些有幸拥有特别有能力的教师的学生，都做出了很好的妥协。许多好书和优秀教师都采纳了一种切实可行的教学方法，为学生提供经过精心挑选但具有广泛代表性的事实数据，这些事实数据是从有意义关联的更大领域的推论和归纳中筛

---

① Brown and Siegler, *Metrics and Mappings*, 531.

选出来的。研究证明，这种基于广泛选择的事实性教学可以得出准确的推论，但这种推论并不是从所学的书面材料直接演绎而来的。基于何种机制才能够利用所选的这些范例对未知领域进行非常准确的事实性推论，是当前研究的一个热点。

不管潜在的心理机制是什么样的，研究已经表明，在一个富有意义的解释语境中利用大量精心挑选的典型事例进行教学，这种方法在启发深度思考方面比其他任何一种建议使用的方法都好。这些建议使用的方法包括：1）整个事实领域的教学，2）一般原则的教学，3）单个例子的深度教学（少即多理论）。在启发有效的现实思考方面，这些方法都不如在精心准备的解释环境中呈现那些连贯的典型事例。① 这种精心取样的方法行之有效，即使所教事实的细枝末节并没有被学生记住，而且几个月后也不能准确地从记忆中提取（通常会发生）。不管怎样，只要学生被教授过精心挑选的相关领域的案例，那么在准确思维方式方面就会有很大的改进。

这一发现对课程编制有巨大影响。来自认知研究领域的这个结论表明，在关联性知识和事实性知识之间存在着不可避免的相互依赖性，而且教授广泛的事实性知识对于在本领域内和不同领域间进行有效思考都是至关重要的。尽管反事实性知识的观念在进步主义教育传统中仍然盛行，而且尽管它相信一些"现实世界"项目在"整体上"培养现代学生的重要作用，但没有哪个州的委员会或学区放弃了要求在小学阶段广泛开设不同科目这一原则。目前在全国各地，仍然普遍要求开设数学、科学、语言艺术和社会研究等课程。

这种课程保守主义仅仅是传统思想的一种残余，还是说明了教育常识并没有被浪漫主义理论所击败？我赞成后一种假设。尽管国家和地区的课程指南模糊不清，但各地一直把学校教育分成不同的科目，反对长期以来对更加"综合"、更为整体的教育方法的呼吁。其中隐含的一种观点是，知识的广度

---

① Brown and Siegler, *Metrics and Mappings*, 531. 也可参见：Scardamalia and Bereiter, *Computer Support for Knowledge-Building Communities*, 265 − 83; and Scardamalia, Bereiter, and Lamon, *CSILE: Trying to Bring Students into World* 3, 201−28.

是高阶思维的重要组成部分。教育管理部门已经非常清醒地认识到，为了使未来公民能够应对各种各样的情境判断，需要对每个学生的心智进行广泛的考察和塑造。从世界范围来看，没有哪个有效的学校教育体系会不再强调早期教育阶段学科知识的广度这一基本原则。

然而，就后来的教育而言，大量证据被收编到约翰（John Bishop of Cornell）的出色研究之中。这些证据表明，在中学的最后两年，以及再后来，平衡效用会发生变化，会转向支持更为深入、更为细致的专业训练，并将其作为现代社会最好的教育。[1] 这一发现意味着，早期学校教育的广度对于发展未来公民的高阶思维和生活技能具有更为根本的作用。如果学校教育真的越来越关注于未来生活，那么准确适当地为早期教育绘制更为广阔的知识格局则愈显重要。否则，我们所培养的将不是批判性的思想家，而是狭窄无知的人，他们很容易被妄想和花言巧语所迷惑。杰弗逊早年倡导人类历史教学时，这种危机感已是他的心头大患。在当今时代，这个道理同样适用于与数学、科学、技术以及沟通能力有关的领域。广博的知识和丰富的词汇可以为进入陌生领域创造条件，从而真正地使人能够"终身学习"，获得所需要的新知识并达到一定的深度。这对现代教育的深刻启示是：我们不应该一味地拒绝各种挑战，害怕大量知识的引入，而应该立即采取相反的行动策略，增加早期教育的挑战性和广度。

明白早期教育的广度的重要性，有助于在按年级顺序传授广泛的学科知识这一点上达成共识，进而强化相关实践需求。在第二章中，我比较详细地描述了忽视智力资本而偏爱智力工具何以导致课程标准模糊不清，并进而导致即使在同一所学校里的学生，所接受的知识也存在着显著差异和再三重复问题。这种课程缺陷对高阶思维的负面影响是极其严重的。差距和重复意味着无知和狭隘，同时也意味着大量机会的丧失。如果现代教育越来越要求在高年级中进行深入而狭窄的专业化学习的话，那么早期失去的这些机会将永远得不到弥补。认知科学已经表明，高阶思维既需要广博的事实性知识，也需要富有深度的观点。对于高阶思维来说，最好的工具是智力资本——也就

---

[1] Bishop, *Expertise and Excellence*.

是说，要知道很多，不仅要知道事实，还要知道本领域中适合处理相关事实的程序和策略。关于批判性思维和学会学习的研究发现，事实性知识根本不是人们通常所说的那样。

6. 教学研究的共识

关于最有效教学方法的共识，有三个独立的研究来源，它们研究的结果最终集中在相同的教学原则上。这种不谋而合的趋同模式（一种多维理论校验），预测精准，是科学研究当中最强大、最可信的一种模式。在科学历史上，通过三种或三种以上真正独立的手段而得出的相同结论，很少会被或者不可能会被推翻（据我所知没有先例）。

亚伯拉罕·派斯（Abraham Pais）在他写的爱因斯坦传记中，讲述了一个这种结果趋同的精彩例子。在19世纪末，原子和分子的存在仍然是科学家们争论的问题。1811年，物理学教授阿米德奥·阿伏伽德罗（Amedeo Avogadro）提出假设：在相同的温度和压力下，相同体积的任何气体一定含有相同数量的分子。如果分子存在，那么，不管什么物质，一摩尔——每单位量的任何物质的分子量——所含有的分子数量一定相等。这个数量 N，仍被称为"阿伏伽德罗常数"。20世纪初，爱因斯坦推论，如果用完全不同的实验方法测定 N 而得到的结果相同，那么分子肯定存在。1905年3月，他提交了一份基于黑体辐计算 N 的论文。1905年4月，他的博士论文阐述了一种新的从糖溶液数据中测定 N 的理论方法。1905年5月，爱因斯坦提交了一篇基于"布朗运动"（Brownian motion）来计算 N 的论文。之后，在1910年，爱因斯坦提交了一篇关于"临界乳光"（critical opalescence）的论文，解释为什么天空是蓝色的，并且推导出一种独立的确定 N 的方法。所有这些不同的数学（经验）推断都得出了同一种结果。派斯指出：

> 关于分子现实存在的争论，在20世纪的第一个十年就基本了结了。原因在于其间有一系列的发现。不仅仅是因为爱因斯坦发表了关于布朗

运动的第一篇论文，也不是因为任何一种测定 N 的好方法。更确切地说，这一问题得到了彻底的解决，是因为许多种不同方法所测得的 N 的值非常一致。问题不是由对 N 的一次测定来解决的，而是通过对 N 的多次测定来解决的。被试各种各样，从放射现象、布朗运动到空中蓝，到 1909 年的时候才发现，有十几个独立测量 N 的方法都得出了结果，而所有这些结果都介于 6×10^{23} 和 9×10^{23} 之间。①

当今存在的有效教学的基本原理，也存在这种独立趋同现象，虽然没有那么精确，却令人叹服。这些相同的发现有三个非常不同且完全独立的来源：1）小范围的不同教学方法的匹配；2）认知、学习、记忆、心理语言学领域，以及认知心理学其他领域的基础研究；3）大范围的国际比较研究。从这三种来源得到的所有发现，在最有效的教学原理方面高度一致。由于现实中的课堂观察受到很多不可控因素的综合影响，目前课堂描述中最有说服力的方面，是那些基于课堂的观察中与认知心理学一致的内容——它们是我们目前了解学习过程的最好和最可靠的依据。

在呈现这些发现时，我将要采取的策略是，先简要陈述若干课堂研究成果，并总结它们的共同之处，然后我会将这些共同点与认知心理学上的研究发现联系起来，最后我将对它们与国际研究结果一致的地方进行评论。当然，并非所有读者都会对这些研究细节感兴趣，而且可能希望跳到本节结尾的概括总结部分。所列举的这些细节具有文献参考价值。那么，让我们先从课堂研究开始吧。

新西兰的教学研究（New Zealand Studies）　在 1970—1973 年间的一系列有关"过程—结果"的研究中，来自新西兰坎特伯雷大学的研究人员发现，花在教学内容上的时间以及教学内容的数量，比教师教授相关内容时的行为表现更重要。对于七年级学生来说，教师是使用问答互动形式，还是使用直接授课形式，都无关紧要。但对于低年级学生，例如，三年级学生，如果采用问答模式，学习效果会更好。研究人员发现，所提的问题要切中重点，要

---

① Pais, *Subtle is the Lord*, 95.

清晰且易于回答。高期望值和偶尔的赞美，要比客观地实事求是地评价学生教学效果更好。不论是采用讲座形式还是问答形式，教师精心组织教学内容，之后进行概括总结，才是最有效的教学方法。①

"跟踪式"教学研究（"Follow Through" Studies）　简·斯托林斯（Jane Stallings）和她的同事们，观察和评估了108节一年级和58节三年级的课堂教学情况。在阅读和数学方面收获最多的课堂，是那些教学计划注重学术内容的课堂，而不是使用设计教学法的课堂。布洛菲（Brophy）和古德（Good）对斯托林斯的发现进行了概括，内容如下："几乎任何与传统的教师提问（特别是直接的现实问题而不是比较开放的问题）这一背诵模式有关联的做法，都会有学生的回应，都会有老师的反馈，都肯定会有一定的收获。"和新西兰的研究一样，那些大部分时间都在老师指导下学习的学生，成绩比那些自己做项目或按老师要求自学的学生好得多。②

布洛菲—埃弗森的教学研究（Brophy-Evertson Studies）　在1973—1979年间，布罗菲和他的同事们开展了一系列的研究，他们首次在研究中发现，一些教师在过去的几年里取得了持续性的好成绩，而其他教师则一贯表现不佳。他们分别对教学效果好的教师行为和教学效果差的教师行为进行了密切观察，结果发现，取得最好教学成就的教师更加关注教学内容，他们热情而有条不紊，而教学成就最低的教师却采用了"重感情"（heavily affective）的教学方法，他们更关心孩子的自尊心和心理健康，而不是学术知

---

① 从新西兰研究以及很多其他研究中引用的这些内容，都选自布洛菲和古德的精彩评论。布洛菲和古德指导一些非常重要的有效教学方法方面的研究，参见：Brophy and Good, *Teacher Behavior and Student Achievement*, 328—75. 新西兰的一些研究成果，参见：Nuthall and Church, *Experimental Studies of Teaching Behaviour*. 关于这类研究的重要性的论述，Gilbert T. Sewall 做得比较好，相关内容可参见他的 *Necessary Lessons*, 特别是131—133页的内容。Sewall 从英国研究者 Neville Bennett 那里引用非常相近的内容，参见：N. Bennett, *Teaching Styles and Pupil Progress*. 在教科学的时候，为什么发现学习之类的进步主义方法效果不佳? 相关解释，参见：Walberg, *Improving School Science in Advanced and Developing Countries*, 625—99.

② Stallings and Kasowitz, *Follow Through Classroom Evaluation Evaluation*, 1972—1973.

识。他们重视对学生的关怀，采纳学生的意见，实行民主的方式，并且鼓励学生之间的交流互动。研究人员还进一步发现，当学习材料有新意、富有挑战性的时候，学习进展最好，教学内容相对容易被吸收，更容易与学生已有的知识融合。最大的差别不是在学术教学的模式之间，而是在这种教学与无效的"学习者为中心""发现式学习"之间。似乎反常的是，以知识为中心的教学，比以学生为中心的教学更能激发学生的学习动机和参与兴趣。

1982 年，布洛菲和他的同事们总结了一些他们后来关于有效阅读教学方面的研究发现。以下是最突出的几点：

1. 持续关注教学内容。
2. 全体学生参与（全班教学占主导）。
3. 节奏轻快，任务尽量容易，让学生不断取得成功。
4. 学生经常大声朗读，并不断得到反馈。
5. 所掌握的解码技能达到超量学习（自动化）的程度。
6. 在学习过程中，要求每个孩子进行自我展示，并即时给予客观的反馈。[1]

古德—格劳斯的教学研究（Good-Grouws Studies）　在过去的 10 多年里，古德和格劳斯一直在致力于"过程—结果"研究，这些研究对布洛菲—埃弗森的研究起到了支撑作用。他们在 1977 年的研究总结中概括出以下几点：

1. 最优秀的教师教学思路更加清晰。
2. 他们介绍的新概念更多，复习活动更少。
3. 他们提出的问题更少。
4. 他们对学生的反馈及时，但不做价值判断。

---

[1] Brophy and Evertson, *Learning from Teaching*. Anderson, Evertson, and Brophy, *Principles of Small-Group Instruction in Elementary Reading*.

5. 他们大多数时间都使用整体教学（whole-class instruction）。
6. 他们对学生严格要求，并表达很高的期望。①

盖奇的教学研究（The Gage Studies）　在 20 世纪 60 年代到 80 年代期间，美国斯坦福大学的盖奇（N. L. Gage）和他的同事们开展了一系列的"过程—结果"研究。这些研究与上面的研究一致，对于教师的建议主要有以下几点：

1. 利用概述或类比导入教学材料。
2. 运用复习法和重复法。
3. 表扬或者重复学生的答案。
4. 耐心地等待学生的回应。
5. 把学生的回应融进课堂教学。
6. 布置具有实践性和多样性的作业。
7. 确保问题和作业新颖并具有挑战性，比较容易但需要付出一定的努力才能完成。②

其他的教学研究（Other Studies）　罗森夏恩（Rosenshine）和史蒂文斯（Stevens）罗列了五项"尤其值得称赞"的有效教学模式研究。这五项研究全都得出了相似的结论。这些结论被概括为以下几点：

1. 复习学前必备知识。
2. 教学开始前对学习目标进行简要的介绍。
3. 一小步一小步地导入新材料。
4. 内容呈现要简洁、具体。
5. 达到高水平的积极实践。

---

① Good and Grouws, *Teacher Effects*, 49—54.
② Gage, *The Scientific Basis of the Art of Teaching*.

6. 获取学生的反馈并确认他们是否理解。
7. 在开始时要指导学生实践。
8. 给予学生系统的、持续的反馈。
9. 监督学生的课堂作业并给予具体的建议。①

布洛菲—古德的总结（The Brophy-Good Summary） 在针对该研究领域的最后总结中，布洛菲和古德的评论值得我们直接引用。他们在回顾整个研究之后，得出了两个主要结论：

> 第一个结论是，学生在合适的学习任务上所花的时间是影响学习成绩的重要因素。第二个结论是，如果教师首先能够为学生组织好即将学习的新知识，并帮助他们把新知识与已知的旧知识联系起来，接着能够对学生在背诵、操练、练习和应用等活动过程中的行为表现进行监控，并给他们提供反馈、纠错等机会，学生的学习就会更为有效……要想成功地达到高水平的学习目标，没有捷径可走。学生凭借相对轻松的发现式学习是无法取得这种成功的。相反，目标达成不仅需要教师给予相当多的教学指导，而且还需要学生全面掌握基础知识和基本技能，并能够将它们整合和应用到"更高水平"的活动中去。学生所学的基础知识和基本技能要达到自动化和无差错水平，需要大量的操练和练习。因此，不应该轻视操练、练习，将它们当作"低水平"活动。对于复杂的、富有创造性的智力活动而言，操练、练习极其重要。就这一点而言，就像大师级的小提琴演奏家也少不了操练和练习一样。②

在我继续讨论这些发现和认知心理学研究成果的相关性之前，我将先岔开话题，来看看这些发现和学生动机之间的关系。虽然凭常识可能会预测，有组织的、整体性教学与较少关注知识、以学习者为中心的教学相比，可能

---

① Rosenshine and Stevens, *Teaching Functions*, 376—91.
② Brophy and Good, "Teacher Behavior and Student Achievement", 338.

更具有学业成就上的优势，但让我们意想不到的是，这些研究竟然显示，以内容为中心的教学比以学生为中心的教学更具有学习动机上的优越性。为什么以学术为中心的教学比以学习者为中心的教学更能吸引和激励年轻人呢？

据我了解，目前还没有可以解释这种发现的研究。但我想大胆地猜测一下，也许个性化的、以学习者为中心的教学，在大部分时间里，对大多数学生来说都是极其枯燥的，因为可想而知，他们在大部分时间里都没有得到个性化的关注。还有一种可能情况是，节奏缓慢、缺乏组织性的教学无法吸引和激励学生。教师一定要有过人的天赋，知道如何与每一个孩子积极互动。鉴于儿童有了解成人世界的强烈动机，吸引他们参与的最佳方式就是，采用戏剧性的、交互性的、清晰的教学方式，让学生在不知不觉中产生掌握技能的内在满足感和对学科内容的兴趣。

研究发现，在教授程序性技能的时候，应该达到"过度学习"（overlearning）的程度。对于这一发现的认知心理学基础，我已经阐释过了（参阅本章第四部分关于现实能力结构的讨论）。"过度学习"是一个相当不幸的专业术语，因为凭直觉来看，过度地做任何事情似乎都是一个坏主意。但是，这个术语仅仅意味着学生应该能够迅速地、毫不犹豫地提供正确答案或遵循正确的程序行事而已。通过练习，他们能够习惯于某一程序，达到自动化程度，不需要多想或者努力即可完成任务。这能够让极度有限的工作记忆减轻负担，以便把注意力集中在手头任务的其他方面。上面提到的课堂研究已经大致说明，遵循过度学习原则的老师能够让学生获得更好的成绩。认知心理学解释了其中的原因。例如，通过结构化地练习那种程序性任务而掌握了词汇识别技能的学生，能够更好地理解他们所阅读的材料。过度学习词汇识别技能的最好方式之一是"反复阅读"（repeated readings）：学生一遍又一遍地阅读某一选段，直到能够熟练地读懂它。研究显示，使用反复阅读法：

> 学生不仅提高了阅读每一段（文章）的熟练程度，同时还表现出一种训练迁移效应，不仅初次阅读每一段的速度会比以前初次阅读的速度更快了，而且为达到标准所需要的阅读次数也减少了。最重要的发现是

学生的理解能力提高了。(我所强调的)①

词汇识别达到自动化，可以解放大脑，让人把注意力集中到理解上。这恰好是认知心理学中工作记忆研究所要预测的内容。

课堂研究还强调了循序渐进地讲授新内容的重要性。这一点同样可以用工作记忆的局限性来进行解释，因为大脑每次只能处理少量的新事物。一个新事物必须与先前的知识结合起来，头脑才能赋予它意义，把它储存在记忆中，并注意其他事情。只有当学生的反馈表明他们已经很好地掌握了旧的学习任务时，新的学习才可以开始。尽管有特殊情况，比如程序性技能的掌握，也要达到超量学习程度。长时记忆研究解释了为什么这种"缓慢但可靠"(slow-but-sure)的反馈和复习方法最有效。"一次不够"(Once is not enough)应成为长时记忆的指南，尽管无意义的复习和枯燥的重复并不是什么好方法。上面提到的课堂研究表明，最好的老师并不会致力于没完没了的复习。记忆研究表明，保持长时记忆的最好方法是"分散式练习"(distributed practice)。理想的做法是，把一个主题的内容分散到若干天去学习，在适度的间隔内重复出现。因此巴瑞克(Bahrick)认为：

> 学生以同样的标准反反复复学习50对英语—西班牙语单词。八年后进行回忆和再认测试。当年刚开始重复学习的间隔时间分别为30天、1天或全部在同一天。八年后，间隔期为30天的被试能回忆的单词量是间隔期为1天的被试的两倍。同时，这两组被试所记住的单词都比在同一天进行训练的被试所记住的单词要多。②

由此可见，间隔两天的复习比间隔一天的复习效果更好。正如所有课堂研究所显示的那样，学习的这一特性说明了精心设计教学进度的重要性。不论课堂学习实际选择什么样的安排，内容排练(content rehearsal)的原则对

---

① Beck, *Improving Practice Through Understanding Reading*, 40—58.
② Bahrick, *Extending the Life Span of Knowledge*, 61—82.

牢记所学内容来说，绝对是至关重要的。直到所学内容记牢了，才可以说内容学习（content learning）发生了。

持续地获得学生的反馈，对良好的教学效果而言是极其重要的。这在所有的研究中都是掷地有声的发现，而且得到了来自短时记忆和长时记忆方面研究的支持。学生的反馈能说明学习材料是否已被很好地掌握，以至于短时（工作）记忆有更多的空间接受新的学习任务。此外，参与问答以及其他反馈活动的过程，也是一个内容演练的过程。这有助于稳固学习，加强记忆。好老师似乎都隐约地意识到了提问的双重作用——监控和训练，一举两得。

最后，认知心理学的研究支持这么一种发现：上课应该经常以复习或类比开始，以便把新话题与学生已有的知识体系联系起来。心理语言学的研究显示，语言的理解能力很大程度上取决于学生的相关背景知识，尤其是他们将所学知识应用到新事物上的能力。[1] 有意义的理解似乎等同于把新的知识与已知的东西联系起来。其他的语言心理学研究表明，当一篇文章在开头部分提供说明该文章总体特征和方向的线索时，读者的理解力就会得到加强。读者需要对整篇文章有所感知，才能预知各个部分的特点及其组织结构。正如整体的一般性线索对于读者理解一篇书面文章很重要，刚上课时提供的线索对于学生的课堂理解同样很重要。为什么一节课开始时的简要概述可以为学生提供正确的"思维模式"（mindset）去吸纳新的学习材料？语言心理学的基本原理解释了其中的奥妙。[2]

这些与工作记忆、长时记忆以及有意义学习的最佳前提条件（best prior conditions）有关的原则，解释了课堂研究中所发现的所有有效练习之所以有效的原因。罗森夏恩和史蒂文斯也清楚地看到了它们与主流心理学的一致性，因而他们指出：

---

[1] Spiro, *Cognitive Processes in Prose Comprehension and Recall*; and Anderson and Shifrin, *The Meaning of Words in Context*.

[2] Bransford and Johnson, *Contextual Prerequisites for Understanding*, 717 – 26. Spiro, *Cognitive Processes in Prose Comprehension and Recall*.

认知心理学中的研究有助于解释，为什么那些被用结构化课程授课的学生，通常比那些被用个性化学习或发现式学习授课的学生学得更好。同时，它也解释了为什么那些听老师讲课的学生，要比那些指望自学新材料新技能的学生或互相学习的学生学到的更多。当人们期待孩子自学时，尤其在早期阶段这么做，可能会遇到很多风险。在这种情况下，学生可能会忽略一些正确的提示，可能会对一些重点不求甚解，可能在没有充分理解和练习之前就去学习后面的知识点。①

现在我将把话题转向有关课堂教学活动的国际研究数据上来。哈罗德·史蒂文森和他的几个同事在美国、中国、日本和台湾进行了非常充分的研究。他们观察了324个亚洲和美国的一年级至五年级的数学课堂。训练有素的观察人员研究每个班级的时间都在20小时以上，并做了大量记录。关于亚洲和美国课堂活动的研究结论，准确性几乎是毋庸置疑的。亚洲和美国数学课堂成就存在的差异，也是没有任何疑问的。在针对发达国家数学成就的国际对比研究中，亚洲国家名列前茅，美国排在最后。因此，可以将斯蒂文森和他的同行们开展的国际研究视为一项规模庞大的"过程—结果"研究（process-outcome research）。在这项研究中，他们全面而准确地描述了不同课堂的教学过程，这些过程产生了差异迥然的结果。

当然，课堂教学活动并非导致这种巨大差异的唯一因素。中国和日本的成年人很重视数学；他们接受过良好的数学教育，并且能够在校外教他们孩子学数学。尽管如此，课堂活动仍然是决定这些结果的一个非常重要的因素。史蒂文森和施蒂格勒在他们的《学习差距》（*The Learning Gap*）一书中，有效地解决了关于较差的课堂效果是由于美国的"差异性"更大造成的这一争论②。从结果对比来看，一点也不奇怪的是，典型地发生在亚洲国家课堂上的这些活动恰好遵循了有效教学原则。这些有效教学原则可以从小规模的美国研究以及认知心理学研究中推导出来。相反，典型地发生在美国课堂上的教

---

① Rosenshine and Stevens, *Teaching Functions*, 379.
② Stevenson and Stigler, *The Learning Gap*, 196—98.

学活动与那些有效教学原则背道而驰。然而，为了避免这些对比看似在抨击所有的美国教师，所以有必要特别提醒一下，关于有效教学原则的研究结果，最初恰好是根据那些一流的美国教师的工作而得以确认的。不幸的是，对比研究显示，这种优秀的教学方法在美国本土并不典型。

为了阐明小规模的国内研究和国际研究的一致性，我将首先分类概述小范围的研究结果，然后再概述相应的国际研究结果。

教学氛围

小范围的国内研究：

在最好的课堂上，社会氛围温暖而且具有支持性，同时也是有条理的，专注于眼前的任务。相比之下，表现最差的课堂则"沉溺于情感"（heavily affective），有过多的口头表扬和恭维自尊的谈话。在最好的课堂上，老师尊重学生，但也要求学生严格守纪和勤奋学习。在最差的课堂上，课堂秩序不太好，纪律也比较差。

国际研究：

美国教师使用最频繁的评价方式是赞扬。台湾和日本的教师很少这么做。表扬会打断讨论活动，并且凸显教师角色的权威性。这些赞赏能够鼓励学生，让他们对自己的表现颇为得意，却不能让他们意识到需要完善的地方。中国和日本的教师对错误的容忍度低，当学生出现错误时，很少会忽略它们。对错误进行讨论有助于澄清误解之处，有助于鼓励学生争论和辩护，能够让学生投入到积极的探究活动中去，对眼前各种备选方案的优与劣进行评估。[①]

教学导向

小范围的国内研究：

教师首先回顾一下已学知识，为新知识的学习奠定必备的基础，让学生适应即将开始学习的内容。一种很好的方法是，用一个概述或类比引入新材料，使新旧知识之间建立联系，并对当天的教学目标做一个简要的陈述。

国际研究：

亚洲老师会站在教室前方，暗示学生不久就要上课了。教室安静下来。

---

① Stevenson and Stigler, *The Learning Gap*, 191.

日本仙台的老师会说："上课！"然后，师生彼此鞠躬，简洁明了。老师会描述一下那节课将要完成的任务，然后开始讲课。等到快下课的时候，老师会对当天的上课内容做个小结，并宣布："下课！"日本的小学课堂——像中国大陆和台湾地区的小学课堂一样，都是师生合作，共同朝着课前预设的目标努力。可以把这一情景与我们最近观察到的美国小学五年级的一节数学课比较。我们的做法是这样的：老师在唤起学生注意之后，马上指出，今天是星期二，是"乐队日"，所有参加乐队的学生应该去乐队教室。老师接着说："今天要做新闻汇报的同学，应该到那边的角落会合。"等安排好这些之后，老师和剩下的学生一起开始上数学课。先是简要回顾前一天作业中的一道计算题的解题思路，之后，老师引导学生看黑板，上面写着当天的作业。在接下来的大部分时间里，老师在教室里走来走去，监督学生做作业，跟个别学生讨论问题或错误，并且在学生私下闲聊的时候发出"嘘—嘘"的声音提醒。这种课堂情景在美国很典型。[1]

教学进度

小范围的国内研究：

最好的教师会以幅度小、易掌握的步调导入新内容，会设定从容、轻快的教学节奏，直到学生表现出已经理解了所教内容，才会继续向前推进。那些不断呈现新概念、对学生期望高、提供复习但并不"连续复习"（incessant review）的教师的教学效果会更好。

国际研究：

虽然进度缓慢，但结果显著。日本教师都希望自己的学生勤于思考，能够深入理解数学，因而每个概念和用法都讲教得很透彻，这就避免了日后重教的需要。课堂只涉及几个问题并不意味着会缩减教学内容。在美国，课程设计者、教材出版商以及中小学教师似乎都相信，如果学生解决了大量问题，而不是把注意力仅仅集中在几个问题上，学习会更加有效。[2]

---

[1] Stevenson and Stigler, *The Learning Gap*, 174.
[2] Stevenson and Stigler, *The Learning Gap*, 194.

教学流程

小范围的国内研究：

最有效率的教师不仅教学比较清楚，而且特别关注教学内容或技能目标，会提问题，但少而精，会通过不断地把学生的反馈整合到教学中来而紧扣重点。一种清晰地呈现教学内容的有效方法是：在课堂结束时做一个回顾总结，以示本节课的教学进度及教学内容。

国际研究：

不相关的打断，往往会破坏一堂课的整体、连贯性，会给学生听课带来更多困难。在美国的观察结果中，教师会因无关的评论而打破课堂的连续性，20%的一年级课堂和47%的五年级课堂会被人打断。在日本仙台，中国台北和北京，这两个年级课堂被打断的情况低于10%。在同一堂课上，连贯性也会因为频繁地转换话题而被打破。美国课堂有21%的转换属于话题的转换（而不是不同材料或活动的转换）。相比之下，这种转换在日本课堂中只占5%。在下课之前，亚洲教师会回顾一节课所学的内容，并将其与课前提出的问题联系起来。与亚洲教师相比，美国教师较少使用这种方法结束课堂教学。比如，我们发现，北京市五年级教师在课末用于教学总结的时间是芝加哥市教师的8倍。[①]

课堂管理

小范围的国内研究：

在最有效的教学中，一节课的大部分时间都使用整班教学（whole-class instruction）。教师根据学生的回应检查他们的理解状况，以确保每个学生都能得到反馈而且所有学生都处于听课状态。虽然对学生的意见反馈比较频繁，但并非无休无止。教师耐心地等待着学生的回应。学生的答案也经常会在课堂上重复。很多有效率的教师会以建设性的、非评判性的方式利用学生的错误，深入研究这些错误是如何产生的。与以学生为中心的课堂相比，学生在这种课堂中的参与度和积极性更高。

---

① Stevenson and Stigler, *The Learning Gap*, 179, 181—82.

国际研究：

中国教师和日本教师都让学生自主发表观点，并对这些观点的正确性进行评价。每个同学都有可能被老师点名，站起来陈述自己的解决方案，这使得亚洲学生的课堂警觉性很高。除此之外，它还有另外两个重要功能。第一，使学生参与到课堂中来。它让学生感觉到自己在参与小组活动，从而增强学习动机。第二，它给学生留下一个更为真实的印象，知道知识是如何获得的。美国教师不太可能给学生机会去做这样长时间的回应。尽管在美国课堂中似乎也有大量互动——学生和教师提出问题和给出答案——但美国教师提出的问题，一般都是用"yes""no"或一个短语就可以回答的问题。他们寻求的是一个正确的答案，会不停地叫学生回答问题，直到有人给出正确答案。①

课堂训练

小范围的国内研究：

为了实现学习的两大目标——掌握知识内容和程序技能，相应地需要两种训练。就知识内容学习而言，需要讨论和复习新概念，直到牢固地记住它们。就程序技能学习而言，要达到过度学习（自动化）程度，才能掌握。在布置课堂作业之前，指导性练习应成为整班教学的一部分。学生以小组形式做课堂作业，会比个人单独做课堂作业的效果好。但是，知识内容和程序技能学习都很少布置课堂作业。在做课堂作业时，老师要监督并提供反馈。

国际研究：

当儿童必须长时间独自学习时，如果没有教师的指导和反馈，他们就会失去对活动目的的关注。与美国教师相比，亚洲教师布置的课堂作业更少；此外，他们利用课堂作业的方式也不同。亚洲教师倾向于比较频繁地布置短时课堂作业，如让儿童讨论问题或者自己独立解决问题，两者交替进行。当在一节课中穿插课堂作业时，讲授和训练可以紧密地形成一个整体。教师可以通过观察儿童解决练习题的方式，来判断他们是否理解了之前的教学内容。教师的讲授与分散的课堂作业相结合这种方式，可以帮助教师掌握一节课的教学进度。然而，美国教师削弱了课堂作业的地位，他们倾向于在一节课快

---

① Stevenson and Stigler, *The Learning Gap*, 190.

结束时让学生做一次课堂作业，持续时间很长。这样的话，课堂作业就等于在一个时间段内进行反复训练。在芝加哥，59％的五年级课堂会以做课堂作业的形式结束，在日本仙台和中国台北，这个比例分别是23％和14％。美国教师通常不讨论课堂作业，不把它与课堂教学目标联系起来，也很少公开评论作业的准确性。观察发现，美国48％的五年级课堂从不评价或讨论课堂作业，而在日本仙台和中国台湾，这个比例分别低于3％和6％。①

由于它主要研究的是美国课堂的有效性，最初只是根据小范围研究确立了有效教学的这些标准，那么让人首先想到的问题是：为什么美国教师如此一致地抵触美国人自己的研究结论？而亚洲教师却一致遵循了相关要求？在一项关于课堂有效性的重要研究中，也披露了令人不安的类似发现。在这份研究报告中，加州大学洛杉矶分校（UCLA）教育学教授詹姆斯·波帕姆（W. James Popham）讲了一些美国教师的情况：

> 很难发现一个老师，能在教学活动之前根据学生的行为表现确立思路清晰的教学目标，然后着手去将它们实现……为了避免这些话听起来像在批评美国教师，需要指出的是，人们几乎没有理由指望［美国］教师成为目标成就者，因为他们没有这方面的能力。当然，他们也没有得到过这方面的训练；教师教育机构很少培养他们这种能力。他们在师范毕业之后，在教学技能方面也没有得到过任何补救。（这是我所强调的）②

霍瑞思·曼呼吁美国师范院校去做，而美国公众以为它们真的在做的事情——教授有效教学方法——恰恰没有得到师范院校的理会。就有效教学方面的训练而言，不管是支持还是反对者，都看到了它被冷遇这个事实。③ 相反，那些理论方面的东西，尤其是那些令人高度怀疑的理论，却在师范院校的课程中得到了更多的关注。就这一点而言，我们甚至可以毫不夸张地说，

---

① Stevenson and Stigler, *The Learning Gap*, 183.
② Popham, *Performance Tests of Teaching Proficiency*, 105–17.
③ Clifford and Guthrie, *Ed School*. Kramer, *Ed School Follies*.

美国师范院校不仅拒绝把经费花在这些基本的有效教学技巧上，甚至推行那些与有效教学原则背道而驰的理念。在本章第二节，我引用了美国教师被告知的有关课堂教学活动的一些内容，这里再重申一下，会很有启示意义。内容选自一本 1993 年出版，名为《最佳实践》（*Best Practice*）的专著：

> 几乎在每门学校课程中，我们现在都拥有最近总结报告、教学研究元（综合）分析、试点课堂公报以及具有里程碑意义的专业建议。目前，关于何谓"最佳实践"（Best Practice）这个问题，已经达成非常一致的共识，所有关键领域都已拥有所谓最先进（state-of-the-art）的教学建议……不管是来自全国数学教师理事会（the National Council of Teachers of Mathematics）、阅读研究中心（the Center for the Study of Reading）、全国写作项目组（the National Writing Project）、国家社会研究委员会（the National Council for the Social Studies）、美国科学促进协会（the American Association for the Advancement of Science）、全国英语教师委员会（the National Council of Teachers of English）、全国儿童教育协会（the National Association for the Education of Young Children），还是来自国际阅读协会（the International Reading Association），在教和学方面的洞见都具有惊人的一致性。在许多重要问题上，来自这些组织机构的建议确实大同小异。①

正如读者可能还记得的那样，这本书当时列出了 25 条"减少一些"和"增加一些"的告诫。那是以上所有组织都同意的告诫，其中包括：

减少全班性的教师指导的教学
减少学生坐、听等被动性的接受学习
减少教师试图覆盖大量材料的各种做法
减少事实和细节方面的死记硬背

---

① Zemelman, Daniels, and Hyde, *Best Practice*, 4—5.

减少对竞争和等级的强调

增加经验性、归纳性、实践性学习

增加实践活动、小组讨论、团队合作等热热闹闹的主动学习

增加对小数量主题的深入研究

增加学生的工作责任：将目标设定、资料收集、监管、评价等任务交给他们

增加学生的选择权，比如自己选择书本

增加对情感需要和学生认知风格变化的关注

增加合作性、协作性的活动 ①

这本书的作者特别赞同目前这些"以儿童为中心"的原则，因为它们的理念都是"进步的、发展适当的、基于研究的、明显可教的"。然而，这些主张并非像所说的那样是"基于研究的"，而且完全相反，在主流科学中，根本没有相关的儿童学习理论可以支撑这种论调。至于有效学习，研究得出的共识是，他们的建议是最糟的做法，并不是"最好的做法"。

这种爱丽丝梦游仙境般的现实大逆转，在很大程度上是凭借我所说的"不成熟的极端化"（premature polarization）这种修辞手法实现的。发现学习被贴上了"进步"的标签，而整班教学则被贴上"传统"的标签。在这种描述框架下，一种模式被认为是积极主动而有吸引力的，另一种则是消极被动而乏味无趣的；一种是整体的、间接的，另一种则是单调的、直接的。由于这种术语使用上的极端化，很多教师和教育专家所提倡的"直接教学"（direct instruction）模式遭到了反传统主义者的严厉批评。然而，很不幸的是，直接教学和间接教学的这种极端化区别，把一些复杂的问题简单化了。比方说，它忽视了程序技能学习（procedural learning）和知识内容学习（content learning）各自不同的教学要求，进而忽视了在不同年龄和学习阶段所应关注的教学重点。有效的程序技能学习需要"过度学习"，因而需要大量的训练。知识内容学习则需要使用各种方法，以便与学生已有的知识、习惯

---

① Zemelman, Daniels, and Hyde, *Best Practice*, 4—5.

和兴趣相适应。

国际研究数据很清楚地显示，在一个目标明确的课堂中，如果以整班教学为主而穿插小组作业或个人作业的话，不管是程序技能学习还是知识内容学习，都能够取得最好的效果。然而，即使在目标明确的情形下，实现目标的途径仍然多种多样。斯蒂文森和他的同行的观察报告使我们深切地感受到了融合直接方法和间接方法的古老智慧，其中包括鼓励学生独立思考的探究式学习和以教师为主导的讲授教学模式。有时，讲授模式在知识和技能学习方面的效果和效率都非常高。一般情况下，演示和讲授并用，两者兼顾，教学最有成效，将其用在"写"和"说"方面，也一样。

目标明确的指导性教学，比自然主义的、发现式的、适应个人学习进度的教学更加有效。这条唯一真实的一般性原则，似乎来自于针对"过程—结果"的教学法研究。但是，在目标明确的指导性教学情境下，几乎任何事情都可能发生，以至于在同一间教室里，对某一群学生特别好用的方法，对另外一群具有相似背景的学生不一定依然好用。教学方法必须根据群组的年龄不同而进行较大的调整。在一般的、目标明确的指导性教学情境下，我个人比较喜欢所谓的"戏剧式教学"（dramatized instruction），它也是很多地方的优秀教师所效仿的一种教学。一节课由开场、中场、结尾三部分构成，好像短剧表演。在此期间，教师精心指导，但并非严格按照教师的编排活动。上课开始时设置需要回答的问题，明确需要学习的知识和需要掌握的技能。在接下来的课堂教学中，学生与学生之间，教师与学生之间，来来回回有大量的互动。在一节课的结尾部分，则给人一种圆满成功的感觉。

把教学当作戏剧表演或讲故事，这种想法之所以得到广泛认可，是因为它与明显有效的课堂教学和古老的高效传统一致，而且，在共同价值观或美德教育等比较微妙的领域，尤其如此。我们如何才能在教授和塑造独立思考、包容、尊重、理想、礼仪、反暴力等价值观的同时，教授历史、科学、阅读和写作等学科知识和技能呢？从柏拉图到菲利普·西德尼（Philip Sidney）、罗伯特·克勒斯（Robert Coles）和基兰·伊根（Kieran Egan），都一致认为，戏剧表演、讲故事或者演绎故事，不管是虚拟的还是实际的，都是可靠而有效的教学方法。① 尤其在低年级，这种将戏剧化技能教学与增进美德和知识的故事化教学相融合的教学形式，不应该错过。

  主题明确的叙事或戏剧式教学，介于有限度的操练与练习（有其一席之地）和没有指导的设计教学（偶尔也占有一席之地）之间。菲利普·西德尼（早在1583年）曾经强调，与哲学和历史相比，故事是更好的老师。因为哲学用枯燥的箴规（讲授法）教育人，历史用不可靠的范例（设计教学法）教育人，而故事融合了箴规与范例，既能发挥教育作用，又能让人心情愉悦。西德尼在16世纪的时候说过：

> 因此，哲学家和史学家，一个靠箴规，另一个靠范例，来实现各自的目标。但是，他们都没能两者兼备，都只能跛足行进。因而，哲学家只能靠尖锐的争论设定赤裸裸的箴规……缺少箴规的史学家，虽然引用了范例，却得不到必要的结果……如今，无与伦比的诗人在两个方面都有所表现……他的故事确信无疑，深入人心，能够让孩子不再沉迷于玩耍，能够让老人离开那温暖的壁炉。不要再故弄玄虚，要赢得心灵，从邪恶到美德。②

  在他文章中的其他地方，西德尼还明确指出，好的历史也可以是好的故事，能够把箴规和范例结合在一起。即使在有大量师生互动的情况下，卓越的课堂教学也会给人一种娓娓道来的感觉，富有戏剧的味道——有明确的主题，有开始、中间和结尾。这种教学原则甚至也适用于数学和科学学科。当每堂课都有精心设计的情节，孩子自己能参与其中时，教学就会重点突出，引人入胜。目前，可获得的研究成果与这种教学设计理念是一致的。但是，这绝不意味着，精心设计学习活动的顺序、情节并使之戏剧化这种方法就是实现良好教学的唯一路径或命脉所在。对于很多的基础性学习而言，重复性练习是整个环节不可分割的一部分。

---

 ① Egan, *Teaching as Story Telling*.
 ② Sidney, *An Apology for Poetry*.

最近的心理学研究所得到的结论，竟然与柏拉图和西德尼所说的有关故事的观点保持一致。这当然会使我们对相关研究结果的正确性更有信心。教育是一个古老的话题，就像人类的历史一样久远。技术与信息时代已经彻底改变了儿童教育的性质，这种激烈的论调，跟教育领域中大多数的激烈争论一样，并没有得到学术研究的支持。目前的研究显示，没有明确故事情节和具体指向的自然主义方法是有缺陷的。对此，我们毫不惊讶，因为，这个缺陷是西德尼，作为人类的导师，在历史中已经所看到的东西。这种自然主义方法"得不到必要的结果"。发现学习具有一定的位置所在，就像反复操练和练习也有一定的位置一样。但研究显示，大多数情况下，只有目标明确、精心设计的教学才是"让孩子不再沉迷于玩耍，让老人离开那温暖壁炉"的最好方法。

六、规避测试

克莉奥佩特拉：

你说什么？滚，可恶的狗奴才！否则我要把你的眼珠放在脚前踢出去；

我要拔光你的头发；

我要用钢丝鞭打你，用盐水煮你，用酸醋慢慢地浸死你。

使者：

尊敬的女士，我不过报告您这么一个消息，又不是我做的媒。

——莎士比亚《安东尼与克莉奥佩特拉》

1. 射杀信使

既然错误观念是导致美国教育问题的根源，那么在解决问题之前，我们必须先把这些观念纠正过来。这是本书的主题。但除此之外，美国近代教育史也迫使我们去处理一个主导性的问题：当前提议的那些改革本身就存在着问题。因此，在本书的引言部分我提到过："谁将改革改革者？"为了解决问题，我们首先需要放弃那些解决问题的错误方法。在前面几章中，我引用了一些研究结果。这些研究表明，教育要想得到有效的改善，恰恰必须运用那些被老牌的进步主义者们讽刺和排斥的练习活动。他们一直对事实性知识、操练与练习、记忆、整体教学以及极其重要的传统练习形式进行攻击。本章将再一次对这个模式进行阐释。当前的一种改革提议——反对客观测试——本身就是导致教育问题的原因之一。它所攻击的东西不应该被否定，而是它本身应该被否定。

反对测试学生这项运动，作为浪漫的进步主义的一个组成部分，可以追溯到20世纪20年代。那时，就像现在一样，考试是被否定的，因为它被认为属于"工厂模式"的教育，会引入不正当的竞争关系，会抹杀学生的个人才能和兴趣，会因鼓励被动、盲目、琐碎的学习而降低教育水准，还会在"什么是教育和生活中有价值的东西"方面传递错误信息。除了以前的这些反对意见外，现在又添加了一些新的反对理由，认为客观性考试会导致教育质量滑坡，会给少数族群带来不公平，会损害社会正义。如果测试必须全面实施的话，改革者们提出，为了规避其缺陷，应该使用更为人性、基于个人绩效的考试，来评判每个学生的实际能力，并给予每个人应有的尊重。

在这一章中，我会认可有些对客观测试的批评是合理的，不过，这些所谓合理的批评应该是针对那些被滥用的测试而言的。而且，对于谨慎的教育者和知情的民众而言，那些被滥用的测试是很容易就可以避免的。我的主要任务是要说明，大量的对客观测试进行的反复性批评是没有道理的。此外，我将论证，在美国这种社会背景下，这种测试是实现卓越和公平的必要条件。它们的功能在于，可以激发学生和教师的成就动机，可以通过监视学生的进步情况来弥补他们的不足，还可以为课堂督导、学校督导和学区督导提供必要的帮助。没有有效的督导，就不可能有良好的教学和良好的教育管理。最后，也是最重要的一点，客观测试是维护学术公正和社会平等所需要的——值得赞扬的是，这也是美国人之所以在发展客观考试方面成为领先者的主要原因。

在教育界对标准化考试进行各种猛烈抨击之时，其实也在提醒我们注意标准化测试和非标准化测试的不同功能。除了"排序""把关"和"分类"（只是被批判内容中的一种）之外，进行测试的原因还有很多。如果运用恰当的话，考试可以在学习中发挥其不可替代的积极作用。例如，在课堂上，它们可以给教师提供反馈，以便判定学生是否已达到预期的学习目标，以及是否已经为新的学习目标做好准备。考试还可以有效地用于判定教师或者学校的工作情况，可以让学生把心思集中在学习上，可以在备考或者考试的过程中为学生创造进一步学习的机会。精心设计和正确使用的考试，甚至各种各样的多项选择题考试，都曾经被成功地运用于激励学生做出更大的努力。学习需要努力。在考试中取得好成绩已经被反复证明能够激励学生更努力地学习——（让所有浪漫主义者苦恼的）这一事实倾向于支持奥古斯丁的人性观。

尽管如此，对标准化考试的猛烈攻击依然有增无减。乔治·马道斯（George Madaus）本人作为一个攻击者，也没有懈怠。他从1990年至1992年之间出版的36种书面材料中得出了自己的论断。在下面的论断中，他对当前的情景进行了出色的总结：

> 美国的考试处于混乱之中。传统考试、标准化考试、常模参照评定、多项选择测试——过去70年来的政策选择——都遭到了攻击。最广受推崇的政策选择是采用一种"真实性"评估技术的国家考试制度。这些技术不要求学生从给定的选项中选择答案；相反，它们要求学生建构答案、自我表现或制造出可供评价的东西。据称，这些真实性评价的东西值得一教；真实性评价能够克服多项选择题由于备考而造成的负面影响；能够给教师提供一种结果比较理想的明确模式；能够对教和学产生积极影响；能够衡量高阶技能；能够揭示应试者的思维过程。国家考试制度的支持者们认为，这样的考试制度能够激励那些没有学习动力的学生；所有的学生都将达到世界标准；美国的生产力将会提高，全球竞争力将会恢复；而且（……它们）将有助于提高所有学生的学习成绩，不论他们是什么种族、母语、文化或性别。[①]

这段总结有效地概括了当前关于考试的"一推一拉"式言论——排斥标

---

① Madaus, *A Technological and Historical Consideration of Equity Issues Associated with Proposals to Change Our Nation's Testing Policy*, 23—68. 关于客观测试的激烈辩护，和本章所呈现的许多目的一样，参见：Finn, *We Must Take Charge: Our Schools and Our Future*, Chapter 10.

准化考试而倾向"真实性"考试。但这些"真实性"考试就是准确或公平的吗？马道斯认为并非如此，而我也将进一步补充证据来证明他是对的。在我们的政策制定者让步于那些不断重复但缺乏充分理由的主张而支持绩效评价之前，我们应该要求那些支持者们说明完全依赖于个人绩效的测试确实能够保证准确性、公平性和教育进步。

  这些糟糕的教育新闻早在 1990 年之前就开始出现了。在 1990－1992 年间，马道斯收集了 36 种反对标准化考试的观点。在 20 世纪 70 年代，当 SAT 成绩急剧下降和其他测试手段频频告急之时，克里斯托弗·杰克斯（Christopher Jencks）发表了一篇敏锐的分析报告，分析了学生学习成绩下降的原因。在他看来，这主要是因为学校不再注重知识教学而且不再提出严格的学术要求。在分析的过程中，杰克斯援引了一些由全国教育协会（NEA, the National Education Association）提供的关于测试成绩下降所做的自我解释。早在 20 世纪 70 年代，NEA 就率先指责那些带来坏消息的"无辜的信使"。NEA 认为，标准化考试已经过时，也不再对当前所教的内容进行测试。此外，NEA 还认为，这些测试也不能衡量学生"分析、综合、归纳和实际运用"的能力——对于这种指责，杰克斯只简单引用了几个样题即将其驳倒，因为这些样题明显需要具有那些能力才能作答。NEA 宣称，标准化测试"偏爱于白人中产阶级文化"。针对这一说法，杰克斯也进行了驳斥。他指出，爱荷华州学生测试分数急剧下降，而在这个州：

   98％都是白人，而且在价值观和人生观上大都属于"中产阶级"。不可思议的是，爱荷华的学生在传统测试中的成绩下降，被归因于爱荷华的学校曾经有计划地、积极地向学生介绍黑人住宅区或贫民区的俚语……可以肯定地说，爱荷华的学生的词汇总量减少了。无论是在爱荷华州还是在其他地方，这都不可能被看作一件好事。①

  由于中产阶级比下层阶级更重视认知技能，所以测试本身是有偏向的。

---

 ① Jencks, *What's Behind the Drop in Test Scores*? 29—41.

杰克斯也回避了这种涉及优越感的观点。NEA 反对标准化考试的一个理由是，认为它包含"复杂的语言和模糊的词汇"。杰克斯最后对这种说法进行了驳斥，他指出："如果 NEA 认为教学生如何阅读（复杂的）散文不再有什么价值，那么这也许正好可以解释为什么学生缺乏这方面的阅读能力。"杰克斯的文章发表于 1978 年。20 世纪 90 年代的那些抨击标准化考试的观点，被马道斯引用之后，流传至今。这些观点反反复复出现，久而久之，便在教育界获得了不证自明的公理地位。

我们需要认真琢磨一下"标准化考试"这个术语的含义，因为它被不加区分地用来描述好几种具有不同特点的测试形式。它被用来指称客观性测试，比如填空题和多项选择题这样的测试；它也被用来指称常模参照测试，这种测试有不同的形式，可以为大量的考生提供百分位排名；它还被用来指称标准参照测试，这种测试也具有很多种形式，可以提供绝对分数（absolute scores）。我将用"标准化考试"这个术语来指称任何一种客观性测试，或指称客观性测试与操作性测试相结合的测试形式，在这种测试中，无论是谁来评分，只要考生的表现一样，就会获得一样的分数。从这个意义上讲，要使某些类型的测试标准化，本身就是一个难题，而这个难题将是我要讨论的一个重点。

因为正确运用的有效测试，包括有效的标准化测试，是一种帮助学习的有力手段，所以我认为，人们之所以会攻击标准化测试，主要是因为心灰意冷而企图寻找替罪羊罢了，以至于将过错推到了带来坏消息的"信使"身上。如果那些依靠机器评分的"信使们"带来的消息稍微好一点而不太令人沮丧的话，或者，如果教育者们有可行的改进办法而能使测试结果更好一点的话，那么他们就不会如此专注于攻击标准化考试，并将其视为导致美国学校教育低效和不公的罪魁祸首。如果美国孩子的标准化考试成绩显著提高的话，或者，如果分数差距在种族、阶级和性别上的分布更加公平一些的话，又或者，如果美国孩子的国际排名离垫底更远一点的话，那么，针对标准化考试的无休无止的攻击将会逐渐平息下来。

但也许并非如此。自 20 世纪 20 年代以来，正统的教育理论一直反对考试和评分。当克伯屈在教师教育学院规划其示范学校时，他最初的一项创新就是，在摒弃学科课程之后，废除考试和分数排名。在进步主义的浪漫主义教育观中，在课堂上或在考试中，给学生评分、排名是一种根本性的教育错误。它会传递一种潜在性的信息：一个孩子比另一个孩子更好或者更有能力。这将导致不良竞争而不是合作，也有悖于"所有儿童都拥有同样价值"这一反等级原则。仅仅靠分数和排名，不可能正确地描述复杂的、有血有肉的人类。每个人天生就是独一无二的。浪漫主义者一直痛恨把人类与数字排名联系在一起。正如布莱克以其惯有的犀利语言所表达的那样："只有在饥荒之年，才会想起来数一数、称一称、量一量。"

克伯屈和他的思想追随者们认为，使用这些措施只是对学习实施外部奖励与惩罚，并不能鼓励学生的内在动机，从而回到学习本身。按照这种正统说法，它与心理学研究相悖，因为在强迫之下或通过外部激励，所学的东西都是肤浅、虚假而短暂的。它不可能达到深度理解，也难以达到对学习的终生热爱。学习必须是自然而然的。而且为了增强这种自然性，任何对学习的评价都必须"生动活泼"而且"真实可靠"。对于考试和评价，除了这些较早的教育学和心理学上的反对意见外，近年来又添加了新的论调——种族－社会平等方面的反对意见。考试和评价对少数民族和穷人构成不公平的歧视，有时还会歧视女性——其证据在于，在有些测试中，这些群体的平均分数没有男性白人的分数高。在教育工作者当中，反对测试和评价的势力并没有减弱。因而，对这些"反考试"的批评意见的抵制，主要来自于家庭和社会大众，而不是来自于教育界。

在1995年6月14日的《教育周刊》（*Education Week*）中，有一篇关于一场争议的长文。该文中的这场争议因一种"基于新研究"的思想观点而展开，争议的问题是：废除字母等级计分制。在克兰斯顿的罗德市（the Rhode Island city of Cranston），因为要试行"描述性"学习报告而不使用"评估性"成绩单，学生父母和学校之间出现了严重分歧。（仅仅就在几周前，《教育周刊》介绍了马萨诸塞州的一场很情绪化的争议。这场争议由一项提议引发。这项提议主张，将传统教室中的固定式课桌调整为移动式。）课桌调整和等级评价这两种争议，恰好说明进步主义的正统观念具有持久的影响力，现在只不过乔装打扮了一下而已，所使用的时髦术语有"叙事报告卡"（narrative report cards)、"成长档案袋"（portfolios）以及录像带（videotapes）等新时代技术。其中，录像带可以帮助父母"更深刻地了解他们的孩子的学习状况"。然而，自 20 世纪 20 年代以来，学生父母和社会大众也同样坚持不懈，一直进行着"保守性"的抵抗，反对那些似乎并不具有说服力和实用性的观点。

教师并不是虐待狂，几乎没有人会喜欢评分和测试。从教 30 多年之后，我仍然对自己工作中的这类事儿很厌恶，而且这种厌恶情绪随着岁月的流逝有增无减。教师都希望自己的每一个学生成为优（A）等生，都希望每个学生成为最好的自己。教师都希望学生努力学习而不需要惩罚或奖励之类的外在刺激，都希望每个学生具备对所学学科内容的内在兴趣，天生就热爱学习和进步。教师都由衷地希望学生能够积极主动地学习、做好每一件事，能够乐在其中并将学习和做事本身当作收获。当学生不能自发地完成学业时，教师往往会自我责备。而且，大多数教师都非常讨厌以低分去伤学生的心。从另一方面来讲，他们也讨厌给每个学生相同的分数，因为这样做，除了有其他一些缺点外，对那些学习成绩较好的学生极其不公平。所以，大多数教师都觉得自己无可奈何，不得不进行考试、评价，尽管做这些事情令人很不愉快。毕竟，身为教师，维护诚实和公平，确保有效教学——特别关键的一点，是他们义不容辞的责任。

令人信服的是，考试和成绩评定对有效教学有很大帮助。这种常识性的推论在 20 世纪 60、70 年代之后就已被相关研究所证实。当时之所以开展这项研究，是因为评分制在高校中受阻，开始流行"通过/不通过"考察评价模式（pass/fail mode of grading）。相关分析清晰地表明，为考试分数而上课的学生比仅仅因为内在兴趣而上课的学生更努力，而且学到的更多。[1] 这样的话，克兰斯顿罗德市学生父母的共识便得到了科学确证。但是，这些共识却

---

[1] Melville and Stamm, *The Pass-Fail System and the Change in the Accounting of Grades on Comprehensive Examinations at Knox College*. Delohery and McLaughlin, *Pass-Fail Grading*. Gold, *Academic Achievement Declines Under Pass-Fail Grading*, 17−21. Quann, *Pass/Fail Grading—An Unsuccess Story*, 230−35. Suddick and Kelly, *Effects of Transition from Pass/No Credit to Traditional Letter Grade System*, 88−90.

与"科学研究显示"的考试阻碍学习的说法发生冲突。根据《教育周刊》所引用的一位专家的观点,给学生评分的成绩报告单存在"有害的方面",因为它们:

> 使学习成为一种竞争激烈的活动。学生之间相互竞争,就是为了争夺为数不多的奖赏——高分——那是由教师掌握的。这样的话,对于学生来说,学习便处于一种非赢即输的境地,而由于高分的数量极其有限,所以大多数学生都将沦为失败者。①

从什么意义上来理解失败者呢?既然研究已清楚地表明,当学生被评价打分时他们学到的会更多,那么对于该专家而言,主要问题不是学生学习了多少东西,而是他们的自我概念会受到多大影响。这种反对给学生评分的观点在根本上依然与浪漫主义的平等观联系在一起,不管怎样也不能接受"大多数学生将成为失败者"(即得到较低的分数)这种现象。但是,这种绝对的、浪漫的平等主义与杰弗逊的民主平等主义截然不同。民主平等主义主张给富人和穷人提供同样的发展基础,但会通过严格的、系统的考试和评分制度选择成绩较好的学生进行后续的免费教育。② 杰弗逊式的精英平等主义甚至(尤其)遭到了考试界的一些成员的抨击。最近,加州大学洛杉矶分校"评估、标准与学生考试研究中心"(CRESST)发布的一条新闻简讯引用了一位专家的观点:"美国人长期以来一直支持其所谓的程序公平,以确保每个人都有机会获得有价值的东西。但实质性的公平或平等的结果从来没有得到公众的支持。"支持考试的专家非但没有接受杰弗逊式的精英平等主义,还建议"重新教育"公众,通过呼吁"为更好的社会而谋求个人利益"来让他们支持所有人获得结果的平等。③ 这一改进是通过否定标准化测试而实现的,它支持

---

① Olson, *Cards on the Table*, 24.
② Jefferson, *Notes on Virginia*, 263.
③ Center for Research in Evaluation, *Standards and Student Testing*, *Evaluation Comment*, Winter 1994.

更"公平"的非标准化考试,以便确保不同社会群体得分相同。

然而,我并不想去贬低非标准化测试。在我 1977 年出版的那本关于写作教学的书中,最后一章的标题是"写作能力的有效评估",它所提倡的就是现在被称为"真实的"或"基于绩效"的评估。① 后来在 20 世纪 70 年代和 80 年代初期,我继续从事关于绩效的写作测试方面的研究,并且进行了多年的实验。令人高兴的是,我的这些研究成果与主流的认知心理学家的科研成果一起发表在一本具有公认地位的科学参考书中。② 我提到这段历史并不是为了显示权威性,而是要表明我对绩效评估这个主题的诚意,以及我长期以来对这个观点的兴趣和赞同。但是,我本人在绩效评估上的研究,加上其他人的研究,让我在经过了一段时间后放弃了原来的希望(我将说明那些原因),担心这样一个大范围的评估方法是否能保证准确、公平和成本的合理性。由迪德里希(Diederich)、哥德沙克(Godshalk)、科夫曼(Coffman)和其他人所做的繁冗的研究,很少被人引用,而且在当前的潮流中,似乎并不为人所知,没有引起关注。③ 出于经验和理论方面的原因,这个领域内的现有研究人员很可能会发现,他们也不得不放弃纯粹依赖于绩效考核这种方法来进行大规模的 k-12 测试的想法。

但是,在所有的教育环境中,绝对公平并不是最重要的。在课堂上,教师对学生学业进步的监控并不需要高度的精确和公正。在教室里,非常需要各种各样的非标准化测试,包括基于绩效的那些测试。自 20 世纪 60 年代以来,专家们已对"形成性"评价和"总结性"评价进行了有效的区分。其中,

---

① Hirsch, *The Philosophy of Composition*, 176—200.
② Hirsch, *Measuring the Communicative Effectiveness of Prose*, 189—207.
③ Hopkins, *The Marking System of the College Entrance Examination Board*. Noyes, Sale, and Stalnaker, *Report on the First Six Tests in English Composition*. Remondino, *A Factorial Analysis of the Evaluation of Scholastic Compositions in the Mother Tongue*, 242—51. Diederich, French, and Carlton, *Factors in Judgments of Writing Ability*. Godshalk, Swineford, and Coffman, *The Measurement of Writing Ability*. Fitzpatrick and Morrison, *Performance and Product Evaluation*. Coffman, *Essay Examinations*, Educational Measurement, 237—302. 若要进一步研究的话,可参考最后三项的参考书。

"形成性"评价是教师为了达到教学（即形成性）目的而进行的过程性评价，"总结性"评价注重的是更多的存在性结果，评价主要被用于学生分配，对于教学方法和教学能力评价而言，则不太重要。尽管马道斯引用的 36 份材料的来源都异口同声地宣扬标准化测试的缺点和绩效测试的优点，但并不意味着那些唱词就是正确的。事实上，它们可能是错误的。在进一步讨论这个问题之前，我想让读者了解一下这个研究情况的另一方面，它揭示了绩效测试的一些缺陷，以及在正确使用的情况下，标准化测试所具有的一些相当大的优势。

2. 真实性与公平性

长期以来，学生一直（有确凿的证据）相信，如果同一篇论文提交给同一课程不同阶段的两位教师，那么这篇论文很可能得到两个截然不同的分数。在 1961 年，保罗·迪德里希（Paul Diederich）和他的同事们证实了学生的这种想法并非空穴来风。当把 300 篇学生论文交给 53 位评阅人评阅（总共评阅了 15900 次）时，超过三分之一的论文得到了各种可能的等级。也就是说，300 篇论文中有 101 篇得到了所有的九个等级：A、A−、B+、B、B−、C+、C、C−和 D。迪德里希还指出：

> 94%的论文得到 7 个、8 个或 9 个不同的等级；经过 53 位评阅人评阅后，所有论文都获得了 5 个以上的评阅等级。即使评阅人都是富有经验的教师，不同评阅人给予这些论文的成绩的相关系数也从未超过 0.40。[1]

应用能力评估（performance assessment）的支持者们认为，专业人员可以通过培训而达到比上述评估更为接近一致的分数。几十年来，普林斯顿的

---

[1] Diederich, French, and Carlton, *Factors in Judgments of Writing Ability*.

"教育考试服务中心"（The Educational Testing Service，ETS）一直在培训作文评审人员，以便在特殊的评审时期能够评出彼此比较一致的成绩。但该考试服务机构也发现，这种暂时达成的一致依然具有主观性和不稳定性。尽管在一个小组中的不同阅卷者可以通过相互交流来分享类似的显性和隐性的评分原则，但是该小组评出的分数与同期其他组评出的成绩不一样。在该考试服务机构的每一次论文评审期间，这些不同的"阅卷组长"（table leaders）必须不断地进行协商，以保持这些评审组评分标准的一致性。但有时只是间隔了一个周末，这些评审组就要再次开会，沟通评审标准。

同样令人不安的是，事实证明，在 ETS 举行大规模阅卷的过程中，如果不同年份的阅卷组长（The Chief Reader）不同，同一篇作文所得的评定等级很可能不同。在任何规定的阅卷期间，阅卷组长是考试成绩校准的最高裁定者。成绩校准的裁定者不同，会导致不同时期考试的试卷分数大不相同。除非出台明确无误、代价高昂的（而且是强制性的）限制条件，否则，即使考试服务中心（ETS）耗费巨资乃至付出巨大努力，也难以保证今年考试得 A 的学生在下一年不被评定为 C。事实上，大学委员会之所以创立多项选择题测试的理由之一就是，他们发现，对于参加"应用能力"考试的学生而言，所得成绩具有很高的风险性，成绩"可能更多地取决于哪一年参加考试，或取决于哪个人评审试卷，而不取决于实际的卷面内容"。[①]

在特殊情况下，或在严格限制的情况下，耗费精力和代价来确保应用能力测试的准确性和公平性是有价值的。接下来我会讨论这一点。但是，即使公平得以实现，无法消除的主观任意性仍然在应用能力评估中占据着核心地位。人们已经对导致这种主观任意性的原因进行了分析，而且也很容易理解。[②] 对于哪些品质造就良好的写作能力、哪些品质造就良好的问题处理能

[①] Godshalk, Swineford, and Coffman, *The Measurement of Writing Ability*. 也可参见：Hopkins, *The Marking System of the College Entrance Examination Board*; and Noyes, Sale, and Stalnaker, *Report on the First Six Tests in English Composition*.

[②] Remondino, *A Factorial Analysis of the Evaluation of Scholastic Compositions in; the Mother Tongue*, 242—51. Diederich, French, and Carlton, *Factors in Judgments of Writing Ability*.

力、哪些品质造就良好的滑冰能力、哪些品质造就良好的音乐才能，等等，人们不仅意见不同，而且更重要的是，即使对达成高素质的诸多要素看法一致，仍然对赋予相关要素的权重存在异议。比如，在写作方面，作品的思想内容应该比组织结构更重要吗？写作的文体、风格、特色应该比语法、拼写和标点符号更重要吗？阅卷人在评分时给予这些不同要素的权重，可能在不同的考生之间会有很大差异，甚至同一个阅卷人，对两种不同表现评分的结果也会有很大差异。

在应用能力测评中，出现前后不一致现象的第二个主要原因是考生实际表现的不一致性。我不只是指，我们在不同的日子里完成同样的任务所呈现的不一致性。（在特定的范围内，每个人都有发挥好的时候，也都有失常的时候。）更重要的是，考生的实际表现会随着任务的变化而变化：有些考生更擅长演奏李斯特的作品而不是莫扎特的作品；有些孩子更擅长描绘蛇而不是电脑。不存在完全一致的写作能力，更不用说完全一致的阅读能力了。一个人的实际表现之所以变化不定，不只是因为喜怒无常或特别倾向于某一任务，而主要是因为他（她）对不同任务的熟悉程度不同。对于熟悉的话题，人们倾向于精雕细琢，显示出较高水平的写作技巧，而对于不熟悉的话题或者体裁，写作技巧往往也比较差。纽约城市大学的桑德拉·佩尔（Sondra Perl）和她的同事已经证明，在测评过程中，考生在拼写和标点符号这些比较客观的方面的实际表现也会出现出不稳定性。如果考生对相关话题比较熟悉的话，在拼写和标点符号使用方面的实际表现水平就会更高。①

前一章所讨论的与技能有关的心理负担问题，很容易解释这种任务的多变性。当人们面临一个不熟悉的任务，且这个任务需要耗费大量的精力来处理中等水平的内容时，由于工作记忆能力有限，因而没有余力来监管其他水平参差不齐的工作任务。就一个写作样本而言，即使由经验丰富的评阅人来评阅，对作者总体写作水平进行判断时，也有可能作出误导性的结论。如果某个学生很特别，对这个话题特别熟悉而且特别感兴趣的话，其表现就有可能非同寻常的出色。相反，如果这个话题是陌生的，其表现就有可能非同寻

---

① Perl, *The Composing Processes of Unskilled College Writers*, 317—36.

常的糟糕。鉴于评卷人和考生表现的不一致性，由一个经过培训的阅卷人乃至由一群经过培训的阅卷人进行绩效评估，很难准确地评估一个考生的实际能力，这种情况就不足为奇了。

在佛蒙特州，丹尼尔·科鲁兹（Daniel Koretz）对最近一次大规模使用应用能力考试的做法进行了分析。他得出以下结论（选自他1994年的研究）：

1. 仅仅得分的不可靠性这一点，就足以消解这些分数的大部分用途。
2. 这个评分体系没有对学生档案中的最佳作品和其余作品进行很好的区分。
3. 这个评分体系没能辨别学生在素质方面的真正差异。
4. 评价认可度达45%，但带有偶然性的期望值达35%。
5. 最终经济成本似乎相当高。①

既然一直期望这些缺乏信度和有失公平的考试能够克服多项选择题测试的不公平性、不准确性和其他缺陷，那么将精心控制、高度有效（但因此成本极为高昂）的应用能力测评的结果与省时省力、设计巧妙的选择题测评的结果联系起来，并对这种关联进行研究总结，将很有价值。该项研究的数据取自于1300名11年级和12年级的学生，他们分别来自加州、康涅狄格、堪萨斯州、缅因州、密歇根州、明尼苏达州、密西西比州、新墨西哥州、纽约州、宾夕法尼亚州、罗德岛州、田纳西州、华盛顿州、西弗吉尼亚州和威斯康辛州的大、小城市以及农村地区的公立学校和私立学校。每个学生都按照指定的主题完成五种不同类型的文章（以解决主题多样性问题），并且参加几组多项选择题的测试。在这种情况下，研究者从中获得了646个案例的完整数据。②

在这五篇文章中，每篇文章都由五位不同的评卷人分别独立评阅，按照

---

① Koretz et al., *The Vermont Portfolio Assessment Program*, 5—16.
② Godshalk, Swineford, and Coffman, *The Measurement of Writing Ability*.

三个等级评定——中上、中等及中下。当五位评卷人只评阅其中一篇文章时，评定结果采取去掉最高分、去掉最低分而取中间三个分数的做法（众所周知的"取中间分数"的趋中选择），把评定结果缩减到三个有效分数。尽管如此，五位评卷人的评定结果的相关系数也只有大约0.40。但是，当算出每位作者的五篇文章的评审结果的平均值时，会发现，五位评卷人的评阅结果的相关系数增加到了0.92，而且每个学生的五篇文章的得分之间的相关系数增加到了0.84。可见，通过培训评卷人，为每个考生提供五个规定的主题，由五位评卷人分别对每位考生的文章逐一进行评审，就可以对每个考生的总体写作能力作出相当可靠的评定。可想而知，达到这种精确度和公平性的成本确实很高。

　　研究人员在完成这些工作后，并且在将每个考生的得分作为其实际写作水平的基础上，调查了各种类型考试及其组合能够在多大程度上连贯一致地反映考生的实际能力。如果一场考试要持续一个小时，为了把成本控制在合理的范围内，采用三份20分钟的试卷，每份试卷由一个或两个人评阅，能获得怎样的可信度呢？我们根据相关研究得知，对一个学生来说，安排三个20分钟的主题测试比安排一个小时的一份试卷更加公平。单独的一份试卷被评阅一次，得分的可信度大约是0.25。如果三份试卷都被评阅一次，得分的可信度大约是0.454。如果这三份试卷被评阅两次，可信度就会上升到0.542；而如果三份试卷由三个评卷人来评阅，可信度就会增加到大约0.640。现在，假如我们用三种类型的多项选择题来取代一个小时的作文题考试，每种题型分配20分钟，用之前的标准（即每份试卷由5人评阅5次）进行评阅，最佳相关系数会达到0.775——一种可以接受的公平的测试。

　　简言之，运用三种类型的多项选择题进行组合考试，比运用需要评阅三遍的三篇作文考试，会获得更高的准确性和公平性（0.775对0.640）。此外，分三次评阅三份试卷的代价较小，但可以取得更好的结果。但是，事实也不仅仅如此。如果多项选择题加上一篇作文，这种测试会成为所有考试中最好的、最公平的测试。哥德沙克（Godshalk）和他的同事们认定，如果一个小时的测试由两部分多项选择题加上一篇作文组成的话，测试的效度会比之前更高——0.784对0.775。

值得一提的是，哥德沙克和他的同事们在这项令人叹服的研究的最后所得出的建议性结论：

> 当作文得分与客观的分项测试题得分相结合时，它们产生的效度系数甚至更大（即 0.784 比 0.775）。但是，仅凭效度的少量增加实在难以说明增加成本的合理性。更确切地说，其优势必须根据文章提供给学生和教师的具体方式来进行评估。在"英语作文测试"中的一篇文章告诉学生，在实际写作中的技能是教学的一个重要结果。它告诉老师的则是，回答多项选择题的能力并不是有效教学的充分证据，除非有能力回答文章中的问题。①

在我看来，以学生作文测试为基础，结合多选题测试，正好达到了二者兼顾的目的，至少在写作能力测试方面是这样的。按照哥德沙克和他的同事们的说法，为了平衡起见，任何一种类型的考试都不应该被废弃。政策制定者们在试卷中设置应用能力方面的考察内容，可以确保相关测试能够向学生和教师传达正确的教育信息；同时，试卷中设置大量的多项选择题，能够以合理的成本来确保考试的准确和公平。但是，这种温和而审慎的研究结论目前很难被转化成相关考试政策，因为，对多选题测试的猛烈抨击丝毫没有减弱的迹象。相关研究一再表明，应用能力测试很难做到公平而准确，不可能以有限的成本取得巨大的成功。鉴于此，如果针对多项选择题的诽谤行为继续漫延而没有人反驳的话，会造成什么后果呢？显然我们看到的将是一些人想要的结果——所有测评学生和学校的可靠手段，都很可能遭受漫无边际的质疑。

多项选择题和应用测试题都有缺陷，而且都很容易被滥用。但是，这两种测试题都不应该被抛弃。多项选择题的缺点应该被确认和纠正，而且就这一点而言，已有一些较为直接的手段可以利用。但是，一旦标准化考试的滥用行为得到了纠正，再对其进行指责就没有道理了，而且相关指责会有误导性。在探讨这些问题之前，我将简要地解释一下，为什么对于高风险的总结

---

① Godshalk, Swineford, and Coffman, *The Measurement of Writing Ability*, 41.

性评估而言，多项选择题部分会严重影响到考试的准确性和公平性。当初，说服心理计量学家用客观性测试取代应用题测试的主要理由并非成本效益。至于是什么理由，我会加以说明。

以往主要考虑的是公平性。就其根本而言，测试就是一种抽查手段。好的客观题测试比好的应用题测试更加公平的基本依据在于，只要测试的时长合理，它就能够在更大的范围内对所要考察的领域进行考察，而且所考察的样本更具代表性。如果考察的领域是一项技能，客观测试对构成该技能的各种要素的取样将更多，也更具代表性。例如，关于写作的应用能力测试，最多只能考察写作能力的一个或两个方面，但是，客观性测试则能够对写作能力的五个或六个方面进行取样检测。如果被测试的领域是一个知识领域的话，那么，在测试长度相当的情况下，好的客观题测试会比应用题测试更容易对整个领域进行取样检测。

通常情况下，一个对某一特定领域进行 80 个题项的客观性测试将具有很高的可信度。这意味着，同一个人参加不同形式的测试，得分很有可能会基本相同。正如下面的埃贝尔（Ebel）图表所显示的那样，达到 80 之后，再添加更多的项目，可信度通常只会很缓慢地提高。过了那个临界点，递减规律会显著地表现出来：

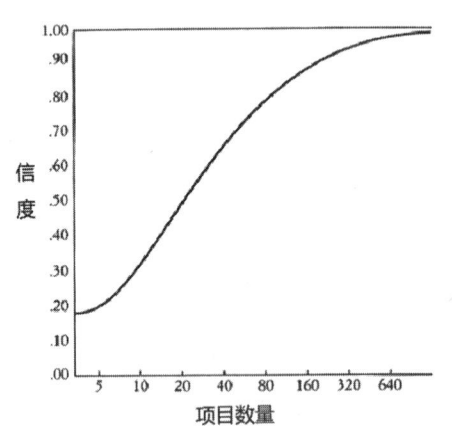

测试长度与分数信度的关系

来源：R. Ebel and D. Frisbie, *Essentials of Educationrial Measurement*, 5th ed. (Engleood Cliffs. N. J. Prentice Hall, 1990), page 90.

在上面所讨论的哥德沙克的研究中，相关研究证明，在一个时长相同的写作测试中，多项选择题测试是一种比应用能力测试更有效、更可靠的测试手段。在该研究中，研究者设置了六种不同类型的多选题。其中的三种类型很有启示意义，因为它们已被证明，可以对学生的总体写作能力进行非常广泛的测试。

题型Ⅰ 更正错误的用法（词），如果正确，就保持不变：

1. He spoke bluntly and angrily to we spectators.

(A) bluntly (B) angrily (C) we (D) spectators
(E) No error

题型Ⅱ 更正、完善错误的句子，如果正确，就保持不变：

2. While waving goodbye to our friends, the airplane took off, and we watched it disappear in the sky.

(A) While waving (B) Upon waving (C) Having waved
(D) Waving (E) While we waved

题型Ⅲ 运用下面的句子，请重新造句：

3. Statements such as "this picture is trash," or "the outlook is dark," or "this steak is wonderful," are statements not only about the picture, the outlook, or the steak, but also about the speaker's reaction to them.

Directions: In the above sentence, substitute the new phrase "give less information" for the present phrase "are statements not only." Your rewritten sentence will then also need to contain which of the following?:

(A) but about (B) as about (C) than about (D) than the
(E) and more about[1]

---

[1] Godshalk, Swineford, and Coffman, *The Measurement of Writing Ability*, 6—8.

从表面上看，这些多项选择题都有好几个选项，这几个选项的设计似乎就是要迷惑那些灵敏的考生。那些反对考试的人很快就利用上了这些令人反感的考试特征。首先，年轻人很讨厌这样的考试。其次，所测试的内容和高水平的写作能力之间并没有明显的关系。再次，这些选项看上去并不是测试写作水平，而只是测试文字编辑能力。作为一名教师，我发现，这些反对意见是很有杀伤力的。事实上，我并不会在我的课堂上使用这种测试，也不会参与到这种试题的设计中去。心理学界为他们使用高风险、总结性测试的辩护理由是，尽管看起来跟客观性测试一样糟糕，但就像丘吉尔对民主制度的评价一样，它毕竟比其他所有制度都更好一些。

那些早期支持客观性测试的人们，一直致力于分析特殊情况下的测试是如何发挥作用的。相关工作足以表明，实际水平（在这种情况下，是指学生实际写作能力的水平）和测试之间存在着紧密一致的关联性。一般认为，一场测试只要能够很好地区分不同考生的能力和成绩，能够说明考生的成绩排名和实际能力排名一致，就足够了。然而，近来，在克伦巴赫（Cronbach）和梅西克（Messick）等科学家的辛勤努力下，考试理论已经变得更加复杂、更为严谨了。[1] 目前，考试设计者们不得不解释和证实相关测试与真实能力之间的客观联系，不得不提供充分、连贯的考试理论，以便说明为什么存在这种客观联系。

在哥德沙克的实验中，那个要求并不是很难实现。虽然上面转载的那些测试题似乎是在抽查学生的文字编辑能力而不是写作能力，但那是对试题实际内涵的一种肤浅的认识。编辑能力和写作能力之间的区别被过度简单化了——尤其是在测试的情况下。即使是在最好的应用能力测试中，写作的创造性、建构性的一面也难以得到充分检测，因为没有哪种可靠的应用能力测试可以让考生自主选择主题，也不可能没有时间限制。在现实生活中，写作质量更多地取决于编辑能力，而不是依赖于最初把文字写在纸上的能力。最好的作家在诉诸纸笔之前会先在他们头脑中进行编辑。卓越的写作能力与卓

---

[1] Cronbach, *Test Validation*, 443 – 507. Cronbach, *Essentials of Psychological Measurement*. Messick, *Validity*, 13—104.

越的编辑能力是不可分离的。在详细地审查了所有考试的题目类型之后,哥德沙克、斯温福德和科夫曼顺理成章地得出了如下结论:

> 本研究的假设之一是,多项选择题的问题主要是对较低水平的技能进行鉴别,而遣词造句方面的写作练习,因为会涉及整个上下文的语境,最适合于较高水平的能力测试。这种假设目前还没有任何有力的证据来支持……在推断出"客观性英语问题只注重写作能力的表面现象"这个结论之前,应该认真考虑一下相关报告的内容。①

一种更为普遍的观点是,多项选择题测试这种形式,很肤浅地把死记硬背和碎片化的知识强加给了学生和教师。这种观点很典型,就像根据一本书的封面来判断一本书一样。人文主义者对人们的刻板成见感到震惊。人文主义者乐于接受模式化的客观性测试,接受它们用形式来掩饰其实质。在这些人文主义者看来,如果人们仅仅因为十四行诗的篇幅是十四行而且有严格的格式限制,就断言它是一种割裂、琐碎的诗歌形式,那简直就是孤陋寡闻了(说得委婉一点)。一组十四行诗可以表达史诗般的雄心壮志,而一组客观试题则能够迅速地判断一个人的知识的深度和广度,只不过有时候需要充分利用聪明才智罢了。认为客观测试必然枯燥乏味,这是没有道理的。让我举一个例子来结束关于客观测试的题外话吧,这个例子是用来测试考生的高阶技能的发展水平的:

> 如果地球的半径增加了3英尺的话,赤道的长度大约会增加多少?
> (A) 6 英尺　　(B) 9 英尺　　(C) 12 英尺　　(D) 19 英尺
> (E) 28 英尺

在本章第 4 节,我将列举一些更富有挑战性的例子,但是,我现在希望立即转到那些有充分根据的反对各种滥用标准化考试的意见上来。

---

① Godshalk, Swineford, and Coffman, *The Measurement of Writing Ability*, 42.

3. 克服滥用考试

　　虽然好的标准化考试应该予以捍卫，以免沦为被迁怒的替罪羊，但是，对于反考试运动的两种抱怨，大多数有思想的观察者还是认同的。一种抱怨是，教学活动狭隘地围绕着高风险的、不断重复的考试项目转，而不是针对学科教学的主题内容而展开，这么做往往会败坏学校教育。另一种抱怨是，依赖于这些现成的考试，把它们作为教育改革的主要手段，就是滥用考试——这是一种省事的做法，教育政策的制定者们因而就不会为目标和策略问题左右为难、处心积虑了。由于缺乏测试内容方面的第一手资料，立法者和普通大众倾向于把测试分数作为一种生硬（且无效）的强制手段，忽视在智力和政治两方面积极努力进而制定精确目标。在缺乏明确界定的教育目标和社会目标的情况下，无论是组织考试还是对考试进行解释，都是十分困难的事情。总体而言，确立相关目标的责任属于整个社会——属于父母、教师和人民代表，而不是考试的制定者。盲目地对标准化考试进行立法，与盲目地开展教学一样，都属于权力滥用行为。不过，后一种滥用特别值得注意，而且可以矫正。

　　长期以来，人们一直认为，为了应对考试，出现了片段化、分裂性教学，因而降低了教育成效。据说，为了使他们的学生比那些没有专门为考试做准备的学生考得更好，许多教师往往围绕着特定的考试内容进行教学。在这种情况下，多项选择题尤其深受其害，最有可能被滥用，因为其特点就是以非常具体的方式对知识和技能方面的要点进行考察。为了提高学生的考试成绩，教师所要做的就是提前知道考试项目，然后在课堂上反反复复强调那些试卷中可能出现的具体内容。这种支离破碎、不负责任的教学方式一旦付诸实践，确实能使那些能力不足的学生显得更有实力（而且也使相关教师和行政人员显得更有实力）。

　　教育之所以如此贬值，就是因为严重地滥用考试，而这恰好为那些反对考试的抱怨者提供了批评的凭据。有一位校监，他一直以为本区开发了一套基于内容的考试而自豪。我曾经问他，既然非全国同一标准的各种测试都非常容易做，而且成本相对较低，为什么还要年复一年地让学生进行同样的测试。另外，我还问他是否意识到，如此反复使用相同的多项选择题进行测试，其实就是公开滥用考试。他笑而不语。

在教学过程中，滥用客观测试题的现象普遍存在，这足以使那些滥用测试题的人将其作为回避真正教学效果考核制的理由，并获得表面上的权威认同。一种回避手段是，推出虚假的教学效果考核制（矩阵测试），它越过具体的学生和具体的教师，仅提供总体性的、无差错判定的诊断结果，并据此确认应该在哪些方面花更多的钱。在矩阵测试方面，加利福尼亚州属于领先者。矩阵测试的做法是，对不同学生和不同学校在不同方面的测试结果进行随机抽样，并以数学上有效的方式把它们组合在一起，从而得出比较可靠的、大范围的测试结果。这种测试方法很精明，所提供的是一种相当精确的总体情况。但是，由于它没有对个体进行评价，所以很难发挥激励性或惩罚性作用，也很难发挥督导作用，无法说明整个班级的真实教学效果。

如果有特殊目的的话，可以为矩阵测试辩护，但是，当不关注个体成绩的测试与支持自然主义阅读教学的国家政策结合后，加利福尼亚州的阅读成绩跌落到了全国的谷底。很难决定哪一种更属于逃避责任——是将考试作为一种生硬的合法工具来代替深思熟虑的政策，还是对考试进行模糊性解释来回避学生、教师和学校的实际水平。正如加州所显示的那样，当这两种回避实际水平考核的做法混在一起时，其结果将非常令人沮丧，甚至是悲剧性的。

阅读教学提供了一个很好的例证，它表明，标准化考试作为一种对每个教师和学生负责任的手段是绝对需要的。从事早期阅读研究的专业人员曾告诉我，每个身体器官正常的儿童在一年级结束时都能获得适当程度的阅读能力。[①] 不管那种说法是否站得住脚，我们都有办法对学生在一年级期间（而且更重要的是在一年级之前）的进步情况进行监控，并为教师提供必要的条件和指导，以便达到目标。持续性的诊断测试以及在一年级结束时对每个儿童进行标准化阅读测试是每一种现代教育系统的基本义务。如果阅读研究人员

---

① Juel, *Beginning Reading*, 759—88.

的观点可靠的话，一旦一名一年级教师已被教会如何帮助每个正常儿童达到一定的阅读水平，那么，没有实现这一目标就不应简单地归咎于什么职业特性了。

借助可靠的测试来衡量那些明确而又可达到的教育目标的实现情况，同时确保为教师和家长提供实现这些目标的条件，这种做法阐明了运用高风险的标准化考试的正确方法。如果有一种负责任的教学效果考核制的话，那么它在道义上就必须同时提供充分的建议和指导。一方面不为完成教学目标提供条件，另一方面又不让父母、老师和学生承担实现教育目标的责任，二者没有什么差别，都放弃了成人对于儿童的责任。测试而没有指导，与指导而没有测试一样，都是不负责任。测试需要指导，指导也需要测试，任何一项都不应该被忽视。

但是，即使是高度负责的标准化阅读测试，也依然受到了批评，理由是这些测试并不能真正地测试阅读能力——一种误导性的说法是，有些测试是很随意地设计出来的，而且很多阅读测试并不能复制现实阅读活动的方方面面。[1] 然而，这种观点没能说明的是，更为"真实的"阅读测试类型，不仅难以控制不公平情况的出现，而且不可能复制真实的阅读情境。学校里面的各种"表演"活动都不可能与现实世界中的活动一样。当然，任何对现行考试的批评，如果能够促进标准化考试的改进的话，就有其价值。但目前看来，即使是最糟糕的、存在许多缺点的标准化阅读测试，也与那些最好的阅读考试之间存在着一致性——能够在一定程度上揭示考生的实际阅读能力。

对于教育过程中滥用测试的许多行为，我们称其为"作弊"还是比较恰当的——有时属于直接作弊，有时做得比较巧妙。要测试的是先前知道的知识，这使作弊行为变得很容易。对学生的已有知识和实际能力进行考察，是所有测试的基本原则。在考试前了解样卷并让学生为之做好特别的准备，这是成人贪图一时便利而轻视儿童长远利益的最好的例证。校董会和管理人员应该采取一切预防措施，以免发生这种情况，而不是串通一气、投机取巧。那些反对考试的人之所以要废除标准化考试的目的就在于避免作弊。然而，

---

[1] Meier, *Why Reading Tests Don't Test Reading*, 457—66.

达到这个目的的更有建设性的方法应该是让那些在教育过程中滥用考试的行为困难重重,而不是废除目前这种最准确、最公正的考试手段本身。

首先,这种滥用考试现象究竟有多普遍呢?关于考试对教学产生负面影响的说法一直以来都是一些轶闻趣事——直到目前都是如此。不久前,丹尼尔·科雷茨(Daniel Koretz)精心设计了一个实验,进而揭露了长期以来人们一直怀疑的考试腐败的广泛性。他只是简单地给在某市区公立学校就读的一群学生提供了一套额外的标准化测试,这些测试碰巧是大家所不熟悉的,目前还没有在该学区内使用过。科雷茨想以此确定,如果这些学生和他们的老师对将要参加的那个特殊测试都不熟悉的话,那么他们将会取得怎样的成绩。

尽管这两种标准化测试彼此高度相关,但考生在意料之外的测试中的表现,比在熟悉的测试中的表现差多了。这个结果意味着,该学区平时的考试成绩明显夸大了学生的知识水平和实际能力——这种扭曲无疑是普遍存在的。很明显,同一考生在两项测试中的成绩之所以有这么大的差异,很可能是因为他们的老师的教学重点被局限在了那些将要测试的特定题目上——这么做确实可以帮助考生获得理想的考试成绩,但这个成绩却具有误导性,它并不能反映实际水平。[1]

科雷茨的实验确切地证明了标准化测验对学校教学的不良影响。然而,需要注意的是,在这个实验中,标准化测试恰恰是用来证明这种有害影响的工具。很难想象,还有其他什么工具能够如此有效地达到这个目的;这表明,该问题的根源并不在于标准化考试(毕竟,非标准化测试在本质上是不公平的),而在于标准化考试被教师和管理人员的普遍滥用。

这种滥用考试的现象可以避免吗?当然可以,很容易。而且,科雷茨的实验也提出了最简单的预防措施。所有地区都应该等到最后要考试的时候再确定使用哪一种测试。提供 SAT 和其他一些测试的机构,通过给各个考试管理机构制造新问题来确保防作弊系统(cheating-proof system)的安全性。但

---

[1] Koretz et al., *The Effects of High-Stakes Testing on Achievement: Preliminary Findings About Generalization Across Tests*.

这是一种对教师和学生封闭相关考试信息的方法，其代价高昂。一种成本较低的方法是，利用现有的一些测试，并在最后时刻再从不同机构推出的诸多测试中，或从大量平行的同类测试中选择一种测试。后一种方法的优点是，针对一年一年的考试分数，可以进行逐年比较。每个试卷制作机构提供这些并列的测试形式，它们在格式上、难度上和取样方面相似，但在具体的测试项目上有所不同。将很多的平行测试形式组合起来，便足以涵盖每个领域中大部分的知识和技能。等某年最后要考试的时候，具体的测试形式可以随机选择。这种考试机制非常机智，很难找到什么漏洞可钻，因为，如果教师按照诸多考试形式中的所有正确答案来教，差不多等同于要教整个学科领域的内容。在这种情况下，教师可能就不会去考虑各类考试中可能出现的问题了，而且将尽可能有效地教好所任教的具体科目。

总体看来，社会公众并不知道教育当局每年都在使用相同的测试形式，并且认为公正廉洁的测试系统已经使用到位了。其实，考试系统中存在着许多默会的串谋，其目的在于保持虚假的高分；而且不为人知的是，教师承受着许多无声的压力，往往通过缩小教学范围来达到提高分数的目的。最近，媒体对约翰·J. 康奈尔博士发现的"乌比冈湖效应"（Lake Wobegon effect）报道了很多。[1] 此处"乌比冈湖效应"是指，让每一个州的考试分数都"高于平均水平"。[2] 但是，这个显而易见的丑闻基本上被解读为对分数的误导性报道。媒体忽视了测试和整个教育过程中比较微妙的腐败现象。公众缺乏对这种比较隐蔽的滥用测试行为的认识，这恰好说明，那些报道教育的记者需要对相关问题进行敏锐而独立的探究。

---

[1] 在美国的一家公共广播电台的小说节目中，有一个很受欢迎的栏目为"News from Lake Wobegon"，其形式是由主持人报道一周来发生在 Lake Wobegon 的趣事。Lake Wobegon 是一个假想的位于美国中部的小镇，在这个镇上，"女人都很强，男人都很帅，孩子都很聪明"。但是，听过几次节目就会发现，小镇上各种可笑的事情层出不穷，居民其实也没有多么优秀。在社会心理学中，"乌比冈湖效应"（Lake Wobegon effect）被用来指人的一种总觉得什么都高出平均水平的心理倾向，即所谓的"自我拉抬偏差"（self-enhancing bias）。——译者注

[2] Cannell, *Nationally Normed Elementary Achievement Testing in America's Public Schools*, 5—9.

在提出关于使用平行测试形式的建议之后，我问一些专家，这样的安排是否真的有效，在技术或财务方面是否存在我没有意识到的障碍。令人欣慰的是，我被告知，芝加哥最近确实建立了这样一种考试系统。目前，芝加哥每年有八种并列的标准测试形式可供学校使用，而且不到最后时刻没有人知道将会选择哪种考试形式。尽管这种做法对教学活动和考试分数的直接影响仍有待观察，但它显然代表了一种在考试公正方面的进步。如果芝加哥还能继续为教师提供明确的目标以及实现这些目标的指导的话，那么改进的空间肯定会很大。在测试活动方面的这种变化的成本并非高不可攀。标准化考试的主要花费并不在印刷测试册子上，而是在测试分类上。因此，任何地区都可以使用多种平行测试作为一种解决问题的办法，而且财政实力都不在话下。人们希望芝加哥的这种举措能够为全国提供范例。如果如愿以偿的话，运用标准化测试的主要弊端——当然也是人们反对在教育过程中使用标准化测试的真正理由（即仅仅针对具体测试进行片面化教学）——就会被消除。

4. 对于各种指责的回应

针对多项选择题测试的各种具体指责有待仔细审查，我们应该区分哪些指责是正确的，哪些指责是错误的，哪些指责是误导性的。有些指责涉及标准化考试的不公平性：标准化考试在文化和种族方面具有偏见，不顾及个体差异性，加剧了社会的不平等。其他的反对意见则涉及到考试对教育质量的影响：标准化测试只能测量低阶技能，引发被动性和肤浅性学习，并且暗示了一种观点：任何问题，不论它多么复杂和含糊，都会有一个简单的正确答案。正如一位作者所总结的那样，教育方面的问题主要有以下方面。

美国人对于多项选择题的热衷，已通过多种方式损害了教与学：

- 过分重视记忆和机械式学习，忽视了理解和反思；
- 强化了一种误导性的观念，认为每个问题只有唯一正确的答案；
- 把学生变成了被动的学习者，认为只要识别，而不要建构答案和方法；
- 迫使教师更加专注于那些可能被测试的内容，而不是那些对于学生来说很重要的东西；
- 无论教什么东西都简单地使用填鸭式教学（a fill-in-the-bubble format），致使学习内容和技能发展残缺不全。①

这种批评所产生的效应是，那些反对标准化考试的人，被认为是主张社会更公平、教育更卓越、实际能力更强和思想更独立的真正倡导者。相比之下，那些赞成标准化考试的人，则被描绘成认同人的价值可以排序分等的人，甚至被描绘成错误地认为只有考试算数的语言才是真正教育语言的人，还被描绘成误以为世界的复杂性、多样性和模糊性能够被清除掉的人。我将仔细审查这些批评和指责，不但要看看它们哪些方面是合理的，甚至是正确的，还要找出它们的错误之处以及令人困惑的根源是什么。现有的一些多项选择题确实成了浅层次教学和被动性学习的推手。但是，有一些考试并非如此，这也是事实。不分青红皂白而全面指责标准化考试，是一种肤浅的大而化之的行为。既然其他做法（如基于应用的表现性评价）本身是不可靠的或不公平的，那么贸然废除标准化考试将会使我们的学校更加不公平，将会使我们的学生的能力比目前更弱。

对于下面这些针对多项选择题的指控，我将逐一进行探讨。

- 忽视高阶技能或实际技能
- 强化被动性和机械式学习
- 已导致高阶技能下降
- 对某些群体持有偏见而且确实造成了它们所反映的不平等

虽然教育领域之外的大多数人可能会怀疑这些指控，并且可能觉得回应这些指控是一件很乏味的事情（唉，确实如此），但是，这么做是很重要的，

---

① Hart，*Authentic Assessment*，7.

因为只有如此，我们才不至于迷信那些反对考试的似是而非的言论。

多项选择题测试忽视高阶技能或实际技能

哪些同学真正掌握了基本概念？哪些同学只能靠死记硬背完成任务而不能把相关能力应用到新的情境中去？标准化考试无法区分，测不出相关结果。

关于人类学习及其行为的最新研究表明，目前使用的许多测试手段无法衡量考生的高阶认知能力，也不关心他们完成实际任务的能力如何。①

毫无疑问，如果不断地对学生进行测试，而这些测试并不要求他们具备高阶技能，或不对他们的高阶技能进行考核的话，那么这些测试就不可能促进高阶技能的教学工作。这是显而易见的，而且依靠常识即可推断，无论测试的形式怎样，也不管它是不是所谓的标准化（大部分人在统一的、规范的标准下进行）测试，结果都是一样的。就各种测试而言，不论是采用多项选择题形式，还是采用写作形式，肤浅就是肤浅，没有水平就是没有水平。试题是否肤浅，是否有水平，与题型无关。各地区都应当查出各种低水平测试，并勒令停止。但迄今为止，尚未看到上面引文中所抱怨的那么差的测试，也没有看到因为考试运用了多项选择题而导致只能考察低阶技能。上面引文最具误导性的地方是，它暗示读者，测试形式——多项选择题——是导致相关问题的直接因素，而这可能正是"目前关于人类学习及其行为的研究"想留给我们的印象，尽管相关说法经不起仔细推敲。

多项选择题究竟有哪些缺点？心理测量专家诺曼·弗雷泽里克森（Norman Frederiksen）曾经在1984年的一篇文章中对相关研究进行过总结。然而，那些引用报告的反测试者所主张或设想的观点，在研究报告中并没有出现。的确，弗雷泽里克森所担心的是，那些编制多项选择题的人会不会倾向于考察信息而不是真实的、解决问题的能力，因为仅仅考察信息的试题比较容易编制。但他特别谨慎地指出，权宜之计和无可奈何并不相同，同时他也承认，这种测试方式本身并没有要求考生机械被动地学习，也没有要求应试者仅仅背诵知识。弗雷泽里克森指出，多项选择题测试形式并不能检测出

---

① Neill and Medina, *Standardized Testing*, 688—97. Darling-Hammond, *Setting Standards for Students*, 14—21.

学生在真实生活中解决问题的创造力，因为这种测试形式不允许考生提供新的想法或假设，每一个问题的答案都已在选项中提供了。弗雷泽里克森曾经推测，如果解决实际问题的创作力真的能教的话，那么精心编制试题并以此作为手段鼓励这方面的教学活动，就非常值得尝试。鼓励创造力教学当然有其价值，但许多人认为这种能力是不能教的。弗雷泽里克森告诫说，适合于考察创造力的测试并不存在：

> 研发新的考试形式肯定不像前文设想的那么简单。难题在于需要弄清楚，考生在执行某项特定任务的时候，突出的方面是什么。同时，还要弄清楚，考生在相关活动的认知过程中，有何凸显之处。另外，在评分方面也存在一些难题——包括如何记录原始信息、如何计算、如何评估以及如何以其他方式将相关信息转换成有意义的分数。[1]

这些概念性和实际性的问题尚未解决，而且也不太可能被解决。这正是斯旺森（Swanson）等人最近发表的一篇评论文章所探讨的主题。不难发现，在相关研究领域中，真实的高阶技能——医学应用能力——一直在接受测试。几十年来，人们一直希望能够推出公平而准确的应用技能考试，但结果都以失败告终。[2] 在阐述失败的原因方面，这篇论文特别具有借鉴意义：评分标准差距太大；"普遍性太低"；"专业知识并非一般能力"；模拟的世界并非现实世界，而且"考生在应试过程中的表现与在现实生活中的表现不一样"；"无法根据一种情境中的表现预测其他情境中的表现"。简言之，弗雷泽里克森的警告与他对多项选择题教学模式的潜在性影响的担忧，都有充分的理由。事实上，斯旺森和他的同事们得出的结论是，"具有讽刺意味的是，在医疗卫生

---

[1] Frederiksen, *The Real Test Bias*, 193—202. "在我的标题中出现了'真正的考试偏向'，因而不得不解答考试对实际教学的影响方面的问题。有效的考试比无效的考试更占优势，有很多重要的能力没有测试——也没有教。"（参见原书 201 页）关于多项选择题考试形式的缺陷，弗雷泽里克森列举的第二个例子是，在个人技能受制于时空背景的情况下，它过度强调言语理解能力，这就像为了提高机枪的火力而调节液压缓冲器一样。

[2] Swanson, Norman, and Linn, *Performance Based Assessment*, 5—11, 35.

专业中热衷于应用能力评估的结果是，对多项选择题考试的改进。"① 弗雷泽里克森本人的建议非常谨慎：

> 情境测试之所以没有在各种考试程序中被广泛地使用，是因为不得不考虑成本和效率（以及可靠性）方面的问题。这种类型测试的成本偏高，不可能与多项选择题测试的成本相提并论。但是，如果主要目的是为了教学而不是评价和课程排名的话，相关测试的成本尽管较高，倒也是正当合理的。②

有人认为，多项选择题所考察的只是那些浅层次的东西，而不是那些需要深入理解的内容。对此，弗雷泽里克森非常明确地指出，相关研究已经驳斥了这种说法："基于相关性的研究结果表明，测试形式并不影响测试内容。其他调查人员已进行了更为复杂的分析，得出了类似的结论。"通常情况下，对于调查人员而言，有时让他们惊讶的是，"没有发现考试形式影响考试内容的证据"，而且"针对数学推理的测试，不管采取何种测试形式，测得的结果都一样"。③ 这些明确为标准化考试辩护而反驳反标准化测试的言论，并没有被那些捍卫多项选择题考试的人利用，反而被那些反对考试的人引用在研究报告中，为他们的立场提供科学支持！在这种情况下，那些反对考试的人错误地认为，多项选择题不能测试复杂技能或实际技能。现在，让我们来看看第二个与此相关的批评吧。

多项选择题测试会导致被动式的和机械式学习 之所以说多项选择测试具有这种效应，是因为它们：

> 强调对孤立事实的快速识别能力而不是信息整合和思想创生能力。（而且它们）把各种各样的知识以及我们所期待的学生的各种实际能力排

---

① Swanson, Norman, and Linn, *Performance Based Assessment*, 11.
② Frederiksen, *The Real Test Bias*, 200.
③ 同上，197。

除在外，把考生置于一种机械反应的被动状态，而不是发挥他们的能力去直面任务、积极思考和解决问题。①

根据大多数研究者的看法，这是一种错误的指责。或许，应对这种错误指责的最佳途径，就是简单地复制或者重新设计一个选择题，作为反驳上面错误观点的例子。让我们试一试，看看是否能够设计一两道需要学生积极思考和直面任务的测试题。实践证明，这件事并不难。事实上，只要花几分钟时间就能设计出一道下面这样的题目，尽管有其不足之处，但很容易反驳多项选择题测试会导致学习被动和思想零散这一观点。

1995年，加利福尼亚州洛杉矶市郊的一个拉卡马小镇，曾经考虑过消除烟雾的各种方法。为了达到这个目的，人们事先提出了下面这些计划。哪一种做法可能会成功呢？
（A）在镇内禁止所有柴油卡车通行。
（B）机动车的行驶速度限制在30—50公里/小时。
（C）要求在本镇注册的所有车辆安装净化转换器。
（D）在镇中心设置无车区。
（E）以上均不可行。

为了正确地回答这个问题，考生必须知道烟雾的成因，并能够想象出各种建议的可能结果。也许有一天，他们在现实生活中真的要对这样的建议进行权衡。同样，他们将不得不了解烟雾产生的原因，并对每一种建议可能产生的后果进行推测。在考试的时候，他们需要积极地投入思考，而且就像在解决实际问题一样——必须拥有相关问题的背景知识。他们需要参与到以下几种解决问题的活动中来，对每一种建议进行权衡：

（A）禁止柴油卡车通行。柴油卡车在多大程度上导致了烟雾呢？可以说

---

① Neill and Medina, *Standardized Testing*, 694. Darling-Hammond, *Setting Standards for Students*, 15.

微乎其微，因为与公交车相比，这些卡车数量很少，它们对本地区烟雾的总体影响很小。此外，即使柴油卡车的排放量很大，那么在禁止通行而不能运货的情况下，这个城镇还能继续正常运行吗？估计不可能。因而结论是：此建议不切实际，它不但达不到预想的目标，也不会被该镇人民所接受。A 不可能是正确答案。

（B）降低车速。如果一辆车以较低的速度从 A 地到 B 地的话，能减少导致烟雾的排放量吗？能，但不是很多，也肯定不足以防止烟雾。B 肯定是错误答案。

（C）要求安装净化转换器。自从 1995 年起，加利福尼亚的大多数汽车就已经安装了净化转换器。可见，此举也不能显著地减少烟雾。

（D）在镇中心建无车区。按照这个计划，镇中心的汽车尾气排放量确实会降到零，但是，仅仅这么一块地方的空气改善，就能显著改善整个城镇——甚至镇中心的烟雾状况吗？既然大部分地区的烟雾是由天气因素和汽车排放共同造成的，那么，一个小镇镇中心的排放量减少，并不能解决全镇的烟雾问题。

（E）A、B、C、D 都不可行。这是正确答案，但是，考生只有对几种备选方案进行积极的、批判性思考，并且具备足够的相关知识，知道一个郊区小镇自身根本摆脱不了雾霾这一事实，才会很自信地选择 E 这个答案。当然，如果考生已经知道了相关事实而不需要分析判断的话，那么在答题的时候就轻松多了。可见，不管采用什么考试形式，相关背景知识始终是迅速解决现实问题的根本条件，同时很难看出，不积极发挥创造性解决问题的能力，怎么可能知道这种类型问题的正确答案。然而，批评者却认为，多项选择测试形式天生地阻碍着解决问题能力的发挥。

批评者指责多项选择题会造成琐碎化学习和机械式学习，就这种批评而言，它在数学领域的误导性比其他任何领域都大。数学问题最容易设计成多项选择题，但考生只有在顺利完成多个步骤的运算之后才能在备选项中做出合理的判断。此外，有些数学测试题本身就可以直接测试考生的实际应用能力。这类考题会在问题边上留下空白，要求考生在给定的地方写下所有的运算过程。阅读测试和数学测试确实是小学阶段最重要的测试形式。就这两种测试的设计而言，本身就要考察积极思考和实际应用能力。毕竟，学生只有高效地阅读和理解相关段落之后才能够做出相关判断，而且必须弄清楚相关数学问题的解答方式之后才能够做出选择。一道精心设计的标准化数学题或阅读题，本身就可以测试实际应用能力，本身就需要"信息整合和积极思考"，本身就"要求（学生）发挥任务解析、思想加工和问题处理的能力"。

下面举一个简单的例子：

> 将一些苹果一个一个地放到六个篮子中去。第一个苹果放到一号篮子中，第二个苹果放到二号篮子中，第三个苹果放到三号篮子中，以此类推，直到每个篮子都有一个苹果。如果重复上面这种放法，每次都从一号篮子开始放苹果，那么，第74个苹果将会放在哪个篮子里？
>
> （A）二号篮子　（B）三号篮子　（C）四号篮子　（D）五号篮子　（E）六号篮子①

这个问题可以通过对整个分发过程进行模拟来解决，但是，这种模拟法非常枯燥，它必然占用考生解答其他问题的时间，而且可能出现很多计算错误。更好的办法是找出一种快捷的计算方式。因此，并不是计算活动本身需要高效，相反，搞清楚哪一种计算方式更实用，才算是问题解决能力。仅仅有一种计算技能是不够的。

这里有一个同样简单的问题，需要理解几何关系，需要富有创造性的想象能力，并能画出示例图：

> 如果 j、k、l 和 m 是同一平面上的四条直线，其中，j 垂直于 k，l 与 k 相交但不垂直，l 垂直于 m，那么，下列的选项哪一个正确？
>
> Ⅰ. j 平行于 l
>
> Ⅱ. m 与 j 相交但不垂直
>
> Ⅲ. m 垂直于 k

---

① 本例和下一例均源自 College Board, *Test Skills*.

(A) 只有 I 正确
(B) 只有 II 正确
(C) 只有 III 正确
(D) I 和 II 正确
(E) I 和 III 正确

这些朴实的例子有力地驳斥了那些对多项选择题嗤之以鼻的人，他们不假思索、频频指责，认为这种题型必然导致被动的机械式学习。此外，这些例子还阐明了一个事实：许多教育学说之所以会成为公理，并不是因为它们自身正确，而是因为被不断地重复，以至于似乎它们肯定是正确的。

从另一方面来讲，多项选择题之所以反反复复被指责，说它造成了肤浅和被动，是因为相关批评确实言中了一些问题。但是，只有在考试被滥用的情况下，相关批评才能算有效。如果老师知道将会考烟雾问题、苹果分篮问题以及垂直线问题，那么该地区的大多数孩子就可能会通过反复操练和机械记忆来掌握这些例题。如果那样的话，相关测试和教学确实会"强调对孤立事实的快速识别而不讲求信息加工和独立思考"，同时，的确会把学生置于"机械被动的境地，不去调动他们组织规划、独立思考和解决问题的能力。"但是，正如西德尼（Sidney）在反驳诗歌会败坏道德时一针见血的追问那样："什么！一样东西难道会因为被滥用而使其正确的用途变得可憎吗？"

多项选择题测试导致高阶技能下降

> 自1970年以来，标准化考试越来越多地被应用于各种评价领域，不难发现，考生的基本技能分数一直在小幅度上升，但高阶思维技能的分数却一直在下滑，几乎在所有学科领域都是如此。[1]

很明显，这种抱怨的言下之意在于，正是多项选择题本身导致了教育的

---

[1] Darling-Hammond, *Setting Standards*, 15.

衰退。这种"后此"思维的前提假设是，多项选择题只能测试考生的基本技能。① 如果按照这种逻辑的话，就可以解释为什么多项选择题会促进基本技能水平提高，而导致高阶技能水平下降这一现象了。按照这种假设，高阶技能是人们想要的，但多项选择题却不能对其进行测试，也不鼓励高阶技能方面的教学。顺便说一下，在这场争论中，有一个事实需要留意，所谓高阶技能下滑这种论调，是通过对国家教育发展评估（the National Assessment of Educational Progress）的测试题进行分析得出来的。NAEP 由一系列的测试组成，但直到最近才设计多项选择题，用以衡量各种水平的低阶技能和高阶技能。如果 NAEP 测试题不能测试高阶技能的话，他们又凭什么告诉我们说那些技能已经下滑了呢？

尽管标准化测试造成高阶技能下滑这一论调站不住脚，其前提假设也自相矛盾，但是它也具有一定的合理性，因为各州和地区实际使用的测试长期以来倾向于测试基本技能，而且相关测试已经被滥用。众所周知，在 20 世纪 70 年代，由于学生基本技能下滑，举国震惊，因而采取了一些措施，以确保更多的学生掌握这些技能。相关举措卓有成效。但是，如果测试仍然只专注于基本技能，而且国家依然不鼓励高阶技能的教学，那么，现实中的回归基础运动就会依然忽视高阶技能。多项选择题造成高阶技能下滑这一论调的错误在于，它认为，标准化测试阻碍了自身对高阶技能的测试，而事实上，它们有助于高阶技能的发展，就像在基本技能方面取得的成就一样——芭芭拉·莱纳（Barbara Lerner）已非常充分地论证了这一观点。我们真正需要的，并不是废除标准化考试，而是追求更高水平的标准化测试，更为恰当地使用标准化考试，让学生和学校取得更高水平的成绩。基本技能并不会成为高阶技能的障碍，而事实上，只可能成为其基础。

多项选择题歧视某些社会群体，而且确实造成了他们所反映的不平等

来自少数民族家庭以及低收入家庭的学生的考试成绩比较差，在制

---

① 所谓"后此"（post hoc），是"后此，所以因此"（post hoc, ergo propter hoc）的缩写。该短语由拉丁文翻译而来，意思是："在此之后，因而必然由此造成。"——译者注

卷人员看来，这恰好说明美国学校及社会中存在着偏见和不公平现象。偏见与不公平确实存在——但是，标准化考试不仅反映了偏见与不公平所带来的影响，而且本身就带有偏见和不公平成分。

这些考试所反映的往往是中上层白人的语言、文化或学习风格。因此，这类考试既是对考生个人学习成就、学习能力或技能的衡量，也是对其所属种族、民族或家庭收入的衡量，同一个分数反映两方面的水平。

即使考试没有任何技术上的偏差，但如果以某种文化为基础的话，也必然会导致不公平。①

这些问题与长期以来讨论的技术层面的问题根本不同。至于说考试因技术偏差而不利于特定人群，确实不是以上抱怨的重点。导致不同阶层、种族、性别的考生成绩不公平的因素很多，究竟是因为考试技术层面存在问题，还是其他什么原因，抱怨者们很少加以区别，而实际上，它们对考生成绩的影响并不一样。按照美国心理学会（The American Psychological Association）的说法，所谓考试偏差，其实是一种连贯性差异（a consistent difference），也就是说，对于一组特定的考生而言，他们在考试中的表现与他们在考试所要考察的真实情境中的表现不一致。②如果一组12岁的女孩子与一组同龄的男孩子相比，在数学考试中的成绩比较差，而且在实际数学问题上的表现也比较差的话，那么两组之间出现分数差异本身并不能说明考试在技术方面存在偏差或不公平。同样，如果一组12岁的男孩子与一组同龄的女孩子相比，在语言测试中表现比较差，而且事实上他们也不能像同龄的女孩子那样阅读和写作的话，那么两组之间出现分数差异本身也不能说明考试存在偏差。近年

---

① Neill and Medina, *Standardized Testing*, 691. Neill, *Some Prerequisites for the Establishment of Equitable*, *Inclusive Multicultural Assessment Systems*, 121.

② 所谓偏差，是基于效度而言的。偏差又称为考试误差，是指个别测定值与测定的平均值之差，它可以用来说明测定结果的精确度高低。所谓效度是指所测量到的结果反映所想要考察内容的程度，测量结果与要考察的内容越吻合，则效度越高；反之，则效度越低。相关内容，请参见美国心理学会编制的 Standards for Educational and Psychological Testing.

来，制卷人员一直努力确保在技术层面不要出现偏差，而且在当今高风险的多项选择测试中也不太可能存在什么严重性的技术偏差。公平问题是本书讨论的一个主题，但需要将它与技术偏差方面的问题分开讨论，因为测试技术方面的偏差属于干扰性因素，它很容易与思想意识方面的问题混为一谈，孰是孰非说不清。

5. 公平问题

考试和教育过程中的公平问题，不仅仅是思想意识层面的问题，同时也是非常具体的实践问题。在我看来，有一项提案根本不切实际，它竟然建议推行补偿性的评分或测试原则，运用非常诡秘的手段轻而易举地将不同群体考生的实际分数差距遮盖起来。下面的这段文字是由一名教育学教授和一家大型基金会的官员共同撰写的，我们来认真看一看：

> 正如学生在各种测试和评估中的成绩所反映的那样，美国教育中的不公平现象非常严重，而且普遍存在，因而，（看到这里，即使是普通的读者，可能也会期待提高这些学生学习成绩的可行性方案，但相反，得到的说法却是）对于政策制定者和教育工作者而言，改进针对学生考试成绩的测评方法，以及消除各种测评过程中出现的种族和社会经济差距，是今后一段时间需要处理的一个老大难问题。[1]

这似乎是说，既然有些群体的考试成绩比较低，它表明教育存在不公平现象，那么，我们就应该消除不同群体之间的分数差距，从而完善相关考试。从技术上讲，消除分数差异并不是一项复杂的事情。很简单，如果"某个种族或社会经济背景的"考生分数落后的话，那就对该群体所有考生的分数进

---

[1] Nettles and Bernstein, *Introduction: The Pursuit of Equity in Educational Testing and Assessment*, 6.

行重新换算。这就是所谓的"重新赋值"(renorming)。这是美国大学理事会(the College Board)最近在做的事情，其实是为全国所有 SAT 考生的利益所做的一种努力，在不改变原始分数的情况下，利用一个标准差来全面拔高所有考生的分数。但是，为所有人重新赋值是一回事，而有选择地为特定群体重新赋值是另一回事。这种方法的困难之处显然不是技术性上的问题，而是政治上的问题。当技术性的测试偏差被消除之后，许多人可能不会接受，而且（根据 Linda Gottfredson 所做的一些可靠性分析）也不应该接受这种通过选择性地重新赋值来消除群体之间的分数差异的做法。①

毫无疑问，必须坚决反对那种试图通过调整考试分数来实现教育公平的做法，因为它宣称要帮助那些人，而实际上却给他们带来了不公平。对于那些没有得到良好教育而实际能力偏低的同学而言，即使在考试中获得高分，其分数也不可能成为获得社会平等的保障。不管他们的成绩被提高多少分或拔高到什么等级，都是如此。真正的社会正义并不在于学校和大学的一些表面化工作——而是要真正改善那些经济和教育状况都很差的群体的经济状况。当今时代，一个人经济状况的改善，更多地取决于自身的实际能力，而不是考试获得的分数或等级，不论该分数和等级是通过数学换算而被重新赋值得来的，还是因为"改进了学业成绩的测评手段"而得来的。

有一种观点认为，重大考试仅有一种守门把关的功能，那就是阻止弱势群体的全面参与和发展，而事实上，这种观点严重忽视了真实的经济状况。就相关问题而言，罗纳德·弗格森（Ronald Ferguson）在针对黑人白人工资不平等的研究中进行了非常充分的论证。弗格森是一个经济学家，他决定对这个已被广泛研究的课题进行更深入的研究。长期以来，相关研究人员一直习惯于对学历大体相当的黑人和白人进行比较。但是，在一个社会等级晋升需要各种层面教育的时代，工薪阶层的学历状况可能具有很大的误导性。因而，弗格森依据受教育者所获得的实力来研究黑人与白人的工资不平等问题。当他作出这种调整后发现，种族不同但实力相当的工薪阶层之间的收入差距

---

① Gottfredson, *The Science and Politics of Race-Norming*, 955—63.

明显缩小了。①

弗格森身为一个黑人，当然不会以此说明美国没有种族歧视现象。毫无疑问，持久性的种族歧视和等级偏见确实造成了让人难以接受的事实：如果把真实能力考虑在内的话，经济方面的不平等现象会更加明显。但尽管如此，也不应该忽视弗格森所揭示的个人经由教育而获得的实力之于个人经济影响力的潜在意义。它是一种历经艰辛后获得的真实能力，不论这种实力是如何获得的，它对于大多数人而言，在社会竞争中都很重要——对所有阶层的人都是如此。

在人们围绕考试争执不休这一背景下，需要说明的是，弗格森在案例研究过程中所探讨的分数只是原始分数——分数来自于"军队资格考试"（the Armed Forces Qualification Test，即 AFQT）。AFQT 运用的是多项选择题，考察的是阅读、数学和基础知识。它测试的是学业成绩和实际能力。暂且撇开弗格森关于教育公平问题的真知灼见不谈，我一会儿将讨论这个问题，他的分析报告非常重要，因为它证实了经由高水平标准化考试所测定的实际能力之于个人经济状况的重要作用。因此，弗格森的研究工作再次驳斥了所谓多项选择题不能考察实际能力的说法。AFQT 可能是对相关说法最有力的一种反驳，因为事实证明，AFQT 成绩能够很准确地预测考生在军队服役过程中的工作绩效。②

弗格森的研究还阐明了当前标准化考试中的公平和文化偏见问题。既然考试分数与实际经济收入和工作表现紧密相关，而不关乎种族，那么在考察实际能力方面，就没有对任何群体有偏见。另外，那些反对考试的人也有其正确的一面，他们认为，不同考生面对同一份试卷，如果在阅读、写作和计算方面的熟练程度不同的话，那就是对特定文化和语言的歧视——这种歧视并非技术上的歧视，因为考试成绩确实与实际能力一致；这种歧视是一种文化上的歧视，因为不同文化背景的考生的成绩有一定差距。如果这一研究结

---

① Ferguson, *Shifting Challenges*, 1, 37—76.

② Scribner et al., *Are Smart Tankers Better?* 193—206. Home, *The Impact of Soldier Quality on Army Performance*, 443—45. Fernandez, *Soldier Quality and Job Performance in Team Tasks*, 253—65.

果本身就是文化歧视的标志，那么就其本意而言，关于文化歧视的批评就没错。但是，这么使用"歧视"一词来揭示它对教育活动的影响是非常重要的。在我看来，这一批评的深刻意义在于促进一项政策的出台，进而对学校教什么和考试考什么进行调整，以确保各个族群的文化不被歧视。如果某些族群的文化碰巧不利于用标准英语进行阅读、写作和表达，也不利于数学问题的解决，那就应该由学校和命题人员对试卷本身进行调整，以便适应不同族群的文化，而不是相反。

就其政治立场而言，这应该是没有什么问题的。但大多数家长，包括大多数少数族裔家长，都认为学校应该教授主流的科学、数学以及语言艺术。各个地方的公立学校都在阅读、写作和数学方面提供了真正有效的基于主流文化的专业培训，以备社会选择。相当多的少数族裔家庭都报名参加了课程学习，而且他们的孩子也积极响应，热情很高。① 这些父母都很清楚地认识到，对于他们的孩子来说，个人经济前景与流行的市场文化息息相关。而在美国，这种市场文化就是主流文化。

市场属于公共场域，它能够消除种族差异，而且成了多种世界通用语言——希腊语（新约的语言）、拉丁语以及现在的英语的缔造者。那些书面语言的基本规范属于混合标准，它们经由市场而得以创生。有一种观念认为，这种混合文化是为陌生人之间的交流服务的，它是个人身份认定的重要组成部分。其实，这种观念具有历史和经济方面的误区。

以上这种错误认识，就像美国思想史上的许多其他观点一样，与浪漫主义思想有着千丝万缕的联系。众所周知，启蒙思想家杰弗逊及其信徒贺拉斯·曼（Horace Mann）都把公立学校视为帮助每个学生参与政治和经济生活的特殊机构，而浪漫主义者则认为，个人的本族语言和文化是其根本所在。启蒙运动高举世界主义旗帜，认为每个人不仅有自己的本族文化，而且还要

---

① 在布朗克斯、纽约、巴尔的摩、马里兰等好多地方，少数族裔家庭都积极支持孩子学习主流文化，我们也可以看到很多这方面的具体报道。在科罗拉多北部的柯林斯堡，有一家由父母管理的这类学校，很多少数族裔的家庭前来报名，生源爆满。据我们的经验来看，说什么少数族裔学生拒绝"接纳"主流文化，纯属无稽之谈。

适应于国际文化(即"国际都市")。但是,费希特和其他浪漫主义者认为,这种世界主义是一种没落的法式思想。费希特指出,除了真正的德国人,没有人能够恰当地理解和讲好德语。本族文化源自于特殊地域并流淌在本族血液(Blut und Boden—blood and soil)之中。①

这个具有神秘色彩的概念除了在心理学上是正确的,在其他方面都是不对的。文化认同是一种偶然性事件——偶然的认同,本质上并不认同。当然,感觉真的好像认同,尤其在浪漫主义者强化这种感觉的情况下。而且,事实上,只要这种感觉仅限于文化自身领域,同时并不剥夺儿童在学校获得与不同文化对话交流的机会,那么文化浪漫主义就不会造成多大伤害。启蒙运动的这种基于多元文化的世界主义开放包容,甚至能适应文化浪漫主义,只要它不冒险把自己不切实际地插入到学校和政治、经济生活中,因为在那些地方,混合文化确实必不可少。

基于多元文化主义的启蒙运动和浪漫主义之间的政策差异,在下面的两段文字中被准确地呈现了出来。这篇文章对标准化考试的文化偏见进行了抨击:

> 第一种方法(启蒙式的多元文化主义)关注的是,帮助少数族裔学生融入主流文化——包括主流之外的相关文化,而不是改变学校在多元文化方面的基本做法——因而学校的基本精神仍然是单一性文化。既然许多贫困学生和不同肤色学生抵制学校教育,而且明显抵制的恰恰就是被同化,那么这种方法不仅会受到限制,而且也很难奏效。
>
> 第二种方法(浪漫式的多元文化主义)深受欢迎,特别关注的是对学校进行改革,以便适应不同学生及其文化。这种方法能够顾及种族、阶级、性别、语言以及残疾等多方面的问题。该方法应该围绕所有学生,应该围绕所有学生的生活及其家庭背景展开。②

---

① Hirsch, *Diversity and the Perils of Romanticism*, 27—37.
② Neill, *Some Prerequisites for the Establishment of Equitable, Inclusive Multicultural Assessment Systems*, 126.

这种说法没有能够阐释的道理是，课堂教学和市场贸易一样，必须拥有同一性文化，才能保证广泛的参与度。但是，就像诸多通用语一样，这种学校场域内的单一性文化本身是一种混合文化。否认这一点，会造成很多误解。在当今的美国学校中，很难找到任何纯正的"欧洲中心主义"或"盎格鲁中心主义"教学形式。人们希望，在多元文化运动的影响之下，美国学校能够出现百花齐放、百家争鸣的局面，而不是走向文化割据、自我封闭的死胡同。对于我们这些启蒙运动的追随者来说，这是一种非常美满的结果，与世界大同的根本精神吻合。人们希望，时间、经验以及更深刻的公平感，能够让公众深刻地认识到：在现实中，差别化的教育与测试并不能带来真正的社会公平和经济公平。

关于让所有族群的学生都得到相同考试成绩的辩论，根源于更上位的关于平等主义的思想分歧。自二战以来，西方民主国家中的平均主义思想越来越强劲。一方面，那些崇尚精英制度的人，以公平和社会效用的名义，希望学校把有天赋的学生和天赋不佳的学生分开，以便每个孩子的潜力都能够得到充分自由的发展。另一方面，那些平等主义者和全纳主义者则反对所有差别化教育，尤其反对在低年级就这么做。他们认为，这种政策不仅阻碍了后进生和那些处境不利的孩子的发展，而且剥夺了那些能力较强的学生的领导力训练和民主态度的形成。在许多民主国家中，尤其在美国，相关争论最终聚焦在应该将公平界定为"机会平等"还是"结果平等"上，而双方都宣称自己所追求的是"真正的公平"。① 在美国的许多学校中，教育管理者和教师，包括那些认为自己是社会进步主义者的公众人物，都赞同结果平等，认为应该让绝大部分社会成员获得结果平等，而那些认为自己是保守主义者的人，则赞同个人机会平等。然而，要真正解决这一系列问题，谈何容易！

在美国，有一些文化群体被不公平地剥夺了平等的受教育机会。之所以出现这种不公平现象，主要不是文化方面的原因，而是历史和经济方面的原

---

① 就这个问题而言，胡森的研究与著述特别有价值，相关内容可参见：Husen, *Talent, Equality, and Meritocracy and The Learning Society Revisited*.

因。果真如此的话，再去指责测试和教育存在文化偏见，就具有很大的误导性。与考试有关的不公平主要表现为，没有能够让学生在所要测试的能力方面做好充分准备。这些能力通常需要充分的知识储备。例如，SAT 考试的语言部分，实际上就是词汇测试。① 很容易证明，美国的公立小学既没有保证机会平等，也没有保证结果平等。比较研究发现，美国教育体制在教育机会上的平等程度远远低于大多数发达国家。② 在这种情况下，试图在机会平等和结果平等之间做出选择，可能为时过早，因为对于辩论双方而言，保证公平的前提条件是教育机会均等。目前需要优先考虑的问题是，不能对测试乱扣帽子，让考试成为教育问题的替罪羊，同时需要解决精英主义与平等主义之间的诸多争端。

考试公平与教育公平分不开。那些过分强调测试结果平等的人，似乎更容易被误导，特别当他们太关注测试而忽视测试结果所反映出来的客观事实（低能的学生和无效的学校）的时候。人们倾向于责怪"新闻传递者"而不考虑改变新闻本身，这表明人们已对提高学生能力和改善学校状况感到绝望，并对实现机会平等的各种补偿措施失去了信心。美国大学理事会（The College Board）在说明其对 SAT 分数重新赋值的原因时，无意中也表达了这种绝望，而解释的理由就是少数民族考生越来越多。这种社会决定论近似于向少数民族的学生纡尊降贵，与那些考试反对者所表现出来的心态大致相同，因为他们所吁求的是考试结果平等而不管考生的实际能力是否相同。

必须承认，在追求更为公正的社会生活的过程中，对传递坏消息的人进行指责，已成为一种光荣的历史传统。身为民权记者和民权历史学家，尼古拉斯·莱曼（Nicholas Lemann）报道过一个事件。1974 年，最高法院大法官威廉·道格拉斯（William O. Douglas）打算对一个白人学生德福尼斯（DeFunis）进行裁定。具体问题是，尽管该生在法学院的能力测试（Law-School Aptitude Test，缩写为 LSAT）中的分数比被学校录取的任何黑人学生的分数都高，但却被法学院拒之门外。针对这种情况，道格拉斯在一开始

---

① Carroll, *Psychometric Approaches to the Study of Language Abilities*, 29.
② 同上, 38—42。

的回复中发表了个人的初步意见。他（在没有证据的情况下）认为，法学院的能力测试"根本就不客观"，而且还可能包含"隐蔽性的偏见"。道格拉斯之所以会陷入这种境地，是因为他确实是一个崇尚精英教育的人，并且曾经在意见初稿的前言中提到了杰弗逊所说的"美德和才华的贵族"这段文字。道格拉斯写道，"正如我对《宪法》和《人权法案》的理解一样，民主理想预设了一个有才能的贵族阶层，必须允许所有种族为相应的等级地位而竞争"。但是，法学院的能力测试能够非常准确地预测黑人和白人在法学院的成绩。似乎并没有什么办法能摆脱道格拉斯困境（Douglas's dilemma）。莱曼认为：

> 道格拉斯在表明其根本立场（不利于德福尼斯）时特别愤怒，对法学院的能力测试的批评比以往更为严厉。他明确指出，法学院的能力测试有种族偏见；这种偏见使法学院的偏见变本加厉、名正言顺；事实上，应该彻底废除法学院的能力测试。尽管没有什么证据，但道格拉斯决定宣布法学院的能力测试存在偏见，由此可见，他虽然困惑迷茫，却百思不得其解。他内心对精英主义情有独钟，但现实中又感觉精英主义机械呆板，同时对有些文化的青睐又远胜于其他文化。至于如何协调这种复杂关系，他左右为难、不知所措。[①]

或许，摆脱道格拉斯思想困境必须面对的事实是，尽管教育一体化了，但美国公立学校却会对——且将继续对——社会各阶层产生不同程度的影响。由于这种根本性和决定性的影响确实存在，弱势阶层中的各个民族和种族都不可能幸免。影响之所以不同，原因如下：出身于中、上阶层的学生拥有良好的家庭教育，与那些家庭教育不好的学生相比，他们在学校学得更多，能力也会更强；那些家庭教育背景好的学生，能够凭借已有的知识，从知识连续匮乏的学校教育中获得更多知识，而那些教育水平低下的家庭，则无法为孩子弥补学校教育中空缺的知识。在水平一般的学校中，来自不同社会阶层的学生的能力差距会逐年扩大。在教育质量一贯不错的学校中，由于所有学

---

① Lemann, *Taking Affirmative Action Apart*, 36—66 passim.

生都有明确的年度学习目标,因而早期的、系统的补救方法就可能得以落实,各类学生之间的能力差距也就可能缩小。当时,道格拉斯法官如果引用这一事实的话,就有可能在不违背精英教育原则的前提下,对法学院的补偿性做法作出合理的解释,因为精英制度的前提条件是机会的真正平等。由于不同社会阶层子女的知识基础一开始就有差距,学校若不采取有效的补偿措施,就不可能有真正平等的教育机会——越早落实补偿措施越好。这是我强烈赞同的一种政策。

在前文中,我已经解释了为什么美国在早期教育和持续的补偿教育方面的努力一直劳而无功。[①] 为了防止对开端计划(Head Start)和学校发展失望,人们常说,美国是一个具有很多独特问题的多元化国家。这种夸大其实的说法的可能用意在于,暗示美国不可能实现教育机会平等,而且因为与众不同而无法向那些比较好地解决了教育机会平等问题的国家学习。但是,在最近的一项针对不同地区学生的数学成绩的研究中,哈罗德·史蒂文森(Harold Stevenson)和他的同事们制作了一张图表,其中的三条曲线分别代表中国台湾、日本和美国的学生考试成绩及其分布情况。正如我们所预料的那样,亚洲学生的成绩远远高于美国学生的成绩。但是,就精英主义者和平等主义者之间的争论而言,分别代表中国台湾和日本的这两条曲线的形状说明了一个很重要的问题,它们揭示了一种公平的好的教育制度所能带来的实际效果。

中国台湾这条曲线代表精英主义,日本这条曲线代表平等主义。精英主义这条曲线有双峰,中间有两处明显的凸起,这表明常规教育和精英教育在考试成绩这一点可以接轨。由于常规教育和精英教育可以并行,二者可以形成连贯的系统,且都按照特定的年度规划认真地进行教学和监控,所以中国台湾在双轨教育体制下的平均得分远远高于美国的平均分值。与中国台湾相比,日本这条曲线显得更加平等;每个人都处在同样的教育运行机制中,并且接受同样高质量的课程和教学。其结果是,它显示为一条整洁、规整的曲线,由此可见,日本学生平均能力水平非常高。这两条曲线代表了两个不同

---

① Lemann, *Taking Affirmative Action Apart*, 43—46.

意识形态的党派对于教育公平的态度。日本和中国台湾的做法都有其合理之处，但大多数美国人都认为中国台湾的教育制度是一种不公平的教育制度。由这三条曲线可以清楚地看到，日本和中国台湾的教育比美国更加公平，因为美国教育留下了那么多不合格的学生，甚至不论依照哪个党派的原则来看，这种结果都算不上公平。在美国，平等主义和精英主义关于教育公平的哲学争论可能有点偏离主题，我们本该深刻反思的是公立学校中普遍存在的课程设置和教学水平问题。

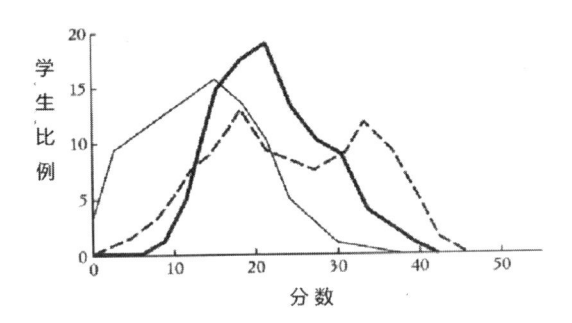

11 年级学生的数学考试分数：日本为粗线；中国台湾为虚线；美国为细线。均值为±1；标准左为 21.76±6.59，24.0±9.47，13.39±7.06；样本量分别为 1120、1475、1197。

来源：H. Stevenson. C. Chuansheng. and L. Shin-Ling, Mathematics Achievement of Chinese, Japanese, and American Children; The Years Later. *Science* 259 (January 1, 1993): 51-58.

测试中的公平离不开学校教育中的公平，但正如图表所显示的那样，学校教育的公平也离不开学校教育的卓越。在一个国家的教育体系中，公平和卓越总是相辅相成的，那些能够让处境不利的学生展示最好成绩和最强能力的教育原则和教育制度，也能让处境不利的学生展示最好的学习效果。如果每个年级的每个学生都必须获得高水平的学习成绩，如果教师都是能够确保目标达成的专业人员，那么所有学生便都能学有所得。对于那些后进生或处于弱势的学生，必须在课内外花费额外的时间进行辅导，以便帮助他们达到所要求的水平；但同时，对于那些学习进度较快的学生，则将各种富有挑战性的学习任务安排给他们，其中包括当助教、加快学习进度，通过这些手段来维持学习的挑战性和避免教学的枯燥无聊。在这种教育系统中，所有儿童都能够达到所要求的高度，整个班级都能够一步一个脚印地向前迈进。

这种做法可以解释为什么卓越的国家教育制度能够保证普遍的高学业成绩，也可以解释教育机会的补偿性均衡是如何实现的。一旦明确所有人都必须达到的具体要求，便可以确认每个学生能够从学校获得哪些必要的智力资本。这些智力资本源自学校而不是家庭。这种通过补偿教育而实现的智力资本均衡，隐含在杰弗逊·曼（Jefferson Mann）关于民主的公立学校的愿景之中。滑稽而可悲的是，由于思想和制度的历史偶然性，先辈们的理想在亚洲和欧洲都得到了很好的落实，而在美国却没有什么反响。

反考试运动最后还有一点比较滑稽，它以社会公平的名义，反对把富有风险的测试作为检测、监督和激励的手段——而测试的这些功能对社会公平是极其重要的。如果没有有效的监测手段、有力的激励措施，包括富有风险的测试程序，任何教育系统都不可能实现卓越与公平。好的测试对于教学、监督和激励都是必要的。约翰·毕晓普（John Bishop）详细地说明了富有风险的测试对于激励学生努力学习的重要性。[1] 浪漫主义者认为，学习是自然而然的事情，而且学业成就的动机源自学习者内心。这种异想天开的错误认识，成了各种社会正义的最大障碍之一。现实中，那些贫穷和弱势的学生必须得到激励，比那些条件优越的学生更加努力地学习，才可能得到平等的教育机会。作为弱势群体和权力被剥夺了的群体的代言人，安东尼奥·葛兰西（Antonio Gramsci）非常明智地指出，浪漫主义教育理论对社会公平造成的最大伤害就是蛊惑人心，认为教育目标的达成就像树上的树叶一样自然而然，不需要外在的激励引导、纪律约束和辛勤付出。

---

[1] 参见：Bishop：*Why U. S. Students Need Incentives to Learn*，15—18；*Impacts of School Organization and Signalling on Incentives to Learn in France*，*The Netherlands*，*England*，*Scotland*，*and the United States*；and *Impact of Curriculum-Based Examinations on Learning in Canadian Secondary Schools*.

七、概括与总结

1. 重在实践效果，而非意识形态

本书现已探讨了很多个主题，但估计没有读者能够把探讨过的那么多细节都牢记在心。为了明晰起见，接下来我将对之前讨论过的那些最为根本和最为重要的内容进行筛选、引述、强调和概括。

为了给读者提供一种历史视角，本书针对当前在美国占有主导地位但没有什么实际效果的教育取向问题，专门用了一些篇幅来探讨。这些教育取向的直接来源是20世纪20年代的进步主义运动，而这一运动的发源地则是哥伦比亚大学的教师教育学院。这当然不是什么新发现，凡是阅读过劳伦斯·克雷明（Laurence Cremin）和丹妮·里威奇（Diane Ravitch）作品的人，都知道这个线索。[①] 为了视野更开阔一些，我则将进步主义教育运动放置到美国浪漫主义传统这一历史坐标中来考察。这种浪漫主义起始于19世纪初期，至今在美国文化中强盛不衰。它不仅是进步主义运动的一次思想宣传，而且这种普遍存在且影响深刻的浪漫主义传统，真正阻碍了现实教育方法的调整和改进。在美国学校中，高水平发展、书本知识学习和个人刻苦努力这些东西，一直没有得到应有的重视。而且，正因为关于儿童和人性的许多假设，源自

[①] Cremin, *The Transformation of the School*, 134—35. Ravitch, *The Troubled Crusade*, 235—36. 关于后一时期的深入讨论，请参见 Sewall, *Necessary Lessons*.

于历史悠久的浪漫主义教育传统，所以才会深入人心，一直牵绊着公众的思想。我们需要对这些根深蒂固的假设进行修正——这可不是一件容易的事情。

但是，如果读者认为这本书仅仅是为了复兴启蒙主义教育传统，以此来抗衡过于强势的浪漫主义教育思想，那就把本书主题看得太简单了。这确实是我要传达的信息之一，但过于强调这一点会产生误解，让人以为主要问题是哲学或意识形态方面的问题。相反，主要问题是现实性问题。我之所以探讨过去70年来基础性的、主导性的教育思想，旨在化解这场辩论，使其超越自以为是的浪漫主义口号，进而转向学校教育中那些实际有效的东西。我对于浪漫主义教育思想的主要不满是它与教育现实不相符。反对它的最有力的理由不在于它在意识形态方面存在错误，而在于它在经验假设方面说不通，因而它在实践中是无效的。在诗歌领域，可以说浪漫主义优越于启蒙主义，但在教育领域，浪漫主义原则作为实践指南，已被证明远不如启蒙主义更有效。

到目前为止，每个人都能明显地看到，浪漫的进步主义学习方法并没有在美国公立学校中奏效。但是，危险仍然存在，美国人习惯于接受那些不断被重复的观点，轻信"新"思想从来没有被正确地试用过。在20世纪90年代，这是唯一貌似合理的冠冕堂皇的说法，或许可以摆出来为浪漫的进步主义思想的失败做些辩护。对于"从来没有被正确地试用过"这种辩解，你很难明确地予以反驳，因为任何失败的实例都可以即刻被标识为一个有缺陷的、不真实的试验，而任何传闻的成功都可以立即被贴上进步主义理论胜利的标签。但是，相关研究文献并没有提供一个在某项经过严格控制的纵向研究中成功地实施进步主义方法的案例。正如我在第四章所说明的，事实上，基于过程—结果的研究已连续不断地证明了相反的结果，浪漫的进步主义方法始终是被研究的方法中最无效的一种方法。[1] 难怪进步主义者一直呼吁各种新型的评价方式——它们能够使研究结果有所不同！拒绝"从来没有被正确地试用过"这种辩解，这是公众和各类媒体义不容辞的责任。在过去的几十年中，

---

[1] Rosenshine and Stevens, *Teaching Functions*, 376—91. 也可参见：Brophy and Good, *Teacher Behavior and Student Achievement*, 338.

我们太相信"儿童中心"这种观点了。这种现象绝不能再延续下去了。

自然主义教学思想和综合设计教学法已经盛行了好几十年，一直压制着集中指导教学法。再这样下去，我们实在承受不起。集中指导教学的实际效果在于，学生能够在阅读和数学方面获得熟练的操作技能，能够在历史和生物这类学科学习的过程中触类旁通，获得扎扎实实的相关知识。我们应该摒弃那些立论错误的观念：每个孩子都按照他（她）自己的节奏自然地学习；教导儿童比教授知识更重要（不管它意味着什么，都不考虑失败的学科教学）。我们不能接受的一种说法是：知道如何学习（一种可能并不存在的抽象技能）比拥有广泛的、有利于进一步学习的基础性的事实知识更重要。轻视讲授法而颂扬"做中学"，这种思想也必须摒弃，因为它的浪漫主义前提是错误的，认为语言本身并非人类理解活动中的真实成分。我们不可接受的一种错误信念是：适当的教育是自然的、不费力气的，主要是个人才能在起作用而不需要努力工作。我们必须反对的另一种错误说法是：直到儿童"准备好了"再学习，从长远来看会加快学习速度。我们绝不能再迷信一种诱人的说法：学习一门课程应该完全因为发自内心地热爱它，应该完全出于对这门学科感兴趣，并不需要各种有效的外部激励措施。总而言之，我们不能再听信20世纪90年代的改革者们的浪漫主义观点了，这些观点只是在重复20世纪20年代、30年代、40年代以及这几十年间的改革者们的那套说辞。这些改革者们异口同声、前呼后应。这些思想显然算不上什么改革，但在失败的美国学校中一直占据着主导地位。

这些观点之所以在美国教师和美国人听来很容易接受，主要是因为它们符合美国文化中自然生成优于人工制造的浪漫主义偏好。按照这种假设，综合性、生活性学习富有自然性，最有可能发生在学校以外自然状态的"现实生活"中。由此看来，如果将这种"综合性"方法应用到学校环境中去的话，也会成就一种更为有效的人性化教育。再次引用爱默生的一段语录：

> 教育这种东西！……我们被关在中小学和大学的教室里，长达十年乃至十几年，最后装着一肚子大话出来了，却什么事都不会做。我们不会用双手，也不会用双脚，不懂得用眼睛去观察，也不懂得用双肩去担

当。当我们被困在森林里的时候，连一块可吃的树根都找不到。我们不会利用星星辨识行走的方向，也不会根据太阳来确认一天的早晚。如果我们会游泳和滑冰的话，那也会好一些吧。我们竟然会害怕一匹马，害怕一头牛，害怕一条狗，害怕一只猫，害怕一只蜘蛛。还是罗马人的教育规则更好，在一个孩子没学会站立之前，就什么都不要去教……农场，没错，农场就是最好的学校。我之所以特别敬重农民的理由在于，他们是现实主义者，从不夸夸其谈。农场是生活世界的一部分，但学校达不到这一点。农场可以通过训练人的身体而滋养和提升人的精神与心灵。①

这里，爱默生直截了当地表达了进步主义者依然信奉的一种前提假设，在他们看来，在教室内开展的传统教育——课桌成排放置，学生成排坐立，主要借助于言语、训练和练习——是不自然的，因而也是有害的。在进步主义者看来，自然的学习方式应该发生在逼真的生活情境之中，应该拥有贴近生活的学习目标，这样学生才能够明确和发现所要掌握的东西。据称，这种教育模式不仅能整合各种需要学习的知识和技能，而且还能比奖励和惩罚等外在的激励措施更加有效地激发学生的兴趣和动力。

为什么这些很吸引人的教学设想在美国学校中被付诸实践时没有实际作用呢？其失败的原因之一在于，自然主义方法并不能对所有学生产生同样的激励作用。更重要的是，这种方法确实不能有效、安全、普遍地传授知识和技能。② 例如，运用设计教学法来教孩子认识"地下铁路"（Underground Railroad）是怎么回事，很可能导致的结果是，就像一种制作饼干（配上黄油和果酱来完成）的游戏差不多，目的不过是让孩子们"亲身体验"一下怎么制作那些被在逃的奴隶吃掉的食物。孩子们从这种无重点的教学中所获得的那些有所理解的东西，并不是由善良的、无形的、取向明确的本性所控制的。孩子们所记住的内容只能是一些不受控制的、偶然性的东西，而且在很大程

---

① Emerson, *Journals*, entry for September 14, 1839.
② Rosenshine and Stevens, *Teaching Functions*, 376 – 91. Brophy, *Teacher Behavior and Student Achievement*, 338.

度上与明确和可靠的学习目标无关。如果没有明确的重点和具体的目标——一旦丧失"传统的"学校教育——稳定而全面的学习就无法保证。基于过程—结果的相关研究表明，孩子们从自然主义的"综合性"学习中获取的东西，可能存在着很大的差异性和不确定性。

2. 两个历史性错误：形式主义和自然主义

美国正统教育思想中的两个基本原则——形式主义（formalism）和自然主义（naturalism）错在何处？对这个问题进行重新阐释是很有意义的。我所说的"形式主义"指的是：认为在学校里学到的特定知识（我将其称为"知识资本"）远没有获得正式的学习方法那么重要，因为这些方法有助于学习未来的知识。这种学习方法更为重要的教育思想是现在各个学校都忙于教学生查阅字典和训练批判性思维的原因所在。在这种类型的课堂上，学生所查阅或批判思考的具体内容却半生不熟、无人问津。我之所以将这种教学方式称为"形式主义"，因为它认为教育的主要目的并非传递知识，而是传授正规的智力工具，诸如"学会学习""获取知识的技巧"和"批判性思维能力"等。

就"自然主义"这个术语而言，其核心思想在于：认为教育是一个具有自身本来形式和节律的自然过程，这种形式和节律因人而异，而且当它与自然的现实目标和生活情境相结合时，效果最佳。自然主义认为，最佳的学习方式就是遵循和支持这种生活化的自然发展过程。违背这种自然过程的教育要么是无效的，要么在精神上是有害的。形式主义和自然主义都属于半真半假的理论——这种错误极其致命，因为它们貌似合理而可信。

仅仅从实践层面来看，形式主义教育思想问题重重，因为它强调过程和技能而不注重具体内容，但事实证明，这么做收效甚微，学生的正式技能（formal skills）并没有多大提高。心理学研究发现，人们真正需要的实际能力，诸如阅读、写作、交流、学习、分析、掌握和运用数学符号等方面的能力，都离不开"某个领域的特定知识"。这意味着，针对国际象棋进行批判性思考的能力，并不能转化为针对航海技术进行批判性思考的能力。同样，针对美国内战的有效阅读和写作能力，并不能转化为针对农业生产的有效阅读和写作能力。确实，不同主题内容的阅读技法大致相同，因而各种阅读过程中的熟练程度在一定程度上取决于相关阅读技法（通过反反复复运用后所达到）的自动化水平。自动化水平越高，越能自觉地投入批判性思维活动。但是，在美国内战方面的阅读能力也取决于相关词汇、惯例和图式的占有情况，它们直接构成了阅读和学习美国内战的知识基础。无论是在阅读还是在其他任何智力活动中，没有什么东西可以替代这些特定领域所必需的知识基础。

因此，声称学校应该教或能够教普遍适用的阅读技能、思考技能和学习技能，这是一种谬论。但悖论在于，如果特别关注一般知识并广泛地加以传授的话，确实能够促进一般智力技能的形成。这个悖论非常令人震惊。当我们特别强调形式技能时，结果学生恰恰缺乏形式技能。相反，当我们适当地强调知识传授时，结果学生却拥有了美国教育工作者所追求那些技能——诸如批判性思维和学会学习等技能。要想解释这一悖论，必须把握形式技能和一般技能之间的不同之处。

所谓形式技能，就是将外在模式或策略应用于新问题的一种能力。心理学家已发现，这种外在模式在现实世界中并不起什么作用。[1] 它只不过是业余爱好者和初学者所利用的一种缓慢而不可靠的方法，并非基于渊博知识的专家能手所使用的灵巧的方法。它是一种没有实际竞争力的方法。相比之下，一般技能则是一种稍微依赖于形式训练和重复的技能（比如阅读中的单词识别）；它以广泛的一般知识为基础。广泛的知识基础能够让受过良好教育的人把相关领域的知识应用到许多不同的新问题和新经验中去——这就是"学会学习"的真正含义。例如，一个人对于美国内战当中一些重要的实际关系的了解，作为一般智力资本的一部分，会成为熟练阅读和反思美国内战的重要基础。相比于那一套形式化的操作程序，相关知识基础可重要多了。一般技能的重要基础并不是经由灌输而得到的抽象策略，而是经由灌输而得到的广博知识。心理学对于这种混合性技能的深刻认识，为全面开展博雅教育提供了最好的辩护。

---

[1] Larkin and Chabay, *Research on Teaching Scientific Thinking*, 150—72.

自然主义作为另一种教条，其根本错误在于，它认为学习过程就像一棵树或一朵花的生长一样，应该遵循自身固有的发展方式——最好在一个类似"原生态"的环境中成长。这种富有宗教意味和哲学根基的自然主义思想被广为传颂，以至于它的前提假设成了不证自明的真理。我们美国人本来就倾向于相信自然的正确性和人工的危害性。但是，除了美国文化本身倾向于赞赏自然主义这一点外，自然主义教育思想之所以被认可的另一个原因是，一些自然状态下的学习确实取得了明显的效果。母语学习就是最好的例子。虽然母语习得是一项巨大的智力成就，需要花费大量的时间和精力，但它是所有正常孩子在事物发展的自然过程中，在属于他们自己的美好时光中获得的。那些家庭条件好的幼儿，因为经常得到父母的鼓舞和激励，通常比那些家庭条件差的儿童更精通语言。这表明，即使在这种日常学习中，"人为"干预也非常重要。并不否认，语言学习的基本过程具有其自然性。科学研究一致认为，母语（native-language）学习由大脑中的专门部位调解，与身体发育一样，是与生俱来、不可阻挡的。

如果所有学校学习都和母语学习一样，富有自然动力，幸福愉悦而又确切无误的话，那么真正有效的学校将成为伊甸园般的幸福之地，在这里，学习快乐而且学有所成。这实际上是根据进步主义传统对美好学校的一种构想。但是，这种自然主义传统是否妥当，取决于其前提假设是否正确，取决于学校学习是否真的像身体机能发育和母语学习那样可以自然而然地发生。如果这个前提假设并不正确，如果恰好相反，像爱默生批评的那样，学生在学校获得的很多知识本质上都是通过非自然的手段获得的，那么自然主义方法就显然不是知识学习的最好方法。很有可能的情况是，可以通过非自然的方法达到那些非自然的目标，而且，也许只能通过非自然的方法实现那些非自然的目标。

阅读就是一个很好的例子。就此而言，我们现有大量证据可以说明。（目前不可能再反驳说，自然主义阅读教学法还没有得到适当的试验；在"整体语言教学"这一名义下，它已经被大规模地试验了）整体语言教学法的前提假设是，学习阅读就像最初自然而然地学习母语一样：应该将儿童置于富有文字意义的、逼真的情境中去，鼓励他们像学习母语那样在试错过程中把握口语与书面语之间的对应关系。如果与初级语言习得进行类比的话，学习阅读就像是"一种心理语言猜谜游戏"。如果在真实生活中开展阅读教学，而且使用一流的、有趣的作品，儿童肯定会热爱阅读并学会阅读，就像他们早期通过语言猜测联系而学会说话一样。

如果说学习阅读与学习说话都属于自然过程的话，那有什么证据来证明或反驳这个前提假设呢？反对阅读自然性的最有力的证据就是，在世界文化长河中，文字读写极其罕见，而口头交际普遍存在。这是一个很残酷的事实，它给人一种非常深刻的初步印象是，读写能力发展并不像口头语言习得那样可以自然而然地形成。当然，一个有待深入探讨的问题是，获得读写能力的最有效方法究竟应不应该遵循自然主义路线。对于大多数研究读写能力的人来说，这个答案现在已经比较清晰了。采用非自然主义方法，包括字母与语音相对应的直接教学，是迄今为止最有效的阅读教学方法。当加利福尼亚州坚决要求阅读教学必须通过整体语言教学法来实施时，不知不觉地对自然主义教育进行了广泛的实证研究。随后，在新一轮的全国性调查中，加利福尼亚州的阅读成绩跌至谷底。

自然主义教条在美国具有强大的影响力，以至于数学课也采用了综合设计和亲身实践等自然主义教学法。需要注意的是，在国际比较的所有学科考试中，美国学生的数学得分最低。按照自然主义说法，在阅读教学中将儿童置于冷冰冰的字母－发音机械对应的场景之中，非常有害；同样，让儿童通过"机械操练"死记加减乘除等数字符号，也贻害无穷。对于这种非自然主义做法，美国的一些专家坚决反对。他们认为，如果儿童能在成长过程中自主解决"真实生活"中的数学问题，独立发现数学本身的道理，就会学得更好。但是，大卫·吉尔里（David Geary）教授通过一系列重要研究发现，这些自然主义教条背后的心理学依据和个体发展理论，无论是用来指导阅读教学还是指导数学教学，都没有什么差别，会导致同样糟糕的后果。[1] 形式主义和自然主义这两种教条，谁危害更大，很难断定。总体来看，这两者合在一

---

[1] Geary, *Reflections of Evolution and Culture in Children's Cognition*, 24－36. Geary, *Children's Mathematical Development*.

起，对有效教育的危害极大，如果社会大众不知情而不能开诚布公地对其发起挑战的话，它们会持续发力。

3. 重要的研究发现

对学习神经生理学和认知技能结构的研究，集中在心理学的几个基本原则上。这些基本原则的实际表现形式可能多种多样，但它们不可能被规避或越过。对于当前教育政策的制定而言，这些研究成果的意义特别重大，因为那些反学科知识教学的进步主义者一直断章取义地利用相关发现。克伯屈曾经引用"神经元""突触"和"思维规律"方面的科学发现论证合围式教室布置的优越性，为废除学科教学和等级评价辩护。自那以来，在教育专家们的言论中，一直充斥着"最新研究"的成果。但是，相关引用往往只选择有利于自己的内容，忽视了那些不便探讨的主流研究成果。进步主义对科学共识的最大扭曲，可能就是使用那些听起来具有科学性的术语，比如用"发展适宜性"（developmentally appropriate）来为延迟教育、轻视勤奋或贬低事实性知识进行辩护，而事实上，主流的学界已经得出了迥然不同的结论。

近年来最有用的研究主题之一就是先天学习与后天学习。该主题与自然主义教育紧密联系在一起。从生物学的角度来看，儿童在生命的早期阶段非常无助和脆弱，因而要依赖于更广大的群体才能得以生存；在人类进化的过程中，缺乏学习本能的孩子不可能存活下来。[1] 众所周知，幼儿会表现出一种天生的求知欲。史蒂芬·平克（Steven Pinker）指出，儿童天生具有"语言本能"。[2] 游戏活动是每个孩子以及许多动物天生具有的一种本能，这种本能普遍存在。游戏有助于将儿童的基本认知活动发展成为更完整、更复杂的认知活动，包括空间方向确认、实物操控、对象描述、社会交往、对话交流以及基本运算等。这些学习活动似乎遵循特定的时间序列，符合"自然性"这

---

[1] Geary, *Reflections of Evolution and Culture in Children's Cognition*, 24—36.

[2] Pinker, *The Language Instinct*.

种说法，因为它们显示出了自身的跨文化性和普遍存在性。这些自然性学习建立在（尽管不限于）由人类进化决定的基本进程之上。这些"初级学习"（primary learning）似乎遵循着确切而普遍的基本顺序。

然而，除了这些初级学习之外，还有次级学习（secondary learnings），比如阅读、写作、十进制计数、竖式加减法、进位和借位、乘法和除法等等。虽然这些次级学习在一些特定的文化中是必要的，但并非在各种文化中普遍存在。这些次级学习并不符合自动发生的自然准则，将其类比为像一棵橡籽可以自然长成一棵橡树一样，会有很大的误导性。如果没有人去教的话，这些学习活动不可能自然发生。沿着这些思路展开研究的启示在于，尽管受心智机能和概念发展的正常节奏的限制，若过早（比如说 4 岁之前）教儿童学习阅读、写作和运算方面的东西的话，效率会很低，但是，并不存在一个儿童可以自然达到的适合学习阅读、写作和运算的年龄。儿童要为次级学习过程做好准备，并不是自然而然的事情，而是与先前相关学习紧密联系的事情。学习建立在学习之上（Learning builds on learning）。在 5 岁之后，儿童心智的可塑性使许多早期的次级学习变得比较容易、更为持久。[①] 杰罗姆·布鲁纳（Jerome Bruner）曾经说过，"任何学科的任何知识，都可以用智力上诚实的方式，教给任何阶段的任何儿童。"[②] 虽然通常是为了驳斥这句名言才会引用它，但它代表了当前主流神经生物学的基本思想。"自然"实际上告诉我们一些与"发展适宜性"这个短语所传达的思想截然不同的东西。在很多时候，大自然让我们真正看到的现象是，很多学习活动都"越早越好"（the earlier the better）。

有一种观点认为，只要时间合适而且组织恰当，自然性学习毫不费力。但是，主流研究已经打破了这种观点。作为一种标准的进步主义观点，克伯屈是这么表述的："我们的旧式学校，都拥有自己正规的学科内容，但远离实际生活。这使我们以为学习就是一件辛苦而令人厌恶的事情，但实际上……

[①] Thompson, *The Brain*, 299—333.

[②] Bruner, *The Process of Education*, 33.

寓于生活之中的内在性学习，毫不费劲，就那么自然而然地伴随着我们。"①与此相反，科学家们发现，要想在人类大脑中建立新的神经通路，需要经过反复练习。无论是通过无意识的游戏活动还是有意识的勤奋努力，学习都需要积极主动的投入。虽然学习不必要有一点点儿不快乐，但除了反复努力之外，没有其他办法。不经过反复训练，任何东西都记不准确。要想牢记新学的内容，"一次绝对不够"是反复操练时的至理名言。记忆研究表明，牢记新学内容的最佳方法是"分段式练习"（distributed practice）——按照适当的间隔时间反复演练。② 当过分强调学习是轻松自如和自然而然的活动时，实际上犯了经验主义错误。儿童不可能通过耳濡目染的方式把乘法表学好。如果能够让努力学习富有趣味的话，当然是越有趣越好。但是，学习总是需要反反复复的努力，而且对于许多学习来说，起步越早越好，越专心越好。

对于更高级的能力，认知科学已经构建了理论模型，用以描述能力结构和学习过程。目前的共识是，这些能力至少在操作层面上可用图式理论来描述——这些图式构成了一个具有典型特质的记忆系统，并以典型的但可调节的方式相互联结。例如，当我读到"鸵鸟"这个单词时（假设我理解它），我便激活了一个图式，并从中选取一系列最适合于当下语境的特质与意义。但是，阅读能力还包括其他组成部分，它们不怎么依赖意义明确的图式结构，而更多地依赖于习惯性操作，诸如眼球运动和识别字母这样的活动。这些不断重复的自动化策略（有时被称为"规则"）都是在实践练习和不断重复中习得的。例如，阅读技能包括两方面的"规则"，一是经过连续反复操练而达到的自动化策略，二是由相互关联的知识结构所组成的图式。③ 就阅读能力而言，最重要的图式是由特殊词汇和文化素养所决定的。

智力技能应该是依赖于规则和图式。之所以这么认为，是因为所谓的"短期记忆"或者叫"工作记忆"，对于人的智力活动具有根本性的限制作用。就人的短时记忆而言，所能存留和加工的内容非常有限，绝大多数的东西转

---

① Tennenbaum, *William Heard Kilpatrick*, 243.
② Bahrick, *Extending the Life Span of Knowledge*, 61—82.
③ Geary, *Children's Mathematical Development*.

瞬即逝。就其根本而言，思维和学习的这种局限性是由生理机能决定的；新手和专家均不例外，同样受到这种生理机能的限制。事实上，一旦超过了短期记忆的限度，有些内容就会从个人意识中消失。人的记忆必须趁热打铁；如果不这么做，那些即刻遗忘的东西将不复存在。为了克服短时记忆的这种局限性，大脑就要利用规则和图式来实现自动化和意义组合。自动化是一项技术，它能使大脑快速、无意识地参与到一项活动的子程序中去，但又根本不影响短时记忆。意义组合是一种通过单个意象、词汇或符号快速构建一套完整知识结构的方法。如果这么做的话，整个意义系列组合就不需要同时出现在头脑中了。

从长远来看，意义组合与图式建构密切相关，而且对于高水平智力技能的发展非常重要。在个人学习的早期阶段，经过反复操练而到达自动化水平之后，相关能力自然会提高，但是，这些能力很快就会达到自身的极限。相关技能一旦经过反复操练而达到自动化水平之后，更高级的技能则主要依赖于持续性的进取、熟练以及相关知识的意义组合。例如，就个人阅读水平的发展而言，一旦达到规则自动化的平稳状态之后，更高层次的能力发展几乎完全集中在相关智力资本的开发、拓展和利用上。

规则与图式的区别大致相当于传统的技巧与内容之间的区别。但是，按照传统的教育理论，技能是一种通用工具，可以应用于所有新内容和新任务。认知科学研究发现，与此相反，智力技能由操作形式（formal operations）和具体图式（concrete schemas）两个方面组成。人们几乎不可能利用一般程序恰到好处地去处理陌生领域中的陌生问题。[1] 刚上完一个学期逻辑课的学生，与那些从未上过这门课的人相比，只是稍微更有逻辑性而已。仅仅靠学习操作形式并不能直接提升智力水平。这从另一方面再次说明，儿童需要学习大量的事实性知识和大量的操作性技能。如果教育界在描述智力技能时不那么强调其形式化的工具意义的话，就根本不需要引用什么心理学研究成果来推导这些常识性结论了。

---

[1] George, *Facilitation in the Wason Selection Task with a Consequent Referring to an Unsatisfactory Outcome*, 463—72.

最后，相关研究已经证实了欧几里得（Euclid）对托勒密国王（King Ptolemy）所说的话：学习没有捷径可走。学习是一个日积月累的过程，而且在开始时比较缓慢。知识增长就像滚雪球一样；知识资本所遵循的基本原则是，用知识来创造知识。由于学习具有累积性特征，学习者的早期生活经验和教育环境会对之后的能力发展产生巨大影响。早期的小缺点往往会在之后生活中变成大缺陷；反之，最初的小优势往往会在之后生活中变成大优势。尽管导致这种雪球效应的原因多样而复杂，包括生理年龄的影响以及社会因素和动机因素等，但是，导致该效应的主要因素还是学习本身的累积性特征。一个人知道的越多，就越容易学习新的东西。就特定领域某个主题的新内容学习而言，专家比新手快得多。但是，如果新手和专家对某个主题都不熟悉而同样无知的话，两者的学习速度就不会有什么差别。

知识资本的累积效应源自于所拥有的相关背景知识。这些背景知识至少可以为后续学习提供两个优势。第一个优势是，必须学习的新东西会比较少。正如针对国际象棋专业技能研究所揭示的那样，作为学习者的专业棋手，由于拥有结构完美的相关图式，因而大脑必须应对处理的新要素比较少，短时记忆的负担就会比较轻。相比之下，新手则必须记住很多新内容，这必然增加短时记忆的负担，因而常常举棋不定，走棋缓慢。除了先前知识可以减轻相关任务之外，拥有大量知识资本的第二个学习优势是：相关知识的基础越宽广，可以用来选择和吸纳新知识的各类知识的数量就越大。尽管儿童在处理没有经验的问题方面的能力可能远远超越成人，但受过教育的成年人在认知结构（心智的一种吸收性）方面的不断拓展会成为他们的学习优势。

这几条关于学习的基本原则具有普遍适用性：初级学习和次级学习大不一样；及早开始学习极其重要；必须积极努力和付诸行动；只有克服短时记忆的局限，才能达到自动化操作和开发相关知识资本；学习具有累积效应。这些原则适用于各种人——上至锦衣玉食的王子，下至流浪街头的乞丐。巧妙运用这些原则的方法非常多。这也是要给予教师充分自由的原因所在，条件是只要能取得良好的教学效果。需要注意的是，尽管做事的方法多种多样，但每件事都必须去做才可能做好，方法再多也不能代替做事本身。这些学习的基本原则无可回避。而且，当我们试图在宏观教育系统中运用它们来教育各阶层儿童时,就会发现,越想做到有效和公平,其可行性空间就显得越小。

4. 政策方面的启示

过时的教育工具论以及对于学习累积效应的忽视,导致了美国中小学(K-12)的两大缺陷——不但学生的学习成绩普遍很低,而且与个人出身紧密联系在一起。当然,任何国家都没能完全克服学生学业成就和家庭出身之间的关联性。事实上,任何国家都不可能克服这种关联性,因为家庭本身就是一种重要而自洽的教育机构。尽管如此,国际研究表明,如果教育系统能够充分利用学习的累积效应的话,社会各阶层学生的学习成绩都会大幅度提高,而且不同社会阶层学生之间的学业差距也会缩小。像法国这样的一些国家已经认识到,如果不尽快解决儿童早期的知识匮乏问题,它会变得越来越严重。美国没有利用好学习的这一累积性原则,也没有采取相应的补救措施,其结果是,美国学生与其他国家学生之间的成绩差距不断扩大,同时,在美国学校中,随着年级的升高,不同社会阶层学生之间的学业差距越来越大,教育公平问题越来越严重。

正是这种学习累积性原则导致了教育研究人员所说的"马太效应"。"马太效应",指的是《圣马太福音》中所描述的那种贫富差距不断扩大的现象:凡有的,还要加给他,让他富足有余;凡没有的,连他所有的,也要夺去。[①]在美国中小学中,后进生所经历的这种"被剥夺"现象并不是与优等生简单对比的结果,优等生确实因为个人知识增长所具有的累积效应而获益更大,但特别值得注意的问题是,优等生和后进生之间的这种差距之所以不断扩大,还有一个重要的原因是,那些后进生在目睹自己不断落后的情况下会心灰意冷、自暴自弃。美国教育发展迫切需要的许多政策改革,都应该基于这样一个事实:最初在知识资本方面的小小的缺陷或优势,经过短短几年的学校教育之后,就会因为"马太效应"形成不可逾越的鸿沟。如果不对学习的累积

---

① Walberg and Tsai, *Matthew Effects in Education*, 359—73.

性原则进行阐释，也不对这一原则进行系统规划的话，任何改革都不可能有效地解决美国中小学教育存在的两大缺陷——成绩悬殊和严重不公平。

我们在制定教育政策的时候，如果明确地把学习的积累性原则考虑在内的话，那就意味着必须从幼儿园开始全面考虑儿童所接受的一系列教育，而且要特别关注最早的那几年，因为在这个阶段，稍微一点儿努力和成效都会对后来发展产生非常大的影响。为了利用好学习的累积性原则，争取更高水平的教育质量和教育公正，需要出台什么样的教育新政呢？目前，已经公布了一项政策。这条由布什总统和49位州长在1989年教育峰会上提出，而且在1993年得到国会批准的头号原则是，所有到校的一年级学生都应该"做好学习准备"。该目标所默认的一种情况是，许多一年级学生并没有为入学做好比较充分的准备。如果认真对待的话，这意味着要付出巨大努力才能打造真正有效的学前教育项目。就为学习做好准备这条原则而言，其毋庸置疑的前提假设是，儿童在一年级入学的时候，必须具备相应的知识、词汇和技能，才能够积极地参与到课堂教学中来，否则，就会掉队。他们必须能够与老师和其他同学交流，在个人主动表达的同时，能够理解老师和其他儿童所说的话。简言之，"做好学习准备"意味着，儿童至少能够与一年级的其他同学一起分享知识、词汇和技能。

如果我们认同儿童最初的学习基础能够为后续更高年级的深入学习提供动力支持这一论点的话，那么对一年级学生的这种特别关注就可以理解了。否则，如此优待一年级学生的正当性就很难解释。但就美国当前的教育体制而言，其潜在的前提假设是，每个儿童的学习动力都会一直持续下去。这明显是错误的。既然如此，那么从逻辑上来讲，就应该将"为学习做好准备"这一原则逐一扩展到二年级和三年级，以此类推。学习累积原则的民主诉求是，确保每个学生在每年开学入班的时候都具备必要的学业基本功，以便本学年能够正常习得所传授的知识和技能。"为学习做好准备"这一原则更广泛的诉求是：在一个民主国家中，所有学生都应该在每学年之初为本学年的学习做好准备。毋庸置疑，由于家庭条件不一样，供给能力有大有小，等到入学的时候，不同儿童所具备的背景知识、词汇和技能等会出现显著差异。但恰恰因为这一点，所有民主学校都有义务为每个儿童提供补偿服务，不管其家庭背景如何，为他们提供学业发展所必需的知识和技能。

最近，作为所谓的"国家标准运动"的一部分，一些官方组织试图确定儿童在各种学科领域中应该具备的知识和技能。或许是为了避免出现武断性的规定，这些官方组织以年段为单位对相关标准进行了规定，例如幼儿园至四年级、五年级至八年级、九年级至十二年级。但是，这充其量只能算是起步了。"为学习做好准备"这一原则是按照年级来操作的。而问题在于，很多孩子会在每学年中间转校，我会在最后一节进行讨论。除此之外，需要注意的是，儿童通常会在新学年之初调换年级、教师和教室，而此时每个学生都应该达到一定的标准，以便于为本学年的学习做好准备。从政策的有效性来看，"为学习做好准备"这一原则必须逐年落实，对于那些尚未达到下一步学习必备基准的学生，应该做好年度性的监测和辅导。

这种逐年级进行监测的政策旨趣在于，必须推行与不同年级相对应的责任制和奖励措施来激励所有与教育有关的人员或机构：所有父母、儿童、教师、学校以及教育行政区等。如果不对学习基础进行清晰明确的界定，例如，不知道应该为新学年的学习准备什么，那就不可能对相关缺陷进行监控和补救。根据我们目前的制度安排，按照现在年段标准的相关设定，根本就没有具体的某方面内容需要儿童、教师或其他任何教育相关者为其负责。如果某种学习缺陷能够很明显地暴露出来的话，那么教师或儿童本人就很可能会明确地进行批评，而且通常还会很具体地指出早在几年级时就该补习的内容。就其本质而言，年段问责制是一种不受监控的制度，它不能给任何教育参与者（包括孩子）提供公平性或强有力的激励。

毋庸置疑，对于学生而言，只有非常明确地规定了各个年级必须掌握的知识和技能的教育体制才可能是卓越和公平的。这些具体标准的实际效益非常可观，因为它们为学生设定了各个年级开学之初必须达到的基本标准。与那些散乱无章的课程内容相比，这些经过认真筛选、精心编制而成的多年连贯一致的核心知识体系，更有意义、更加有趣。除此之外，学校还应该加强评价制度建设，组织公正、廉洁的测试，以便监测是否达到了相关基准，从而对达到基准的所有人员予以奖励，并对没有达到基准的相关责任人进行处罚。在探讨相关责任的分担问题时，教育界应该意识到，那些对于测试的各种非议，包括那些反对具体年度目标和实际激励措施的典型性意见，都没有得到良好研究成果的支持，因而都是无效而不可信的。相反，有些特别好的研究（比如由康奈尔的约翰·毕肖普和密歇根的哈罗德·史蒂文森所做的研究）已表明，对于公平、有效的体制而言，测试、激励和问责等都十分必要。①

有一种反对意见认为，逐年问责制会把学生培养成为千篇一律的自动化机器，而不是独立自主的人，而且会阻碍每个孩子"以自己的速度进步"。对于这种毫无研究根据的反对意见，政策制定者们应该特别警惕。认为儿童可以在学校里按照自己的速度发展，教师完全可以判定每个儿童天生的学习速度，能够把握他们的实际状况——所有这些都是没有理论支撑的极端荒谬的观点。这些自然主义思想经不起常识的考验，更不用说进行实验论证了。有些能力，像读写能力和十进制计算能力，并非自然而然可以获得的能力，它们并没有天生的发展速度。此外，就课堂教学而言，如果试图兼顾25个学生不同的"学习速度"的话，这节课就不可能有什么效率。最好的课堂教学应该能够引导所有学生以相对缓慢但最后一定成功的速度学习。在这种课堂中，会对所有学生的学习进度进行监控，在为那些需要帮助的同学提供辅导的同时，为那些天资聪颖而如饥似渴的学生提供具有挑战性的额外作业。

还有一种反对意见认为，标准化测试违背了学习的本来目的。对于这种抗议，制定政策的时候也不应该理会。非标准化测试——也就是不同评卷人在不同场合下评出不同分数的测试——本质上是不公平的，而且对于那些未参加测试的学生而言，其学习过程也得不到实质性监控，因为不知道下一学年还应该学习哪些具体内容。简言之，逐级标准和公平的逐级测试形式，在逻辑上对逐级监控和逐级达标都是必要的。就一种教育体制而言，如果不能

---

① 参见 Bishop：*Why U. S. Students Need Incentives to Learn*，15－18；*Impacts of School Organization and Signalling on Incentives to Learn in France*，*The Netherlands*，*England*，*Scotland*，*and the United States*；*Impact of Curriculum－Based Examinations on Learning in Canadian Secondary Schools*；and *Expertise and Excellence*. 也可参见：Stevenson，Chuansheng，and Shin-Ying，*Mathematics Achievement of Chinese*，*Japanese*，*and American Children*，51－58；Stevenson and Stigler，*The Learning Gap*，196－98.

够逐级达标的话，就不可能实现卓越和公平。

从总体上看，教育政策都会严格参照心理学方面的研究结论，都遵从基于不同教育体系的比较研究成果。但是，对于学校层面和课堂层面的政策而言，相关研究成果的影响却不太明显。课堂教学的复杂性如此之大，文化和个人方面的影响因素如此之多，因此不提倡过于具体的课堂操作手段不失为一种明智的选择。从另一方面来说，师范院校应该尽量让教师了解到总体效果最好的课堂教学方法。我曾经和几位教师交流，他们几乎都不知道目前基于过程—结果的教学法研究。在一场意义重大但讨论极少的研究中，波帕姆（W. James Popham）曾经披露过教育学院缺乏对教师进行具体的教学法培训这一事实。[1] 波帕姆指出，由于没有将有效教学法方面最好的研究成果（它们正好和不断倡导的自然主义方法背道而驰）教给师范生，使得那些没有认证资格的人员，在没有选修教师教育课程的情况下，随随便便组织课堂教学，都能够取得与经过认证、有经验的教师一样好的教学效果。

考虑到这样一种结果，对于教师和学校而言，最重要的政策启示在于，要重新考虑自然主义原则的有效性，比如让儿童按照他们自己特有的速度发展，或者通过综合活动和独立发现让知识和技能自动增长。现有的研究表明，这些方法见效不大。当你面对一群学生的时候，若想培养其某种技能或传授其某领域的知识，最好的方法就是（利用许多令人愉悦而且有趣的方法）专注于该项技能或该类知识，并对学生在这两方面的实际学习情况进行监控。该研究还表明，外部激励和内在激励相结合，比单独的内在激励效果更好。这说明，知识和技能并非轻而易举就可以得到，即使对那些有天赋的学生也是如此。由此可见，"业精于勤"（accomplishment-through-diligence）的学习心态比"轻松愉逸"（learning-is-easy-and-joyful）的学习心态更有成效——对学生和教师都更有成效，而且最后也更加令人满意。

目前，美国师范院校并没有将那些确信无疑的研究结果介绍给广大教师。相关研究表明，如果学习重点突出、标准明确、刻苦努力，而且利用测试等手段进行持续监控的话，实际效果会非常好。然而，美国师范院校根本瞧不

---

[1] Popham, *Performance Tests of Teaching Proficiency*, 105—17.

起这些传统的做法，特别偏爱的却是自然成长、发现学习、主题教学、主观测试等进步主义主张。被它们迷惑了的那些信众，包括数百万的一线教师，除了这些萦绕耳际的错误观念之外，别无其他思想资源可以选择。事实上，进步主义的那套主张经常以最新研究成果之名闪亮登场。由此导致的结果是，错误观念大行其道，而这可能是阻碍美国教育发展的最大障碍。如果这种弱化教师能力的说教依然盛行的话，那就必须对当前的教师培训和认证制度进行根本性变革。首先可做的事就是在师范院校中大力倡导思想多元。学院派之所以不屈不挠、全体一致地坚守进步主义学说，可能是因为在无所顾忌、公开对峙的情况下，它经不起经验和理智的批判。如果事实真是这样的话，我相信，在每一所师范院校里，也许只要有一两个持不同意见的教授勇敢地站出来，就可以迅速戳穿进步主义那套美丽的谎言。[1]

5. 公立学校与公共利益

每个国家都在设法为其所有儿童在早期阶段做好比较全面的学习准备——例如法国、匈牙利、挪威、日本、韩国、瑞典和丹麦，这些国家都按照各个年级的标准来让儿童做好学习准备。总体来看，无论是在多民族的大国，还是在同族同种的小国，公共核心课程似乎是唯一实用的手段，可以保

---

[1] 本段文字表达了一种寄望师范院校自我革新的想法，一所知名师范院校的领导对此深表怀疑。我真的认为几个反对派教授能够改变已有60年历史的强大传统吗？如果这种自我劝导式的改革真的发生了，难道不需要经过极其漫长的岁月吗？要让师范院校成为改革促进者而不是麻烦制造者，具有改革意识的教育同仁目前应该采取哪些具体措施呢？对于这些问题，我有一些建议。任何一所师范院校的领导，如果有一定的勇气的话，都可能像我说的那样去做：职前教师要想拿到资格证书，必须证明自己拥有完备、精深的学科知识，这是他们将来要交给学生的内容。同时，他们还要拥有完备的主流教育研究的成果，这样才能保证学科教学的方法得当、效果最佳。在旁观者看来，这些不证自明的道理还要以建议的形式呈现出来，有点儿滑稽可笑。但是，在师范院校内部，这些创新性的做法可能遭遇极其强烈的批评。因为这意味着必须马上对师范院校自身功能进行调整，原初所谓师范院校提供的东西比短暂即时的学科知识更好、更有深度的神话，将面临挑战。

证各个年级都按照要求做好比较全面的学习准备。反过来，让所有儿童做好比较全面的学习准备，也是促进全面发展以及兼顾卓越与公平的唯一手段。相比之下，如果各个年级没有学习标准的话，没有哪个国家能让所有学生做好学习准备，也很难兼顾到卓越与公平。例如，荷兰是一个没有核心课程的国家，由于所有优等生中排名靠前的那一半学生得分特别高，所以优等生的平均分依然很高，但在所有学生个人能力发展和社会公正方面却失败了。荷兰作为北欧唯一没有核心课程的国家，与各个邻国相比，在教育公平方面的表现确实最差。荷兰大约有16％的学校发展水平处于最低限度之下，而周围邻国大约只有2.5％的学校（美国的这个数字是30％）没有达到最低限度。①

从上面探讨的这种关系来看，瑞士这个国家比较特别，让人大开眼界。瑞士没有国家核心课程，却成为世界上卓越与公平的最佳典范，其学生成绩的平均分最高，而且标准差最低。②但经过仔细观察后，我们发现，其实瑞士拥有世界上最详细、最严格的核心课程，每个行政区都对每个孩子在每个年级应当获得的最低限度的知识与技能进行了详细具体的说明，同时利用系统的问责制确保所有学生达到升学标准。这些行政区在标准上有不少共同之处，而且同样重要的是，瑞士儿童在接受学校教育期间很少会从一个区迁移到另一个区。因此，瑞士儿童跟拥有年级课程标准的其他国家的儿童一样，也能够在严格监控的情况下获得高度连贯的学习内容。

有些读者可能会觉得这些国际数据与美国没有多大关系，因为美国是一个多元文化的国家，具有反中央集权的传统，以瑞士这个国家为例，各行政区都设有自己的核心课程，而这似乎与美国极其接近——由州和地方控制教育。然而，美国与瑞士不同，只有当美国的孩子不再那么频繁地从一个学校转到另一个学校，而且像瑞士人那样长久地住在同一个地方的时候，相关问题才具有可比性。早在20世纪30年代，巴格莱（William Bagley）对美国的人口流动问题进行了总结（自那以后问题愈加严重）：

---

① International Association for the Evaluation of Educational Achievement, *Science Achievement in Seventeen Countries*.

② Lapointe, Mead, and Askew, *Learning Mathematics and Learning Science*.

那种认为每个社群都必须有自己课程的观念不仅是愚蠢的，而且可能产生极其严重的后果。因为它忽视了两个重要的需求。第一个需求正如我们已经看到的那样，因为国家民主政治的需要，在全体人民的文化中必须有许多共同元素，以便最终人们能够明确无误地讨论集体问题。第二个需求非常实际，我们必须承认的事实是，美国人根本不可能"住在原地不动"，他们是世界上流动性最强的人……在这种情况之下，如果在教学科目和各年级课程设置上没有很好的统一标准的话，那么对目前1000多万在校学生来说，就是一种严重的不公平。①

由于各种原因，巴格莱所说的不公平现象已加剧了很多，现在已远远超过 1000 万儿童。中心城市的平均转学率（一所学校一学年内转入或转出的学生百分比）通常处于 45％至 80％之间。有些市中心学校的学生转学率超过 100％。② 美国审计总署（United States General Accounting Office）最近的一份分析报告显示，六分之一的三年级学生在一年级到三年级期间就读过至少三所学校。③ 那些在同一所学校就读的儿童所得到的课程尚不连贯，更何况那些经常搬家的学生了，想到这些孩子仅能得到一些支离破碎的教育，实在伤心。

总之，美国儿童，尤其是那些最难以承受教育脱节的儿童，在经常转学这种情况下，比其他大多数国家的儿童都更加需要共同的核心课程。有人认为，美国与其他国家有很多不一样的地方，所以需要与众不同的教育制度。如果这么推论的话，美国教育标准中共同的东西应该更多，而不是更少。美国确实无法同瑞士进行合理的比较，其中，美国儿童要经常转学是美国不能完全效仿瑞士实行独立的地方主义原则的主要原因。美国社会复杂、地域辽阔和人口流动，恰恰是推行而不是反对共同核心课程标准的理由。事实上，

---

① Bagley, *Education and Emergent Man*, 145.
② Cohen, *Moving Images*, 32—39.
③ General Accounting Office, *Elementary School Children*, 1.

直到最近，在美国实施共同课程标准这种观点，在美国教育专家看来，依然不可思议。地方主义仍然是一种很神圣的原则，尽管事实上没有几个地方强制实施了明确的课程标准。但是，很多人也开始意识到，如果待在同一所学校中的儿童都感受到明显的知识差距和反反复复的枯燥无聊，而教育本身依然不连贯、不负责任和不平等的话，那就太不可思议了。

巴格莱的另外一个观点是，对于正常运转的民主国家来说，共同课程是必要的。它作为一条教育原则已被世界上大多数民主国家所接受，而且美国早期也是接受的。公立学校制度最初由杰弗逊提出，后来由贺拉斯·曼推行和完善，其目标是赋予所有儿童共同的知识资本和社会资本，使他们能够作为有自主能力的公民参与国家的经济和政治生活。杰弗逊曾经表态说，如果他不得不在报纸和政府之间做出选择的话，他将会选择报纸。他接着还说，之所以这么选择是以每个公民能够读懂报纸为前提的。[①] 后补的这句话富有先见之明。作为一个公民，如果不能享有共同的知识资本的话，理解和交流就会问题重重；如果不能阅读和理解报纸的话，就不可能有效地参与现代经济生活。在一个地域辽阔、文化多元的国家中，公立学校是唯一可用于创建校本文化的机构；这种校本文化就像一种共同的语言一样，可以让每个人都能在这个公共领域中进行对话和交流。

儿童在升入新一年级之前，应该具备新一年级师生交往所需的背景知识。这是儿童升学的基本原则，实际上也是确保社会交往乃至国家正常运行的最低原则。如果人们不能够对话交流和相互学习的话，那么他们在教室里或在市场上见面也就不可能有什么实际成效。因此，创建这种公共交往的场所是国家教育系统的基本职责。如果没有公立学校，就无法创建这种场所；如果公立学校不能为每个儿童提供新学年开学所应具备而且毕业后社会交往也极其需要的知识资本的话，自身就不可能真正成为那样的场所。不论在什么年龄，也不论在人生的什么阶段，共享性公共文化都是正常社交必不可少的资源，而这对于低年级的儿童来说，又特别重要。好在儿童在这个时候的知识缺陷是可以弥补的。作为一个公民，一旦离开学校走入社会，必须继续

[①] Jefferson, *The Life and Selected Writings of Thomas Jefferson*, 126.

与人分享共同的知识资本，以便交流和学习。

就开发和培育这种公共文化的必要性而言，开国元勋们肯定能够理解，因为这与他们制定宪法第一修正案条款的动机是一致的——禁止建立国家宗教。那些引发分歧的东西被排除在公共文化之外。在血腥的17世纪宗教战争之后，约翰·洛克等人对社会宽容原则进行了阐述。根据该原则，开国元勋们希望公共领域的法律和制度不要偏袒任何一个教派，而应该促进全民福利。那些对国家内部和平会产生危害、带来危险的习俗，主要是宗教教派，应该移交到私人领域中去，让所有人在公共领域能够作为平等的公民和睦相处。有意人为的隔离墙有助于创造和培育宽容而文明的公共领域，同时让每个人在各自的私人领域中获得充分的自由。这是一种意义非凡的政治创新，它促进了一个大国的内部和平与团结，推动了独特的美国公共文化的发展。因此，这种四海一家的公共文化的发展并非偶然。在后来的启蒙运动中，这种政治创新被公开讨论，而特别明显的就是在康德的著作中。[1] 在杰弗逊、曼以及法国和其他地方的民主理论家的心目中，公立学校不仅是知识传授、文化传承和机会均等的工具，而且是促进相互尊重和文明进步的普世文化的原动力。

在我们这个时代，普适性、世界性公共文化面临的主要危险，不是宗教教派分歧而是种族宗派分歧。这两种分歧及其对于共享的公共领域的危害极其相似。如果开国元勋们曾经想到过种族冲突，就像想到过宗教冲突一样的话，美国的建国法律中可能就会出现一项禁止建立少数民族文化的条款。美国公共仪式中敬神的方式极其谨慎，力求不体现宗派性，力求诸事兼顾，让犹太教教士和基督教牧师一样介入，所以美国公共文化是一种混合性文化，包含来自不同种族的异质元素。最近，为了"建设伟大的包罗万象的国家文化——让全世界为之倾慕——我称之为普世的美国文化"，奥兰多·帕特森（Orlando Patterson）表达了"让美国多民族族群交叉融合"这种想法。但是，帕特森也看到这种混合文化所面临的险境：

> 从思想和文化两个方面把美国弄得四分五裂。你只要在任何一个比

---

[1] Kant, *Idea for a Universal History from a Cosmopolitan Point of View*.

较大的校园中走上几分钟，就会发现种族分裂主义现象普遍存在（左翼分裂主义者和右翼共和党反社群的个人主义者/分裂分子的不幸聚结！），其标志是各种沙文主义和敌对行为的周期性爆发。

帕特森强烈呼吁回归到四海一家的公共文化：

> 大学和企业都应该回归到相互融合的原则，都应该认识到，多样性本身并不是一种值得庆祝和鼓励的东西，而是一种相互理解的机会——催生共同的国家文化。①

帕特森和其他一些人，尤其是阿瑟·施莱辛格（Arthur Schlesinger, Jr.）一直在强烈呼吁，多元文化主义原则应该成为构建普世性、普适性文化的指南，应该为国家利益着想，而不是让各种文化恣意妄为，走向狂暴的分裂主义和相互敌对状态。本书极力支持这一观点。多元文化主义不管是被赋予浪漫的分裂主义形式（沿袭费希特），还是被赋予启蒙的共和主义形式（沿袭康德），都会对低年段共同学习这个教育问题产生明显的影响。② 在我看来，浪漫的种族主义观点和浪漫的教育学观念对公共教育的危害是一样的。学校所教的公共知识应该能促进普世性、普适性、混合性的公共文化。在这种文化中，所有人都处于平等的位置——这种文化和我们刻意策划的祭神方式一样，力求不体现宗派性。这种校本文化属于所有人，而不属于某人，其功能类似于中世纪市场上的混合性通用语言，这些通用语言是主要民族语言的前身——它们本身剪不断理还乱，人为地交织在一起，而且，相关工作主要由编纂委员会承担。

在美国，关于低年段共同学习的系列内容问题众说纷纭，相关认识达成一致的过程可能是漫长的、充满冲突的，而且在开始时，也许只能采用非官方形式。目前，高度明确的共同核心课程依然会让许多美国人反感。但是，

---

① Patterson, *Affirmative Action on the Merit System*, A—13.
② Hirsch, *Diversity and the Perils of Romanticism*, 27—37.

在一定程度上按照不同年级编制的共同课程对于教育的卓越和公平是必不可少的，如果能让公众和教育界完全相信这一点的话，人们就会在核心知识课程方面逐渐达成共识。（事实证明，在核心知识学校的学生父母看来，总量占50％的共同核心知识是可以接受的。）教育上的形式主义已经把谨慎守护的地方课程原则搞得神秘兮兮，公众越清楚地认识到这一点，就越有可能在公共核心课程方面达成共识。就具体内容而言，除了极个别地区外，并不存在什么地方课程。对于不存在的东西，人们不太可能认可，尽管内心期待它成为现实。只要公众认同在地方层面上设置真正的共同核心课程，那便标志着美国教育实践有了巨大进步，而且迟早会形成更为宽广的共同课程。

因为本书一直集中探讨的主要是从幼儿园至八年级——这个阶段决定着教育的卓越和公平——所以我很少关注高中阶段的教育。这是一种有意识的忽略。如果本书提出的这些早期教育原则能够被遵照执行的话，美国的高中教育就必然会变得更好。因为那意味着高一新生在入学之前已经获得了做好公民所需要的基本知识和技能。（在较早的年代，许多模范小公民在八年级结束时就不得不离开学校。）因而不需要再安排他们学习那么多基础课程；他们可以根据自己的兴趣和能力接受更为多样、更集中的学术训练或职业培训。这样的话，美国高中阶段的学校将成为适合所有类型学生的更为有趣、更加高效的地方。

除了敦促地方层面达成协议之外，关于打造更多优质小学所需要的宏观政策，我并没有提出很多建议。至于我们明天要做什么，或者将由谁来负责？对于这类问题，我并没有解答。能够完成任务的行政手段可能很多，但都不能替代任务本身的主要元素。学校需要有连贯性、累积性的核心课程，以便向学生灌输共同的价值观念，诸如公民义务、诚信、勤奋、坚毅、尊重、善良和独立思想等；以便让学生逐步掌握语言艺术和数学方面的程序性知识（procedural knowledge）；以便让学生逐步掌握在公民、科学、艺术和人文等方面的学科知识（content knowledge）；以便让学生、教师、学校和家长为逐步实现这些具体的年度目标而负责。简言之，每一所学校都应该具备前文所描述的那些基本特征：

我们学校的所有教师不仅接受过教学法培训，而且拥有所教学科方面的系统知识。我们将宽容、礼仪、守纪、责任和勤奋等伦理规范教给所有孩子。我们全体教员在教学内容方面已达成共识，都明确知道各年级学生应该获得的核心知识与技能。我们确保每个孩子都习得这些核心知识并获得在下一年级顺利发展所需要的具体知识和技能，从而使知识建立在原有知识基础之上。我们学校的教师经常交流讨论激励学生学习以及帮助学生全面掌握各项知识与技能的有效方法。我们的目标明确，因而能够对孩子进行监控，而且在必要时给予重点关注。最后，我们会为父母们提供每个年级要学的具体知识和技能目标的详细大纲，并就孩子的学习状况与他们保持联系。通过这种以知识为基础的教学方法，我们确保所有正常儿童表现出所在年级的应有水平，与此同时，还要让那些最优秀的孩子追求卓越。由于获得了特定而完整的知识与技能，我们的学生不但能够体验到学习的快乐，而且拥有自尊。如此这般，便可确保我们的学生做好升级准备，并且渴望学习更多的内容。

因为对课程内容和课程连贯性的重视需要重构思想观念，而思想观念的转变又不可能立竿见影，所以我和我的同事们一直追求一所学校一所学校地改变，即在一群家长或一群老师的带领下，或者在一个校长或一个学监的带领下，通过草根性的努力，最终彻底变革某一所学校的理念和实践。这一所学校的成功会鼓励其他学校重新审视自己的办学理念。这样一所学校一所学校的变革速度确实很慢，但它最起码是目前可以选择，而且立马就能见效的一种举措——这种举措会得到各种自觉解放个体首创精神的宏观政策的大力支持，诸如"父母选择"和"特许学校"等政策，都赋予家长和教师自主变革学校的权力，其前提条件是，他们的学生能够经过训练而获得高水平的知识与技能。

在将近70年的时间里，浪漫的进步主义实际上一直处于集权式的统治地位，不仅支配着师范院校，而且支配着很大比例的决策者和普通大众。就大范围的政策变革路径来看——在通过联邦、州或地方机构进行变革的过程中——没有看到任何真正有效的方法，也没有形成任何新的权力关系。直到有一天，普通大众的思想观念有了改变——我把250万名教师也算在内，许多不同的公共政策才可能获得成功。

之所以对学校教育中的共同课程进行最强烈的抵制，可能是因为对统一性的深刻恐惧——这是误入歧途的浪漫主义的最后堡垒。有人认为，课程中的共同元素会破坏美国的本质特征——多样性。对统一性的恐惧及其相关说法普遍存在，但在现实当中，却没有任何证据表明会发生那样的事情，即使学校课程中有一半共同课程，也没有把每个人都变成可以互换的自动化机器。至于这种反对共同性的观点对于学校课程的具体启示，似乎就是当前的放任主义论调——只要所有学校和教师做好自己的事情，大自然的无形之手就会让我们的孩子有效地接受教育，从而确保他们的个性和多样性。这种课程自信（其实已导致巨大的知识差距、枯燥的重复学习和明显的教育不平等）的基础似乎就是一种浪漫主义信念，鼓吹大自然的恩惠——"从来没有背叛过爱她的心"。这同样是一种乐观的自然主义信念，认为每个孩子学业发展的速度和高度是由大自然决定的，并将遵循先天的自然发展路径，因而不应该接受强加的训练或受到外加任务的干扰。

通过优化教育的内容和共同性来提高教育的有效性和公平性，其意义远大于对教育活动本身的意义。众所周知，这种改进能够减少国家内部的经济不平等现象。对美国国家福祉而言，没有什么比克服近几十年来越来越严重的不平等现象更重要的了。但同样重要的一些事情也岌岌可危。许多观察人士对美国公共生活中文明指数的下滑深表遗憾，也痛惜随之减弱的共同体意识。最近，美国国内的种族敌对情绪愈演愈烈，政治生活中彼此对抗的心理愈加明显，对儿童的现实处境愈加漠不关心——所有这些都预示着社群主义精神的衰落，而这种精神曾经被帕特森誉为美国"普世民族文化"的标志。让我们的孩子拥有更为全面的交往能力是很重要的。但是，真正的公立学校还有一项同样重要的贡献在于，增强普适性的沟通能力和公共领域的共同体意识。从长远来看，这可能是公立学校在维护美国民主的脆弱结构方面所能作出的最重要的贡献。

附录　教育术语批评指南

1. 引言

　　针对美国教育界广泛使用的术语、短语以及口号的这个批评指南，被隐喻为一种伤寒破伤风疫苗，乃至一剂针对特定病原体的接种药方，可以为那些身处其境的人提供无毒式预防。那些诱人的溢美之词，诸如"以儿童为中心的教育"的说法，以及盛气凌人的夸张话语，诸如"训练即死练"之类的不屑之言，会使未来教师和普通大众困惑茫然、被动盲从，有时他们的思想也会深受其害。与其实际情况相比，这些术语和短语貌似更为可靠、更富人性、更为实际、更具科学权威。传播这套话语一直是美国师范院校的基本功能；美国师范院校在话语方式和教育主张上的一致性，可以确保在教师认证过程中的每个获证者，以及每个受训继续这项事业的教育学教授，都能够将这套正确无误的名词短语牢记于心。保持话语系统的一致性，一直是教育思想界维护自身权威的主要手段。

　　就师资培养方面的这种一致性而言，我在第二章的第二节中曾经举过一个例子，引用的是一本被称为《最佳实践》的师范院校教科书中的一段文字。那段文字很典型。该书作者主张，具有某种共识的学说存在于一些重要的教育组织中——包括全国数学教师理事会、阅读研究中心、国家写作项目组、国家社会研究委员会、美国科学促进协会、全国英语教师委员会、全国儿童教育协会和国际阅读协会——它们一致认同那些最好的教学原则。这些一致性原则被称赞为"以儿童为中心""进步主义""适宜性发展"以及"以研究为基础"。

基于这种专业共识的权威性，广大教师所接受的教导是，不但不要强调，而且要坚决反对那些被冠以污名的教育实践，诸如"整体教学""被动倾听""教科书""广泛覆盖""死记硬背""竞争""成绩评定"和"标准化考试"等。同时，他们又被要求要强调那些被冠以美名的教育实践，诸如"实践性学习""发现式学习""少即多""学生负责制""自主学习""合作学习"和"非标准化评估"等。其实，这些建议都不可靠。但是，对所有职前教师（师范生）而言，既然这些建议出自富有权威的教育学教师之口，而且被反复说教，那么肯定是真实合理的。反复说教和舆论共识使这些名词短语获得了一种不证自明、毋庸置疑的权威。这致使那些经常重复这些用语的人们对它们情有独钟、深信不疑。

几乎所有这些熟悉的短语都可以在进步主义教育的五大主题之下进行分组。由此可见经由20世纪10—20年代美国师范院校散播开来的进步主义学说的持久性和影响力。长期以来，这种学说在美国的每个师范院校中不断地自我复制和传播。下面划分了五个主题，同时附有各自紧密关联的短语：

- 工具主义教育观（Tool conception of education）
"认知技能""批判性思维能力""高阶技能""学会学习""终身学习""元认知能力""问题解决能力""技术承诺"

- 浪漫主义发展观（Romantic developmentalism）
"自速进步""以儿童为中心的教育""发展适切性""工厂型学校""个体差异性""个性化教学""个人学习风格""混龄班级""多元智能""一刀切""以学生为中心的教育""教学生而非教课本"

- 自然主义教学观（Naturalistic pedagogy）
"建构主义""合作学习""发现学习""训练即死练""实践性学习""整体性学习""做中学""开放式课堂""复式教学""设计教学""机械学习""主题学习""整体教学""全语言教学"

- 经验主义课程观（Antipathy to subject-matter content）

"教育储蓄论""理解优于事实""知识过时论""智力资本""少即多""纯粹事实""死记硬背""课本学习""教育传递论""为理解而教"

• 过程主义评价观（Antipathy to testing and rankig）

"质性评价""竞争""展示""绩效评价""表现性评价""档案袋评价"

由于以上每个标题之下出现的这些议题都紧密关联，所以下面的术语表将尽量省略那些意义交叉接近的术语，目的是为了避免使用类似的术语轰炸读者，不至于反复出现"认知技能""批判性思维技能""高阶技能""学会学习""终身学习""元认知技能""解决问题的能力""技术承诺"等。这些术语之间的家族类似性可能在一定程度上归因于它们经历了一个不断转型的过程。以"做中学"为例，当这个原则遭受质疑时，它仍然会以灵活多样的其他形式存在，转变成所谓的"实践性学习"。如果"开放式课堂"（open classroom）面临幻灭时，它就可能以"复式课堂"（multiaged classroom）的形式再生。希望深究这些主题变换细节的读者，参阅一下上面列出的这几组术语即可，也可以根据"索引"查阅本书相关章节对它们的具体阐释。

我希望读者能够发现这个"术语表"的实用价值。原先那套话语中的合理有效部分应该保留下来，有待于弘扬光大，而那些错误的东西则应该被挖掘出来，让其曝光，化为常识。在我们美国人能够培育出新的教育理念之前，必须将原有思想基础中的那些垃圾彻底清除。近年来，许多人都表达过一种感觉，认为这套花样百出的教育学说轻率浅薄，并没有什么根据。对于这些人而言，下面提供的这些短评有助于他们拓展自己的视野和见识。

2. 术语表

认知技能（Accesing skills）

"认知技能"是一个用来界说"学会学习"某个侧面的短语。目前，很多学校之所以特别强调认知技能，主要是基于这样一种预设：知识更新日新月异，今天学到的东西，可能明天就不再适用，与其学习大量的很快就会过时的东西，倒不如去掌握"获取信息"的技能（即怎么去检索东西，怎么去利用图书馆、电脑和拼写检测程序等）。强调认知技能属于工具教育论的一个重要理念，它所反对的是教育的"存贮论"或"传递论"（可查阅）。教育工具论主张，学校不应该将知识本身作为重点，而应该将目标转向怎样发现知识之类的方法策略的习得。工具论的主导思想可以追溯到早期的进步主义运动，由其引发的后果在于，学校在传授如何利用词典或百科全书之类的认知技能方面花费了大量的时间。当然应该将这些技能教给孩子们，但是，这些技能本身并非多难学，并不需要占用那么长时间，更不能因此代替学生对各种现有学科知识和语言内容的学习。试想，无线电台或电视节目中的发言人，怎么可能因为听众不懂某些词语而暂停，等你查阅词典后接着说。甚至就是在利用百科全书或只读光盘的时候，如果学生之前没有一定的背景知识的话，也不可能理解所检索的内容。帮助学生为将来应对新知识做准备，确实是良好教育的核心所在，这非常重要。但是，懂得怎么去检索东西这种能力本身，并不能担保学生可以有效地学习新内容。学习新知识不但需要像认知技能这样的一般能力，还必须拥有数量可观的属于"特别领域"的基本知识。其实，与教育工具论相反，一个人学习新才艺所依靠的一般能力，根本就不单单只有认知策略，除此之外，他还必须熟悉数学、科学、人文、艺术等学科中最为重要的知识。

自速进步（At their own pace）

所谓"自速进步"，就是"按照各自的速度进步"，它的另一种说法是"自速学习"（self-paced learning），它们所要表达的思想是，孩子的发展应该顺其自然，不要强迫孩子加快学习的速度。这种思想是浪漫主义发展观所倡导的个性化学习论的逻辑推演结果。按照各自速度学习，看起来好像比按照别人的速度学习更自然，但这种观点却没有可靠的资料来支撑。相反，有数据显示，设定时间、设定目标和适当奖赏这些外部措施，却可以大幅度提高学业成就。因为能力、精力、动力不一样，每个学生的学习速度各不相同，这是事实。有些能力比较强的学生可能学习懒散，有些能力比较弱的学生可能学习勤奋。有些学生可能很快适应一些课程的学习，有些学生则可能进度缓慢，非常吃力。并不否认，教师确实能够判定一个学习落后的学生是不是由于没有充分预习功课，但即使是训练有素的心理学家也没有资格断言，遗传和环境究竟各自在多大程度上决定了那些后进生的学习进度。如果一个有天赋的孩子因为学术条件和社会条件不利而落后，但却说他的"自然"速度就是慢的话，这合理吗？学校是应该让这些孩子进一步落后，还是应该采取补救措施，以便让他们达到同年级水平？同样，对于那些学习能力强的孩子，学校是应该让他们按照自己的条件去学习，还是应该让他们接受具有挑战性的任务，以便超过他们的"自然"水平？所谓的"自然"速度，常常产生非常严重的问题。我们在教阅读技能的过程中就可以发现这方面的很好的例子。在现实中，有些孩子在阅读理解的过程中会磕磕绊绊，有些孩子则只要听别人读便逐渐掌握了阅读技能。但是，阅读专家们已得出的结论是，尽管那些偏慢的孩子需要付出更大的努力，但几乎所有的孩子都可以达到同年级的阅读水平。按照所谓的自然主义原则，是不是应该舍弃这种更大的努力呢？实际上，按照"自然"速度学习这一信条，在依不同年龄分组的教育活动中都得到了大肆宣扬和实验。这些做法没有什么实证支持，却产生了各种各样的不公平。在教育的早期阶段，当没有谁能明确说明孩子的"自然"速度的时候，世界上最有效的教育体制都会尽量去让所有的孩子达到同级水平，而又不阻碍学得快的孩子发展。总体上看，应该说他们是成功的。

真实性评价（Authentic assessment）

"真实性评价"是附和"表现性评价"的一个短语。在运用这种评价时，学生得到的分数等级直接取决于完成具体任务时的实际表现。这些具体任务可能是写一封信，创作一个剧本，或解决"真实世界"的数学问题。学生在这些具体任务中的实际表现，有时也被称为"能力展示"。进步主义一贯主张利用真实的具体任务来开展教学和评价，一直拒斥考察孤立的知识和技能。进步主义声称，相对于多项选择题这种测试来说，真实的表现性评价具有许多优势，其中包括更有说服力、更具激发性，对于少数学生尤其是那些不善言辞的学生更为公平。这些说法经常会赢得喝彩，尤其当表现性评价被用于课堂教学和用作课堂监控手段的时候，更会得到认同。例如，在一节写作课中，很明显，更可取的办法是用实际写作任务来考察教学效果，而不会去用多项选择题进行检测。但是，表现性评价只是众多课堂教学监控手段中的一种，而且现实表明，这种评价手段总是无法根除其自身的主观性和武断性。那些大规模、高风险的测试不适合用表现性评价，因为无论怎么说，也没有谁能够利用合理的财力和时间来保证测试的准确与公平。正是为了最终的民主需要，美国教育界先行研发了具有公平性和准确性的多项选择题考试，用以测评各种知识和各种技能。心理测量专家们一致认为，只有这种客观性考试，而不是什么表现性评价，才是最为公平和准确的成绩测试手段。尽管表现性评价是课堂教学中的一种重要手段，但在那些具有高风险且公平性和准确度极其重要的评价中，却不应该被当作决定性手段来使用。

教育存储论（Banking theory of schooling）

"教育存储论"这个短语所拒斥的思想观点是：成人将智慧传递给学生，并将那些将来有用的重要知识装进学生的头脑。在存储论的反对者看来，将这些知识灌输给学生的目的，仅仅是为了让他们接受社会现状。他们竭力主张，应该用"批判性思维技能"（可查阅）来代替存储论所追求的那些东西，因为只有这样才能够培养学生的独立思考能力，才能够建设公平正义的社会。事实证明，利用这种论调对教育中的知识传输进行思想攻击，与利用教育工具论中的其他论调进行思想攻击相比，并非更有效，也并非更可行。尽管对存储论进行批判一度得到一些左翼政治思想家的青睐，但现在有些人已经不再接受这些观点，因为从历史的角度来看，相关论调并没有能够改善那些弱势学生的境遇。一些左翼社会学家对存储论进行否定之否定后，提出了"智力资本"（intellectual capital）一说。"智力资本"观与认知心理学的发现保持一致，认为知识积累就像货币资本可以不断增值一样。[①] 简言之，无论是在经验层面上还是在思想层面上，对于教育存储论的进攻都失败了。（另见"教育传递论"）

[①] 在本书中，所谓认知心理学的发现，主要指"学习是一个循序渐进的过程"（Learning builds on learning）或"知识是一个不断积累的过程"（Knowledge builds on knowledge）。——译者注

创新型学校（Break-the-mold schools）

所谓"创新型学校"，就是打破传统和常规的学校。它是 20 世纪 80、90 年代的改革者用来鼓励学校变革的一个短语。在根据提议而进行的改革中，有些改革赋予学校和家庭更大的管理权限，也取得了一些效益，有些改革则涉及教育目标、教育内容和教育方法，最后以失败告终。这些失败的改革简直就是当年进步主义那套做法的翻版，只不过现在更加强调"技术"（另见"技术承诺"）而已。所谓"创新型学校"这一说法，意味着应该让相当规模的学生参与到新奇的教育实验中来。但令人费解的是，既然美国各地以及其他地方已经有了那么多高效学校，为什么却要拒绝这些成功模式，还硬要开展一些新奇的实验。

以儿童为中心的教育（Child-centered schooling）

为了能够涵盖更高年级的学生，"以儿童为中心的教育"有时又表述为"以学生为中心的教育"。就像拉格（Rugg）在《儿童中心学校》（*The Child-Centered School*, 1928）一书中使用的那样，这个短语是进步主义教育的一种自我表白。"儿童中心教育"的相关思想被概括为"教儿童而非教学科"（可查阅）这样一个祈使句。儿童中心教育和学科中心教育之间的对立意味着，当把教学重心放在学科内容上时，就会忽视儿童的感觉、情趣和个体差异性。根据进步主义者的描述，学科中心就是教师一人讲、学生被动听，就是机械操练和死记硬背，而且所指向的纯粹是一些本就不能引发学生什么兴趣的学术问题。学科和儿童之间的对立意味着，将重心放在学科内容上就等于没有人道且教育无效。这幅图景就像是一种歪曲事实的漫画。与此相反，观察发现，儿童更感兴趣的是具有良好学科内容的教学，而不是什么情感中心、儿童中心的课堂。反学科内容的立场，其本质就是反智的立场。学科和儿童之间的这种二元对立，经常导致的恶果是，儿童失去了学习他们所需要的学科和技能的机会。不分青红皂白，将这种恶果说成是"儿童中心教育"，简直是强词夺理。

竞争（Competition）

在进步主义思想传统中，"竞争"是一个屡遭贬损的词汇。在进步主义教育信条中，一直反对标注高低不同等级的分级测试，认为这样不但有损合作精神和平等原则，而且会导致学生盲目地一心只为分数而学习，而不是出于对学习本身的热爱而学习。毋庸置疑，过分强调等级排名或过分强调学业成绩的固有价值，都会使人分心而且缺乏人道。但是，在进步主义一直试图废止竞争的教室中，竞争精神却一直没有能够被消除。而且更为重要的教育启示在于，只要是废止了分级测试的地方，学生的学习积极性都会下降。人天生具有好胜心，这已经被证实。进化论心理学家一直认为，整个人类都带有或多或少的竞争因子。当然，这些原始的本能应该有所节制和得以教化，但事实表明，在教学过程中，只要设计和运用得当，分级测试确确实实能够促进学习。这就启示我们，对于作为人性成分的好胜心，我们不要徒劳地想去废止它，而是应该尽力去引导它，使其步入正轨，更好地为教育教学服务。

建构主义（Constructivism）

"建构主义"是教育专家们用来推行"自速学习"和"发现学习"的一个心理学名词。该名词所表达的思想在于，只有自主建构的知识——个体为自己探寻到的知识——才真正是整体的和能够理解的知识。这样的知识确实容易记忆和理解，但绝非像建构主义者所说的那样，只有这些自我发现的知识才是真正可以理解和能够记住的知识。这种似是而非的错误观点其实是在玩弄"建构"这个心理学词语，因为"建构"在心理学文献中既可以当做专业术语使用，也可以当做非专业术语使用。很多读者可能对其作为专业术语使用的具体细节不感兴趣，但那些对此感兴趣的读者就会想知道它究竟是如何导致歧义的。情况是这样的，如果回想不出来的经验不能算作真正学会的话，那么我们就可以说学习与记忆之间的关系非常密切。我们很早就已经知道，绝大多数的记忆都不只是简单的机械记忆，而是建构在与之相关的先前的整体经验之上的。（记忆的这种建构性恰好可以解释目击证人的不可靠性。）关于知识的这种建构性，还有一个在语言理解方面的例子。人们在阅读或听讲时，意义并不是从一个人那里直接传递到另一个人那里，我们能读到什么或能听到什么，都是理解和建构的结果，而有时理解和建构的东西并不正确。既然记忆和语言意义是学校学习的重要组成部分，以上两例就足以说明这么一种观点：学校学习是一个建构的过程。"建构"一词在教学法中的拓展意义之所以令人误解，缘起于两种不同思想观点被搅和在了一起，含糊不清，即：

将"记忆和词义是建构的"和"恰当学习某些东西的唯一方法就是自己去建构或发现而不是被告知"混为一谈。但是，既然被告知的东西也是一个主动而非被动的建构过程，那么貌似科学且被建构主义者所青睐的发现学习，就根本没有属于自己的理论根基。事实上，经验已经表明，如果从教师的角度来看的话，可以说"发现学习"（可查阅）是效率最为低下的一种教学方法。一些专业术语有时是怎么被用来为进步主义观点伪造权威，使其听起来科学合理的呢？"建构主义"就是一个很好的例子。例如，有些教育家对"内在"和"外在"建构主义进行了区分。"内在建构主义"是一个比较神秘的词语，意在探讨学生自己由内部引导的学习。相反，"外在建构主义"意在探讨由外部引导的学习，而通常是由教师引导的学习。但需要注意的是，在这些沉闷的言辞背后有一个默认的前提，那就是，无论发现学习还是指导学习，两者都是需要建构的，都是建构式学习。这就意味着，"建构主义"最终并没有增添或者说根本就没有带来什么新意。

合作学习（Cooperative learning）

所谓"合作学习"，就是将一班学生分成5个左右的小组，这些同学相互合作来完成共同的任务或课题。这种教学法的优势之一在于，可以利用先进生来帮教后进生，而且只要这两类学生的学业水平差距不是太大，就能够达到促进双方学习的目的。这种教法的历史渊源是进步主义教育实践，而且迄今依然具有进步主义教育实践的遗风，那就是特别强调分组合作的价值地位，并将其放在学习竞争和个人成就之上。近来，一些父母已经开始抱怨，在这样的教学班里，那些能力强，想学得更多更好的学生，不但得不到支持，而且往往因为被指与小组"不合作"而气馁。合作学习需要细心的监控、清晰的目标和明确的动机，需要智慧而有效地促进好几个小组的和谐互动，要把这些做好是很不容易的事情。认为只要使用了合作学习法就能神助似地实现预期目标，这种信念是没有可靠依据的。如果有限度地使用，尤其如果与整体教学法协同使用的话，合作学习就会成为一种非常棒的教学方法。但如果将其作为一种教学原则，或将其作为唯一的教学方法的话，事实表明这是无效的。

批判性思维能力（Critical-thinking skills）

所谓"批判性思维能力"，是指分析观点或解决问题时能够站在一种相当独立的、批判性的立场上对待权威，并且能够形成属于自己的见解。这是一种令人羡慕的民主社会的公民教育目标，而且自从杰弗逊以来就是美国所提倡的一种教育目标。将这种批判性思维能力作为教育目标，所有的美国教育理论家都可能会接受。但是，这个教育目标却容易被过分简单化和标语化处理。进步主义有一个传统，而且这个传统当前依然在我们的学校中占有主导地位，那就是将"批判性思维"作为制衡"纯粹事实"教学的砝码。按照主流的观点，这种教学往往被讥讽为学生像绵羊一样被动地从课本中或在像报告厅一样的教室里吸纳事实性知识。与此相反，批判性思维则与积极的发现学习联系在一起，所培养的是具有自主、独立头脑的民主社会的理想公民。在进步主义的思想传统中，批判性思维属于形式主义的工具教育观，认为思想批判的习惯加上把握主要思想的阅读能力和资料检索能力是批判性思维能力的主要组成部分。然而，在现实世界中，这却是一种不正确的批判性思维模式。独立的思想总是以相关的知识为前提条件，也就是说，对于面前的问题，一个人如果不具备许多相关知识的话，就不可能进行批判性思维或发表批评性意见。批判性思维不是仅仅发表自己的意见。将"批判性思维"和"纯粹事实"对立起来，这是一种彻底的经验主义错误。常识和认知心理学一样，两者都支持杰弗逊式的观点，认为批判性思维总是建立在事实性知识这一基础之上。

文化偏见型课程（Culturally biased curriculum）

"文化偏见型课程"即"有文化偏见的课程"。它是一个从20世纪80年代开始流行起来的术语，当时男性中心课程和欧洲中心课程均受到了攻击。这些攻击获得了成功，而且达成了基本共识（人们对这种共识的热情和认同度因地域不同而具有一定的差异性）：美国公立学校课程应该包含更多有关女性业绩和弱势族群文化方面的内容。后来不久（1995），包容（调适）性课程观便成为一些著作的主导思想。这种课程共识的不断扩大是非常幸运的，公立学校因此开始发挥其传播多元文化的功能，使所有公民除了掌握自己的家庭文化外，还可以分享基于学校的其他文化，这为他们在公共领域的对话与合作创造了条件。基于学校的文化具有不断变动的特征，这一特征属于民主协商的持久性话题。对于有些学生而言，其家庭文化和学校文化之间存在着很大差异，因而要掌握基于学校的文化就会更加困难，这是一个事实。所以，当试图测评这些学生的实际能力和学业成绩时，尽量将他们的文化境况考虑在内，是明智之举。(另见"文化偏见型测试""个体差异"和"智力资本"。)

文化偏见型测试 (Culturally biased tests)

"文化偏见型测试"即"有文化偏见的测试"。该短语欲表达的观点是，许多标准化测试，包括SAT这样的考试都具有文化偏见[1]。之所以产生这种观点，是基于来自不同文化群体的考生参加这些考试时所取得的成绩不一致这一事实。之所以认定这些考试带有文化偏见，是基于两个正确无误的前提：其一，不同文化群体（包括所有大型群体）的先天能力是相似的；其二，这些不同群体所经历的学校教育是相似的。根据这两个前提便可做这样的推论：既然不同群体的先天能力及其所经历的学校教育是相似的，而考试的结果却不相似，那么这些考试肯定潜藏着偏见。这种推论是合理的，但是未能彻底探讨其逻辑可能性，而且也未能探讨概率有多大。例如，尽管这些来自不同群体的考生来自相同的学校，但是他们实际达到的水平却可能有差异，因为有些群体的家庭文化可能并未为其子女掌握基于学校的文化以及这种文化背景下的课程内容做好准备。不同群体的学生参加同样的考试但成绩不一样，这里有两个非常明显的问题需要思考：

1. 这些考试本身有没有技术上的偏见？（如果有的话，大家都会同意变革。）

2. 如果这些考试本身没有技术上的偏见的话，鉴于不同群体考生的成绩不一样这一事实，应该采取什么样的对策？

正如美国心理学会所描述的那样，就同一项测试指标来看，如果某一群体考生在考试中的表现和他们在现实生活世界中的表现始终有差异的话，就表明这种考试本身是有技术偏见的。当前，绝大多数标准化考试都能够意识

---

[1] SAT是Scholastic Aptitude Test或Scholastic Assessment Test的缩写，可分别译为"学术倾向考试"和"学术能力测试"，但最通俗的翻译是"美国高考"。——译者注

到这一点，并自觉排出考试本身出现的技术性偏见。这就为探讨怎么解决考试结果的群体差异性问题留下了广阔的政策空间。对本没有偏见的考试进行指责，硬说其有偏见，这是一种不讲道理的解决问题的办法。（另见"文化偏见型课程"、"个体差异"和"智力资本"。）

适当发展（Developmentally appropriate）

"适当发展"这个短语所要表达的思想是，教育是一个不断展开的过程，也就是说，每个孩子都有自己自然的最好的时间去学习特定的科目和技能。经常与这个术语相伴的一种愿望是，要保护儿童的天真，不要使其受到成人文化的影响。早教专家们使用"适当发展"这个短语时所要表达的思想是，"过早"施教和早期的辛苦学习对孩子的成长是徒劳而有害的。因此，"适当发展"这个短语通常被用作反对学校过早教授一些科目的理由。但是，它从未说过有些科目若开设太晚对儿童的发展也是不适当的。心理学家们已经发现，儿童"加工能力"在 3—5 岁的时候会有一个明显的增长。不仅如此，儿童的智力发展也表现出巨大的个体差异性。就其一般用法而言，"适当发展"这一术语是没有科学意义和缺乏科学权威的。例如，全世界数百万二年级学生都可以轻松掌握的学习内容到了美国二年级学生这里却被贴上了"发展不当"的标签，这是没有科学根据的，也没有人会相信。然而，美国早教专家们在探讨数学教学的价值时，恰恰就是这么做的。心理学家们一直认为，约在 6 岁之后，自然条件或实际年龄对儿童在校学习进程的制约性已不再重要，而开始发挥主要作用的是知识储备、实践活动和个人经验。许多条件优越的孩子在家便可得到早期训练和未来学习所需要的知识，而许多条件差的儿童却要到了学校之后才能开始这些学习准备。在学习的过程中，阅读、写作、运算这些非自然能力的发展速度一开始自然是缓慢的，但接着会累积式和指数式加速。正因为学校学习具有这种累积式特点，那些被耽误了教育机会的儿童往往很难赶得上去。就一所小学而言，如果办学水平下滑而没能教给学生早年学习所需要的知识和技能的话，它不经意间就在不同程度上阻碍了不同阶层孩子的教育和发展。因此，"适当发展"阻碍着所有学生的发展，对弱势儿童和社会正义的危害尤其严重。

发现学习（Discovery learning）

"发现学习"作为一种教学方法，不是利用课本和讲座来教学，而是通过项目规划或课题设计开展教学，让学生在亲手操作和问题解决的过程中发现知识。进步主义者最初使用的是"设计教学法"（可查阅），逐步使发现学习成为主要的或是唯一的教学组织形式。那些通过个人努力、克服困难、花费许多时间而获得的知识，比那些别人用语言呈现出来的知识更容易保留在头脑中。发现学习的这一前提假设是正确的。同时，那些在真实情境中通过努力解决问题而获得的知识更容易理解和整合，这也是正确的。因而，毫无疑问，如果使用得当的话，发现学习将是一种很有效的教学法。但是，如果将发现学习作为压倒一切的独一无二的教学法的话，就会暴露出两个非常严重的缺陷：第一，学生不可能总是依靠自己的努力就发现有待发现的问题答案；实际上，有时所谓的"发现"是不正确的。因此，对学生进行监控，探察他们是否达到了预期的学习目标是非常重要的，而且，如果没有达到目标的话，就需要利用直接教学手段来完成教学计划。第二，事实表明，发现学习是非常低效的。学生不仅经常不能掌握应该掌握的知识，不知道怎么去掌握这些知识，而且也不能非常快地掌握这些知识。教学法研究反复证明，对教师而言，发现学习是所有教学手段中最为低效的一种教学法。

训练即死练（Drill and kill）

"训练即死练"所诋毁的是技能教学过程中的操练法和实训法，它和"死记硬背"这个俗语一样，也可以很好地说明一些进步主义言论中所具有的好斗的品性。"训练即死练"要表达的思想是，操练和实训会扼杀儿童在学习过程中的种种乐趣。同时，该短语还强调，在日常教学过程中，只要利用"发现学习""主题学习"和"设计教学法"等自然手段，学习目标即可自动达成。这些论调并没有事实作为根据，而且必然会和学校的实际教学态度相冲突，尤其涉及体育这样的学科教学时，其前后不一致性更会在美国学校中显得离奇可笑。一些很有权威的学者们已经意识到，必须对此给以说明：

> 就基础知识和基本技能的发展而言，必须经过大量的操练和实训才可能达到自动化和准确无误的水平。因此，不应该轻蔑操练法和实训法

而将其看成是"低水平"的重复,它们对于复杂性和创造性表现的重要性,恰如对于小提琴家精湛表演的重要性一样,都是必不可少的环节。(参见第七章第2节。)

认知心理学家和神经生理学家都强烈支持这种观点,并且已经证实,许多技能都需要经过反复操练和专项实训才可能掌握。当然,教师应该想办法使这些操练和实训有趣、多样,并且通过教学艺术尽可能地激发学生的内在动力。但是,设想成功绕过这些重复训练,或确保将其归入到自然主义议题或自然主义教法中去,却是没有根据的,也是无法让人信服的。

展示 (Exhibitions)

"展示"也是一个附和"表现性评价"的术语。所谓展示,就是在一期学习的最后阶段,学生可以上交一个档案,呈现一份设计,表演一项技能,或者这几种手段灵活并用,以此来说明他们的实际收获。这种展示尽管具有主观性,但若在班级层面使用的话,应该说是一种很棒的激励学生的方法。就一个班级的教学而言,虽然也一直追求对每个学生进行公正、准确的评价,但其价值毕竟跟不上有效教学。所以,不应该仅仅因为评定过程表现出一定的武断性和不一致性,就简单拒绝展示这种评价方法。但需要警惕的是,如果超出班级教学去做大规模、高风险的测评的话,就不可能不付出资金、准确性和公正性等方面的代价。

工厂型学校 (Factory-model schools)

"工厂型学校"是进步主义者们用来诋毁20世纪早期学校办学模式的一个术语。当时,学校所接纳的学生数量比以往任何时候都多。按照进步主义者们的描绘,这种大规模的新型学校官僚等级森严,高高在上的学监和工厂主一样,工作任务就是保证整个学校步调一致,按照既定的生产流程运行。在这种工厂型的学校里,班级授课就是向学生灌输统一的内容和标准,教师的权威不容置疑,学生端坐成排,被动听讲,所听到的是现行体制需要他们知道的内容,所学的思想方法是现行体制希望他们掌握的思想方法。对于许多进步主义者而言,他们之所以反对这种工厂型学校,最重要的一点就是,这种学校是和"传统"教育直接联系在一起的。也就是说,在这种学校的教室里，教师跟工厂的老板一样有权威，一人滔滔不绝，学生则一排排端坐听讲，沉默不语，所做的事情就是机械记忆，一遍遍"咀嚼"事实性的学习内容，根本就没有什么快乐和个人思考空间而言。当这种图景被说成是工厂型学校仅有的教育方式时，人们很难不对进步主义者所描绘的个性化的快乐的自然课堂更加热衷。其实，两种图景均是虚构的神话。就其真实的历史而言，比这更加复杂。在20世纪早期的时候，整个学校体制都不得不扩大规模，以便容纳巨幅增长的学生数量。进步主义者在推动教学改革的同时，本身直接主导着20世纪20、30年代学校教育体制的拓展和创新。例如，无论是《基本原则》（1918）的确立，还是工厂型学校蓝图的草拟，总体上都信奉"个体差异"之类的进步主义思想主题。仅就为了满足史无前例的大规模的受教育人口比例而言，没有任何一个工业化国家能够避免其"工厂模式"的办学成分。这里确实危险的是，"工厂模式"这一词语的使用非常容易引起争议，因为它将"工厂模式"和"传统"教学联系在了一起，好像这两者是融嵌在一起而不可分解的一样。相反，在工厂似的等级制的学校里，恰恰可能推行非传统的、进步主义风格的课堂教学。今天，我们美国学校正是这么安排运作的，进步主义思想操纵着整个体制结构。而且，正是这些教育思想观点的无效性导致了现行学校体制的无效性。今天，所有的现代国家在某种形式上都还坚持着这套"工厂"制度。对这种制度进行改善的最佳希望在于，提供更加连贯和集中的教学，着眼于实现更加具体一致的教育目标。

事实不如理解（Facts are inferior to understanding）

"事实不如理解"之类短语所表达的主张，是进步主义思想的典型标志。说掌握孤立的事实没有理解那些事实之间的相互关系更有价值，这是没错的。但是，那些被理解了的相互关系同样也是事实（如果它们碰巧正确的话），而且对这种关系的理解完全依赖于对于那些从属的相互关联的事实的掌握情况。既然理解依赖于事实，那么赞美理解而轻视事实就显然是自相矛盾的了。

知识容易过时（Facts are soon outdated）

在美国教育界，反对事实性知识的主张有各种各样的措辞，而"知识容易过时"属于其中最为常见的一种表述。正因为被一而再再而三地重复，这种说法获得了公理一样的权威地位。克伯屈并不一定是这个信条的始作俑者，但在20世纪20年代的时候,他绝对是这一主张的传播者和普及者。他在哥伦比亚大学教师教育学院任教期间,约有35 000人陶醉于他的精彩课堂,而这些人却是未来可能成为教育学教授的人。在《适应文明变革的教育》(*Education for a Changing Civilization*,1926)一书中,他将"知识容易过时"作为核心思想进行了论述。我们知道,历史和技术确实处于持续变动之中,如果从这个维度观察的话,"知识-总在-变化"(facts-are-always-changing)这个观点显得比较中肯,当然会得到认同。但是,这种自明之理正好可以说明,有些变化不快的核心知识(例如元素周期表)是可以教的,而且如果真的这么做的话,对于理解和应对变化大有益处。那些很快就失去其教育应用价值的知识,确实应该从课程中筛选出去,代之以那些可以长期生效的内容。但是,就那些重要的事实性知识的临时性价值而言,目前尚缺乏细致的案例研究。知识是"高阶技能"的核心所在。因此,尽管可以(或特别)将"理解"和"思考能力"视为教育目标,但我们依然需要强调知识的重要性。

实践性学习(Hands-on learning)

"实践性学习"意味着直接性、亲历性、生活性学习,要优越于间接性、言语性、记诵性学习。提供各方面条件让儿童运用多重感官将所学的东西统合起来,确实是一种非常好的教学方法。例如,利用触觉法帮助儿童学习26个字母,就非常有效。(触觉教学法中的一种做法是,让孩子用他们的手指来感触那些字母凹凸不平的图案纹路,在这种亲身体验的基础上,结合视觉和听觉感受,对这些字母的名称进行发音练习。这种多感官并用的教学手段具有强化作用,有助于儿童把字母形状和字母名称很好地联系起来。)学徒制也是如此,它是掌握某一行业或专业的一种相当有效的综合性、实践性教学模式。然而,当该术语仅用以支撑某一种教学时,却出现了很极端的说法,因而必须特别谨慎。在绝大多数情况下,"亲身实践"是一个敬词,被用来赞美进步主义教育的"设计教学法",进而贬低讲授式的"整体教学"。"整体教学"主要就是通过视、听方式进行的。"设计教学法"有各种各样的表现形式,也有各种各样的说法,诸如"发现学习""整体学习""主题学习"等。但从实践经验来看,并没有显示所谓的优越性。研究表明,这些实践性教学方法具有不确定性、不公平性（并非所有孩子都能从中受益），而且效率低下，因此应该谨慎使用，适可而止。当"亲身实践"被用来批评视、听学习造作、无趣，进而表达一种轻蔑的态度时，我们特别需要当心。对于那些在学校之外没有良好语言学习环境的弱势儿童而言，对于反言语教学的偏见会给他们带来灾难性后果。在当代生活中，言语教学法和亲身实践法一样，都特别需要体现它们"生活性"的一面。

高阶技能（Higher-order skills）

"高阶技能"是当前许多教育改革都在追求的一种比较出众的思维技能。其目标是要造就能够进行批判性思考和阅读，能够辨识各种信息，具备元认知策略并且知道如何解决问题的学生。有人断言，与那些仅仅拥有许多陈旧的、死板的、临时性知识的学生相比，这些学生的准备更为充分，能够更好地面对21世纪的各种挑战。在对高阶思维能力和低阶知识信息进行对比的背后，存在着形式主义主导的教育工具观，而这种观念已被主流认知心理学所否定。如果学习高阶技能真的能培养出具有批判性思维的人才，而且他们真能应对21世纪的各种挑战的话，那么不管教师还是学生，都将非常幸运——都可以抛开大量的艰苦工作，不用再花力气去掌握那些在阅读、写作和数学运算中所需要的事实性知识以及熟练的操作技能。很不幸的是，这种教育工具观并不正确，因而诸如此类的"改革"并未见效，前途暗淡。高阶技能总是与而且必然与大量相关的、特定领域中的知识信息结合在一起。因此，不具备相关领域的知识信息，就不具备相关领域的高阶技能。有人声称，应用特定领域知识信息的综合能力，"高于"该领域的知识信息本身。这纯属偏见。正是基于以上事实，有些认知科学家开始使用"综合能力"（associated strategies）这个更为中立的术语，而不再用"高阶技能"。

整体性学习（Holistic learning）

"整体性学习"并非围绕标准的学科知识规范而展开的学习，而是指围绕综合性、现实性问题或项目而组织的课堂学习。以数学这门课的整体性教学为例，它会将逼真的生活情境与其他学科内容结合在一起。人们寄望于整体性教学的优点最起码有两点：一是增强儿童的学习动机。其根据在于他们能够在更开阔、更现实的情境中审视学习的意义；二是形成更加自然的教学模式。它或许可以通过逼真的生活体验本身而获得。这种整体性教学模式通常与"发现学习"法（可查阅）结合在一起。在本质上，"整体性学习"与"主题性学习"和"设计教学法"具有相同的含义。但是，它并不局限于进步主义风格的设计方案。整体性、情景化教学一直是标准化学科知识教学的一部分。例如，将美国历史与美国艺术统合在一起的目的就在于，让过去发生过的事情以更加形象生动的形式展现出来。但是，如果用这种方法教数学这样比较特别的学科的话，就不会太成功。事实证明，在使用比较明确的目标导向教学法的情况下，适当使用整体性教学法或自然教学法，效果会更好。相反，如果不加节制而只用整体性教学法或自然教学法的话，效果就会比较差。与大多数进步主义方法一样，很多整体性教学之所以无效，并不是因为方法本身有问题，而是因为不加思索地滥用，误以为只要是自然主义方法就自然会取得好的结果。

个体差异（Individual differences）

"个体差异"特别敬慕的是一种尊重多样性和差异性的大众教育。早期使用该短语的时候，很重要的一种用法出现在一本名为《教育基本原则》（*Cardinal Principles*，1918）的专著中。当时，个体差异主要指学业基础和学业能力方面的差异，以及与这些差异相适应的能力发展方式。目前，该术语更加强调人与人之间的平等性，强调不同儿童在气质、个性和天赋类型方面的差异，强调不同儿童有不同的学习风格和不同需求。因而，应该允许每个儿童"按照自己的速度"发展，也可以将他们编排在复式课堂中听课，并鼓励他们发展个人的独特天赋。然而，由于大众教育目前尚做不到因材施教，所以事实上，表达平等主义理念的这个专业术语的实践结果依然只能是基于能力的发展路线。对于那些来自弱势家庭但拥有个人天赋的儿童而言，本来应该得到更多的支撑和帮助，但很多时候，人们往往以"个体差异性"为由，减少了对他们的期待，也降低了对他们的要求。

个别化教学（Individualized instruction）

"个别化教学"表达了一种教育理想，它承认在天赋、兴趣和学习基础方面的个体差异性。众所周知，个别化教学是迄今最有效的教学形式。然而，不可能在公立学校中推行个别化教学，因为这些学校的生师比例通常是

20∶1。正是由于这个原因，如果在公立学校中为一些学生提供个别化教学的话，经常导致的结果是忽视另一些学生，其表现形式是，这些学生孤立地、安静地坐在自己的座位上做课堂作业。在这类学校中，对于大多数学生而言，个人取得最佳成绩的手段并非一对一教学，主要利用的其实是大班化教学，在这种课堂教学上，所有学生都参与其中。在使用这种互动式大班教学的基础上，辅以小组合作学习以及适度的自主学习和个别化辅导。

个人学习风格（Individual learning styles）

"个人学习风格"所指的是一种被普遍接受的事实——不同的学生使用不同的学习方式。该短语有时会成为强调小班化教学和个别化辅导的依据，而且还会作为对不同学习能力进行水平判断的理由。就相关研究结果来看，不同学习风格孰优孰劣，很难说。在相关文献中，不同人群（种）对不同学习风格的要求也不一样，存在诸多争议。其中一种比较可靠的观点认为，有些学生利用观察和言语两种方法学习，比仅仅利用言语学习法的效果更好。那些教学效果好的教师总是利用各种各样的方法进行教学，一是为了避免单调重复而使学生厌倦，二是希望借助不同方法让所有学生都能坚持下去。事实上，在绝大多数情况下，只有采用大班授课制（大量使用比较有效的课堂讲授法。）才能保证教育公平和经济有效。由此看来，不同学习风格对于教学活动的重要启示在于，教师的教学方式应该多样化，应该利用直观教具、具体实例、个体经验以及语言概念等不同介质呈现教学内容。这种对不同学习方式的公开呼吁，跟对"个体差异性"的呼吁一样，都表达了一种对于课堂讲授法的蔑视态度，而且成为解释"那些具有天赋的弱势学生没有取得更好成绩"的理由。(参见"多种学习风格"和"多元智能"。)

智力资本（Intellectual capital）

"智力资本"指称一个人在特定时期所拥有的知识和技能。研究表明，一个人的智力资本与其进一步赚钱和进一步获取知识和技能的能力高度相关。与货币资本一样，一个人已有的知识和技能越多，越能够快速获取更多的知识和技能。智力资本理论与教育工具论相对立。按照教育工具论，增进学习能力比简单获取知识更重要。在目前这本书中，引用了社会学家和认知心理学家的研究成果，旨在说明教育工具论把相关问题过于简单化了，而且任何技能都需要特定的专门知识。因此，教育工具论所拒斥的那些所谓呆板的、很快就会过时的智力资本，实际上却是未来学习和谋生的主要工具。

做中学（Learning by doing）

"做中学"这个短语曾经被用来描述进步主义运动的特征，但今天却很少使用了。这可能是因为这种提法遭到了许多批评甚至嘲讽。但是，将这个短语选入批评指南很有教育学意义，因为它依然可以阐释进步主义传统。现在，更偏向于"做中学"的短语有"发现学习"和"实践学习"。但重要的是要记住，这些现行短语不过是对那些早期提法的改编而已。所有这些术语背后所包含的想法是：最理想的教学法是自然教学法，这种特别的学习形式在一定意义上就像现实生活中的那些活动一样，因而可以为学生的未来发展奠定基础。据说，学习的最佳形式就是最大限度地让学生以自然的、学徒式的方式去学习，因为这是人类一直使用的学习方式。就其实质而言，这种学习形式反对那种以讲授为主的教育活动，也反对人为地围绕训练和实践而组织的学校教学活动。据说，通过开展"综合性"活动，学生会真实可靠地发现需要学习的内容。这是一种富有诱惑力的教育主张，也是一种已被证明为错误的高度理论化的学说。这种教学法的价值取决于它的实际效果。如果"有效"指的是所有学生都可以凭借这种方法进行可靠而有效的学习的话，那么从比较研究的角度来看，这个理论已完全失去了可信度。美国近代教育史以及实验观察的结果表明，在教师可用的所有教学法当中，做中学及其变式的实际效果最差。

学会学习（Learning to learn）

在教育工具论中，"学会学习"是最重要的教育目的。这种观点认为，拥有许多很快就会过时的知识并没有什么教育意义；然而，如果一个人具有学习能力，则获得了一种永久性的东西。这种理论可以用"授人以鱼不如授人以渔"这句谚语来表达。这种类比旨在说明，教会一个孩子如何学习胜过教给孩子很多事实性知识。每个人都认同，教育应该为学生提供学习新知识乃至新职业的能力。但是，按照这种教育工具论的说法，鱼的价值还跟不上鱼钩、鱼线和鱼沉子的价值。用这种隐喻来揭示学习能力的价值，本身存在严重缺陷。其实，即使是学会如何钓鱼这件事，也需要许多专门知识，而不只是渔具和一些技巧。正如本书具体阐释的那样，学习能力和事实性知识之间这种人为性对立，绝对是一种误导性的对立，已经导致了悲剧性的经济后果和社会问题。

少即多（less is more）

"少即多"所要表达的思想是，教育的深度比宽度更重要。在有些情况下，这种观点肯定是正确的，但这种以偏概全的说法掩盖了自身存在的问题，具有一定的欺骗性。理所当然地将"少即多"作为指导不同层次教育教学或课程编制的一般原则，这是不应该的事情。在特定情况下，"少即多"这句格言说得过去：各个层次的知识选择都很重要。但是，就学校教育的知识选择而言，如何把握广度与深度之间的关系始终是一个很棘手的问题。它不是用一句简单的口号就能解决的问题。特别麻烦的是，"少即多"经常会成为师生懈怠偷懒的理由。如果少即多，但没有完全跳过主题内容的话，它或许会成为一种值得称许的亮点——这对于进步主义传统乃至对于一直受其影响的许多教师而言，并不会太陌生。一般来说，与这句格言相反的是，在早期教育阶段，广度却比深度更可取；在这个阶段，儿童应该获得对各种知识领域和经验的总体认识，以便于学习新知识时能够迅速地将其与原有的知识体系整合在一起。在高中后期，包括在大学阶段，当一个学生已拥有足够广博的知识基础而有能力在许多领域继续深造时，我们就应该鼓励他关注更为具体的问题，开展更为深入的研究。在大多数情况下，如何把握深度和广度之间的平衡性是一个比较复杂的问题，需要考虑到学科内容、教学目的和教育阶段。

终身学习（lifelong learning）

"终身学习"这个短语反映了自古以来几乎所有教育者都在追求的一个目标。当今时代，所有人都必须掌握新技术乃至学习新专业，因而学校的基本职责就是让每个人拥有终身学习的能力。然而，关于学校究竟怎么做才能最有效地促进终身学习能力的发展这个问题，存在诸多分歧。如果从工具论的角度来看待学习的话，学生不仅必须拥有阅读能力、写作能力和计算能力，还要拥有更深层次的一般能力，如"认知技能""批判性思维技能"以及"高阶技能"。按照工具论学习观，这些一般性技能对于未来的很多工作都具有指导意义。当然，应该保证每个人都获得这种后续学习和独立思考所需要的能力。但是，从经验层面来看，主流的进步主义犯下了一个根本性错误，它深信这些一般能力并不依赖于知识和词汇的积累，而且还认为这些具有迁移性的终身学习能力会在"综合性"的整体活动中自然而然地生成。终身学习能力，包括阅读能力、写作能力和批判性思维，都离不开特定领域中的具体事实和语言知识。尽管当今的许多"改革者们"对于这些事实和知识不屑一顾。

纯粹事实（mere facts）

"死记硬背一些简单的事实"，这可能是进步主义者对"传统"教育最猛烈的一种批评。这种说法描述了一种由僵硬的教学方法（即死记硬背）和僵化的教学内容（即纯粹事实）交织而成的教学活动。在浪漫的进步主义看来，事实性知识机械死板，而亲身实践、生活经验却富有活力；事实性知识沉闷乏力、支离破碎，而那些被理解了的东西则生动活泼、连贯一体。19世纪浪漫主义诗人威廉·华兹华斯曾经说过，当我们专注于那些"不连贯的、无生命气息的"事实性知识时，就会"日益衰退"。因而，他敦促我们要富有想象性地去看待那些事实性知识。对于他的那些美国的追随者而言，纯粹事实性知识总是不连贯的、无生命的、死气沉沉的。此处，所谓的"纯粹"所要表达的意义在于，它们本身就不连贯、不自然，然而，一旦真正"理解"的话，那些纯粹的事实性知识就会被超越。跟那些长期以来被人们广泛认同的大多数观点差不多，以上这些见解确实具有其合理性的一面。理解确实意味着把握了事实之间的逻辑；孤立存在的事实没有什么意义。进步主义对事实性知识进行无端指控的无理之处在于，它漫无边际地强调说，凡是当下没能直接与个人生活联系起来的事实性知识，在本质上都是支离破碎、死气沉沉的东西。这种不分青红皂白的谴责实际上是一种不讲逻辑的、反智性的歪曲。对于理解而言，知识是必不可少的。这些知识是否零散或僵化，取决于教师和学生，而不是知识本身。这些事实性知识不仅需要理解，而且它们本身有时就非常有趣、非常有活力。

元认知技能（metacognitive skills）

像"建构主义"一样，"元认知技能"这个术语既有其合理的技术性含义，也有其不合理的非技术性含义。在讨论相关问题的时候，这个术语出现了没有道理的滥用现象——与"认知技能""批判性思维技能""解决问题的能力"混为一谈，甚至与反智主义的教育工具观一唱一和。就比较具体的技术性含义而言，"元认知技能"具有实际应用价值。在相关科学文献中，"元认知"是指一个人从事技术性活动时对自己的操作程序具有自觉的意识。（"元"在希腊语中的意思是"在……之后"或"超越"。）比如，在解决数学问题时，熟练的数学家会意识到："首先，我应该估算一下正确答案可能处于的区间，这样我才能更有把握地去寻找正确答案，而不至于犯操作性错误。"再比如，一个擅长阅读的人，可能会默默地想："我不知道该文本主要想表达什么。如果能知道它主要想表达什么，会有助于我理解正在阅读的各部分内容。"这种自觉监控自我活动的行为是专家所具有的特征。那些已学会如何为自己设定并实现这类学习目标的儿童（诸如如何浏览文本并掌握大意、如何确定一门学科中哪些内容对自己的学习目标更为重要。），在自主学习方面会表现更佳。在没有改变或分散原有学科知识的情况下，这类学习技巧显然应该予以鼓励。传授这些自觉的监控能力可以加快阅读能力和问题解决能力的发展。但是，由于各种比较熟练的技能都依赖于特定的专业知识，所以从比较具体的意义上来说，这种元认知教学有助于学习一项技能，但尚不足于去学习一项技能。

混龄课堂（multiaged classroom）

所谓"混龄课堂"，是指一种根据能力而不是年龄开展复式教学的课堂。这么做的结果是，不同年龄的学生被分在了同一个班里。这种观点最近流行起来，可能主要是因为政治和意识形态方面的压力，而不是因为有什么经验证明了它的有效性。其中一种压力是，美国学校中的同龄儿童在学习基础方面存在巨大差距。这种学习基础方面的差距可以通过更加连贯细致的课程以及更为明确的年度考核标准得到弥补。另一个原因是平等主义者反对能力分轨制。它意味着，如果推行分轨制的话，必须在"每个人按自己的速度学习"这一大前提下进行。这种复式教学最令人苦恼的一点是，在各个学习小组中，年龄较大的学生绝大多数来自弱势家庭，而且绝大多数学生都是少数民族。正如在"自速进步"那个条目中详细说明的那样，官方正式认可这些儿童学习进展缓慢的后果是，使社会不公平现象不断重复和延续。

多元智力（multiple intelligences）

"多元智力"这个术语经由身为心理学家和作家的霍华德·加德纳（Howard Gardner）的宣传而得以普及。"多元智力"理论所要替代的是一般智商（所谓 IQ，即一元智力）理论。按照多元智力理论，每个人的能力可以划分为七个领域，而几乎每个儿童都有其擅长的领域。这七个领域分别为语言（linguistic）、数理逻辑（logical-mathematical）、空间（spatial）、音乐（musical）、身体运动（bodily-kinesthetic）、人际交往（interpersonal）、自我认知（intrapersonal）等。无论是加德纳的具体分类还是他的总体阐释，都没有得到心理学界的广泛认同。但是，不管专家还是外行，都大致接受了加德纳的基本观点：相比较来看，每个人都有自己所擅长的活动（比其他人更"聪明"）。现实中，学校并没有能力凭借这些高度猜测性的心理学测量来对儿童进行分类和等级划分。尽管如此，多元智力理论还是很受欢迎。这很可能是因为它与那些已经普遍流行的观念基本一致，诸如"个体差异""个人学习风格""自主学习"等，更不用说它迎合了我们对所有儿童的美好期待，希望每个儿童都有其擅长做的事情以及喜欢做的事情。著名心理学家米勒（George A. Miller）曾经指出，加德纳的具体分类法"肯定是错误的"。即使这种分类方法正确，但多元智力理论并没有说明学校应该采取什么样的政策和方法才能达到目的。当米勒关注这一点的时候，其实已触及到多元智力之于教育的核心问题。学校应该主抓学生的强项还是主抓他们的弱项，或者是两项都抓？按照贺拉斯·曼倡导的公立学校传统（加德纳肯定也会认同），我们不但要发展学生的强项，还要弥补他们的弱项，而且要特别重视他们的读写能力、计算能力以及确保他们有效参与国家经济和政治生活所需要的基本知识。一旦在这些共同目标上达成了一致，心理学上的这种智力分类似乎并没有什么特殊功能。并不否认，多元智力理论特别强调人与人之间的尊重与平等。但是，这些令人钦佩的德行并不需要从心理学的角度加以猜测和论证。

多样学习风格（Multiple learning styles）

参见"个体差异""个人学习风格"和"多元智力"。

一刀切（One size fits all）

所谓"一刀切"，它所批评的思想是：为所有儿童确立共同的学习目标而不考虑他们的个人兴趣和个人能力。反对"一刀切"的根本目的在于，让教育尽可能地走向个性化——一种可谓高大上的观点，因为面向个体的个别辅导教学是最有效的教育形式，人们在这一点已达成基本共识。现实中，仅仅因为考虑教育的实用价值，而不再管其他价值，比如个体发展的多样性价值。所以，极其难得的是关注每个儿童的个性。所谓"一刀切"，与其他许多类似的进步主义口号一样，在反对传统教育的激烈斗争中，丧失了自身的敏锐性和复杂性。所谓"一刀切"，这种批评并没有考虑到小学阶段的实际需要——所有学生都必须达到一个基本标准，这样才能确保班级中的每个孩子都为下一步的学习做好准备。就高中阶段的学习而言，只有掌握了数学、阅读、写作、艺术和科学等方面的基础知识之后，学生的个人利益乃至社会各方面的利益才能够充分实现，他们的个人兴趣和个人能力才可能真正得到重视。

开放式课堂（Open classroom）

所谓"开放式课堂"，就是不划分年级的课堂。在这种课堂中，不同年龄的孩子可以"按照他们自己的速度"学习，每个人得到的是个别化辅导，而不会要求全班保持步调一致。就其纯粹形式而言，"开放式"也是一种建筑学意义上的描述——不同教室之间没有墙壁。事实已经证明，作为一种教育基本手段，这种开放式课堂与各种形式的自然主义教学法一样，并没有什么效果。(参见"混龄课堂"。)

绩效为本型教育（Outcomes-based education）

"绩效为本型教育"的意义并不明确。在上世纪90年代，它成为政治自由派和保守派论战的一个象征性论题。只有从历史的角度来认识"绩效为本型教育"，才能深明其大意。在上世纪80年代末和90年代初，当公众对学生的阅读和数学成绩表达不满时，一些专业教育工作者提出，学校不应那么重视发现学习之类的教育方法，而应更加重视教育的结果。他们把这种观点称为"绩效为本型教育"。他们试图把教学方法和教学效果更加紧密地联系起来。"绩效为本型教育"的标签就这么形成了。但是，到了90年代初期，当教师和教管委员会坐下来讨论应该追求什么样的教育绩效时，"绩效为本型教育"背后的理念却发生了微妙的变化。由于教育界普遍反感于对具体事实、学科知识和实际内容的强调，因而由这些委员会起草的绩效评估方案尽量少说知识这个话题，甚至连那些关于教育和德性的各种工具性隐喻也不怎么提，尽管它们以民主态度和民主情感的形式出现。当然，绩效评估方案中含有对所有人的尊重，尽管这些人的种族、信仰和性取向可能不一样。正是最后这种类似社会自由主义的思想激起了保守派的不满，双方因此而展开了论战，而"绩效为本型教育"被视为一种"左倾"主义的阴谋。不难发现，"绩效为本型教育"本来是一种比较合理的思想，但由于进步主义对学科知识特别反感，结果被转换成了一个不切实际的模糊性概念。

被动听讲（Passive listening）

"被动听讲"是进步主义用来嘲讽"传统"教育的一个短语。它所刻画的传统教育是：在"工厂式学校"中，让学生一排一排静静地坐着，机械被动地听老师照本宣科，学生只要通过"死记硬背"存储相关内容，最后能一字不差地"原样提取"便万事大吉。如果面向全班的整体讲授教学真的就像这幅漫画所反映的那样的话，那么进步主义对其进行批评和反驳就没有什么错误。但观察发现，在美国和其他地方，"整体教学"（可查阅）根本不是这样，课堂学习活动也绝非那么消极被动。作为一种实例，这种漫画式讽刺让我们再次看到，过于简单化的口号往往以偏概全，会让合理有效的观点走向反面。漫无边际的指责使广大教师走向了另一面，连合乎情理的讲授式教学也不予理睬。"被动听讲"的言外之意就是，整体教学致使教师成为发号施令的老板而不是亲切友好的教练，让孩子变得温顺听话而不会独立思考。进步主义者声称，这种顺从正是传统主义者想要达到的目标，而进步主义方法将造就能够独立思考、独立判断、积极向上的人。进步主义者甚至声称，越是强调"积极主动"的教学方法（比如"发现式学习"），提供给儿童用作独立判断的事实性知识就越少。果真如此的话，想造就具有独立思想人，就很值得怀疑。

表现性评价（Performance-based assessment）

"表现性评价"这个术语最早出现在心理测量方面的著作中，其实际指称多种多样，诸如"真实性评估""成果展示""档案袋评价"等。在运用表现性评价这种手段时，会根据学生的综合性成果对其进行等级评定。学生按照要求提供的这些成果跟他在课外真实生活中的表现差不多。例如，考查一个人的钢琴演奏能力时，会要求他现场演奏一曲；考查一个人的写作水平时，会要求他撰写一篇完整的文章；考查一个人的数学水平时，会要求他解决一个实际的数学难题。表现性评价的优势在于，可以考查学生将各种各样相关知识统合起来的能力。因此，它会激励教师和学生在教与学的过程中注重知识的综合性。据说，表现性评价的另一个优势是，可以激发学生的学习动机，因为这种基于事实的评价模式需要考生通过实例来展示运用所学知识的能力。心理测评专家们对表现性评价进行了批评，因为他们通过观察发现，学生在校园中的"表现"实际上并不能真正代表他们在现实生活中的表现，因而相关预测并不可靠。最重要的一种批评是：当表现性评价被用作高风险的考试手段时，与精心设计的标准化考试相比，更不公平，也更不可信。表现性评价的最好用途是当作低风险的"过程性"评价的手段，如果用来对某一项学习的进度进行评价的话，它有助于教学目标的达成。（参见"真实性评估""竞争""成果展示"以及"档案袋评价"。）

档案袋评价（Portfolio assessment）

"档案袋评价"是表现性评价的另一种说法。在运用这种手段时，学生会将一学期或一学年当中的所有成果或部分成果保持在档案袋中。在这段学习结束的时候，会根据他们的所有成果对其进行等级评定。长期以来，写作和绘画教学一直使用的都是这种评价手段。但是，它的应用范围仅此而已。事实证明，对于大规模的、高风险的测试来说，它几乎无用。（参见"真实性评价""竞争""成果展览"和"表现性评价"。）

解决问题的能力（Problem-solving skills）

"解决问题的能力"这个短语经常与"高阶技能""批判性思维技能"并列在一起使用。就其狭义而言，它指的是在数学领域或其他专业领域中解决问题的能力。就其更广泛的意义而言，它指的是能够帮助学生解决各种未来问题的普适性的智慧和技能。这种普遍性的解决问题的能力的本质尚未得到科学的界定，而且究竟是否存在也有很多争议。让我们来看看名医、棋手和物理学家们解决问题的能力吧！他们的相关工作一致表明，实际解决问题的能力主要取决于各自掌握的专业知识的深度以及应用这些知识的熟练度，而且这些解决问题的能力并不能轻易地从一个领域转移到另一个领域。简而言之，似乎并不存在一种抽象的、普适的、可教的、能解决各个领域问题的能力。对于学校来说，花时间去教一种根本不存在的一般技能，显然是一种资源浪费；这也说明了教育工具论本身的缺陷所在。

设计教学法（Project method）

"设计教学法"所描述的是克伯屈在进步主义教育运动初期所设计的自然主义教学形式。他那篇针对美国教育、名为"设计教学法"的文章（1918）的影响力史无前例。在设计教学法的影响下，以学科内容为主的课堂教学被弃置一边，取而代之的是"综合性"和实践性的项目教学。这类项目教学能够赋予学生实际生活技能，但参与者必须与同伴合作才能完成。这种教学法一开始出现的时候，针对的就是以学科知识教学为主的传统教育。它废除了"听讲加背诵"的教学方式、测试方式、评价方式和训练方式。这种教学法建基于一种浪漫主义信念：在学习过程中，自然的方法优于人为的方法。设计教学法还自称具有最新的心理学发现作为理论依据。后来，观察者们发现，在美国中小学的所有教学法中，设计教学法的效率最低。这种教学法受到了越来越多的批评，而且"项目教学法"这个名词本身已经失宠。但是，设计教学法作为一种具体实践，却以各种形式保留了下来，只不过名称换了而已。目前，大家经常使用的术语有"发现学习""实践学习""整体学习""做中学"以及"主题学习"。

技术的承诺（Promise of technology）

"技术的承诺"提醒人们，计算机将引发教育革命，并且会改变学校，因而应当谨慎对待。事实是，有些学校的计算机配备已经很好，但学生的学习成绩却没有明显提高。这很令人失望，也需要做一些解释。对于这种现象，目前已有很多种解释：教师尚未学会如何使用这些工具、好的软件跟不上、学校网络系统尚不完善。毋庸置疑，对于那些确实有效的教学方式，计算机具有辅助提升作用。然而，令人担忧的是，人们之所以热衷于计算机，是因为相信它能够解决很多问题。殊不知，计算机究竟能不能解决相关问题，目前不仅没有什么理论可以解释，也没有什么可靠的经验记录。人们最担忧的是，对计算机的热衷只会强化和推广现已名誉扫地的教育工具论；教育工具论错误地声称，理想的教育应该让学习者掌握未来学习需要的工具——可就这个目的而言，还有比计算机更好的工具吗？但是，并没有证据表明，因为计算机的出现，熟练的思维习惯、灵活的备用知识就不重要了。恰恰相反，一个人利用电脑检索的东西越多，往往越需要了解所检索的东西是什么。没有证据可以说明，博学多识、思维敏捷的头脑会被所谓的"认知技能"所取代。

研究表明（Research has shown）

在表达某个教育观点之前，或为了给某个教育观点提供支撑，有时会使用"研究表明"这个短语。该短语的使用，经常是有所选择的。有时，占有绝对优势的研究，甚至最可靠的研究都已证实不存在的事情，却被说成"研究表明"的事情。比如，"研究表明，孩子亲身实践的学习最好"，这种说法就是一个例子。不同的教育研究，在质量和信度上存在巨大差异。有些教育研究并不可靠，因为它的样本数量偏小，而且很多非常重要的变量（社会、历史、文化和个性）都没能加以控制。当一篇文章介绍一种"成功的"策略时，比如，关于利用棒棒签建立先锋村而取代直接阅读先锋人物的做法，具体的成功经验不一定会被完整地记录下来，而且还会简单地认为这种方法适用于各种课堂和所有学生。当研究对象是儿童时，一定要严格遵循科研伦理，相关变量必须可控而且严控。许多教育研究结果截然不同。主流学科的匿审期刊（所刊文章均经过特定领域德高望重的专家、编审审核过）最可信。特别有声望的匿审教育期刊也可信。最不可信的是那些没什么名气的期刊以及未经匿审的出版物中的研究内容。教育（包括医学）研究中最可信的那类成果往往是"具有普遍适用性的成果"。也就是说，这些成果经过了相当长的一段时间检验，庞大数量的被试可以非常清楚地呈现实际效果。对于大规模的研究而言，自身的样本数量以及研究周期有助于抵消那些不可控变量造成的误差。另外，如果某项教育研究成果与心理学、社会学等邻近领域中那些被普遍接受的研究成果一致的话，也会增强自身的可信度。相反，那些与主流研究成果相冲突的教育研究成果，就会遭受特别的怀疑。由此可见，出版业本身并不能为任何教育主张带来可靠的权威。当心存疑问时，就要检索相关文献并对它们进行审查。许多教育主张都在这样的详细审查中烟消云散了。

死记硬背（Rote learning）

在"死记硬背"这个短语之后，经常出现的另一个短语是"纯粹事实"。

所谓的死记硬背，可以追溯到现已很少使用的一种教学法——要求全班齐声背诵特定问题的固定答案——不管学生是否知道他们背诵的东西是什么意思。但是，这种做法目前已经很难看到了。当今天的教育者被问及他们所说的"死记硬背"是什么意思时，回答各种各样。"死记硬背"可能意味着不假思索而囫囵吞枣，倒背如流却不解其意义，或者只学到一大堆孤零零的知识。人们之所以反对死记硬背，是因为它将学生驯化成了被动接受知识而没有批判精神的人。正如我们都希望的那样，学生应该成为具有独立思想的公民。所有这些对死记硬背的批评都恰当合理。对于教师而言，鼓励学生对知识的综合理解，肯定比让他们机械记忆孤立的事实更好。对于学生来说，独立思考肯定比简单重复老师的说教更好。基于以上所有原因，经过消化吸收并且能够用自己语言表达出来的那些知识，肯定比死记硬背得来的东西更好。对纯粹说教、支离破碎以及消极被动的教育进行批评，本来是有道理的，但是，当用这套理论去攻击所有强调事实性知识和词汇记忆的教学时，则捉襟见肘、软弱无力。有时，死记硬背是必不可少的。比如，在个人语言学习的过程中，难免不死记硬背一些东西，因为，在现实生活中，对于不同事物为什么对应着不同名称这样的问题，几乎没有什么可以解释的理由。在拼写英语单词时，为什么"i"除了在"c"之后外，应该在"e"之前？"a"什么时候与"neighbor"或"weigh"中的发音一样？为什么"9月有30天"？对于这些问题，都找不到什么特别有意义的理由。然而，死记硬背这些东西以及许多其他有益的事实，都非常有用。在实际学习过程中，不论是死记硬背还是使用其他手段，一旦掌握相关内容之后，所使用的学习方法经常会被彻底遗忘。心理学家对"情景"（episodic）记忆和"语义"（semantic）记忆进行了区分，前者保留时间可能比较短，而后者非常持久。可见，存贮在情景记忆中的分散性学习内容，只是不太稳定而已。但从结果来看，如何学习往往并不太重要，只要能学会就好。在进步主义思想传统中，对死记硬背的批评（早在1918年）逐渐转化为对事实性知识和情景记忆的批评，直至转化为对美国儿童学业能力巨大不足的批评。

自尊（Self-esteem）

将"自尊"作为教育活动的一个心理学目标，已经得到了普遍认同。在心理学界有一个基本共识：一个人的积极自我意识，对于个人成就、个人幸福以及良好的人际关系具有巨大价值；一个人的消极自我意识，往往会导致诸事不顺、满腹牢骚以及社交障碍。从学校管理和教育教学的角度来看，最关键的问题在于，教师的积极强化行为究竟能在多大程度上影响学生自尊心的总体发展。人们一致认为，某种程度的正强化是必要的，而且所有教师都应该和蔼地对每一个学生，给他们以鼓励。但是，心理学界渐渐又形成了一种共识：仅仅利用语言和情感进行强化还不够，而且，如果孩子没有被说服的话，那些强化可能实际上会适得其反。主流的研究文献已充分说明，成绩差的时候给予表扬，并不能够提高学习成绩。根据心理学研究以及"过程－结果"研究方面的成果，强化积极自我的最好办法是，准确地、实事求是地评价学生的学习状况，针对他们的努力程度和实际成绩给予客观的表扬和鼓励。

以学生为中心的教育（Student-centered education）

"以学生为中心的教育"是"以儿童为中心的教育"（可查阅）的另一种形式，只不过用"学生"代替了"儿童"而已，其目的在于将这一原则推广到初中和高中阶段。它所表达的观点是，关注儿童的幸福比关注"纯粹"的知识学习更富有人性。但是，学校并没有建立良好的组织，员工也没有经过良好的培训，因而难以从精神、心理上保证学生的快乐与健康，尽管一些好老师也经常通过实例进行鼓励和引导。组织和建立学校的根本目的是传授学科知识和技能，因而其首要职责就是尽可能有效地完成相关任务。

为理解而教（Teaching for understanding）

"为学生的理解而教"这个短语，与"为了纯粹的事实而教"构成了对比。"为理解而教"与"少即多"这句名言紧密地联系在一起，它旨在表达，教育的深度比宽度更可取，因为深度导向的是理解，而宽度导向的是零散和浅薄。没有人会对"为理解而教"这一目标提出异议。显然，这种教学目标在不同年级需要进行不同的解释。下面以字母教学为例加以阐释。一个上幼儿园的孩子应该知道所有字母的读音，这是基本要求。在稍后阶段，学生应该知道英语拼写的一些规则以及元音和辅音之间的区别。再后来，当从视觉形式上与各种各样其他语言表达方式（例如象形文字和表意文字）进行比较时，学生或许就能够理解英语书写系统的历史独特性。从这个简单的例子就可以很清楚地看到，所谓"理解字母"，在不同情况下，所指的内容大不相同，而且理解得"越深刻"，所需要的"纯粹事实"就越多。中学生根本不需要明白楔形文字是什么，也不需要知道语音书写的字母模式和音节模式之间的区别。但随着对字母理解的不断深入，等到大学的时候，可能就需要补充这些知识。一般而言，综合性知识比碎片化知识更好。对此，没有人会不认同。但是，就"为理解而教"这个短语而言，很难从中得到多少有价值的思想，它本身也没有多少指导价值。

教儿童而不是教学科（Teach the child, not the subject）

"教儿童而不是教学科"是"以儿童为中心的教育"（请查阅）的基本原则。它作为进步主义的一句战斗宣言，非常响亮。其仁慈而合理的地方在于，不仅强调在阅读、写作和算术方面为儿童提供良好的条件，而且关心儿童在道德、情感和精神方面的福祉。只有铁石心肠的无情之人才会对这一目标提出异议。但从其历史来看，进步主义一直青睐"整体"教学法，反对分科式的阅读、写作和算术教学。据说，"整体"教学法能够让儿童参与其中，对他们进行全面的教育。进步主义者一直藐视纯粹的知识学习。轻视"学科"的后果是学生学科能力的下降。出现这种现象，并不奇怪。

全面地教育儿童（Teach the whole child）

"全面地教育儿童"是由进步主义者创造的第三个短语。它前面的两个短语是"以儿童为中心的教育"和"教儿童而不是教学科"。三者的共同思想是"以儿童为中心"。它们都强烈主张学校要定位于更为人性化的教育，要改变学科教学的主导地位。的确，学校所承担的责任远不止于纯粹的知识技能。除了提供知识技能方面的训练之外，学校还应促进儿童的身体发展和心理健康，提高他们的公民素质和个人修养。应该说，没有多少人会反对以上这些想法。但是，进步主义者并没有明确回答如何从不同方面教育儿童，而只是强调儿童会在整体性教学中自然而然地获得全面发展；因为在整体性教学中，儿童不得不像在真实生活中那样相互合作。这种浪漫主义信念是错误的，当然也是可以理解的，因为在20世纪初的那20年间，美国人可能还沉浸在自然主义的梦幻之中。在学校里面，如果我们想宣传社会和个人美德的话，肯定需要目标引导，不管手段多么间接和巧妙，思想开导也少不了。自动化、整体性学习理论已经被证明是错误的。

课本学习（Textbook learning）

该短语轻视以学习课本为标志的传统教育模式，赞赏比较逼真的"整体性"教学模式——学生从实践经验中获得知识，而不是从教科书的字里行间获得知识。通常情况下，反对用课本开展教学的意见都缺乏针对性，有点儿过火了。现在使用的许多教科书的内容都没有经过认真筛选，重点不突出。在编写这些教科书的时候，考虑的只是能否通过那些人口稠密的州的教材采纳管理委员会，以及怎么去取悦每一个人。其结果是，许多教科书内容散乱、乏味、编写很差，很难学习，而且也没有对学科知识中的重点和非重点部分进行区分。事实证明，以亲身实践、设计教学等形式替代课本学习的做法，效果极差。总体来看，有些抨击针对的是劣质教材本身，是正当合理的，而有些抨击针对的是学科知识教学，是不正当不合理的，因为这些教学非常认真，所使用的是优质教材，教学内容非常明确。因此，对于各种抨击，应该小心谨慎地加以辨别。最有效的学科知识学习，通常都是利用精致周密、编写精良的课本来完成的。在医药、工程这类科学与专业领域中，精心设计的教科书一直都是必不可少的。

主题学习（Thematic learning）

"主题学习"所描述的是一种利用共同主题"整体"传授不同学科内容的教学方法。以"季节"这个主题为例，它有可能将历史、艺术、科学、数学等不同学科的知识整合到一起。该主题学习可以在某个班级开展，或者在某个年级开展，也可以让全校学生参与。将不同学科置于共同的情境之中并予以强化的整体性学习，值得探讨的东西确实很多。但事实证明，主题学习作为一种教学手段，与各种形式的"设计教学法"一样，如果偶尔利用并审慎对待的话，会比较成功——比作为主要教学模式而连续使用的效果更好。之所以特别提示要注意这一点的原因在于，不同学科知识在学习过程中所需要的强化训练不一样。例如，历史、文学方面的学习，与数学、科学方面的学习相比，两者需要的强化训练就不一样。通常情况下，数学和科学方面的某些内容需要更多的强化训练，其步骤程序必须经过反复训练才能掌握。主题学习这种方法可能提供，也可能不提供相关内容学习所需要的强化训练。正如大多数教学方法一样，关键在于常识。如果学生训练有素而且确实掌握了主题学习会涉及的学科基础知识的话，那么它就会成为一种很有吸引力的教学方法，就能够激发学生的热情，激励他们进一步学习。

教育传承理论（Transmission theory of schooling）

"教育传承理论"是一个带有贬义的短语，进步主义者用它表达的思想是，传统教育只是复制既定社会秩序的工具而已，基本手段就是传承原有社会的文化、知识和价值观念。与"教育传承理论"相对应的是"现代性"更强的"教育工具理论"。教育工具论主张把学生培养成为能够独立思考、批判和改进现有社会秩序的人。在20世纪20-30年代的进步主义著作中，教育传承论等同于颓废落后的欧洲，而开放的教育工具观等同于积极向上的美国。约翰·杜威尽管已被进步主义者推崇为思想领袖，但他在《民主主义与教育》中明确指出，教育传承论不仅自身健全可靠，而且绝对是文明社会必不可少的原则："社会不仅通过传承、沟通而继续存在，而且完全可以说它本身就存在于传承之中。"杜威秉持的这种观点肯定是正确的，因为它符合常识，与普通大众的观点一致。

整体教学（Whole-class instruction）

"整体教学"本来是对班级授课制的一种客观描述，但进步主义自始至终对这种教学形式持有异议，认为它是一种"整齐划一的""工厂模式"的教育。在进步主义者眼中，整体教学就是教师威严地站在教室前面讲课，面对全班学生喋喋不休，学生被动、无聊，一脸茫然地趴在课桌上。或者是，学生笔直地坐着，惶惶不安、鹦鹉学舌，随时准备把老师讲过的话复述一遍。但是，这些描述并不准确，真正有效的整体教学并非如此。真正的整体教学以互动为主，师生之间有大量的交流；它会让学生频繁地参与活动并对相关问题发表意见；它自始至终对学生的理解状况进行各种监控；它会让所有学生找到各自的角色，以不同的形式参与学习活动。许多来自"过程-结果"研究的报告都一致表明，在那些采用整体教学的学校里，不但最公平而且效果也最好。在有20到30个学生的课堂中，如果回避整体教学，采用个别指导教学的话，结果必然会有一些学生被冷落。事实表明，面向全班的互动式教学模式最有活力，教学效果最好，而如果再灵活地配以适当的个别辅导、合作学习和课堂作业的话，效果更佳。当面对组织有序的一大班学生时，为了达到最好、最公正的教学效果，所有方法都应该加以利用。

整体语言教学（Whole-language instruction）

"整体语言教学"是一种阅读教学法。它特别强调优秀作品的娱乐价值，避免在字母语音方面进行训练指导。从理论上讲，这种教学法特别重视作品本身具有的趣味性和娱乐性，强调通过鼓励学生学习整体性阅读，来调动他们的学习积极性。如果能这样开展教学的话，学生学习阅读就会像早年学习母语一样有意思——阅读活动成为一种"语言猜谜游戏"。按照这种方法，有些孩子确实学会了阅读，但很多孩子未能如愿。就像"结果为本的教育"一样，"整体语言教学"经过发展和传播之后，已远远超出最初的定义。经由一些伪政治组织的搅和之后，"整体语言教学"已成为一种人生与教学哲学。所谓"整体语言教学"，意义已变得如此模糊不清，已被赋予那么多非教学论的意义，以至于还是彻底放弃不再使用为妙。经过大规模的实验之后发现，整体语言教学法的结果差强人意，特别是在加利福尼亚州，很不理想。为此，原来追随整体语言教学法的那些人，现在开始提倡"混合式"教学法，在实际教学中会很明确地给学生讲解字母和语音之间的对应关系。目前，在阅读教学领域，没有哪位知名学者会忽视自然拼读法以及语音觉察力的培养。许多专家都相信，如果教学方法得当的话，几乎每个孩子在一年级或二年级结束的时候，都能够达到本年级应有的阅读水平。

参考文献

Adams, M. J. *Beginning to Read: Thinking and Learning About Print*. Cambridge, Mass.: MIT Press, 1990.

American Psychological Association. *Standards for Educational and Psychological Testing*. Washington, D. C., 1985.

Anderson, L., Evertson, C., and Brophy, J. *Principles of Small-Group Instruction in Elementary Reading*. Occasional Paper #58. East Lansing, Mich.: Michigan State University, 1982.

Anderson, R. C., and Shifrin, Z. "The Meaning of Words in Context." In *Theoretical Issues in Reading Comprehension*, ed. R. J. Spiro, B. C. Bruce, and W. C. Brewer. Hillsdale, N. J.: Erlbaum, 1981.

Ayres, L. P. *An Index Number for State School Systems*. New York: Warwick and York, 1922.

Bagley, W. C. *Determinism in Education*. Baltimore, 1925; 2nd printing with corrections, 1928.

Bagley, W. C. *Education and Emergent Man: A Theory of Education with Particular Application to Public Education in the United States*. New York: Nelson, 1934.

Bahrick, H. P. "Extending the Life Span of Knowledge." In *The Challenge in Mathematics and Science Education: Psychology's Response*, ed. L. Penner et al., 61 − 82. Washington, D. C.: American Psychological Association, 1993.

Beane, J. A., and Apple, M. W. "The Case for Democratic Schools." In *Democratic Schools*. Alexandria, Va.: Association for Supervision and Curriculum Development, 1995.

Beck, I. L. "Improving Practice Through Understanding Reading." In *Toward the Thinking Curriculum: Current Cognitive Research*, ed. L. Resnick and L. Klopfer, 40 −

58. Alexandria, Va. : Association for Supervision and Curriculum Development, 1989.

Beck, I. L. , Perfetti, C. A. , and McKeown, M. G. "Effects of Long-Term Vocabulary Instruction on Lexical Access and Reading Comprehension. *Journal of Educational Psychology* 74 (1982): 506—21.

Bennett, N. *Teaching Styles and Pupil Progress*. Cambridge, Mass. : Harvard University Press, 1976.

Bestor, A. E. *Educational Wastelands*: *The Retreat from Learning in Our Public Schools*. 2nd ed. Urbana, Ill. : University of Illinois Press, 1985.

Bishop, J. "Why U. S. Students Need Incentives to Learn. " *Educational Leadership*, March 1992, 15—18.

Bishop, J. "Impact of Curriculum-Based Examinations on Learning in Canadian Secondary Schools. " Working Paper 94—30. Center for Advanced Human Resource Studies, New York State School of Industrial and Labor Relations, Cornell University, Ithaca, N. Y. , 1994.

Bishop, J. "Impacts of School Organization and Signalling on Incentives to Learn in France, The Netherlands, England, Scotland, and the United States. " Working Paper (draft, March 17, 1994) . Center on the Educational Quality of the Workforce, Cornell University, Ithaca, N. Y. , 1994.

Bishop, J. "Expertise and Excellence. " Working Paper 95—13 (draft, April 28, 1995). Center for Advanced Human Resource Studies, New York State School of Industrial and Labor Relations, Cornell University, Ithaca, N. Y. , 1995.

Boulot, S. , and Boyzon-Fradet, D. *Les Immigrés et l'école*: *une course d'obstacles*. Paris: L'Harmattan, 1988.

Bound, J. , and Freeman, R. B. "What Went Wrong? The Erosion of Relative Earnings and Employment Among Young Black Men in the 1980s. " *Quarterly Journal of Economics* 107 (February 1992): 201—32.

Bourdieu, P. "Le Capital social: notes provisoires. " *Actes de la recherche en sciences sociales* 3 (1980): 2—3.

Bracey, G. "Why Can't They Be Like We Were. " *Phi Delta Kappan*, October 1991, 104 —17.

Bransford, J. D. , and Johnson, M. K. "Contextual Prerequisites for Understanding: Some

Investigations of Comprehension and Recall." *Journal of Verbal Learning and Verbal Behavior* 11 (1972): 717—26.

Britton, J., et al. *The Development of Writing Abilities*. London: Macmillan Education Ltd., 1975.

Broccoli, A. *Antonio Grarnsci e l'educazione come egemonia*. Firenze: La nuova Italia, 1972.

Brophy, J., and Evertson, C. *Learning from Teaching : A Developmental Perspective*. Boston: Allyn and Bacon, 1976.

Brophy, J., and Good, T. L. "Teacher Behavior and Student Achievement." In *Handbook of Research on Teaching*. 3rd ed., ed. M. C. Wittrock, 328—75. New York: Macmillan, 1986.

Brown, R. N., and Siegler, R. S. "Metrics and Mappings: A Framework for Understanding Real-World Quantitative Estimation." *Psychological Review* 100 (1993): 531.

Bruner, J. *The Process of Education*. Cambridge, Mass.: Harvard University Press, 1960.

Bruner Foundation. *Evaluation of the New York State Education Department's Community Schools Program*. New York, 1993.

Cannell, J. J. "Nationally Normed Elementary Achievement Testing in America's Public Schools: How All 50 States Are Above the National Average." *Educational Measurement* 7 (1988): 5—9.

Caplan, T., and Caplan, F. *The Early Childhood Years*. New York: Bantam Books, 1984.

Card, D., and Krueger, A. B. "School Quality and Black-White Relative Earnings: A Direct Assessment." *Quarterly Journal of Economics* 107 (February 1992): 151—200.

Carroll, J. B. "Psychometric Approaches to the Study of Language Abilities." In *Individual Differences in Language Abilities and Language Behavior*, ed. C. J. Fillmore, D. Kemper, and S.-Y. Wang, 29. New York: Academic Press, 1979.

Center for Research in Evaluation, Standards and Student Testing. Graduate School of Education, UCLA. *Evaluation Comment*, Winter 1994.

Centre for Educational Research and Innovation. *Immigrants' Children at School*. Paris: Organisation for Economic Co-operation and Development, 1987.

Chall, J. S. *Families and Literacy: Final Report to the National Institute of*

Education. Washington, D. C. , 1982.

Chall, J. S. , Jacobs, V. A. , and Baldwin, L. E. *The Reading Crisis: Why Poor Children Fall Behind.* Cambridge, Mass.: Harvard University Press, 1990.

Clifford, G. , and Guthrie, J. *Ed School: A Brief for Professional Education.* Chicago: University of Chicago Press, 1988.

Coffman, W. "Essay Examinations." In *Educational Measurement.* 2nd ed. , ed. R. L. Thorndike. Washington, D. C. : American Council on Education, 1971.

Cohen, D. "Moving Images." *Education Week*, August 3, 1994, 32—39.

Cohen, D. "Frequent Moves Said to Boost Risk of School Problems." *Education Week*, September 22, 1994, 15.

Coleman, J. S. *Equality of Educational Opportunity.* Washington, D. C. : U. S. Department of Health, Education, and Welfare, Office of Education, 1966.

Coleman, J. S. *Parental Involvement in Education.* Washington, D. C. : U. S. Department of Education, 1991.

College Board. *College-Bound Seniors: Eleven Years of National Data from the College Board's Admission Testing Program*, 1973—83. New York, 1984.

College Board. *Test Skills: A Test Preparation Program for the PSAT/NMSQT.* New York, 1992.

Collins, A. M. *Human Plausible Reasoning* (Report No. 3810) . Cambridge, Mass. : Bolt, Beranek, and Newman, 1978.

Costa, A. L. , and Liebmann, R. "Process Is as Important as Content." *Educational Leadership*, March 1995, 23—24.

Cremin, L. A. *The Transformation of the School: Progressivism in American Education*, 1865—1957. New York: Knopf, 1964.

Cronbach, L. "Test Validation." In *Educational Measurement.* 2nd ed. , ed. R. L. Thorndike, 443—507. Washington, D. C. : American Council on Education, 1971.

Cronbach, L. *Essentials of Psychological Measurement.* 5th ed. New York: HarperCollins, 1990.

Cuban, L. *How Teachers Taught: Constancy and Change in American Classrooms*, 1890—1990. 2nd ed. New York: Teachers College Press, 1993.

Dansereau, D. , et al. "Development and Evaluation of a Learning Strategy Training

Program." *Journal of Educational Psychology* 71: 64—73.

Darling-Hammond, L. "Setting Standards for Students: The Case for Authentic Assessment." *The Educational Forum* 59 (Fall 1994): 14—21.

Dawes, R. M. *House of Cards: Psychology and Psychotherapy Built on Myth*. New York: The Free Press, 1994.

Delohery, P., and McLaughlin, G. "Pass-Fail Grading." O. I. R. Report. Vol. 4. Blacksburg, Va.: Virginia Polytechnic Institute and State University, 1971.

De Robbio, A. I. *Antonio Gramsci e la pedagogia dell'impegno*. Napoli: Editrice Ferraro, 1987.

Dewey, J. *Democracy and Education: An Introduction to the Philosophy of Education*. New York: The Free Press/Macmillan, 1916, 1944.

Dewey, J. *The Child and the Curriculum. Reprinted in The Middle Works of John Dewey*, 1899—1924. 15 vols. Carbondale, Ill.: Southern Illinois University Press, 1976—83.

Diederich, P., French, J. W., and Carlton, S. "Factors in Judgments of Writing Ability." *Educational Testing Service Research Bulletin*, Princeton, N. J., 1961.

Dilthey, W. *Wilhelm Diltheys Gesammelte Schriften*, ed. G. Misch et al. 8 vols. Leipzig and Berlin: Teubner, 1921—31.

Duffy, G. G., et al. "The Effects of Explaining the Reasoning Associated with Using Reading Strategies." *Reading Research Quarterly* 22 (1987): 347—68.

Duthoit, M. "L'Enfant et l'école. Aspects synthetiques du suivi d'un enchantillon de 20.000 éleves des écoles." *Education et Formations* 16 (1988): 3—13.

Ebel, R, and Frisbie, D. *Essentials of Educational Measurement*. 5th ed. Englewood Cliffs, N. J.: Prentice Hall, 1990.

Egan, K. *Teaching as Story Telling: An Alternative Approach to Teaching and Curriculum in the Elementary School*. Chicago: University of Chicago Press, 1989.

Elam, S., Rose, L., and Gallup, A. "The 23rd Annual Gallup Poll of the Public's Attitudes Toward the Public Schools." *Phi Delta Kappan*, September 1991, 41—47.

Elson, R. M. *Guardians of Tradition: American Schoolbooks of the Nineteenth Century*. Lincoln, Nebr.: University of Nebraska Press, 1964.

Entwistle, H. *Antonio Gramsci: Conservative Schooling for Radical Politics*. London: Routledge & Kegan Paul, 1979.

Ferguson, R. F. "Shifting Challenges: Fifty Years of Economic Change Towards Black White Earnings Equality." *Daedalus* 124 (Winter 1995): 1, 37—76.

Fernandez, J. C. "Soldier Quality and Job Performance in Team Tasks." *Social Science Quarterly* 73 (1992): 253—65.

Finn, C. A. *We Must Take Charge: Our Schools and Our Future.* New York: The Press, 1991.

Fischoff, B. "Judgment and Decision Making." In *The Psychology of Human Thought*, ed. R. Sternberg and E. Smith, 153 — 87. Cambridge, England: Cambridge University Press, 1987.

Fitzpatrick, R., and Morrison, E. "Performance and Product Evaluation." In *Educational Measurement.* 2nd ed., ed. R. L. Thorndike. Washington, D. C.: American Council on Education, 1971.

Frederiksen, N. "The Real Test Bias: Influences of Testing on Teaching and Learning," *American Psychologist* 39 (1984): 193—202.

Froebel, F. *The Student's Froebel*, ed. W. H. Herford. Boston: Heath, 1904.

Gage, N. *The Scientific Basis of the Art of Teaching.* New York: Teachers College Press, 1978.

Geary, D. *Children's Mathematical Development: Research and Practical Applications.* Washington, D. C.: American Psychological Association, 1994.

Geary, D. "Reflections of Evolution and Culture in Children's Cognition." *American Psychologist*, January 1995, 24—36.

General Accounting Office. *Elementary School Children: Many Change School Frequently, Harming Their Education.* GAO/HEHS-94-45. Washington, D. C., 1994.

George, C. "Facilitation in the Wason Selection Task with a Consequent Referring to an Unsatisfactory Outcome." *British Journal of Psychology* 82 (November 1991): 463—72.

Godshalk, F. L, Swineford, F., and Coffman, W. *The Measurement of Writing Ability.* New York: College Entrance Examination Board, 1966.

Gold, R. M. "Academic Achievement Declines Under Pass-Fail Grading." *Journal of Experimental Education* 39, no. 3 (1972): 17—21.

Good, T., and Grouws, D. "Teacher Effects: A Process-Product Study in Fourth Grade Mathematics Classrooms." *Journal of Teacher Education* 28 (1977): 49—54.

Gottfredson, L. "The Science and Politics of Race-Norming." *American Psychologist* 49, no. 11 (November 1994): 955—63.

Gough, P. B., and Hillinger, M. L. "Learning to Read, an Unnatural Act." *Bulletin of the Orton Society* 30 (1980): 179—96.

Gramsci, A. "Education." In *Selections from the Prison Notebooks of Antonio Gramsci*, ed. Q. Hoare and G. Nowell-Smith. New York: International Publishers, 1971.

Haller, E., Child, D., and Walberg, H. J. "Can Comprehension Be Taught: A Quantitative Synthesis." *Educational Researcher*, December 1988, 5—8.

Hart, D. *Authentic Assessment*. Menlo Park, Calif.: Addison-Wesley, 1994.

Hernes, G. *Core Curriculum for Primary, Secondary, and Adult Education in Norway*. Oslo: Royal Ministry of Church, Education, and Research, 1994.

Herrnstein, R., and Murray, C. *The Bell Curve: The Reshaping of American Life by Differences in Intelligence*. New York: Free Press, 1994.

Hill, D. "Math's Angry Man." *Teacher Magazine*, September 1993, 27.

Hirsch, E. D. *The Philosophy of Composition*. Chicago: University of Chicago Press, 1977; Phoenix paperback edition, 1978.

Hirsch, E. D. "Measuring the Communicative Effectiveness of Prose." In *Writing*, ed. J. Dominic, C. Fredricksen, and M. Whiteman, 189—207. Hillsdale, N. J.: Erlbaum, 1981.

Hirsch, E. D. *Cultural Literacy: What Every American Needs to Know*. Boston: Houghton Mifflin, 1987.

Hirsch, E. D. "Diversity and the Perils of Romanticism." *Tocqueville Review* 16 (1995): 27—37.

Hofstadter, R. *Anti-Intellectualism in American Life*. New York: Knopf, 1963.

Hopkins, L. T. "The Marking System of the College Entrance Examination Board." In *Harvard Monographs in Education*. 1st ser., no. 2. Cambridge, Mass.: Harvard School of Education, 1921.

Horne, D. "The Impact of Soldier Quality on Army Performance." *Armed Forces and Society* 13 (1987): 443—45.

Hum, G. "The Problem with Comparisons." *Educational Leadership*, October 1983, 7—12.

Husen, T. *Talent, Equality, and Meritocracy: Availability and Utilization of Talent*. The Hague: Nijhoff, 1974.

Husen, T. *The Learning Society Revisited*. Oxford: Pergamon, 1986.

Ingersoll, G. M., Scamman, J. P., and Eckerling, W. D. "Geographic Mobility and Student Achievement in an Urban Setting" [Denver public schools] . *Educational Evaluation & Policy Analysis* (Summer 1989): 143—49.

International Association for the Evaluation of Educational Achievement. *Science Achievement in Seventeen Countries: A Preliminary Report*. Elmsford, N. Y.: Pergamon Press, 1988.

Jarolimek, J., and Foster, C. D. *Teaching and Learning in the Elementary School*. New York: Macmillan, 1993.

Jarousee, J. P., Mingat, A., and Richard, M. "La Scolarisation maternelle àdeux ans: effets pédagogiques et sociaux." *Éducation & Formations* 31 (April-June, 1992): 3—9, 55.

Jaspers, K. *Psychologie der Weltanschauungen*. 3rd ed. Berlin: Springer, 1925.

Jefferson, T. "Notes on Virginia." In *The Life and Selected Writings of Thomas Jefferson*, ed. A. Koch and W. Peden. New York: Random House, 1944.

Jefferson, T. *The Life and Selected Writings of Thomas Jefferson*, ed. A. Koch and W. Peden. New York: Random House, 1944.

Jencks, C. "What's Behind the Drop in Test Scores?" Working Papers. Department of Sociology, Harvard University, Cambridge, Mass., July-August, 1978.

Johnson, K. R., and Layng, T. V. J. "Breaking the Structuralist Barrier: Literacy and Numeracy with Fluency." *American Psychologist* 47 (1992): 1475—90.

Johnson, R. A., and Lindblad, A. H. "Effect of Mobility on Academic Performance of Sixth Grade Students." *Perceptual and Motor Skills* 72 (April 1991): 547—52.

Johnson, S., ed. "Preface." *Shakespeare. The Plays.* 8 vols. 1765. Reprinted in *Critical Theory Since Plato*. Rev. ed., ed. H. Adams, 327. New York: Harcourt Brace, 1992.

Johnson-Laird, P. N. *Mental Models: Towards a Cognitive Science of Language, Inference, and Consciousness*. Cambridge, Mass.: Harvard University Press, 1983.

Jones, Constance. *Quality and Equity of Education Outcomes: The Effects of School-Wide Content Specificity*, Ph. D. diss., University of South Florida, Tampa, 1993.

Juel, C. "Beginning Reading." In *Handbook of Reading Research*, vol. 2, ed. D. Pearson et al., 759—88. New York: Longman, 1991.

Juel, C., Griffith, P., and Gough, P. "Acquisition of Literacy: A Longitudinal Study of

Children in First and Second Grade." *Journal of Educational Psychology* 78 (1986): 243—55.

Jungwirth, E., and Dreyfus, A. "Diagnosing the Attainment of Basic Enquiry Skills: The 100-Year-Old Quest for Critical Thinking." *Journal of Biological Education* 24 (Spring 1990): 42—49.

Kagan, J. *The Nature of the Child*. New York: Basic Books, 1994.

Kammen, M, "The Problem of American Exceptionalism: A Reconsideration." *American Quarterly* 45, no. 1 (March 1993): 1—30.

Kant, I. "Idea for a Universal History from a Cosmopolitan Point of View." In *Philosophical writings*, ed. Ernst Behler. New York: Continuum, 1986.

Keynes, J. M. The General Theory of Employment, Interest, and Money (1936). Vol. 7 of *The Collected Writings of John Maynard Keynes*. 30 vols. London: Macmillan/Cambridge University Press, 1971—89.

Kilpatrick, W. H. "The Essentials of the Activity Movement." *Progressive Education*, October 1924.

Kilpatrick, W. H. *Foundations of Method*. New York: Longmans, 1925.

Klaczynski, P. A., Gelfand, H., and Reese, H. W. "Transfer of Conditional Reasoning: Effects of Explanations and Initial Problem Types." *Memory & Cognition* 17 (March 1989): 208—20.

Klaczynski, P. A., and Laipple, J. S. "Role of Content Domain, Logic Training, and IQ in Rule Acquisition and Transfer." *Journal of Experimental Psychology. Learning, Memory and Cognition* 19 (May 1993): 653—72.

Koerner, J. *The Miseducation of American Teachers*. Boston: Houghton Mifflin, 1963.

Koretz, D., et al. "The Effects of High-Stakes Testing on Achievement: Preliminary Findings About Generalization Across Tests." Preprint of a paper presented at a symposium called "Effects of High-Stakes Educational Testing on Instruction and Achievement," at a meeting of AERA and NCME, Chicago, April 1991.

Koretz, D., et al. "The Vermont Portfolio Assessment Program: Findings and Implications." Educational Measurement Issues and Practice 13 (1994): 5—16.

Kosmoski, G. J., Gay, G., and Vockell, E. L. "Cultural Literacy and Academic Achievement." Journal of Experimental Education 58 (Summer 1990): 265—72.

Kramer, R. Ed School Follies: The Miseducation of America's Teachers. New York: The Free Press, 1991.

Kunda, Z., and Nisbett, R. E. "The Psychometrics of Everyday Life." *Cognitive Psychology* 18 (1986): 195—224.

LaBerge, D., and Samuels, S. J. "Toward a Theory of Automatic Information Processing in Reading." *Cognitive Psychology* 6 (1974): 293—323.

Lapointe, A. E., Mead, N. A., and Askew, J. M. *Learning Mathematics*. Princeton, N. J.: International Assessment of Educational Progress and the Educational Testing Service, 1992.

Lapointe, A. E., Mead, N. A., and Askew, J. M. *Learning Science*. Princeton, N. J.: International Assessment of Educational Progress and the Educational Testing Service, 1992.

Larkin, J., et al. "Models of Competence in Solving Physics Problems," *Cognitive Science* 4 (1980): 317—48.

Larkin, J. H. "The Role of Problem Representation in Physics." In *Mental Models*, D. Centner and A. L. Stevens. Hillsdale, N. J.: Erlbaum, 1983.

Larkin, J. H., and Chabay, R. W. "Research on Teaching Scientific Thinking: Implications for Computer-based Instruction." In *Toward the Thinking Curriculum: Current Cognitive Research*, ed. L. B. Resnick and L. E. Klopfer, 150 — 72. Alexandria, Va.: Association for Supervision and Curriculum Development, 1989.

Larkin, J. H., and Reif, F. "Analysis and Teaching of a General Skill for Studying Scientific Text." *Journal of Educational Psychology* 68: 431—40.

Lazar, I., and Darlington, R. B. "Lasting Effects of Early Education: A Report from the Consortium for Longitudinal Studies." Monograph. Chicago: University of Chicago Press [for the Society for Research in Child Development], 1982.

Lemann, N. "Taking Affirmative Action Apart." *New York Times Magazine*, June 11, 1995, 36—66 passim.

Loban, W. *Language Ability: Grades Seven, Eight, and Nine*. Project No. 1131. Berkeley, Calif.: University of California, 1964.

McPeck, J. E. *Teaching Critical Thinking: Dialogue and Dialectic*. New York: Routledge, 1990.

Madaus, G. "A Technological and Historical Consideration of Equity Issues Associated with

Proposals to Change Our Nation's Testing Policy." In *Equity and Excellence in Educational Testing and Assessment*, ed. M. T. Nettles and A. L. Nettles. Boston: Kluwer, 1995.

Mandler, J. M. "A New Perspective on Cognitive Development in Infancy. *American Scientist* 78 (May/June 1990): 236—43.

Mandler, J. M. "How to Build a Baby: Conceptual Primitives." *Psychological Review* 99 (October 1992): 587—604.

Mecca, M. J., Smelser, N. J., and Vasconcellos, J. *The Social Importance of Self Esteem*. Berkeley, Calif.: University of California Press, 1989.

Medina, N. J., and Neill, M. "Some Prerequisites for the Establishment of Equitable, Inclusive Multicultural Assessment Systems." In *Equity and Excellence in Educational Testing and Assessment*, ed. M. T. Nettles and A. L. Nettles. Boston: Kluwer, 1994.

Meier, D. "Why Reading Tests Don't Test Reading." *Dissent*, Fall 1981, 457—66.

Melville, G. L., and Stamm, E., "The Pass—Fail System and the Change in the Accounting of Grades on Comprehensive Examinations at Knox College," Knox College, Galesburg, Ill., 1967.

Messick, S. "Validity." In *Educational Measurement*, 3rd ed., ed. R. Linn, 13—104. New York: Macmillan, 1989.

Miller, G. A. "The Magical Number Seven, Plus or Minus Two." *Psychological Review* 63 (1956): 81—97.

Ministére de l'Éducation Nationale. "Les Éleves de nationalité étrangère scolarisés dans le premier et le second degré en 1993—1994." *Note d'information* 25.03, *Ministère de L'Éducation Nationale*. Paris, 1995.

National Academy of Education, Commission on Reading. *Becoming a Nation of Reaaders: The Report of the Commission on Reading*. Pittsburgh, Pa., 1985.

National Association for the Education of Young Children. "Guidelines for Appropriate Curriculum Content and Assessment in Programs Serving Children Ages 3 Through 8: A Position Statement of the National Association for the Education of Young Children and the National Association for the Education of Early Childhood Specialists in State Departments of Education." Adopted November 1990. *Young Children*, March 1991, 21—38.

Neill, M. "Some Prerequisites for the Establishment of Equitable, Inclusive Multicultural

Assessment Systems." In *Equity and Excellence in Educational Testing and Assessment*, ed. M. T. Nettles and A. L. Nettles, 121—26. Boston: Kluwer, 1994.

Neill, M., and Medina, N. J. "Standardized Testing: Harmful to Educational Health." *Phi Delta Kappan*, May 1989, 688—97.

Nettles, M. T., and Bernstein, A. "Introduction: The Pursuit of Equity in Educational Testing and Assessment." In *Equity and Excellence in Educational Testing and Assessment*, ed. M. T. Nettles and A. L, Nettles. Boston: Kluwer, 1994.

Norvez, A. *De la naissance à l'école. Santé, mode de garde, et préscolarité dans la France contemporaine*. Paris: Presses Universitaires de France et Institut National d'Études Demographiques, 1990.

Noyes, E. S., Sale, W. M., and Stalnaker, J. M. *Report on the First Six Tests in English Composition*. New York: College Entrance Examination Board, 1945.

Nuthall, G., and Church, J. "Experimental Studies of Teaching Behaviour." In *Towards a Science of Teaching*, ed. G. Chanan. London: National Foundation for Educational Research, 1973.

O'Keeffe, D. J. *Truancy in English Secondary Schools*. London: Her Majesty's Stationery Office, 1994.

Olson, L. "Progressive Era Concept Now Breaks Mold: NASDC Schools Explore'Project Learning.'" *Education Week*, February 17, 1993, 6—7.

Olson, L. "Cards on the Table." *Education Week*, June 14, 1995, 24.

Organization for Economic Cooperation and Development. *OECD Economic Surveys*, 1993—94: United States. Paris, 1995, Chapter IV.

Pais, A. *"Subtle Is the Lord": The Science and the Life of Albert Einstein*. Oxford: Oxford University Press, 1982.

Palincsar, A. S. "Reciprocal Teaching: Can Student Discussions Boost Comprehension?" *Instructor* 96 (January 1987): 56—58.

Palincsar, A. S., and Brown, A. L. "Instruction for Self-Regulated Reading." In *Toward the Thinking Curriculum: Current Cognitive Research*, ed. L. B. Resnick and L. E. Klopfer, 19—39. Alexandria, Va.: Association for Supervision and Curriculum Development, 1989.

Paris, S. G., and Oka, E. R. "Children's Reading Strategies, Metacognition and

Motivation." *Developmental Review* 6 (1986): 25—56.

Patterson, O. "Language, Ethnicity, and Change." *Journal of Basic Writing* 3 (1980): 70.

Patterson, O. "Affirmative Action on the Merit System." *New York Times*, August 7, 1995, A—13.

Pentony, J. F. "Cultural Literacy: A Concurrent Validation." *Educational and Psychological Measurement* 52 (1992): 967—72.

Pentony, J. F. "Cultural Literacy: An Empirical Investigation." Report to the Southwestern Psychological Association, April 1993.

Perfetti, C. A., and Lesgold, A. "Discourse Comprehension and Sources of Individual Differences." In *Cognitive Processes in Comprehension*, ed. M. Just and P. Cartenter. Hillsdale, N. J.: Erlbaum, 1977.

Perfetti, C. A., and McKeown, M. G. "Effects of Long-Term Vocabulary Instruction on Lexical Access and Reading Comprehension." *Journal of Educational Psychology* 74 (1982): 506—21.

Perl, S. "The Composing Processes of Unskilled College Writers." *Research in the Teaching of English* 13 (1979): 317—36.

Pestalozzi, J. *Pestalozzi's Educational Writings*, ed. J. A. Green and F. A. Collie. New York: Longmans, 1912.

Pestalozzi, J. *The Education of Man: Aphorisms, with an Introduction by W. H. Kilpatrick*. New York: Greenwood, 1951.

Peterson, M. D. *Lincoln in American Memory*. New York: Oxford University Press, 1994.

Piaget, J. *Science of Education and the Psychology of the Child*. New York: Orion Press, 1970.

Pierce, K. A., Duncan, M. K., and Gholson, B. "Cognitive Load, Schema Acquisition, and Procedural Adaptation in Nonisomorphic Analogical Transfer. *Journal of Educational Psychology* 85 (March 1993): 66—74.

Pinker, S. *The Language Instinct*. New York: William Morrow, 1994.

Popham, W. "Performance Tests of Teaching Proficiency: Rationale, Development, and Validation." *American Educational Research Journal* 8: 105—17.

Pressley, M., and Rankin, J. "More About Whole Language Methods of Reading

Instruction, for Students at Risk for Early Reading Failure." *Learning Disabilities Practice* 9 (1994): 157—68.

Quann, C. J. "Pass/Fail Grading—An Unsuccess Story." *College and University* 49, no. 3 (1973): 230—35.

Ravitch, D. *The Troubled Crusade: American Education*, 1945—1980. New York: Basic Books, 1983.

Ravitch, D., and Finn, C. *What Do Our 17-Year-Olds Know? A Report on the First National Assessment of History and Literature.* New York: Harper and Row, 1987.

Remondino, C. "A Factorial Analysis of the Evaluation of Scholastic Compositions in the Mother Tongue." *British Journal of Educational Psychology* 30 (1959): 242—51.

Resnick, L. B., and Klopfer, L. E. "Toward the Thinking Curriculum: An Overview." In *Toward the Thinking Curriculum: Current Cognitive Research*, ed. L. B. Resnick and L. E. Klopfer. Alexandria, Va.: Association for Supervision and Curriculum Development, 1989.

Rosenshine, B., and Meister, C. "Reciprocal Teaching: A Review of the Research." *Review of Educational Research* 64 (Winter 1994): 479—530.

Rosenshine, B., and Stevens, R. "Teaching Functions." In *Handbook of Research on Teaching.* 3rd ed., ed. M. C. Wittrock, 376—41. New York: Macmillan, 1986.

Rugg, H. O. *The Child-Centered School.* Yonkers-on-Hudson, N. Y., and Chicago: World Book Company, 1928.

Scardamalia, M., and Bereiter, C. "Computer Support for Knowledge-Building Communities." *Journal of the Learning Sciences* 3, no. 3 (1994): 265—83.

Scardamalia, M., Bereiter, C., and Lamon, M. "CSILE: Trying to Bring Students into World 3." In *Classroom Lessons: Integrating Cognitive Theory and Classroom Practice*, ed. K. McGilley, 201—28. Cambridge, Mass.: MIT Press, 1994.

Schoenfeld, A. H., and Hermann, D. J. "Problem Perception and Knowledge Structure in Expert and Novice Mathematical Problem Solvers. *Journal of Experimental Psychology: Learning, Memory, and Cognition* 8 (1982): 484—94.

Scribner, B. L. S., et al. "Are Smart Tankers Better? AFQT and Military Productivity." *Armed Forces and Society* 12 (1986): 193—206.

Scuderi, S. G. *Antonio Gramsci e il problema pedagogico.* Catania: C. U. E. C. M., 1985.

Sewall, G. T. *Necessary Lessons: Decline and Renewal in American Schools.* New York:

The Free Press, 1983.

Shain, B. *The Myth of American Individualism: The Protestant Origins of American Political Thought.* Princeton, N. J.: Princeton University Press, 1994.

Siegler, R. S. "Adaptive and Non-Adaptive Characteristics of Low-Income Children's Mathematical Strategy Use." In *The Challenge in Mathematics and Science Education: Psychology's Response*, ed. Penner et al., 341—66. Washington, D. C.: American Psychological Association, 1993.

Singer, H., and Donlon, D. "Active Comprehension: Problem-Solving Schema with Question Generation for Comprehension of Complex Short Stories." *Reading Research Quarterly* 17: 116—86.

Smith, J. P., and Welch, F. R. "Black Economic Progress After Myrdal." *Journal of Economic Literature* 27 (June 1989): 519—64.

Smith, M. *And Madly Teach.* Chicago: Regnery, 1949.

Spiro, R. J. "Cognitive Processes in Prose Comprehension and Recall." In *Theoretical Issues in Reading Comprehension*, ed. R. J. Spiro, B. C. Bruce, and W. C. Brewer. Hillsdale, N. J.: Erlbaum, 1981.

Spranger, E. "Zur Theorie des Verstehens und zur geisteswissenschaftlichen Psychologic." In *Festschrift Johannes Volkelt zum* 70. Geburtstag. Munich, 1918.

Stallings, J., and Kasowitz, D. *Follow Through Classroom Evaluation Evaluation*, 1972—1973. Stanford, Calif.: Stanford Research Institute, 1974.

Stanovich, K. E., and Cunningham, A. E. "Reading as Constrained Reasoning." In *Complex Problem Solving: Principles and Mechanisms*, ed. R. J. Sternberg and P. A. Frensch, 3—60. Hillsdale, N. J.: Erlbaum, 1991.

Stanovich, K. E., West, R. F., and Harrison, M. R. "Knowledge Growth and Maintenance Across the Life Span: The Role of Print Exposure." *Developmental Psychology* 31 (1995): 811—26.

Sternberg, R. J. "Criteria for Intellectual Skills Training." *Educational Researcher* 12 (1983): 6—12.

Stevenson, H. "Adapting to School: Children in Beijing and Chicago." *Annual Report.* Stanford, Calif.: Center for Advanced Study in Behavioral Sciences.

Stevenson, H., Chuansheng, C., and Shin-Ying, L. "Mathematics Achievement of

Chinese, Japanese, and American Children: Ten Years Later." *Science* 259 (January 1, 1993): 51—58.

Stevenson, H., and Stigler, J. The Learning Gap: *Why Our Schools Are Failing and What We Can Learn from Japanese and Chinese Education.* New York: Summit Books, 1992.

Sticht, T. G., Hofstetter, C. H., and Hofstetter, C. R. *Knowledge, Literacy, and Life in San Diego.* San Diego: San Diego Consortium for Workforce Education and Lifelong Learning, 1995.

Sticht, T. G., and James, J. H. "Listening and Reading." In *Handbook of Reading Research*, ed. D. Pearson et al., 293—318. New York: Longman, 1984.

Sticht, T. G., et al. *Auding and Reading: A Developmental Model.* Alexandria, Va.: Human Resources Research Organization, 1974.

Stone, J. E. "Developmentalism: An Obscure but Pervasive Restriction on Educational Improvement." *Educational Policy Analysis Archives* (Electronic). Vol. 4, no. 8. Tempe, Ariz., 1996.

Suddick, D. E., and Kelly, R. E. "Effects of Transition from Pass/No Credit to Traditional Letter Grade System." *Journal of Experimental Education* 50, no. 2 (Winter 1981—82): 88—90.

Swanson, D. B., Norman, G. R., and Linn, R. L. "Performance Based Assessment: Lessons from the Health Professions." *Educational Researcher* 24 (1995): 5—11, 35.

Tennenbaum, S. *William Heard Kilpatrick: Trailblazer in Education.* New York: Harper, 1951.

Thompson, R. F. *The Brain: A Neuroscience Primer.* New York: W. H. Freeman, 1993.

Tierney, R. J., and Cunningham, J. W. "Research on Teaching Reading Comprehension." In *Handbook of Reading Research*, ed. D. Pearson et al., 609 — 56. New York: Longman, 1984.

Tversky, A., and Kahneman, D. "Availability: A Heuristic for Judging Frequency and Probability." *Cognitive Psychology* 5 (1973): 207—32.

U. S. Department of Health and Human Services. *The Impact of Head Start on Children Families and Communities: Final Report of the Head Start Evaluation, Synthesis and Utilization Project, Executive Summary.* Washington, D. C., 1985.

Walberg, H. J. "Improving the Productivity of America's Schools." *Educational Leadership* 8 (1984): 19—27.

Walberg, H. J. "Improving Local Control and Learning." Typescript, 1994.

Walberg cites: Straits, B. C. "Residence, Migration, and School Progress." *Sociology of Education* 60 (1987): 34—43.

Walberg cites: Straits, B. C. "Improving School Science in Advanced and Developing Countries." *Review of Education Research* 61 (1991): 625—99. Walberg, H. J., and Tsai, S. "Matthew Effects in Education." *American Educational Research Journal* 20 (Fall 1983): 359—73.

Westbrook, R. B. *John Dewey and American Democracy*. Ithaca, N. Y.: Cornell University Press, 1991.

Whitehead, A. N. *An Introduction to Mathematics*. New York: Oxford University Press, 1948.

Williams, W. E. "Black Economic Progress: The Rand Corporation Speaks." *Journal of the American Planning Association* 53 (Autumn 1987): 531—33.

Willinsky, J, "The Vocabulary of Cultural Literacy in a Newspaper of Substance." Report, National Reading Conference, Tucson, Ariz., 1988.

Wiske, M. S. "How Teaching for Understanding Changes the Rules in the Classroom." *Educational Leadership*, February 1994, 21.

Wood, D., Halfon, N., and Scarlata, D. "Impact of Family Relocation on Children's Growth, Development, School Function, and Behavior." *Journal of the American Medical Association* 270 (September 15, 1993): 1334—38.

Woodring, P. "The Development of Teacher Education." In *Teacher Education*. 74th Yearbook of the National Society for the Study of Education, ed. K. Ryan. Chicago: University of Chicago Press, 1975.

Zemelman, S., Daniels, H., and Hyde, A. *Best Practice*. Portsmouth, N. H.: Heineman, 1993.

Zigler, E., and Muenchow, S. *Head Start: The Inside Story of America's Most Successful Educational Experiment*. New York: HarperCollins/Basic Books, 1992.

Zilversmit, A. *Changing Schools: Progressive Education Theory and Practice*, 1930—1960. Chicago: University of Chicago Press, 1993.

译者后记

赫希（E. D. Hirsch, Jr.）先生的个人专著《我们需要怎样的学校?》(*The Schools We Need And Why We Don't Have Them*) 于 1996 年问世，其中最为重要且特别值得研究的一个概念就是"核心知识"（core knowledge）。在他看来，不论是公共知识积累，还是个人学业进步，均具有"马太效应"，因而确保各阶层、各学段儿童获得必备的"核心知识"，成为提升美国基础教育质量和促进美国社会公平的关键所在。

在此书英文版问世 20 年之后，即 2016 年 9 月，《中国学生发展核心素养总体框架》正式发布，"核心素养"（core competency）迅速成为一个对基础教育改革特别有影响力的概念，引发了关于"培养什么人"和"怎么培养人"等教育原点问题的热烈讨论。但非常遗憾的是，与"核心素养"紧密关联而不可或缺的"核心知识"概念，至今尚未引起教育学界的高度重视。但愿《我们需要怎样的学校?》（中文版）能够为我国基础教育改革打开一扇新的窗户，让中国读者透过赫希先生对美国基础教育的反思与批评，看到中国基础教育在人才培养方面的优势所在与不足之处。

我 2008 年在美国北亚利桑那大学教育学院访学时，既已比较系统地研读过赫希先生的学术著作，认为他的许多观点对于中国基础教育课程改革具有极其重要的启示意义。之后，一直怀有择机译介之心。令人欣喜的是，2013 年，经由恩师朱永新先生策划、安排，福建教育出版社一次签约翻译赫希先生的 4 本著作。我因而欣然应约，有幸翻译这本《我们需要怎样的学校?》。但非常抱歉的是，由于本人 2014 年忙于英国访学，回国后教学、科研等各方面工作极其繁重，故只能见缝插针、加班加点，直到2018年8月才向出版社交付本书的完整译稿。

在本书译稿审校的过程中，我的妻子刘艳，以及我的学生钟成海、王新文、薛雯雯、沈海兰等，不辞辛劳，协助我做了许多具体工作。在本书出版和编辑过程中，福建教育出版社原社长黄旭先生、教育理论编辑室成知辛主任，给予了大力支持。特此记录，并致谢意。

张荣伟

2019年2月28日写于福建师大人文楼